ਬੰਦ

地势坤，君子以厚德载物。

《布伦努斯和他的战利品》，作者：保罗·约瑟夫·雅明，年份：1893年；这幅创作于19世纪末的画作描绘了高卢人洗劫罗马的场景。

母狼哺育罗慕路斯和他的孪生兄弟雷穆斯。这尊母狼青铜像相传创作于罗马建城之初。然而，根据放射性碳定年法，这尊青铜像实则创作于中世纪。

拉蒂纳门至麦德尼亚门段奥勒良城墙。公元 408 年 11 月，亚拉里克率领西哥特人兵临罗马城下，而奥勒良城墙建于一百多年以前，并在亚拉里克率军攻来不久前加高加长。这堵城墙原本是坚不可摧的，但是在背叛面前却变得不堪一击。

法布里修斯大桥。建于公元前 62 年，即罗马共和国末期，是罗马现存最古老的桥梁。

斯提里科与妻子赛妮娜和儿子里乌斯。象牙双联画、蒙扎大教堂、伦巴第大区。公元 5 世纪初，西罗马帝国风雨飘摇，斯提里科正是在这一时期担任西罗马帝国的军事统帅。

古典时代罗马之一瞥。湿壁画局部、罗马国家博物馆、马西莫浴场宫博物馆。

古罗马斗兽场。被认为是迄今为止世界上规模最大的杀戮场，有 25 万人到 50 万人命丧于此。此外，这座庞大的建筑却出人意料地不堪一击。

左上图：万神殿内景。万神殿是古典时代罗马最伟大的建筑瑰宝，并得以较为完整地保存至今。

右上图：图拉真市场。古典时代罗马的购物中心，是图拉真建筑群的一部分，整个图拉真建筑群还包括一座巨型廊柱大厅、两座图书和闻名遐迩的图拉真记功柱。

亚拉里克率军入城的萨拉里安门。更确切地说，是这段城墙紧挨着的地方，因为萨拉里安门已于公元1871年被拆除。

描绘查士丁尼大帝和扈从的马赛克画，圣维塔莱教堂，拉韦纳。站在查士丁尼大帝左边、留着滚石乐队发型的人是拜占廷帝国的贝利撒留将军，他曾救下罗马城，后又错过拯救罗马城的良机。

圣斯德望圆形堂：公元5世纪罗马精美华丽的教堂之一。在这一时期，罗马城难掩破败之象，只有教堂是新的。

托提拉率军入城的阿西纳里安门。黑火药时代，罗马人在大门入口上面加了几个窗口。除此之外，阿西纳里安门自托提拉时代以来几乎没有变化。

左下图：教皇尼古拉二世于1059年授予罗伯特·圭斯卡德阿普利亚、卡拉布利亚和西西里公爵爵位：天下为公、一腔热忱的改革派教皇与自私自利、残酷冷血的诺曼雇佣兵结盟，实属不可思议。

右下图：雷欧利内城墙的一段。公元846年8月，阿拉伯人攻入罗马，将圣彼得大教堂洗劫一空，就连教堂的青铜大门也被拆下带走。为保护梵蒂冈，教皇利奥四世下令修建雷欧利内城墙。

罗伯特·圭斯卡德率军入城的拉蒂纳门。此建筑自罗伯特·圭斯卡德时代以来几乎没有变化。

拉蒂纳门附近的圣乔凡尼教堂。为了保证撤退行动成功，罗伯特·圭斯卡德的诺曼军用火攻把藏在圣乔凡尼教堂里的罗马反抗军熏出来。图中的圣乔凡尼教堂是经过大规模修缮后的样子。

位于台伯河岸区的圣玛丽亚教堂。作为罗马富丽堂皇的教堂之一，圣玛丽亚教堂的底色却是仇恨。教皇英诺森二世和前任教皇阿纳斯塔斯二世是水火不容的宿敌，前者更是将后者修建的圣玛丽亚教堂推倒重建。

中世纪盛期的罗马风景。此时的罗马城像一个针垫"插"满了尖顶的城堡。这幅画是圣奥古斯丁的《上帝之城》在1459年的仿制品。

距离 1527 年罗马之劫 30 年之前的罗马。除了零星分布的古典建筑和文艺复兴建筑，罗马依旧
是一座具有浓郁中世纪风情的城市（这幅木版画出自哈特曼·舍德尔撰写的《纽伦堡编年史》，
版本是公元 1493 年纽伦堡印本）。

教皇尤利乌斯二世命布拉曼特、米开朗琪罗和拉斐尔修建梵蒂冈宫和圣彼得大教堂。1527 年罗
马之劫之前的几十年，罗马会聚了整个意大利半岛顶尖的艺术家，在文化方面进入极盛时期。（作
者：埃米尔·吉恩·贺拉斯·韦尔，年份：1827 年）

罗马人用来发泄不满的帕斯奎诺雕像。时至今日，罗马人还在通过帕斯奎诺雕像发泄不满。

19世纪的圣天使堡风景，教皇克雷芒七世和一众人在帝国军眼皮子底下逃走。《圣天使堡》，作者：约瑟夫·特纳（公元1775—1851年）。

1527年罗马之劫，始作俑者是神圣罗马皇帝查理五世。这幅画是老彼得·勃鲁盖尔的作品，戏剧有余，真实不足。

左上图：帝国军入城的圣斯皮里托门。1527 年罗马之劫后，罗马人在梵蒂冈和台伯河岸区修建了新城墙，圣斯皮里托门也随之被翻新。

右上图：托尔·圣古伊加纳城堡。这座中世纪城堡已与后来的建筑融为一体，是城中保存至今的中世纪城堡之一。

纳沃纳广场风景，这幅画是卡纳莱托（公元 1697—1768 年）的作品。巴洛克时期的罗马尽是宫殿、圆顶建筑和喷泉，19 世纪的游客徜徉在巴洛克风格的美景中。

《蜡烛节》，作者：伊波利托·凯菲，年份：1852 年。狂欢节的最后一晚以蜡烛节收尾，罗马人和游客在这一晚纵情玩乐。

暮光里的圣彼得大教堂穹顶。古典时代，朱庇特神庙独绝天际；中世纪，天坛圣母堂牢牢占据着罗马城的天际线；巴洛克时期，罗马的天际线属于梵蒂冈。值得一提的是，朱庇特神庙和天坛圣母堂都位于卡比托利欧山。

在圣彼得大教堂的穹顶上鸟瞰罗马城。笔直宽阔的协和大街直抵台伯河，这里从前是数条修于中世纪的蜿蜒窄巷，直到墨索里尼将此地铲平。

左上图：沃纳广场上的四河喷泉。为了与日渐势大的新教相抗衡，教皇亚历山大七世在公元 17 世纪重建罗马城，而艺术喷泉是重建工程的一部分。

右上图：贝尼尼操刀设计的半圆形大理石柱廊，更添圣彼得广场的恢宏气势。

右中图：罗马街角的圣母像和飞翔天使像，创作于 19 世纪初期，是极端保守教皇统治下的产物。

右下图：贾尼科洛山上的加里波第雕像。意大利王国统一后，罗马被定为首都，自由派政府为与教皇庇护九世冷战，将罗马变成政治宣传的舞台，这尊加里波第雕像就是政治宣传的一部分。

上图：意大利文明宫。位于罗马以南的 E-42 区，而 E-42 区是墨索里尼规划的永久展览区。这座宫殿又被称为"方形大斗兽场"，其中 6 个垂直拱代表 Benito（贝尼托，墨索里尼的名字），9 个水平拱代表 Mussolini（墨索里尼）。

左下图：墨索里尼体育场（现称"奥林匹克体育场"）上的方尖碑。这座重达 300 吨的大理石方尖碑仍然耸立在罗马队和拉齐奥队的足球场不远处。

右下图：E-42 区罗马万国博览会办公楼上的墨索里尼骑马浮雕。"二战"期间，墨索里尼的鼻子曾被破坏。2001 年，有人将破掉的鼻子悄悄修好。

1944 年 6 月 5 日，美军解放罗马。美军军官在祖国祭坛前站成一排，参加降旗仪式。

解放后，罗马人从车上卸下面粉，救济饥肠辘辘的人们。

⟨ROME⟩
A HISTORY IN
SEVEN SACKINGS

罗 马

七次劫掠史

[英] 马修·尼尔（MATTHEW KNEALE）——— 著

单娜娜 ——— 译

💛 中国友谊出版公司

图书在版编目（CIP）数据

罗马：七次劫掠史 /（英）马修·尼尔著；单娜娜
译 . — 北京：中国友谊出版公司，2022.10
书名原文：Rome：A History in Seven Sackings
ISBN 978-7-5057-5402-7

Ⅰ . ①罗… Ⅱ . ①马… ②单… Ⅲ . ①罗马共和国—
历史 Ⅳ . ① K126

中国版本图书馆 CIP 数据核字（2022）第 023519 号

著作权合同登记号　图字：　01-2022-4907

书名	罗马：七次劫掠史
作者	［英］马修·尼尔
译者	单娜娜
出版	中国友谊出版公司
发行	中国友谊出版公司
经销	新华书店
印刷	北京世纪恒宇印刷有限公司
规格	700×980毫米　16开
	25.5印张　341千字
版次	2022年10月第1版
印次	2022年10月第1次印刷
书号	ISBN 978-7-5057-5402-7
定价	78.00元
地址	北京市朝阳区西坝河南里17号楼
邮编	100028
电话	（010）64678009

如发现图书质量问题，可联系调换。质量投诉电话：010-82069336

致亚历山大和塔蒂阿娜

——两位年轻的罗马人

引　言
Introduction

　　从未有哪座城市像罗马这样，独有千秋；也从未有哪座城市像罗马这样，将自己的过往保存得如此完好。身处罗马，你走过的桥，可能就是西塞罗和恺撒当年出行经过的桥；你驻足仰望的神庙，可能已有1900多年的历史；你步入的教堂，可能有上百位教宗先后在此做过弥撒。此外，罗马城内还有诸多名胜古迹：许愿喷泉、万神殿、罗马斗兽场、圣彼得大教堂以及西斯廷礼拜堂等。你还能一睹墨索里尼时期的法西斯宣传材料，而这些材料大部分都完好无损。罗马人甚至还将纳粹占领时期的盖世太保总部保留了下来。罗马是一座历尽磨难的城市：遭受过多次特大洪水、火灾、地震、瘟疫以及各路敌军的侵袭。我们不禁感叹，这些古迹和资料能够幸免于难，堪称奇迹。

　　我8岁时第一次来到罗马，从那时起我就发现，从没有哪座城市像罗马这样，将自己的过往毫无保留地和盘托出。随着年龄的增加，我对罗马的迷恋竟丝毫未减，于是多次故地重游。在过去的15年里，我干脆定居罗马，以便仔细地研究它，认识它的每一块砖。我特别想写写罗马的过往——罗马2500余年的历史，看看究竟是怎样的过往造就了今天的罗马。

　　但是，这里有个难题。罗马的过往是一个宏大的主题。这座城市曾经历过多次沧桑巨变，无数个罗马曾轮番登上历史的舞台，以至于每个时代的罗马人都与其他时代的罗马人截然不同。那些试图讲述罗马历史的书籍，不是长篇累牍，就是仓促收尾，因为罗马的历史实在太长，发生的事件实在太多，它们只能草草了事，泛泛而谈。写短篇小说和长篇小说可以说是我的主业，而每一篇小说都离不开清晰而强有力的结构。于是，我便开始思考，罗马的历史该用怎样一种结构来架构呢？我实在不想将罗马的历史记成无休止的流水账。突然，我有了一个想法：何不将注意力集中在罗马城的几个重要时刻——促成其改变并为其提供新方向的时刻。显然，沦陷的时刻是一个不错的选择。因为罗马人会沮丧地发现，罗马的历史总是充斥着沦陷。

"七"似乎是个不错的数字，七座山丘，七次沦陷。我开始构想如何像讲故事一样写下每一章。首先，我们会看到大队敌军朝罗马城攻来，我们会好奇这队敌军究竟是何方神圣，是何原因让他们大动干戈。我们姑且按下不表，转而来看这座城市在战争前的样子，也就是它在和平时期的样子。我们仿佛看到一张从罗马寄来的巨型明信片，从这张明信片上了解罗马城的外观、穷人和富人的财产构成；了解是什么让他们众志成城，又是什么让他们四分五裂；了解他们用什么装饰自己的家，用什么清洁自己；了解他们以什么为食，对性有着怎样的看法；了解他们的信仰是什么，有着怎样的人生观；了解他们的预期寿命有多长，怎样打发时光；了解男人和女人怎样相处。这样一来，我们便可以轻而易举地找出此时的罗马跟上一张名片中的罗马有何不同。以此类推，如同连点成图游戏一样，我们终会看到罗马城历史的全貌。最后，让我们回到沦陷的现场，来看敌军是如何攻破城池，他们又在此地有何作为以及这次沦陷又是如何改变罗马城的历史进程。

在过去的15年里，我一直在为撰写这本书收集资料。撰写此书实乃乐事一件，我因此更加了解这座城市。尽管它确有种种不足，但是瑕不掩瑜，我依旧爱它如初。自我8岁时第一次来到这里至今，它对我的吸引力竟丝毫未减。在这个光怪陆离的时代，整个世界看上去都不堪一击，但是罗马的过去却有让我为之一振的东西。罗马人一次次化险为夷，一次次东山再起，又一次次筑造新的伟大丰碑。和平与战争将今天的罗马塑造成一座非凡之城。

2017 年，罗马

目　录

Contents

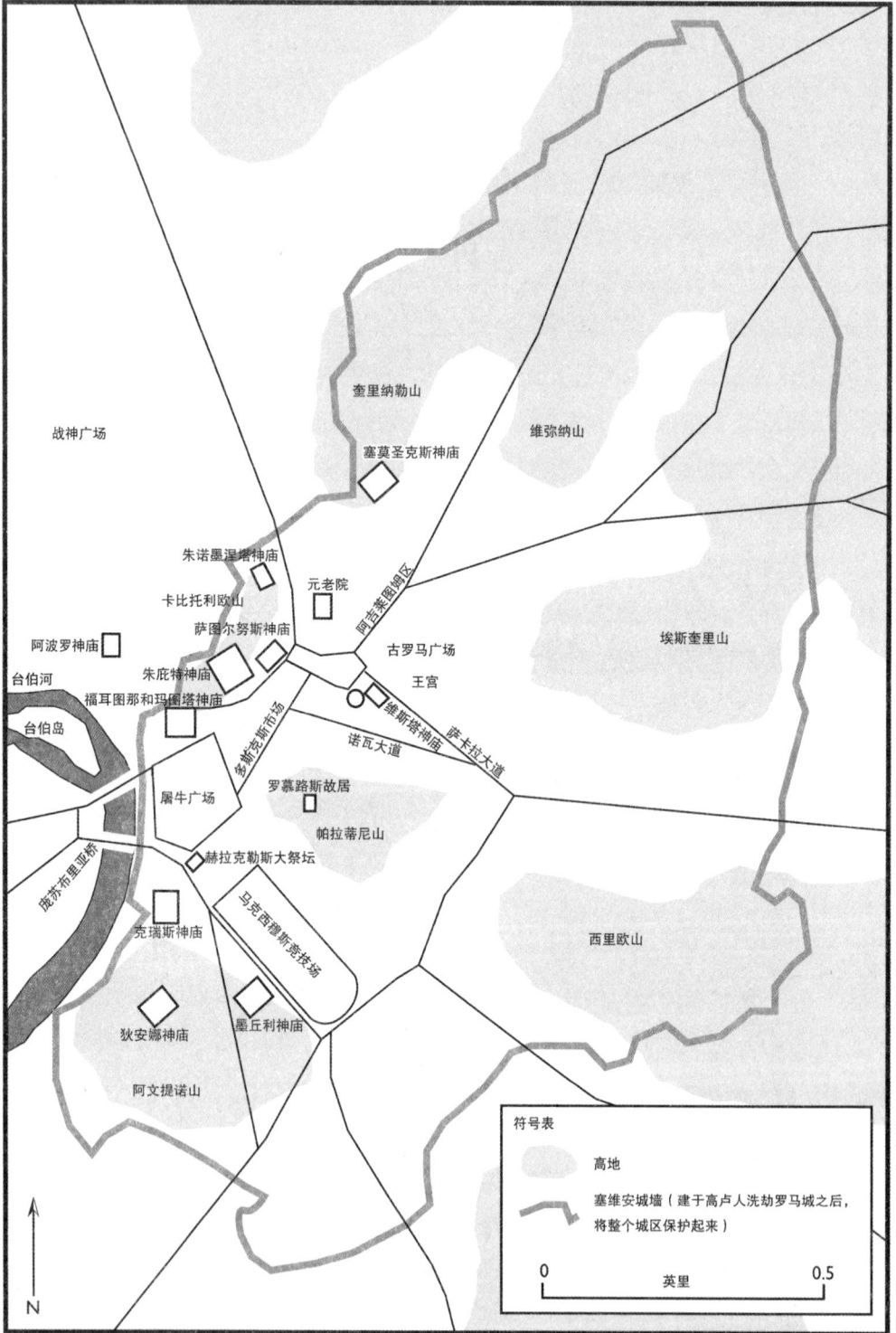

公元前387年的罗马城

奎里纳勒山

维弥纳山

战神广场

塞莫圣克斯神庙

朱诺墨湿塔神庙

卡比托利欧山

元老院

埃斯奎里山

阿吉莱图姆区

萨图尔努斯神庙

古罗马广场

阿波罗神庙

台伯河

朱庇特神庙

王宫

台伯岛

福耳图那和玛图塔神庙

维斯塔神庙

萨卡拉大道

诺瓦大道

多斯克斯市场

罗慕路斯故居

屠牛广场

帕拉蒂尼山

庞苏布里亚桥

赫拉克勒斯大祭坛

克瑞斯神庙

马克西穆斯赛技场

西里欧山

狄安娜神庙

墨丘利神庙

阿文提诺山

符号表

高地

塞维安城墙（建于高卢人洗劫罗马城之后，
将整个城区保护起来）

0　　　　　　英里　　　　　　0.5

N

第一章

高卢人
Chapter One Gauls

I

在距离罗马城北部14千米的地方，台伯河宛如一根银线蜿蜒流去。它流经一块面积不大的平原，一条名为阿里亚河的河流也流经这个平原，最终汇入台伯河。与其说这是一条河流，倒不如说是一条小溪。现今，这条小溪的河道早已无迹可寻。卡车在台伯河边上的A1高速公路上呼啸而过，高速列车如风一般向北驶去，驶向佛罗伦萨和米兰。只需一点点想象力加一副耳塞，一场曾发生在此地的著名战争就会展现在你的眼前了。公元前387年7月18日，后世的罗马人把这一天看作不祥之日，罗马共和国的全体将士在此地集结，准备迎战。他们准备迎战的敌人是一支高卢[1]军队。

罗马人本来应该是更威风的那一方。他们的士兵编队整齐划一，金属盔甲、金属护面、长矛和巨大的圆形盾牌是他们的标配。他们还借鉴

---

[1]　当时高卢的主要居民是凯尔特人，罗马人称为"高卢人"。（本书脚注均为译者注，后文不再特别标注）

了希腊人发明的战术，即用盾牌和长矛筑成一道坚不可摧的屏障。在敌人奋力突围之时，罗马战士便会用他们手中的长矛猛刺敌方的腿、腹部以及腹股沟，随后向上转攻敌人的脖子和脸部。2500年前的那场战事显然是一次残酷的短兵相接。

与之相比，高卢人这一方是一个纪律涣散的游牧部落。有几个胆大的高卢妇孺甚至站在不远处观战。他们可不单是风餐露宿的游牧部落，更是一支伺机挑起战事并借机青史留名、名利双收的职业军队。像那个时期的所有居无定所的军人一样，他们的外表看上去十分邋遢。对于这段历史，我们虽然不能做到原景重现，但是可以推测出个大概。他们可能也被分成步兵、骑兵和战车兵等不同兵种，而彼时的战车是一种只能乘坐两名士兵的双轮战车，其主要用途是将先头部队迅速送往主战场。他们可能会手持小型的矩形盾牌、剑和长矛，头戴做工精良的头盔。他们很可能留着长发和短胡须，脖子上佩戴着项圈。特别值得注意的是他们的穿着。并不是所有的士兵都会一丝不挂，不过总是会有那么一撮人只系一条腰带或者披一件斗篷就上阵。这一点也在后来的资料中得以证实，高卢人相信赤裸的身体能够极大地震慑敌方，所以他们会在必要的时候赤裸上阵。

说着凯尔特语的高卢人是那个时代欧洲的主宰，所以他们此时一定踌躇满志、意气风发。想要搞清楚当时高卢人的势力范围，只消在地图上找一下以加利西亚命名的地方，这个词的意思是"高卢人的领地"。今西班牙的北部、今乌克兰境内和今土耳其境内都有以加利西亚命名的地方。威尔士的法语名字是Pays des Galles，由此可以看出威尔士也曾是高卢人的领地。在阿里亚河战役打响前的200年里，凯尔特人[1]从伊特拉斯坎人手中夺取了意大利半岛的波河流域。约公元前391年，塞农人[2]在意

1　现今的爱尔兰人、苏格兰人、威尔士人都属于凯尔特人。

2　高卢人的一支。

大利半岛的亚得里亚海岸安顿下来，距离今天的海滨度假胜地里米尼不远，距离罗马城不到200千米。他们横穿亚平宁山脉，突袭了伊特鲁里亚所辖的城市克鲁修姆。4年后，他们卷土重来。这次要倒霉的是罗马城。

高卢人的锐不可当主要得益于两项登峰造极的手艺。他们是天生的铁匠，出自他们之手的铁制品因精美绝伦、栩栩如生的图案风靡整个欧洲大陆。他们还是造车的好手。拉丁语中用于表示手推车和厢式车的术语源于几个特定的凯尔特词。可以说，是雷腾云奔的战车和做工精良的兵器造就了在欧洲所向披靡的凯尔特人。

关于塞农人的日常生活，我们只能依靠阿里亚河战役结束后几个世纪的文献资料窥得一二，其中不乏一些饶有趣味的细节。后世的凯尔特人比罗马人更加追求两性平等。凯尔特女性在政坛的地位举足轻重，甚至有不少女性担任德鲁伊[1]。凯尔特人是印度人的远房表亲，两个民族有一定的共性。凯尔特人的宗教像早期的印度教一样形成了种姓制度，这一制度将人分为四个不同的等级：祭司、武士、工匠和贫农。凯尔特人的祭司与施法术救人的巫师不同，他们是神授的审判者和尊贵的预言家，他们享有同印度教的婆罗门一样崇高的社会地位。凯尔特人相信轮回，尤利乌斯·恺撒在统治高卢地区期间成了这方面的专家，他曾说过，早期的爱尔兰神话中也不乏蝴蝶和蜉蝣转世为人的故事。

罗马人恐怕对这些饶有趣味的细节一概没兴趣。关于罗马人对高卢人的看法，我们也只能依靠阿里亚河战役结束后几个世纪的文献资料来了解。不过，可以肯定地说，罗马人对凯尔特人的偏见在公元前387年就已经形成了。在后世的罗马人看来，凯尔特人爱逞口舌之快、粗俗、多任性放纵、痴迷于战争、软弱无能、好饮酒、贪得无厌。这些评价未免有些刻薄，但是也有一些事实根据。高卢人确实好饮酒，意大利半岛

1　凯尔特人的祭司。

北部的高卢人坟墓里堆满了精致的酒器。凯尔特人既尚武又贪财。他们会在适当的时候，把这两种天性合二为一。就在他们涌入罗马城的那一刻，尚武和贪财的天性便有了用武之地。阿里亚河战役结束后几个月，一支高卢军队出现在西西里岛，他们受雇于锡拉库萨的希腊统治者狄奥尼修斯。这支雇佣军极有可能就是几个月前攻占罗马城的那支军队。罗马城似乎并不是高卢人的目的地，他们不过是在漫长的行军途中恰好看到了这座城市，发现有利可图，于是就顺手打劫了这座城市。

后世的罗马人或许认为自己高人一等，对高卢人不屑一顾。他们不知道自己与高卢人本是同根生。早期的凯尔特语和拉丁语极为相似，有人因此认为罗马人和高卢人在六十代之前是拥有相同祖先的同一民族。换句话说，在阿里亚河战役还未爆发的1500年前，罗马人和凯尔特人是同一个民族。

但是现在，他们不仅是素未谋面的陌生人，更是不共戴天的仇敌，双方嘶喊着卷入一场残酷的战役。人们倾向于认为罗马人的胜算更大些。罗马人能够团结一致保持队形，所以在平坦开阔的战场上所向无敌：当下的这个战场正好有利于发挥他们的战术。他们的战术要比高卢人的战术高明很多，后者主要仰仗突袭造成的震慑力。但是那天，罗马人却一失足成千古恨。古罗马历史学家提图斯·李维详尽地描写了这场战役的来龙去脉。不过，提图斯·李维并没有客观地看待这场战役，他着墨之时，距离这场战役结束已过去350年，此时的罗马是整个地中海世界当之无愧的霸主，但是在他心中，这座城市在通往非凡崛起的道路上失去了太多东西。他心怀吊古寻幽之情回顾那个时代，在他眼里，那个时代的罗马人更坚忍、朴实、节俭、高尚和无私。他希望通过激动人心的故事来激励当代的罗马人学习祖先的勇气。

不幸的是，阿里亚河战役并没有激励到罗马人。可以说，提图斯·李维不遗余力地做了一件费力不讨好的事，尽管他曾试着为当年的战败找种种理由开脱。他曾这样写到，尽管罗马人在人口总量上占尽先机，但是军人的数量对比却是敌众我寡。他还暗示罗马人被突袭而来的高卢人吓得魂飞魄散，这或许是个不错的开脱理由。开战前，双方竟素未谋面。骑马和驾车飞驰而来的高卢人手里挥舞着透着寒光的锋利长剑，让大惊失色的罗马人不得不弃甲投戈。当然，赤身露体的高卢人本身就足够震慑住罗马人。想到罗马人要面对的是一群虎背熊腰、胡子拉碴、赤身露体的游牧战士，而且他们正咆哮着冲自己挥舞兵器，周围还时不时响起怪异的军号声，我们又怎么忍心责备他们不战而逃呢？

罗马人或许也对这次的战略大失所望。他们选择在一条深河的岸边展开肉搏战，实非明智之举。提图斯·李维写到，罗马人的统帅担心敌军从侧翼包抄，遂决定将主力部队一分为二，并派遣其中一部分军队作为后备军前往战场的右侧，原因是右侧地势比较高，易守难攻。凯尔特人的领袖布伦努斯，或许这并非本尊的真名，因为它同凯尔特语中"国王"一词的拼写极为接近。布伦努斯旋即派遣麾下的全部主力部队猛攻罗马人的后备军。罗马主力部队的士兵眼睁睁地看着同胞一个个倒下，血流成河，尸横遍野。据提图斯·李维记载，他们立即溃不成军，不做一丝反抗。

罗马主力部队刚听到凯尔特人呐喊着冲他们杀来，甚至来不及看上一眼他们背后这群来自世界尽头的陌生敌人，就立即全都作鸟兽散。他们无意抵抗，甚至都没有勇气回应对方的口头挑衅。没有罗马战士因奋勇迎战而倒下，相反他们在惊慌失措地逃跑过程中，被身后的敌军相继击中。因为逃跑者众，目标过大。看来，阿里亚河边上，一场惨绝人寰的屠戮在所难免；几乎所有左翼军队的士兵都企图渡河而逃，因为渡河是他们生还的唯一希望，他们别无选择，只好丢盔弃甲。很大一部分渡河的士兵水性不好，就算是通水性的士兵也因为逃跑过程中筋疲力尽加之身上的盔甲过沉而溺水身亡。[1]

同一天晚些时候，高卢人顺利占领罗马。罗马城成为任由他们摆布的战利品。高卢人对罗马城的占领催生出许多有名的故事。人们口口相传，使得这些故事得以流传数千年，它们不仅塑造了罗马人对自己的态度，也影响了其他民族对罗马人的态度。

Ⅱ

关于公元前387年夏天的那场战役我们暂且按下不表，先来了解一下高卢人面前的罗马城是一座怎样的城市。用现代人的眼光来看，当时的罗马城根本没有发展成为罗马帝国的潜质。公元前380年至公元前390年，罗马城不过是个总人口不超过2.5万人的小城镇，这一数字甚至还有夸大之嫌。此时的罗马城相当原始、简陋。而同时代的雅典人早就建成了帕特农神庙，这是一座气魄雄伟的石质建筑物，庙身饰以精美绝伦的浮雕，耸立在卫城之上。相比之下，罗马城未免相形见绌。此时的罗马城跟意大利半岛上其他中心城市别无二致，是一座由石砖、木头和粗陋的赤陶雕像堆砌而成的城市。罗马城的真实面貌可能更为粗陋：根据考古的发现，在阿里亚河战役爆发之前的一个世纪，罗马城中遍布拙劣的绘画、简陋的藤条篱笆和非洲风格的棚屋。鉴于罗马城周围的城市在约公元前387年还遍布着这种类型的棚屋，罗马城大概也不能免俗。至少有一点是肯定的，祭司们的头等大事就是打理帕拉蒂尼山上一座名为"罗慕路斯故居"的棚屋。

罗马人的祖先就是栖身于这样的房舍之中。罗慕路斯和雷穆斯兄弟二人如何被母狼哺育、如何由身份尊贵的王子沦为绿林首领等，这些传说的细节我们暂且不加以深究。王位继承人刚出生就被无情抛弃的桥段在古代社会屡见不鲜，将开国皇帝同凶残猛兽联系在一起也是常有的事。罗马城建于公元前753年4月21日的论断也缺乏可信度。且不说罗马城的建立远远早于这个时间点，一个城市的成型本就是一个循序渐进的过程，而非一蹴而就。早在公元前1500年，先民就曾在这里居住，他们更像是游牧民族，一年之中只在水草丰美的时节来这里放牧。直到公元前1000年，他们才开始慢慢在此地定居下来，开始学会将死去的亲人埋葬在附近的山谷中。帕拉蒂尼山和埃斯奎利诺山上分别形成了一个村庄，先民们就定居在这两个村庄里，繁衍生息。罗马人的祖先是靠种地和养猪过活的农民，而非传说中的绿林首领。

帕拉蒂尼山和埃斯奎利诺山可谓风水宝地。立身于山顶的村庄，矫首极目，一条直通台伯河谷的贸易通道尽收眼底，它是意大利半岛重要的贸易通道之一。盐商们通过这条通道将海盐运入内陆，卖给山区居民。他们还能看到一处紧邻台伯岛的地方，那里水流平稳，适宜通航。这两个村庄所在的高地就是后来闻名于世的罗马七山。当然，这些山与其说是山，倒不如说是山丘。地处高地的优势之一是可以防止敌军烧杀抢掠。此外，相比居住在洼地的居民，居住在高地的罗马人先祖更不容易得疟疾。尽管在公元前387年，很可能还没有人得这种病，但是不久后这种疾病便在人群中流行开来。

罗慕路斯和雷穆斯两兄弟的故事固然是传说，但是有一处可以找到事实依据。罗慕路斯作为罗马的首任国王曾与萨宾王塔提乌斯共治多年。罗慕路斯和他的拉丁族臣民居住在帕拉蒂尼山上，而塔提乌斯则同他的萨宾族臣民栖身于埃斯奎利诺山上。两个民族，和而不同。有意思的是，大量的考古发现和早期传说也印证了这样一种观点：两个不同的民族最先在罗马定居下来。拉丁人居住在帕拉蒂尼山的草屋里，他们的祖先起源于罗马城东南方的阿尔巴诺丘陵，而居住在埃斯奎利诺山上的萨宾人则发源于罗马城北方的丘陵。换句话说，两个不同的民族不约而同地在罗马定居，罗马城在建城之初就是一个兼容并包的地方。

更确切地说，是三个民族。早期的罗马城是一个边境城市。台伯河以西的贾尼科洛山居住着伊特拉斯坎人。而今天的贾尼科洛山，是罗马人夏天逃离市中心的酷热和噪声的观景地。伊特拉斯坎人和罗马人简直是来自两个世界的人。伊特拉斯坎人的语言不属于印欧语系，只有零星的文字记录，目前无法解读。他们的语言与拉丁语或萨宾语之间的区别不小于汉语普通话与英语之间的区别。伊特拉斯坎人很可能跟巴斯克人一样，是欧洲的古老民族，远在古印欧人迁徙到此地之前就已经生活在这里。从出土的大量束棒[1]、镶紫边的托加长袍[2]和角斗士角斗的画面来看，他们当中很可能也出现过拥有雄才大略的明君和声望极高的名门望族，孕育过数不清的文化传统，并对早期的罗马产生过深远的影响。

要是还嫌罗马城的生活不够乱，我们不妨再将另外两个民族加进来。第一批村落在帕拉蒂尼山和埃斯奎利诺山上形成后不久，发源于今天黎巴嫩的腓尼基人西渡来到意大利半岛沿岸。有确凿的证据证明他们曾与当时的罗马人进行贸易。希腊人紧随其后，自公元前800年开始在意大利南部和西西里岛上建立城邦，出自他们之手的精美的宴会餐具很快博得了整个意大利半岛的居民的欢心。根据古代陶器上的文字和图画，我们甚至可以推测：早在公元前800年，希腊人就已经在帕拉蒂尼山下建立过一个小型的殖民地，而此时的罗马人还居住在简陋的棚屋里。这一时期的古罗马神庙里甚至供奉着古希腊诸神。

可以肯定的是，罗马人是受到希腊人的启发，才决定告别农村生活，建立城市的。由农村向城市转变的这个过程并非自然而然的社会演化的结果，而是周密计划的结果。公元前7世纪中叶，建在帕拉蒂尼山和埃斯奎利诺山之间松软的河谷上的茅草屋全部被拆除，河谷里的水也被排干，数以吨计的土被运到这里，原本坑坑洼洼的河谷被填平。古罗马广场就是在那个时候建成的。约250年后，也就是阿里亚河战役期间，

1　又名"法西斯"，罗马最高长官权力的象征。

2　达官贵人的穿着。

罗马城的首批建筑群依然耸立不倒，尽管在过去的几百年间它们曾数次被烧毁，而后又被重建。这个建筑群包括元老院（贵族长老在这里会面）、维斯塔神庙（维斯塔是罗马神话中的炉灶、家庭女神。在她的神庙中燃烧着永远不能熄灭的神圣之火，并且有六位处女祭司，轮流守卫，以保证火焰长明，传说只要维斯塔的火焰不熄灭，罗马就能够保持风调雨顺）和一个宫殿群。

到公元前4世纪80年代，罗马已经是一个建国长达100多年的共和国了，所以在阿里亚河战役期间，这个宫殿群早已没有王室成员的身影。摆脱王室的控制，是那时的罗马人引以为荣的事情，一如今天的美国人。提图斯·李维在公元前1世纪20年代曾在自己的著述《罗马自建城以来的历史》第一部分中极尽能事，歌颂那个皇帝被废黜的光辉时代。然而，提图斯·李维生活的那个年代，是帝制复辟的时代。他在书中描写了罗马王政时代的最后一个国王塔克文的一生。塔克文是麦克白式的人物，他确实有很多和麦克白相像的地方：骁勇善战、凶狠残暴且都有一个残忍恶毒的妻子。公元前509年，因其子贪图美色，奸污一位贵族的妻子，塔克文的外甥布鲁特斯率领愤怒的罗马人发动起义。为了重回权力巅峰，塔克文不惜背叛罗马人，同伊特鲁里亚的首领拉斯·波希纳相互勾结，镇压自己的人民。最终以惨败告终，实在是咎由自取。

历史的真相远没有后人所想的那么浪漫，罗马的国王很可能是被罗马王国的富人阶层抛弃的。这些富人很有可能曾联合拉斯·波希纳来对付国王塔克文，而塔克文本应该站在拉斯·波希纳这一边。公元前6世纪末，贵族夺取政权的现象在意大利半岛和希腊半岛上的城邦中屡次上演。因为只有富有的贵族才能付得起高昂的军费，所以他们往往在军队中身居高位。他们深知自己是整个国家的后盾，所以染指政治是顺理成章的事情。

罗马王政时代的陨落并不能完全归咎于贵族染指政治，朱庇特神庙才是始作俑者。公元前387年，罗马人抬头就能望见它，它耸立在卡比托利欧山上，独绝天际，恰如雅典的帕特农神庙。朱庇特神庙里供奉着罗马神话中的众神之王朱庇特。朱庇特神庙由砖块和长木建成，而同时代的帕特农神庙则多由石头建成。朱庇特神庙在设计上几乎原样照搬帕特农神庙。这样一来，前者看起来要比后者粗糙得多，不过前者在规模上一骑绝尘。朱庇特神庙一经建成，就成为地中海中部地区较大的神庙之一。按照提图斯·李维的记载，国王塔克文主持修建朱庇特神庙，劳民伤财，直弄得民怨沸腾。提图斯·李维详细地记载了公元前509年国王塔克文在朱庇特神庙几近完工时跌落神坛的始末。他不是第一个因大兴土木而倒下去的帝王，也绝不会是最后一个。

塔克文建造朱庇特神庙的初衷很可能是往自己和罗马城的脸上贴金。除此之外，这座神庙跟罗马的其他神庙一样，有一个更实用的功能：帮助罗马人明见万里之外，躲避灾祸，以期逢凶化吉。像同时代的其他先民一样，罗马人亦不相信天堂的存在。他们的宗教只关乎现世的祸福。每当遇到重大问题，他们都寄希望于神灵给自己指一条明路。这些重大问题主要涉及个人生活、政治、农业以及军事等方面。古罗马的祭司们以寻求神谕为己任，他们常常通过仰望天空观察飞鸟飞行的方向或者通过仔细研究供奉在神庙祭坛上"牺牲的肠"的方式来获得神谕。

跟其他人类早期的宗教一样，罗马人的宗教也有其焦虑的一面。祭司们密切关注不祥之兆，任何风吹草动都能引起他们的恐慌。在他们眼中先天畸形的羊和误闯入城中的狐狸都是不祥的预兆。祭司们向诸神请罪和祈福的礼仪极其隆重与繁复。祭奠的程序必须严格按照规程，只要有一丁点儿差池，就必须重新来过。罗马人还彼此忌惮。他们时常担心自己的邻居念咒诅咒自己，让自己亲近的人陷入一段痛苦的恋爱，抢走自己沃腴的土地。与黑暗的中世纪相比，古典时代是一个被视为坚持理性主义的时代，至少对受过教育的精英阶层来说是如此。不过，那些引起人们极度恐慌和不安的巫术也如影子一般，存在于古典时代、中世纪和以后的时代。

缓解人内心的恐惧和抚慰他人的心灵是那个时代祭司的天职。罗马城的首代国王极有可能是由祭司王演化而来。公元前4世纪80年代初期,王位的继承者均出身于罗马的贵族阶层。鉴于帕拉蒂尼山是罗马城最好的地段,王室成员在此定居的可能性极大。这里曾出土过一座富丽堂皇的宫殿,由宽敞的主楼、花园、接待室和大厅组成。大厅的顶上特意留了一个洞,雨水顺着洞口流入水池,然后再流入水池下面的贮水槽。这种建筑样式在意大利半岛成为经典。600年后庞培的富人依然居住在这种样式的房子中,直到维苏威火山大爆发。公元前387年,罗马城已经是一个贫富差距极大的城市,这种贫富差距的模式极具意大利特色。一个名为奥林托斯的城市出土于希腊,它也存在于公元前4世纪,这个城市的布局在现代人看来相当古板:一排排房屋整齐地排列着,房屋的形状和大小整齐划一。奥林托斯城中的自由民可以相对平等地住在一起,而城中还存在着大量的奴隶。罗马城里的情况则完全不同。我们对罗马穷人住的房子几乎一无所知,但有一点可以肯定:他们的房子是最简陋的。正如上文所提到的,他们多半居住在抹着粗灰泥的棚屋里。

罗马贫富差距的拉大很可能要归因于帝制的废除,这点着实有些匪夷所思。罗马王政时代的国王们并非出身于富裕的贵族阶层,因此他们更容易对穷人产生亲切感,穷人是他们对抗权贵的天然盟友。国王被赶下台以后,罗马的经济陷入困境,很多平民求生艰难,被一堆债务压得喘不过气,又被政府部门拒之门外,最后他们忍无可忍,奋起反抗。他们采用了一种极为现代的方式进行反抗:罢工。穷人们联合起来逃离罗马城,到城外的一个山上安营扎寨。他们甚至建立了一个国中国,有独立的组织架构和庙宇,他们还在庙宇里保存自己的历史。

罗马平民曾经从不情愿的贵族那里夺取过多项权力,其中之一便是《十二铜表法》的制定。《十二铜表法》是古罗马第一部成文法典。关于那个时代罗马人的生活状态,我们可以通过这部法典来一探究竟。《十二铜表法》制定于约公元前450年,也就是说60多年后,阿里亚河战役打响。这部法典用古拉丁文写成，所以即使是古典时期的罗马人也很难读懂它。尽管如此，我们还是通过这部法典发现，彼时的罗马人生活在一个极为残酷的社会里。

在那个时代的罗马，男性占据绝对主导地位，一个家族中年纪最大的男性是一族之长，他会像国王一样统治着自己的亲眷。整个家族的财产都归他所有，重大事务的决定权也牢牢握在他的手中。法律甚至授予他卖掉或杀掉家族成员的权利。他掌握着生杀大权，有权决定新生儿的生死。若新生儿天生畸形，他负责立即下令将其处死。尽管平民为争取自己的权益已拼尽全力，但是《十二铜表法》治下的罗马城仍然是富人的天下。债务人一旦无力偿还债务，则会立即沦为债权人的契约劳工。债权人有权将他们带出国，也就是跨过台伯河，卖为奴隶。罗马很可能也有买卖外国人的奴隶市场，尽管罗马在几个世纪后才发展成为一个成熟的奴隶社会。在《十二铜表法》颁布的那个时代，罗马城中绝大多数的居民都是自由民。

但是，大多数罗马人根本不是土生土长的本地人。公元前4世纪80年代，绝大多数的罗马人是住在附近乡下的农民。彼时的罗马只是个小城镇，屠牛广场是它最大的市场。这个市场位于帕拉蒂尼山的山脚下，靠近台伯河。市场上待售的动物从用来当坐骑的马匹、用来拉犁耕田的公牛，到祭祀用的羊，应有尽有。那时的罗马人日常以吃素为主，所以这些动物通常被当成投资品而非食品。生的谷物、谷物稀粥和未经发酵的面包是他们的主食，辅以香草、榛子、板栗、无花果、橄榄和葡萄。只有富人才能在宴会上大快朵颐地吃肉，普通人只有在祭祀后才能打牙祭。然而，由于用来祭祀的动物多半是役用动物，它们的肉质往往很硬。

除此之外，人们还可以在屠牛广场的拐角处打牙祭，这个广场就在帕拉蒂尼山和阿文提诺山之间的山谷里。罗马人坐在屠牛广场里简陋的木架子上观看马克西穆斯竞技场里举行的战车比赛，说不定还会赌上一两把。公元前4世纪80年代初期，罗马人极少举办这类比赛，通常只有在军队打完胜仗后才会举办。然而，几十年后，情况却发生了变化，罗马人会在每年的9月定期举办战车比赛，整个赛事持续多天。这类赛事与宗教信仰息息相关。马克西穆斯竞技场两旁寺庙和神龛鳞次栉比。在此后的几百年里，甚至早在公元前387年的时候，赛事都是以庄重的宗教仪式开场的。一队载着神像的彩车从卡比托利欧山的大神庙里出发，沿着萨卡拉大道一路前行，一直到达比赛的赛道。

罗马诸神中，罗马人最钟情于胜利女神。由此可见，罗马城是一个极为好战的城邦。早在公元前4世纪80年代，罗马人便战功赫赫，威名远扬。从某种程度上来说，罗马人有这样的战绩不足为奇。尽管在现代人看来，彼时的罗马城只不过是一个原始的蕞尔小邦，但是它已经是当时意大利半岛中部最大的城邦，控制着意大利半岛南部所有的拉丁城邦。公元前396年，也就是阿里亚河战役爆发的九年之前，罗马城不费吹灰之力便赢得了自建国以来最大的一场军事胜利：打败伊特鲁里亚城邦——维爱。

我们不妨从维爱战争中一窥罗马人的民族性。维爱人作为伊特拉斯坎人的一个分支，跟伊特拉斯坎人一样工于艺术品创作，而罗马人则对此一窍不通。因此，维爱人帮助罗马人建造过很多美轮美奂的标志性建筑。罗马神庙中的赤陶神像、朱庇特神像，以及装饰在神庙屋顶上的雕塑都是福尔卡的作品，他本人就是一名维爱的雕塑家。虽然两个城邦在建筑领域取长补短，但是这并不妨碍他们视对方为死敌。它们之间实在有太多相同点。维爱城位于罗马城的北方，两者仅仅相距15千米。此外，维爱距离阿里亚河战役的战场极近。两个城邦都想取得台伯河沿岸同一条贸易道路的绝对控制权：罗马城控制着台伯河的左岸，而维爱城则控制着台伯河右岸。维爱成为罗马城扩张道路上一块巨大的绊脚石。为此，罗马人被迫改变扩张的方向：向南扩张，吞并位于南方的拉丁城邦。与罗马城周边的弱小拉丁城邦相比，维爱城是一个不容小觑的对手。维爱城坐落于一块岩石高地上，四周环绕着陡峭的悬崖，地势险要，易守难攻。罗马城同样地势险要，易守难攻。但是，罗马在国力和疆域方面更胜一筹。公元前4世纪初，罗马城和维爱城之间的第三次战争爆发，这也是双方最后的决战。彼时罗马城的领土面积几乎是维爱城领土面积的两倍。

今天的维爱城，或者确切地说维爱城的遗址，被保存在一个小型的国家公园里，公园的周围是住在罗马郊区的上班族的家。穿过一个小瀑布，你会发现一座桥，桥的另一端连接着一个极深的峡谷，这是一个让人流连忘返的地方。走进维爱城的遗址，人们便会突然明白维爱人当年战败的原因：一条隧道直通悬崖。维爱城是一座建立在火山岩之上的城邦，而火山岩的石质较软，易于开掘。众所周知，伊特拉斯坎人[1]是一个出能工巧匠的民族，维爱城发达的地下水道系统也出自他们之手，很多水道甚至有500米那么长。罗马人极有可能曾在维爱城居民建造的地下水道上扎营。按照提图斯·李维的记载，罗马大军围困维爱城长达十年之久，在灰心丧气之际决定挖一条直通城中的隧道。隧道竣工后，罗马人决定使用声东击西的战术，向维爱城的城墙发起进攻，守城的士兵却不知其中有诈，一支罗马军队便趁机钻进隧道，涌入维爱城：

> 可怖的喧嚣声从城中传来：胜利的呐喊声、凄厉的尖叫声、女人的悲鸣声和孩童无助的哭声。守城的士兵被潜入城中的罗马士兵扔下城墙，城门大开，罗马大军从城门鱼贯而入，有的罗马士兵干脆翻墙而入。闯入城中的罗马军烧杀抢掠，城中的一切都毁于一旦。一场大屠杀结束后，维爱人已无还手之力。[2]

罗马对维爱的侵略，是那个时代所常有的，倒也不足为奇。那个时

1　维爱城是伊特鲁里亚人的重要城镇。

代的地中海城邦极为好战，与自己的邻邦开战如家常便饭。但是，罗马对维爱的战争却开了一个先例：其他的地中海城邦在败给敌国后，往往还能继续存在下去。但是，维爱人在被罗马人打败后，却湮灭在历史的风尘中。根据提图斯·李维的记载，维爱城被占领的第二天，罗马大军的指挥官便将城中所有的幸存居民作为奴隶变卖，这在罗马历史上尚属首例。

Ⅲ

维爱城被占领9年后，高卢人在阿里亚河大败罗马人，并攻破他们的城池。提图斯·李维曾详细描写罗马人看见步步紧逼的高卢人时的反应。"狼嚎似的叫声和着粗野的歌声，不绝于耳，高卢人的骑兵眼看就要攻到城下。城中的罗马人整个晚上都辗转反侧地想：他们会在什么时候攻进来？"[3]

根据提图斯·李维的记载，高卢人来到城下后惊讶地发现罗马的城门竟然大开着。其实，事实是这时的罗马城根本就没有城门，似乎也没有城墙，壕沟和堤垒护卫着罗马城的薄弱点。卡比托利欧山是罗马城的堡垒，罗马人很有可能在上面砌过墙，城中其余的山则只能靠陡峻的地形来防御敌人。这时的罗马城是几乎不设防的一座城市。

提图斯·李维曾记载无数颂扬罗马人的英雄主义的故事，其中有很多故事直到今天人们依然耳熟能详。其中的一个故事是这样的：一个名为卢西乌斯·阿尔比纽斯的罗马平民同自己的家人坐在一辆马车上准备逃亡，他突然看见好几位维斯塔贞女从路边经过，她们手中捧着神庙里的圣物。阿尔比纽斯深知她们手中的圣物至关重要，于是毫不犹豫地将自己的家人请下马车，载着她们前往卡西里城避难。彼时的卡西里城虽然由伊特鲁里亚人掌管着，却是当时罗马最重要的联盟国。

还有一个故事，讲的是德高望重的元老院议员用自己的身躯守护罗马城。当时高卢大军正慢慢逼近罗马城，罗马人只得撤退到卡比托利欧山上的堡垒里。但是他们很快发现，如果城里的每一个人都在堡垒里避难，那么里面储存的日用品和食物很快就会被用光或吃光。这时，罗马城里的长者自请留在城中，尽管他们深知这样做必死无疑。他们身着盛装，大义凛然地端坐在自家的宅院里。当高卢人发现他们时，他们"眼神犀利，稳如泰山，宛若神明"。高卢士兵们被眼前的场景所震慑。一个高卢士兵挑衅似的扯着一位元老院议员的胡子，后者立即抄起自己的象牙拐杖狠狠击打前者的头部。这个高卢士兵"怒不可遏，将这位元老院议员杀死，其余的元老院议员也随即被灭口"。[4]

这里还有一个关于盖乌斯·费比乌斯·多尔索的传说，他的家族成员负责在每年固定的一天中去奎里纳勒山祭祀神明。尽管彼时奎里纳勒山已被高卢军队占领，但那一天来临之时，多尔索没有丝毫犹豫。他穿好祭祀服装，昂首阔步朝高卢士兵们走去。士兵们惊讶于他的勇气，于是给他放行。

当然，鹅的故事是最家喻户晓的。在勇敢的罗马人挫败高卢人发起的对卡比托利欧山的正面进攻后，后者决定偷袭卡比托利欧山。在夜深人静之时，高卢士兵悄悄地攀上卡比托利欧山的峭壁，以至于罗马人的狗都没有听到他们的声音。不过，他们惊动了朱诺墨涅塔神庙里的圣鹅，圣鹅们扑腾着翅膀嘎嘎大叫起来，马库斯·曼利乌斯被惊醒——他曾在三年前出任执政官，颇有政绩——他抄起剑，连忙叫醒自己的同伴，没等他们从睡梦中清醒过来，他就已经冲到高卢人进犯的地方。[5]这时一个高卢士兵已经爬上山顶，曼利乌斯冲着那个士兵的盾猛刺一剑，后者一个踉跄跌落悬崖，跟在他身后的其他高卢士兵也被挤下悬崖。

提图斯·李维还讲了一个关于罗马人如何在最后一刻保住罗马城名誉的故事。尽管罗马人被围困在卡比托利欧山上，但是他们知道救星已经在来的路上。这个救星就是带领他们打败维爱人的独裁官卡米勒斯，他之前因被诽谤贪污而自请流亡国外，而此时的他正在招募兵员。留给卡米勒斯的时间已经不多了。高卢人夜袭失败后，便决定对卡比托利欧山上的罗马人断粮断水，以逼迫他们投降。几天后，饥肠辘辘的罗马人甚至连兵器都拿不起来，他们别无选择，只好找高卢人求和。谈判的双方分别是罗马人的领袖昆图斯·苏尔比基乌斯和高卢人的首领布伦努斯，布伦努斯提出只要罗马人上交450千克黄金作为赎金，他们就撤军。布伦努斯在称量黄金的过程中故意加重砝码，进一步惹恼罗马人："……当布伦努斯蛮横粗鲁地将自己手里的剑扔到秤盘上时，苏尔比基乌斯对此表示抗议，前者随后说道，'手下败将，给我闭嘴！'——对罗马人来说，这话是无法忍受的侮辱。"[6]

援军即将到来。就在最紧要的关头，卡米勒斯带领着军队来到他们称量黄金的地方，高卢人不得不再次迎战。这次，高卢人的莽撞冲动不再是他们克敌制胜的灵丹妙药："……高卢人丧失理智，奋力反击。幸运女神不再站在他们一边。罗马人占据天时地利人和。两军刚一交手，高卢人的军队就溃不成军。这次他们同样的莽撞，不顾一切地拼杀，却不复阿里亚河上的荣光。"[7]

讲这些故事的根本目的是对罗马人进行爱国主义教育。问题是，这些故事到底有没有真实性？我们还在其他的一些文字记录、文物碎片和考古中发现了不少有意思的线索。我们从这些线索中发现朱诺墨涅塔神庙里确实养着圣鹅。尽管当时的建筑物早已化为乌有，但是我们可以确信，这座神庙是为表彰罗马的军事英雄卡米勒斯而建的，而刻在神庙墙的名字在今天可谓家喻户晓。其中的一个名字是曼利乌斯·卡皮托利努斯，墙上写着他的头衔是卡米勒斯麾下的骑兵指挥官。费比乌斯·多尔索这个名字也出现在墙上列出的名单里，他的头衔则是两执政官之一：对罗马共和国实施共治的统治者。

▲ 这幅创作于 19 世纪的插图描绘了布伦努斯把剑放到秤盘上的场景。

　　但是，好像哪里有些不对劲。最后这两个名字都曾出现在提图斯·李维的故事里，但是描述他们的细节却都是错的。在提图斯·李维的故事中，曼利乌斯·卡皮托利努斯是单枪匹马击退高卢人夜袭的前任执政官，而非庙墙上提及的骑兵指挥官。提图斯·李维故事中的费比乌斯·多尔索则是为履行家族的祭祀义务而勇敢走向高卢军队的平民，而非庙墙上提及的执政官。这么重要的头衔怎么可能被漏掉呢？这就相当于你提到一个叫贝拉克·侯赛因·奥巴马的人，却忘记说他当过美国总统。

然而，关于这座庙，还有一个大问题。众所周知，这座朱诺墨涅塔神庙建于公元前345年。换句话说，修建这座神庙是高卢人占领罗马40多年后的事。根据提图斯·李维的记载，这座神庙是为纪念卡米勒斯率领罗马大军大败维爱人而建的，而维爱战争结束9年后，高卢人才入侵罗马。我们假设他指挥维爱战争时是30岁，尽管一个30岁的人在那个时代不可能担任指挥官这么重要的职衔，那么罗马人为他建神庙的时候，他已经80多岁了。一个80多岁的老人怎么可能依然掌握着罗马的军队。

卡米勒斯确有其人。根据早期的历史文献记载，在高卢人占领罗马之后的岁月里，他曾带领罗马军队打过多次胜仗。但是，并没有任何文字记载证明他曾带领罗马军队打败过高卢军队，更不用说打败维爱的军队了。毫无疑问，提图斯·李维是刻意将卡米勒斯的英雄事迹提前的。原因并不难猜：他在给罗马人的战败找借口。将卡米勒斯尊为打败维爱的战争英雄，再让他遭受不公被迫流放，这样一来，阿里亚河上的惨败将完全与他无关。提图斯·李维这么安排的潜台词是：如果在阿里亚河战役中指挥罗马军队的是卡米勒斯，那么罗马军队很可能是赢的那一方。

平心而论，提图斯·李维不过是对这些故事的内容稍作加工而已，而这些故事发生的时间远在提图斯·李维出生之前。关于这些故事是如何成型的，有人曾给出一个十分有趣的解释。某年某月某日，几个罗马人闲来无事，于是临时决定逛逛这座名为朱诺·拉西尼亚的神殿。他们对这座庙的名字和刻在它墙上的铭文十分好奇。看着这些天书一般的铭文，他们不由得编起故事来。墨涅塔这个名字有两层意思：第一层意思与"顾问"相近，可能与擅长观天象的祭司有关；第二层意思是"警告者"。他们想当然地认为这座神庙是为纪念卡比托利欧山上堡垒里发出警告的圣鹅而建，还想当然地给这座神庙的年龄加了40年。这样一来，那些镌刻在神庙墙上的名字也顺理成章地成为高卢人攻陷罗马城那个时代的人了。鉴于罗马人压根就没看懂庙墙上的铭文，故事中嘎嘎大叫的圣鹅和没有发出叫声的狗很可能是他们臆造出来的。古罗马最早的一份公共契约是为饲养朱诺的圣鹅而设立的。与此同时，古罗马还有这样一个传统：狗是祭祀卡比托利欧山的牺牲，这一传统极有可能远在高卢人攻陷罗马城之前就已经形成。

阿里亚河战役结束后200年，罗马人才开始着手记载历史，许多历史被曲解。公元前3世纪末，也就是阿里亚河战役结束后180年，这些被曲解的历史已经成为罗马人的共识。在公元前3世纪末，罗马人横扫各国，从皮洛士率领的希腊人，到汉尼拔率领的迦太基人，无一不是他们的手下败将。他们以"上等民族"自居，认为自己是神圣的，命中注定要统治全世界。这样一来，卡比托利欧山在罗马人眼中便有了独特的宗教意义，他们便想当然地赋予它英雄主义色彩。

提图斯·李维的记载似乎并非空穴来风，其中的一些内容还是有几分可信度的，比如罗马人交付的赎金的确是黄金。我们可以在几篇历史文献中找到关于这笔赎金的一些蛛丝马迹，因此可以从侧面证明提图斯·李维的记载具有一定的真实性。古希腊历史学家狄奥多罗斯·西库路斯与提图斯·李维生于同一个时代，他曾记载高卢人在返程途中被罗马人的盟友卡西里城的士兵围击，并成功替罗马人要回这笔赎金的事。阿里亚河战役后500年，传记体历史作家苏维托尼乌斯（公元70—130年）在给罗马帝国皇帝提比略写的传记中提到提比略的家族姓氏德鲁斯的由来。那时候人们只要提到他，就会顺便解释一下他姓氏的由来，这已经成为一种惯例。罗马人与高卢人在意大利半岛北部再次交锋（此次交锋发生在高卢人攻陷罗马城之后，苏维托尼乌斯出生之前），提比略的一位先祖在一次一对一博斗中将一位名叫德拉乌苏斯的高卢人首领杀死。据说这位先祖在杀死德拉乌苏斯后，成功向高卢人要回罗马人当年支付给布伦努斯的赎金。

西库路斯的记载和苏维托尼乌斯的记载都能证明罗马人曾向高卢人支付过一笔黄金作为赎金。此外，罗马人很可能没有防守过卡比托利欧山，而是直接交赎金了事。大量历史文献证明高卢人在当时彻底占领了罗马城。罗马城当时的防御工事不堪一击，高卢人彻底占领罗马也是顺理成章的。这一结论与考古发现不谋而合。公元19世纪末，考古人员曾开掘屠牛广场周边的土层，发现其中的一个土层被严重灼烧过。起初，考古人员推定这层土存在于高卢人洗劫罗马城的那个时代。然而，随着检测技术的进步，考古人员后来发现这个土层的历史可能要追溯到公元前6世纪末，那也是一个动荡不安的年代，那时罗马人将王政时代的最后一位国王废黜，建立了罗马共和国。而公元前4世纪80年代的土层则没有任何被灼烧过的痕迹，所以高卢人似乎并没有在罗马城中大肆烧杀抢掠。事实胜于雄辩，提图斯·李维的浪漫主义叙事没有事实的支撑。高卢军队在阿里亚河上重创罗马军，而后大摇大摆地闯进罗马城，拿到赎金后又大摇大摆地撤出罗马城。罗马人毫不犹豫地向高卢人支付了赎金，所以罗马城才侥幸逃过这一劫。

即便如此，城中居民的日子也不会太好过。虽然没有明确的证据证明这一推测，但是用脚指头想想都知道一支由血气方刚的年轻男性组成的军队突然没了管束的后果是什么，何况他们还装备精良，本身的纪律性又差。为了填饱肚子，高卢人很可能洗劫过罗马城周边的农田。当然，除非罗马人立即交出赎金，否则遭殃的远不止农田里的庄稼，必然会恶化成抢劫财物、打架斗殴、强抢妇女。

提图斯·李维讲的另一个故事具有一定的真实性，尽管找到证明它真实性的证据着实费了一番周折。古希腊哲学家亚里士多德曾在自己的一部著作中提及高卢人洗劫过罗马城，而此事件发生时他本人刚出生不久。不巧这部著作已经散佚。好在古希腊历史学家普鲁塔克曾简略地介绍过这部著作。根据普鲁塔克的记载，亚里士多德在这部著作中提到一个叫卢西乌斯的人曾拯救过罗马城。我们几乎可以肯定，这个人就是卢西乌斯·阿尔比纽斯，是他把自家乘坐的马车让给维斯塔贞女。

这样看来，卢西乌斯·阿尔比纽斯的确是生活在那个时代的一位英雄。在卡比托利欧山上那些英勇抵抗高卢人的传说成型之前，反复讲述阿尔比纽斯的故事很可能是抚平罗马人创伤的唯一方法了。1940年，英军在被德军重创后，在一个名为敦刻尔克的港口小城进行了当时历史上最大规模的军事撤退行动。这次撤退行动一直为英国人所称道，他们其实跟罗马人是一样的心理。罗马城虽已失守，但是他们至少保住了自己的宗教圣物，那么这座城市的精神和诸神的庇佑也就被保住了。阿尔比纽斯极有可能是一个为罗马城做出过诸多突出贡献的人，只不过这些贡献慢慢被后世遗忘了。关于他渐渐被后世遗忘的原因，我们已经发现了一些线索。提图斯·李维曾在自己的书中提到阿尔比纽斯出身普通，而他的出身对后世的历史学家吸引力不大。鉴于这些历史学家多出身于贵族阶层，他们宁愿相信英雄都是出自他们的阶层，而非平民阶层。当然，他们眼中的英雄，并非货真价实的英雄。罗马城的盟友卡西里城也受到了同样的待遇。卡西里城为罗马城所做的贡献很可能不仅仅是保护维斯塔贞女和她们的圣物那么简单。后来，卡西里城同罗马城的关系恶化，并被后者征服，罗马人也随之失去了对他的兴趣。

无论罗马人如何美化与辩解，公元前387年的那些耻辱早已刻在他们的心里。高卢人改变了他们对世界的看法，在他们的心里种下了一颗恐惧的种子。罗马人甚至近乎偏执地认为高卢人总有一天会杀回来，彻底毁掉他们的城市。当高卢人杀回拉丁姆地区时，罗马人立即宣布全国进入紧急状态，即发布一条名为"高卢暴乱"的命令，暂时收回所有兵役豁免权，并允许各级军官无限制征兵。值得一提的是，高卢人曾至少两次杀回拉丁姆地区。

因着心中的恐惧，罗马人曾做过一件十分不人道的事：人祭。自公元前387年以后，每当罗马人被高卢人打败，前者就会举行人祭仪式，把一对高卢男女和一对希腊男女活埋在屠牛广场上的动物市场里。罗马人至少在三种情形下举行过这种人祭仪式：公元前228年，罗马人同高卢人交战期间；公元前216年，罗马军在坎尼城被汉尼拔率领的部队重创，当时汉尼拔手下的士兵有半数是高卢人；公元前114年，高卢军队在马其顿大败罗马军。至公元21年，罗马已经发展成为一个坐拥整个地中海地区的大帝国，罗马人已经征服了除大不列颠群岛外欧洲的所有凯尔特人。但是，两个高卢部落在今天法国所在的地区发动的一场小规模起义却引起了罗马人的恐慌。

当然，这颗恐惧的种子也对罗马人产生过积极的影响，它让罗马人更为理性地审视自己，甚至在罗马城的崛起过程中发挥了至关重要的作用。在高卢人洗劫罗马城之后，罗马人才后知后觉地建立起相应的防御工事。罗马人花费25年的时间建造起一道11千米长的城墙。直到今天，人们依然可以看到这道古城墙的遗址。这道新建的城墙就是塞维安城墙，它曾在以后的多次战事中救罗马于水火。罗马人还重编了自己的军队。这样一来，当他们再遭遇像布伦努斯的高卢军队那样擅长快攻快打的敌人时，也不至于脆弱到不堪一击。标枪兵负责掩护步兵，投石兵和骑兵被分成两个独立的兵种。这样一来，一旦某个地方的防线失守，其他地方的军队便可以驰援这里。经过这一系列的改革重组后，罗马军队被改装成为一台不好对付的战争机器。

高卢人的当头棒喝让罗马人涅槃重生。向野蛮的高卢人缴纳赎金这件事也许的确为后世的罗马人所不齿，所以这件事也被不断地改写。饶是如此，缴纳赎金是一个特别正确的决定。罗马人和他们的城邦得以幸免于难。正如我们在今天看到的那样，罗马城中最重要的遗迹被保存了下来，比如雄伟的朱庇特神庙。就这样，罗马城再一次浴火重生，这不是第一次，也绝不会是最后一次。

不久后，罗马人就回到了之前对外扩张的路线上。尽管罗马的拉丁盟国们在阿里亚河战役后选择叛逃，但是几十年后罗马就收回了对它们的控制权，并且将自己的军队派到更远的战场上。在同意大利南部的萨谟奈人、伊特拉斯坎人、皮洛士领导的希腊人，以及汉尼拔领导的迦太基人的一次次苦战中，罗马人一次次重生，一次次重整旗鼓。在这个过程中，罗马人获得了绝对的勇气和不屈不挠的精神，尽管李维曾将罗马人的这两个优秀品质归功于高卢人的那次侵略。在国王皮洛士看来，如果他再打赢一次罗马人，那么他将死无葬身之地，所以他十分能理解罗马的其他敌人。

无数次尝到胜利滋味的罗马人当然有打击报复敌人的资本。高卢人似乎也很有自知之明，知道罗马人早已对自己怀恨在心，于是每当罗马人对外开战，高卢人都会毫不犹豫地站在罗马人的对立面上，同罗马人纠缠。当然，高卢人这么干，没有好下场。公元前232年，罗马军指挥官纳西卡率领自己的军队攻入塞农人的领地，此举是在报复约150年前他们曾攻陷罗马城。这场战争结束后，纳西卡曾炫耀：除了小孩和老人，其他塞农人全部被他们杀光了。罗马人如履薄冰，谨防塞农人卷土重来。塞农人的膏腴之地均被分配给了罗马人和他们的拉丁同盟们。塞农人的领地内，罗马人修建的道路纵横交错。罗马人修建的军港塞尼加利亚控制着塞农人的整个领地。

公元前2世纪初，原先由高卢人控制的意大利半岛北部均落入罗马人手中，罗马人将此地牢牢抓住。绝大多数高卢人不是被杀、被遣散，就是被卖为奴隶。在此后的许多年里，侥幸活下来的高卢人一直活在被怀疑的阴影中，他们是最后一个被授予罗马公民权的民族。

最后，高卢人同罗马人变得亲如一家。罗马人也向高卢人张开双手，欢迎他们加入自己的称霸大业中。后来，高卢人入乡随俗。他们开始学习拉丁语，而他们的母语跟拉丁语极为相近，所以他们惊喜地发现学习拉丁语简直小菜一碟。他们观看罗马人的娱乐项目，送自己的孩子接受罗马式教育，参拜罗马诸神，居住在建有罗马式神庙和圆形露天竞技场的城市里。他们甚至为李维故事里那些不屈不挠的罗马英雄而感怀。最后的最后，他们甚至自然而然地认为自己就是罗马人。罗马人取得了真正意义上的大获全胜。

到那时，高卢人和罗马人团结一致，共同赴敌。罗马人不是第一个将高卢人打败并吞并他们领土的民族。就在尤利乌斯·恺撒征服高卢全境期间，另一个民族正蚕食着位于欧洲大陆中部的凯尔特人的腹地。这个新出现的蛮族正虎视眈眈地盯着罗马城。

日耳曼人渐渐逼近。

台伯河

萨拉里安门
诺门塔那门
提布尔提那门
帕拉恩斯提那门
拉比坎冷圣十字圣殿
阿西纳里门
品奇阿纳门
戴克里先浴场
图拉真浴场
罗马斗兽场（弗拉维圆形剧场）
拉特兰圣乔凡尼大教堂
美德尼亚门
拉蒂纳门
亚壁门
弗拉米尼亚门
伊西斯神庙
万神殿
庞贝剧院
图密善赛技场
卡比托利欧山
古罗马广场
帕拉蒂宫
马克西穆斯赛技场
卡拉卡拉浴场
奥斯蒂亚门
科尼利亚门
哈德良陵墓
哈德良桥
尼禄桥
马塞勒斯剧院
阿格里帕桥
奥勒勒留桥
塞斯提乌斯/法布里修斯桥
埃米利乌斯桥
苏布里基乌斯桥
普罗布斯桥
波图恩希门
奥雷利亚圣潘克拉提门
圣彼得大教堂

符号表
花园
奥勒良城墙和城门
主干道
高架渠和蓄水池

N

0   英里

第二章

哥特人

Chapter Two Goths

I

科森扎市[1]位于意大利的"脚趾"部分的正上方，隶属于卡拉布里亚大区，是一座旅游业不怎么发达的城市。有游客就意味着这座城市正在向积极的方向发展，所以当有人停下来问你是不是当地人，他的潜台词一定是希望你是游客。科森扎市虽然没有闻名遐迩的风景名胜，但是并不影响它成为一座舒适宜人的城市。老城区坐落在山腰之上，位于克拉蒂河和布森托河的交汇处，不远处屹立着一座城堡。城内遍布着蜿蜒崎岖的小道和梯道，好似迷宫一般。卡拉布里亚大区是意大利很贫穷的地区，但是科森扎市正在努力地改变现状。新城区的中央广场刚被整修一新，不仅建有设计巧妙的滑板场和长长的人行道，还陈列着各式各样的现代艺术品。科森扎人在夜游时便可一睹这些艺术品的风采。

1937年11月19日黎明，一伙人正聚集在布森托河和克拉蒂河的交汇处，彼时的科森扎市比现在更加不起眼。领头的是科森扎省省长，其

1　科森扎市是科森扎省首府。

他人则紧随其后。他们被迫早起，睡眼惺忪，目光中除了带着一丝愤恨，还不时闪过一丝惶恐。应一位考察者之邀，他们在此集结。这位考察者偕同妻子和随行翻译已于前一天晚上抵达科森扎省。三人的旅途漫长而煎熬，他们三人先是驱车攀登维苏威火山，不料一路上寒气逼人、狂风怒号，维苏威火山也消失在层层乌云之中。他们三人又驱车疾行350千米，其间乘坐的汽车数次抛锚，最后终于在次日凌晨到达科森扎市。这位考察者即纳粹党卫军（SS）帝国长官海因里希·希姆莱（公元1900年10月7日—1945年5月23日）。

希姆莱的随行翻译尤金·多曼后来将那天清晨发生的事情记载下来。希姆莱不仅勘测了那条几近干涸的河流，还审慎地检测了河床上残留的浑浊河水。做完这些工作后，他开始向科森扎省的高官们讲述排干河道的方法。就在此时，另一伙人也出现在河边，只见一个妩媚的妙龄女占卜勘探师率领着一群法国考古学家：

> 一轮朝阳冉冉升起，在意大利考察团的高官们眼中，面前这位法国美人儿变得更加秀色可餐……他们的眼睛死死地盯着她因上下挥舞占卜杖而微微发颤的丰满乳房，像是着了魔一般。那根细长的占卜杖，像磁石一般将他们从希姆莱处吸到法国考察团这边。他们醉翁之意不在酒，而在那位花容月貌的法国女占卜勘探师。只有眉头紧锁的省长和冷若冰霜的警察局局长坚定地站在希姆莱这一边，后者只是承诺尽快从德国调来一支考古队。[1]

希姆莱和法国女占卜勘探师之所以会不约而同地来到科森扎市，完全是因为1400多年前的约达尼斯。约达尼斯在《哥特史》中曾详述西哥特武士于公元410年在那条河的河边逗留的情景。此时此刻，希姆莱和法国考古学家们就聚集在约达尼斯的书中所说的那条河的河边。西哥特武士们命令奴隶改变布森托河的流向，并在其原先的河道上开掘出一座深不见底的坟墓。武士们将一具尸体和若干陪葬品置于墓中，然后将坟墓填平，将河水改回原先的河道。这样一来，河水便可神不知鬼不觉地将坟墓的确切位置隐藏起来。为了守住这个秘密，武士们在事成之后便将所有参与此事的奴隶统统处死。根据约达尼斯的记载，坟墓中躺着的正是西哥特王国的首任国王亚拉里克一世，而墓中的陪葬品则是数周前从罗马城掠夺来的金银财宝。

西哥特人挺进罗马城的道路漫长而曲折。亚拉里克一世崩殂前两个世纪，波罗的海南岸的西哥特人就开始蠢蠢欲动。他们循着罗马城的金银财宝散发出的诱人光辉，沿着贸易路线向南推进，一路攻城略地，直逼黑海，在黑海沿岸建立起数个王国，势力范围从多瑙河一直延伸至克里米亚半岛。自此，西哥特人与罗马人比邻而居，两个民族之间的摩擦与纷争不断，对两个民族的命运都产生了极为深远的影响。

哥特人是战争的始作俑者。从公元3世纪30年代末开始，哥特人便伙同其他野蛮部族向巴尔干半岛南部、小亚细亚和希腊发起多次袭击，罗马帝国所辖的数个重要城市惨遭洗劫，其中包括以弗所、科林斯和雅典。哥特人对罗马帝国的"3世纪危机"也"贡献"过自己的一份力。"3世纪危机"是指从公元235年到公元284年罗马帝国陷入长达50年的危机，罗马人不仅疲于应付各野蛮部族的侵袭、波斯帝国的数次入侵和失控的通货膨胀，还有随时被卷入王储内斗的危险。罗马帝国风雨飘摇，几次濒临分崩离析。

一个世纪后，罗马人大仇得报。到公元4世纪，凭借对农业的改良和各类简单产业的开发，哥特人在黑海沿岸建立的各个王国一派蒸蒸日上的景象。公元327年，君士坦丁大帝率军横渡多瑙河，直抵哥特人的势力范围，迫使哥特人承认罗马人才是这片土地的主宰。哥特人节节败退，不得不逃到喀尔巴阡山中。然而，复仇才刚刚开始。君士坦丁大帝采用饥饿战术逼迫哥特人投降，并迫使他们签订丧权辱国的条约，即哥特人建立的王国以附属国的身份并入罗马帝国。

更屈辱的事还在后面。半个世纪后，也就是公元376年，不少哥特人驻扎在多瑙河沿岸，肩负着替罗马帝国戍边的任务。彼时，他们不得不低声下气地祈求罗马人的庇护，期望在罗马帝国内部求得一席安身之地。哥特人的屈辱境地是由匈人一手造成的。战术超群的匈人是让好战的哥特人都闻风丧胆的存在。匈人骑兵会在安全距离内冲敌人放箭，然后再冲上前去将敌人赶尽杀绝。见大事不妙，一部分哥特人逃至罗马帝国在中欧的边境地带。选择按兵不动的那部分哥特人则继续驻扎在多瑙河沿岸，继续向昔日宿敌乞求怜悯。选择留下来的这部分哥特人逐渐与当地人融合，形成了一个新的民族，他们自称是西哥特人。

东罗马帝国皇帝瓦林斯（彼时的罗马帝国已成尾大不掉之势，东西罗马分治）下令接纳被匈人驱赶的西哥特人。他这么做或许是因为西哥特人数目众多，强行驱赶实非明智之举，或许是因为他打算利用他们替自己卖命。无论瓦林斯皇帝（公元364—378年在位）当时是出于何种居心，后来的事实证明他的这一决定给自己带来了灭顶之灾。利欲熏心的罗马贪官通过向西哥特人出售高价食物获利，甚至还打算在宴会上绑架西哥特人的首领取乐。结果弄巧成拙，遭到西哥特人的奋起反抗。两年后，亚德里亚堡之战爆发，罗马军遭遇500年来最惨重的覆灭，三分之二的东罗马野战军被屠戮，瓦林斯被杀。亚德里亚堡之战的惨败让罗马人的心态发生了翻天覆地的变化。阿里亚河战役后，罗马人横扫蛮族，优越感油然而生。然而，亚德里亚堡之战让罗马人彻底放下对蛮族的优越感，学会平等待之。

在接下来的30年里，西哥特人一直盘踞在帝国境内，成为罗马帝国内部的一颗毒瘤。两个民族总是在敌人与朋友间徘徊，时战时和。罗马人对西哥特的忌惮和剥削迫使西哥特各个部族团结起来。西哥特人学习了一些罗马人的习俗，放弃了本民族的宗教，转而皈依基督教。瓦林斯皇帝向西哥特人开出归顺条件：西哥特人的首领必须信仰基督教，所以从某种意义上讲，改宗之举实属无奈。于是，他们便同瓦林斯皇帝一样，信奉基督教。正是这一信仰让后来的西哥特人吃尽苦头。瓦林斯皇帝命丧亚德里亚堡，东罗马帝国便宣布天主教为国教，西哥特人霎时沦为异教徒，他们的信仰完全摆脱了罗马人的控制。这样看来，瓦林斯皇帝歪打正着，倒是成全了他们。

▲ 这幅创作于 17 世纪的画作描绘了亚拉里克军战斗的场景，出自乔治斯·德·斯古德里于 1654 年创作的《亚拉里克》。

在这个风云变幻的时期，亚拉里克脱颖而出，被西哥特人推举为酋长。他的性格和外貌均无从考据，现存的文献仅仅对他的上位史做了记载，我们不妨以此为切入点。他的权力之路与西哥特人对罗马人的恩怨纠葛息息相关。公元394年，为讨伐西罗马帝国的篡位者，西哥特人根据条约规定加入东罗马帝国的军队，参加冷河战役。西哥特战士被派往最前线，结果伤亡惨重。他们因此起疑，怀疑罗马人故意借机削弱他们。亚拉里克带领着自己的族人再一次走上反抗罗马帝国压迫的道路，一路杀进希腊，给希腊带来了前所未有的毁灭性打击。雅典被洗劫一空，无数雅典公民被卖为奴隶。几年后，亚拉里克故技重施，入侵意大利半岛北部。你可能会自觉或不自觉地把他想象成动作电影中那些嗜血成性、杀人如麻的大反派，然而，事实并非如此。当时的文献记载，这位哥特酋长深知礼贤下士的重要性，并不会一味地刚愎自用。亚拉里克征讨四方，与其说是本性使然，不如说是职责所在。倘若他手下的武士无法分到足够的战利品，只怕会反过来推翻他，取而代之。为了在政治上立于不败之地，他必须学会笼络人心。事实证明他是天生的领袖。亚拉里克的战绩也非常具有启发意义。在他的酋长生涯中，他参加的战役比人们想象中少得多，对胜算不大的战役避而远之，懂得见好就收，绝不会一味地强出头。战战兢兢，如履薄冰，可谓他人生的真实写照。他深知一着不慎，满盘皆输的道理：一次战败就足以把他和他的族人推向万劫不复的深渊。一旦战败，他的族人要么沦为罗马人的奴隶，要么被强制入伍，而他本人则会被罗马人当成庆祝胜利的牺牲品，在众人的欢呼声中被活活勒死。

生性谨慎的亚拉里克为何会选择退出巴尔干半岛，冒险来到罗马城下呢？这个问题的答案与弗拉维乌斯·斯提里科有着千丝万缕的联系。斯提里科有一半的汪达尔血统[1]，是当时西罗马帝国的军事统帅，是小皇

1　斯提里科的父亲为汪达尔人，而汪达尔人为古代日耳曼人部落的一支。

帝弗拉维乌斯·奥古斯都·霍诺里乌斯[1]背后的真正掌权者，是霍诺里乌斯之父狄奥多西大帝钦定的顾命大臣。斯提里科曾两次与亚拉里克交手：在初期击退西哥特人对希腊的入侵，并在后来击退西哥特人对意大利半岛北部的入侵。公元406年，斯提里科向亚拉里克提出结盟，共同对抗东罗马帝国。那么斯提里科为何突然要与东罗马帝国兵戎相见呢？我们不得而知。当然，东西罗马帝国之间的嫌隙由来已久。亚拉里克和他的族人在巴尔干半岛一筹莫展，匈人在中欧虎视眈眈，他们因此急需一把保护伞来替自己遮风挡雨。亚拉里克迫不及待地答应了斯提里科的结盟请求。

　　然而，这次的结盟好似斯提里科开出的一张空头支票。亚拉里克率领自己的族人来到今天的阿尔巴尼亚境内，打算与斯提里科的军队在此会师，但是斯提里科并没有出现在约定的地点。他找了一个冠冕堂皇的借口，企图敷衍搪塞过去。就在亚拉里克与斯提里科达成结盟的几周内，不少日耳曼部族被匈人赶到今法国境内。这只是匈人毁灭西罗马帝国的前奏而已。亚拉里克在阿尔巴尼亚苦等一年之后，彻底失去耐心。他的属下已经急不可耐地想要去烧杀抢掠。亚拉里克带领他们来到阿尔卑斯山，以便居高临下地威慑不远处的拉韦纳，此城是西罗马帝国朝廷所在地。他随后要求西罗马帝国支付他1800千克黄金作为赔偿金。

　　西罗马帝国内外交困，斯提里科心乱如麻。为了息事宁人，他也只好同意亚拉里克提出的赔偿要求。然而，斯提里科的这一决定，最终让他自己付出了惨痛的代价。一位名叫兰帕迪斯的元老院议员牢骚满腹，称支付赔偿金实是姑息养奸而非息事宁人。兰帕迪斯的非议只是斯提里科断头之路的第一步。拉韦纳朝廷最后还是支付了这笔赔偿金，但是斯提里科却遭到朝中政敌的诽谤中伤。一时间朝廷上下谣言四起，纷传斯提里科意欲立自己的儿子为皇帝。加之他有一半的日耳曼血统，罗马人

1　狄奥多西一世的次子。

本就对他多有猜忌。罗马帝国晚期的政权更迭往往伴随着残酷的杀戮。公元408年8月，斯提里科在拉韦纳的一间教堂里被斩首。他的亲信和儿子也受到牵连，纷纷被杀。更糟糕的事情还在后头。他的死就像一把火，点燃了意大利半岛的反蛮族情绪，罗马军中开始大肆屠戮斯提里科派中具有日耳曼血统的士兵，甚至连他们的家人都不放过。

　　亚拉里克的保护伞被杀，族人也惨遭屠戮。人们料定他迟早要报仇，只是时间早晚的问题而已。亚拉里克的内弟阿塔乌尔夫率领自己的部众入伙亚拉里克的部落，加之斯提里科派的将士因大屠杀集体倒戈，他的队伍空前强大起来。但是，亚拉里克依旧如从前一般小心谨慎。他需要同霍诺里乌斯皇帝达成新的条约，当然他提出的条件并不过分：他的唯一要求不过是为自己的族人在帝国内部谋得一块容身之地，且授予他对这块土地的自治权。他所求之地即今天的匈牙利和克罗地亚。被反蛮族情绪所左右的拉韦纳当局断然拒绝了亚拉里克的要求。心灰意懒的亚拉里克不得已决定出兵攻打罗马帝国。即使决定兵戎相见，亚拉里克也仅仅将动武视为权宜之计。他不过是想增加同霍诺里乌斯皇帝谈判的筹码而已，他所求不过是为自己的族人在罗马帝国内谋得一席立足之地。当然，这一席立足之地须是罗马帝国的心头肉。因为只有这样，罗马人才会舍得拼尽全力确保这块土地安全无虞。

　　西哥特人整理好行囊，浩浩荡荡地向南进发。虽然我们不能妄下结论，但是至少有一点是肯定的：他们不同于布伦努斯领导的职业军队。相反地，他们是携带妻小的武士，全部所求不过是一块安居乐业之地。亚拉里克的部下绝非散兵游勇，而是有组织的队伍，内部等级森严。他们推举的酋长位于金字塔的顶端。酋长之下是自由武士，自由武士的数量占整个部落人口的五分之一到二分之一。自由武士之下是人数众多的奴隶和自由民，他们处于部落底层，禁止同武士阶层通婚。鉴于只有一小部分的自由武士视自己为哥特人，其余的自由武士是否会心甘情愿地替这一小撮人卖命呢？彼时民族认同问题很可能还未上升为主要矛盾，但是哥特人的部落的确是不堪一击的存在。如果那一小部分具有哥特民族认同感的自由武士的人数持续减少，那么这个部落距离分崩离析就不远了。

彼时的西哥特人完全没有必要担心他们的部落是否有分崩离析的危险。他们是一个总人口高达15万的部落，足以住满罗马帝国任何一个大型城市，其中有3万人是具有战斗力的成年男性。与此同时，罗马帝国却在不断地裁军。两相对比，西哥特的军队浩浩荡荡，杀奔而来，要么骑着战马，要么徒步飞奔，要么挤在战车上。他们统一留着时兴的日耳曼式长发。首领手持装饰华丽的武器，身穿金属铠甲；武士们则身穿皮质罩衫，或者穿戴从罗马军那里俘获的护胸甲和头盔。他们的武器花样繁多，从圆形盾牌、长矛，到长剑、木棍，不一而足。当然，他们也跟布伦努斯的高卢部众一样，邋遢不堪。公元408年11月的某一天，西哥特人不知从什么地方冒了出来，如汪洋大海般将罗马城团团围住。

II

那么亚拉里克和他的族人面前的罗马城是一座怎样的城市呢？他们八成会看到这座城市高耸入云的城墙。亚拉里克不知道的是，他也曾为面前的这堵高墙贡献过"一份力"。当然，他和族人面前的这堵城墙早已不是昔日因高卢人侵犯而修建的塞维安城墙。塞维安城墙的主体部分因城市建设而被陆续拆除。他们面前的这堵城墙叫奥勒良城墙，在长度上是塞维安城墙的两倍。奥勒良城墙精准地展示着罗马城在过去800年里的变迁。菱形的塞维安城墙只将罗马七山围绕起来，而奥勒良城墙除围绕整个罗马七山外，还包括台伯河以及台伯河右岸的特拉斯提弗列区。奥勒良城墙修建于"3世纪危机"期间。这一时期的罗马帝国内外忧患，罗马城俨然一座危城，朝不保夕。于是奥勒良城墙在罗马人的匆忙中拔地而起，不可避免地占用了大量的建筑物和街道。罗马人后来发觉建成后的奥勒良城墙不够高耸，于是在几十年后又将其重新加高。公元401年3月，亚拉里克率族人入侵意大利半岛北部，犹如惊弓之鸟的斯提里科命人将奥勒良城墙加到20米高，并将城墙的范围扩展到台伯河右岸的特拉斯提弗列区，在这之前这一地区都是不设防的。亚拉里克在公元408年秋看到的罗马城从未如此牢不可破。

那么奥勒良城墙内又是怎样一番景象呢？假设有一位罗马人乘坐时光机从公元前387年的罗马城穿越到公元408年的罗马城，他一定会无所适从，因为后者的面积是前者的40余倍。公元408年的罗马城早在300年前已达到全盛，盛极而衰，很多建筑物早已不复往日的荣光，难掩破败之象。尽管如此，罗马依旧是地球上较大的城市，城中的建筑杰作傲然屹立，特里尔、迦太基和君士坦丁堡等罗马帝国的其他核心城市在它面前都黯然失色。公元前387年的罗马城是一座由木头和石砖堆砌而成的城市。公元408年的罗马城，白墙红瓦，恢宏大气。各式各样的大理石装点着巍峨的神庙和宫殿：白色的大理石产自托斯卡纳大区、希腊和马尔马拉海；暗红色和紫色的大理石产自小亚细亚；绿色的大理石产自埃维厄岛；粉灰色的大理石产自希俄斯岛；红色的大理石产自伯罗奔尼撒半岛南部；黄色的大理石则产自非洲北部。

根据公元4世纪中期的罗马城旅行记录，我们可以发现：彼时的罗马城建有两座大型市场、两尊巨型雕像、两座竞技场、两座圆形剧场、三座剧院、四所角斗士训练学校、五个为模拟海战而建造的人工湖、六座方尖碑、八座桥、十座长方形会堂、十一个广场、十一个公共浴场、十九座高架渠、二十二座骑马塑像、二十八座图书馆、二十九条大街、三十六座大理石拱门、三十七道门、四十六家妓院、七十四尊象牙神像、八十尊金质神像、一百四十四座公共厕所、二百五十四家面包房、二百九十座仓库、四百二十三个居住区（每个居住区都建有一座神庙）、八百五十六座私人浴室、一千七百九十家商店、两千三百个橄榄油摊点和四万六千六百零二幢公寓。

若这位来自公元前387年的罗马人穿越到公元408年的罗马城，他能将眼前的事物与自己记忆中的罗马联系起来吗？恐怕有点难。屠牛广场依旧是牲畜市场，依旧坐落在帕拉蒂尼山和台伯河之间。然而，屠牛广场上的神庙早已被翻修多次。马克西穆斯竞技场的赛道依旧位于帕拉蒂尼山和阿文提诺山之间的山谷，只不过赛道边那些粗陋的木架子早被一座可以容纳25万人的庞大建筑物所取代。这座建筑物的前两层设有石质座椅，其余的座椅则为木质。罗马人在公元前387年只会在军队打完胜仗后才会举办庆祝赛事，而这在公元408年早已司空见惯。就连开场游行仪式也发生了变化，彩车依旧会从卡比托利欧山出发，但是车上载着的是皇帝的画像，而不再是神像。

当然，有些东西是不那么容易被时间所改变的。这位共和时代早期的罗马人只需抬起头，便会发现朱庇特神庙依旧占据着这座城市的天际线，一如800年前。他眼前的这座神庙早已物是人非。高卢人入侵罗马城时的那座神庙早已化为灰烬，它已先后被重建3次。公元前387年的朱庇特神庙是由砖石和木块搭建而成的，朴实无华。相较之下，公元408年的朱庇特神庙镶嵌着大理石和金色的瓦片，华而不实。当这位穿越而来的罗马人慢慢走近朱庇特神庙时，便会发现一个惊人的现象：作为罗马城里最负盛名的神庙，朱庇特神庙已被上锁。它面向公众开放的时间总共不超过10年。

这位穿越者或许还能从一个地方找到似曾相识的感觉。这个地方并不好找，他/她须得横穿古罗马广场，翻越帕拉蒂尼山，此时帕拉蒂尼山的地形早已大变，许多巨型平台拔地而起，人为地将帕拉蒂尼山拔高到新的高度。公元前387年，宏伟的罗马王族宅院足以俯视整个古罗马广场，而此时这些宅院早已被另一片庞大的宅院——皇城所取代。公元408年的罗马已经历经400余年的君主专制。

君主？人们常常将"君主"这个词与华丽典雅又不失浪漫的宫廷联

系起来。然而，事实并非如此。罗马的政体形态与英国的君主专制政体向民主政体的过渡形态有某种相似性。自恺撒遇刺后，他的继任者们集体编造了一个谎言：罗马共和国依然存在。

罗马帝国的皇帝们豢养着一批文人墨客，专替他们歌功颂德，包括言论自由权在内的基本人权早在罗马帝国建立之初就已沦为君主制的牺牲品。即便是那些以仁著称的皇帝，他们治下的写作者也绝没有胆量讽喻当局、揶揄君主。一旦有人胆敢这么做，就会被安上叛国的罪名，轻则被流放，重则性命不保。公元408年，曾存在于罗马共和制下的官职依然存在，只不过这类官职早已演变成一种荣誉称号，与现代英国的骑士称号颇为相似。真正掌握实权的是罗马帝国的皇帝们和他们手下的秘密警察，也就是令人闻风丧胆的弗鲁曼塔里伊。仗着人多势众，罗马人偶尔也会在公共场所直抒胸臆。那些不得民心的皇帝在竞技场上观看赛事的时候极有可能被罗马人当众奚落。但是这种大规模的群众性抗议活动具有相当的危险性，带头抗议的人很有可能会被皇帝派来的秘密警察拖走。

公元前387年，罗马的政治活动主要在公共场合下开展，罗马人在元老院、屠牛广场和罗马城的大街小巷里都可以讨论政事。而在公元408年，政治已经演变为一件极为私密的事，甚至是家事。但凡有点野心的政客，为了向上爬都必须学会拜高踩低和收买人心。不客气地说，做小伏低是他们（在那个年代，女性没有居高位的机会）的官场生存法则。为了得到单独面见君主的机会，他们必须要学会低声下气地讨好君主身边的人，比如他的妻子、情妇、管家和试吃饭菜的仆人等。只有得到面见君主的机会，他们才有飞黄腾达的可能。

公元408年，西哥特人兵临罗马城下之时，偌大的皇宫已经空空如也，不再有蝇营狗苟的政客。西罗马帝国年轻的皇帝霍诺里乌斯曾在几个月前莅临罗马城，随行的还有他的臣子们。他来此地是为了处理亚拉里克的赔偿金问题，元老院的议员们为这事吵得不可开交，其中一位议员兰帕迪斯控诉斯提里科胳膊肘往外拐。皇帝出巡不再像从前那样频繁，几十年都未见得有一次。在过去的100多年里，帕拉蒂尼山上的皇宫更像是皇帝们的行宫，他们只是偶尔来住上一阵。罗马城已不再是罗马帝国的首都。在这个战乱频仍的年代，为了将兵权牢牢握在自己手中，罗马皇帝们常常把宫殿建在距离前线不远的地方。这是个靠拳头说话的年代，国祚能否延绵全仰仗手里的兵权。这样一来，我们就不难理解他们为什么会把宫殿建造在米兰、莱茵河上的特里尔、君士坦丁堡（东罗马帝国的首都）。我们在前文提到，霍诺里乌斯的朝廷目前在拉韦纳，此地四周有沼泽环绕，是天然的屏障，伺机而动的蛮族也不敢贸然行动。罗马皇帝们曾站在帕拉蒂尼宫的阳台上冲早晨前来参观的游人挥手致意，此时的皇城却显得荒凉破败。巍然的皇宫正殿、建有装饰性喷泉的院落以及奢华的宴会厅也早已不复往日的光彩。

除了上面提及的建筑物，朱诺墨涅塔神庙的周边有一小块公共区域，这片区域对这位来自共和时代的罗马人来说并不陌生。傲然挺立在这片区域的罗慕路斯故居从8个世纪的沧桑巨变中挺过来。根据文献记载，早在亚拉里克率领族人来到罗马城下的前二十年罗慕路斯故居依然存在。不出意外的话，罗慕路斯故居在公元408年一如往昔。早在几个世纪之前，生活在哈利卡尔那索斯的狄奥尼修斯曾描述祭司们如何小心翼翼地维护罗慕路斯故居，"……祭司们并不打算将罗慕路斯故居改造得更加富丽堂皇，他们只想尽力保持它原来的样子"。[2]但是在公元408年，至少已经有10年没有祭司专门打理维护罗慕路斯故居，它的状况不容乐观，它的茅草屋顶很可能已经坍塌。罗马人并没有忘记自己的祖宗，祖宗在罗马人心中依旧占据举足轻重的地位。

但是这位来自共和时代早期的罗马人可能会疑惑地摇头。罗马的皇帝们不是早已经被罗马人推翻了吗？推翻帝制可是罗马人的一大骄傲。他们是什么时候死灰复燃的？为了找到这个问题的答案，不妨从帕拉蒂尼山上皇宫的那个豪华的坡道走下来，走到河边。河边有两座高大的建筑物，两座建筑物的水平距离只有几百码。它们存在的目的一方面是增强罗马民众的自豪感；另一方面则是震慑他们。庞贝剧院与古代罗马共和国末期著名的军事家和政治家庞贝同名。马塞勒斯剧院最初由挫败庞培的盖乌斯·尤利乌斯·恺撒建造。庞贝和恺撒是古罗马共和国后期奴隶主集团的两位军事政治家，他们凭着自己的赫赫战功变得富可敌国、权势滔天，罗马共和国的法制框架对他们不再具有约束力。罗马贵族的祖先是共和国的缔造者，但是他们却亲手将祖先的基业葬送。贵族们热衷于互相攀比，为了建立更大的奴隶庄园，他们将农民赶出原本属于他们的土地，一步步挤压小农阶层的生存空间，小农阶层曾是整个罗马共和国的支柱。共和制这一政治体制既成就了罗马共和国的强大繁荣，又加速了罗马共和国的消亡。罗马共和国在军事上无往不利，罗马的士兵们于是被派驻到各地去开疆拓土。随着时间的推移，这些士兵渐渐失掉了对国家的忠诚，转而唯领导和供养他们的主将马首是瞻。发展到最后，这些士兵甚至愿意为自己的主将去残杀其他的罗马人、去洗劫罗马城。尤利乌斯·恺撒就是这类主将的代表。

恺撒不仅亲手埋葬了罗马共和国，他和庞贝还在不经意间扼杀了古罗马戏剧。真正的戏剧在公元408年早已不复存在。当权者好大喜功，急于向罗马人证明自己，所以他们建造的剧院都大得出奇。马塞勒斯剧院最多可以容纳两万名观众，但是大部分观众几乎看不到台上的演员，更别说听见他们在舞台上说的台词了。饱含激情的台词被改编成苍白的叙述，由一个专门的合唱团朗诵出来，而演员们则戴着夸张的面具、穿着夸张的服装在舞台上做着哑剧动作。戏剧的主题也随之变得越来越残暴粗俗。洛勒奥鲁斯的故事在罗马人中深受欢迎，故事的主角洛勒奥鲁斯是个恶贯满盈的强盗，他最终被绳之以法，处以死刑。在公元1世纪晚期，一名扮演洛勒奥鲁斯的演员在演出接近尾声之时，被一名真正的死刑犯代替，随后这名死刑犯在众目睽睽之下被处决。这一事件标志着罗马戏剧跌至低谷。

在舞台上当众处决死刑犯这一戏剧理念有着肥沃的现实土壤。古罗马广场还坐落着罗马的另一个著名地标性建筑：罗马斗兽场，公元408年的罗马人习惯性地称它为弗拉维圆形剧场。弗拉维圆形剧场这个名字很可能来自它旁边那座35米高的巨型金色雕像。这尊雕像由尼禄皇帝下令为自己而建，也就是说这座雕像刻画的就是尼禄本人。这座雕像全身赤裸，一丝不挂。尼禄的继任者韦帕芗将这座雕像上尼禄的头换成了太阳神赫利俄斯的头。高耸入云的弗拉维圆形剧场是当时整个罗马帝国规模最大的椭圆形角斗场：它能保证5万名观众在几分钟内全部离场，每一层都设有饮水器。弗拉维圆形剧场在设计上存有瑕疵，但是这并不妨碍它成为罗马人民族自豪感的源泉。弗拉维圆形剧场的遮阳天棚（由木棍和绳索组成的复杂装置控制）遭到暴风的猛烈袭击，最高一层的座位因为缺乏牢固的支撑而摇摇欲坠。遮阳天棚还极容易遭到雷击，在公元3世纪初期，弗拉维圆形剧场的东北部在一次雷击中被夷为平地。

尽管如此，在公元408年，弗拉维圆形剧场依然在正常运作。它的地下隧道依旧挤满了等待着被升降梯送上斗兽场这个死亡舞台的人和动物。通过在公共场所屠杀活人和动物取乐的方式在公元408年开始逐渐没落。此外，迫于基督徒的压力，角斗士之间的决斗表演在4年前被禁。这种残忍的娱乐项目最初源于伊特拉斯坎人发明的活人献祭——他们常在大人物的葬礼上安排两名角斗士进行生死决斗。在公元前387年高卢人劫掠罗马城后的两个世纪，这种娱乐项目在罗马出现，并迅速流行开来。很多野心勃勃的人出资举办各类奢靡的决斗表演，以至于当权者不得不想办法控制这类表演，但是无济于事。善解人意的罗马人也觉得在众目睽睽之下杀死活人和动物是一件罪大恶极的事，但是他们中的大多数人却着了魔似的迷上了这个娱乐项目。罗马人把大部分时间都用来观看角斗士之间的厮杀、角斗士和野兽之间的厮杀、野兽之间的厮杀，以及野兽将死刑犯撕咬致死，这种现象持续了约有600年之久。角斗士之间的决斗表演已然被禁，但是斗兽场上的人兽之战却又顽强地存活了至少一个世纪。

现代人必定无法接受这种杀生取乐的娱乐方式。为什么那时的罗马人却可以欣然接受呢？答案就是：那个时代要比现代残暴得多。可以毫不夸张地说，残暴已经成为他们日常生活的一部分。那个时代的罗马人还发展出一套与这种残暴性相适应的价值判断体系。在他们眼里，观看这类娱乐项目是对国家应尽的义务，观看角斗士之间你死我活的厮杀可以让他们的孩子，尤其是儿子，变得更坚强，进而成长为罗马帝国合格的守卫者。

在这一时期，罗马人第一次去弗拉维圆形剧场观看表演，会被当成一种成人礼。这一天也是踏青出游的日子，家家户户都会准备精致的野餐。最后，罗马人会怀着小赚一两笔的美好愿望来到弗拉维圆形剧场。他们沉溺于赌博，战车比赛、掷骰游戏和角斗士对决都有他们下注的身影。舞台上一个角斗士向他的对手发起致命一击，他的对手旋即倒在血泊中，台下就会有一拨人兴奋地高喊"好！"他们刚刚成为这场赌博的赢家。公开处决死刑犯期间，罗马人被禁止下注赌钱，所以这个时段的弗拉维圆形剧场通常十分冷清。

罗马人去弗拉维圆形剧场主要是为了追求刺激，保家卫国的责任感和赢钱的满足感倒是次要的。即使是对这种娱乐节目最抵触的观众，只要去看过一次，就会无可救药地沉迷于这种刺激。弗拉维圆形剧场是迄今为止世界上规模最大的杀戮场。据估计，有25万人到50万人的生命在这个死亡舞台上戛然而止，几百万动物命丧于此，这些动物中不乏稀有物种。很多物种因为这类残暴的表演而直接灭绝。当然，最令人心惊胆寒的是隐藏在这些表演背后的人性：人类一旦确信自己的行为能够被社会广泛接受，便会心安理得地把他人或动物的死亡过程当成一件乐事，并反反复复地享受这种杀戮带来的快感。

弗拉维圆形剧场是罗马人的骄傲，而散布于罗马各处的公共广场则是外地游人的向往之地。公元前387年，罗马城中只建有一座广场，即古罗马广场。这里是城中的政治中心，公民在此集会、发表演讲，元老院的议员也在此集会。公元408年，随着政治权力的转移，古罗马广场的职能更接近于现代意大利广场，你可能会在广场上与老友偶遇，也可以去广场上办业务或者购物。古罗马广场在外观上与威尼斯的圣马尔谷广场相似，后者是由各式柱廊、店铺和高旗杆围成的长方形广场。相较之下，古罗马广场则显得更为拥挤，广场上满是纪念历代帝王的雕塑、神龛和纪念碑。这种拥挤的布局极有可能是当局有意为之，意在驱散公共政治的"阴魂"，遣散参加公共集会的民众。

到公元408年，古罗马广场上只剩下元老院里的议员还在公开讨论政治。公元283年，古罗马广场突遭火灾，元老院也难逃厄运。元老院随后被重建，所以公元408年的元老院看起来比周遭的建筑物新一些。元老院的外观看起来雄伟壮观一如往昔，但是里面的议员早已没了往昔的威风凛凛。鼎盛时期的元老院曾统治着整个地中海地区，但是在罗马共和国灭亡后，元老院的地位也一步步走向衰落。君士坦丁一世（公元306—337年在位）将元老院的议员人数扩充至2000人，导致人浮于事、效率低下。瓦伦提尼安一世（公元364—375年在位）也跟他之前的皇帝们一样，对巫术心存畏惧。江河日下的元老院早已无力与皇权抗衡，只好在瓦伦提尼安一世的猜忌中遭殃。在一次麦卡锡式的猎巫运动中，元老院议员和他们的妻子被指控通奸、乱伦以及施巫术，受到审判，许多官员也受到严刑拷打。这些在以前根本是无法想象的事情。在公元408年，元老院只不过是个成员以溜须拍马见长的市议会而已。如果没有人在背后给兰帕迪斯撑腰，他绝对没有胆子当众指控斯提里科，所以这件事与高层政治斗争和权力更迭有着脱不开的干系。每当新帝登基，元老院的议员们就会异口同声地高唱赞歌。

元老院已经没有了往昔的威风，古罗马广场也不再是罗马的政治中心。广场和剧场都变成皇帝接受臣民朝拜的地方。到公元408年，罗马城中一共建有11座广场，其中图拉真广场是整个罗马城内最壮观的场所。图拉真广场是图拉真建筑群的一部分。建造图拉真建筑群需要大量的土石材料,以至于山丘的一侧山坡全部被挖空。整个建筑群包括一座巨型图拉真骑马雕像、一根图拉真记功柱(用以纪念图拉真征服达西亚,记功柱上详细地刻画了达西亚战争的全过程。达西亚即今天的罗马尼亚。到公元408年,达西亚的大部分领土早已不再隶属于罗马帝国)、一座巨型廊柱大厅、两座图书馆(一座用来存放拉丁文典籍,另一座则用来存放希腊文典籍)以及图拉真市场(弧形的三层建筑物,设计精美,设有多家铺面)。跟罗马帝国其他的建筑杰作一样,图拉真建筑群也是由混凝土建造而成的,公元前387年的人们根本想不到用混凝土来造房子。这种混凝土的原料主要是石灰和火山砂,将这两种原料的混合物倒入临时的木质模具中定型,然后在其表面覆上砖石。罗马帝国的皇帝们用混凝土缔造了气势恢宏的建筑群,将皇权至上的理念表现得淋漓尽致。

当然,罗马的能工巧匠还用混凝土创造了美轮美奂的建筑。由哈德良皇帝(公元117—138年在位)下令建造的万神殿则是其中的翘楚。万神殿的穹顶有一个圆形的大洞,穹顶由低到高由不同掺配比例的混凝土建成,因而穹顶的厚度也由低到高逐渐变薄。万神殿是古罗马人建筑技术的巅峰之作。如果说罗马人早期的建造神庙是对古希腊建筑的拙劣模仿,那么万神殿就是古罗马建筑的典范。万神殿除正面由希腊的线形柱廊装饰外,其余部分皆是弧形构造。万神殿有着近乎完美的几何比例,它的剖面恰好可以装得下一个整圆。每当雨水从穹顶的大洞口流入,便会通过倾斜的大理石地板上的小洞流走。然而,万神殿正面的柱廊设计却有很多不合理之处。柱廊顶部装饰物并没有与建筑主体的屋顶平齐,而是要高出一截。同样,柱廊门口处圆柱的基座与圆柱在尺寸上并不匹配,它要比圆柱宽不少。这些产自埃及的花岗岩圆柱看起来还有点歪。它们很有可能本来就造得比预期尺寸小很多,或者因原先跟基座尺寸匹配的圆柱在运输的过程中不慎沉入地中海,工匠们不得不匆忙赶造,结果造得比预期的尺寸小很多。

万神殿不是罗马城唯一的奇观。此时的罗马城是座功能型城市，混乱拥挤，古典时代的罗马之美在此时远没有达到登峰造极的地步。但是，城中也不乏美之绿洲，有不少令人心旷神怡的好去处，既有公共建筑，又不乏私人宅院，例如奥克塔维亚门廊。门廊内有一列从希腊掳掠来的骑马雕像，栩栩如生地刻画了亚历山大大帝及其麾下将领在战场上冲锋陷阵的场景。此外，位于战神广场最北端的奥古斯都和平祭坛可以称得上罗马艺术的典范。祭坛四周遍布精美的浮雕，其中包括奥古斯都携全体皇族庄严祭祀的浮雕群像。

公元408年，罗马城到处都洋溢着艺术的气息。希腊雕像数不胜数，其中的一些雕像是从希腊掳掠而来，另一些雕像则是根据希腊原版雕像仿制而来。这些希腊雕像在当时都是彩绘的，从脸部到衣服到每一个细节都是着色的，这跟我们今天所看到的幸存的纯白色的大理石雕像有很大的不同，这在现代人看来确实艳俗了些。这些堪称杰作的希腊雕像与皇帝、城市执政官和其他政府高官的呆板雕像并立。这些人实现了伟大的"罗马梦"，所以有机会在石雕像中得到永生。可惜这些雕像的头在后世几乎都被他人的头取而代之了，雕像原先的主人要是知道了，肯定肠子都悔青了。

古怪的事可不止这些。只消仔细看一下这些雕像，便会产生一种时光倒流的错觉。年代较久远的雕像做工精美、栩栩如生，与我们想象中古典时代的高超技艺不谋而合。年代较新的雕像则看起来要原始不少，不仅笨重粗劣，而且呆板无神。雕像基座上的碑文也给人同样的错觉。两个世纪前甚至更久的碑文字体方正，而较新的碑文字体则歪斜圆润，字与字的间距也更小。这种艺术上的转变发生在"3世纪危机"期间。在这期间，罗马帝国陷入重重危机，举步维艰，能工巧匠匮乏，也有可能是政府苦于应付高通胀和低税收，压根就请不起能工巧匠，进而造成了字体的退化。不过，这种退化极有可能是更深层次的原因造成的。罗马帝国的统治在"3世纪危机"期间摇摇欲坠，活下去越来越成为人们生活的中心。这样一来，人们哪还有精力创造登峰造极的艺术品呢？

在公元408年前的几十年里，罗马城还经历了另一个重大变化。这种变化在大街上随处可见：罗马城中宗教建筑林立。除了传统上供奉希腊神像和罗马神像的神庙，罗马城中还多了不少供奉其他神像的神庙，这位穿越而来的共和时代早期的罗马人看到这么多自己先前从未见过的神像，一定会摸不着头脑。大量的异教团体在共和时代晚期和帝国时代早期涌入罗马城。他们起初不被完全信任，但是随着时间的推移，他们最终被整个罗马社会接纳并认可。这些异教团体之间也懂得相互包容。有些异教团体甚至将其他宗教的神像供奉在自己的神庙里。当然，神庙中最显眼的位置往往供奉着他们自己的宗教的神像。

战神广场上耸立着一座高大的神庙，里面供奉着希腊和埃及信徒的神：伊西斯和奥西里斯。据说这两位神能帮助信徒死后进入天堂。有的神庙里还供奉着叙利亚神和阿尔及利亚神，以及像盖乌斯·尤利乌斯·恺撒一样被神化的人间帝王。还有不少神庙供奉着众神之母——玛格那玛特，她的信徒相信全身沾满牛羊血的人只要站在宰杀牛羊的金属架下，便会获得永生。真是天下之大，无奇不有。罗马城中还有一部人信奉密特拉教，此教崇拜密特拉神且只接受男性信徒，信徒们恪守传统道德，定期晚餐聚会。罗马城中总共有30多个供密特拉教信徒聚会的地方，这些地方一般都呈洞穴状。

城中最著名的神庙当属台伯岛上的阿斯克勒庇俄斯神庙。它不仅是普通意义上的神庙，更像是一座医院，尽管听上去有些不可思议。在它香火最盛的时候，庙里挤满了前来求医的罗马人。病人所患的病各不相同，但是都希冀阿斯克勒庇俄斯可以指引他们找到治疗自身疾病的方法。地中海东部地区耸立着诸多高大的阿斯克勒庇俄斯神庙，前来求医问药的病人都睡在堆满香的地下室里，希望有朝一日阿斯克勒庇俄斯会造访他们的梦境，并传授他们治疗疾病的方法。不难想象，台伯岛上的阿斯克勒庇俄斯神庙里也是一番这样的景象。如果这些病人拿不准自己梦境的含义，那么庙里懂医术的祭司则会帮助他们解梦。尽管如此，病人们得到的治疗方法还是匪夷所思。阿斯克勒庇俄斯曾指引一名患有腹腔脓肿的病人去找他所能找到的最重的石头，并把这块石头搬回神庙。阿斯克勒庇俄斯甚至还指引一名患有胸膜炎的病人把酒倒进神庙祭坛上的香灰里，并把这两者的混合物放置在身旁。如果阿斯克勒庇俄斯托梦的方法没奏效，病人们还可以让神庙里的圣蛇舔舐自己的伤口，据说有奇效。

到公元408年，罗马城中所有的异教神庙都已被关闭了10年以上，其中就包括阿斯克勒庇俄斯神庙和名噪一时的朱庇特神庙。君士坦丁一世赢得米尔维安大桥战役，拿下罗马城，并宣称自己皈依基督教。在公元4世纪的大部分时间里，基督教会曾频频施压禁止异教，但是大部分异教依然存在着。从某种意义上说，是西哥特人打破了这种宗教上的平衡。西哥特人在亚德里亚堡杀死瓦林斯皇帝，而他是罗马帝国最后一个对宗教信仰持宽容态度的皇帝。他的继任者们无一不在宗教信仰方面持强硬态度。公元383年，西罗马帝国皇帝格拉提安（公元375—383年在位）将神庙充公，包括维斯塔贞女在内的神庙祭司不再享有税收减免政策。8年后，狄奥多西一世（公元379—395年在位）干脆下令关掉罗马所有的异教神庙。

在公元408年，政府只允许两类宗教机构开放：犹太教堂和基督教堂。多位罗马皇帝曾在公开场合发表过令人毛骨悚然的反犹言论，基督徒先后对城中多处犹太教堂纵火，但是犹太教堂依然顽强地对外开放。在这一时期，罗马人开始兴建基督教堂，基督教堂成为罗马新一代的建筑杰作。到公元408年，罗马人已经建造了至少7座基督教堂。这7座教堂大都建在居民公寓楼或权贵宅邸的遗址上。在基督教尚未被官方认定为合法宗教的年代，为了不引起别人注意，基督徒们很可能就是在这些遗址上会面的。拉特兰圣约翰大教堂是罗马第一座被官方认可的基督教堂，由君士坦丁一世下令修建。值得一提的是，拉特兰圣约翰大教堂建在罗马骑兵团大本营的遗址之上。罗马骑兵团和罗马禁卫军（公元前27—公元312年，古罗马皇帝的御林军，以腐败而臭名昭著）曾忤逆过君士坦丁一世，他一气之下便将这两支军队解散。新建的基督教堂除了后面建有半圆形殿，其余皆仿照古罗马的传统建筑长方形会堂（包括一个带有多条走廊的多功能会堂和一个装有多扇窗户的中央拱顶；这种会堂既可以当作庭审的法庭，又可以当作军事演练的场地），所以罗马人对这时的基督教堂并不会感到陌生。

但是，罗马最富丽堂皇的基督教堂都建在城外。西哥特人早已皈依基督教，所以对这些基督教堂心怀敬意。城外的基督教堂大都建在基督教殉教者[1]的墓地上，例如圣塞巴斯蒂安教堂、圣洛伦佐教堂、圣阿涅塞教堂、城外圣保禄教堂以及圣彼得大教堂。圣彼得大教堂位于梵蒂冈山，是世界上最大的教堂。这些教堂从外面看朴实无华，但是内里却富丽堂皇、极尽奢华。为了建造圣彼得大教堂，建筑工人甚至差点将山的一侧山坡挖空。圣彼得大教堂内建有一个巨型柱廊、一个带有喷泉的金色中庭和多根五色石柱。圣彼得大教堂的天花板上贴着金箔，悬挂着多盏巨型枝形吊灯和一个金色的大十字架。这个大十字架是由君士坦丁一世和他的母亲海伦娜太后所赠。

到公元4世纪晚期，圣彼得大教堂已经形成其独有的盛大仪式。6月29日是圣彼得和圣保罗的纪念日。在这一天，圣彼得大教堂挤满了前来庆祝的人群，教堂的桌子上摆满了提前做好的食物。圣彼得大教堂已经不再是一座单纯意义上的教堂。到公元408年，像其他建在殉教者墓地上的教堂一样，圣彼得大教堂的周边形成了以其为中心的宗教小镇。居住在这些教堂周边的虔诚信徒单纯想住得离殉教者的墓地近一点。在大多数罗马人看来，无论是异教徒还是基督徒，墓地周围可不是什么风水宝地，根本不适合住人。罗马人一直将尸体视为不洁之物，因此

---

1 基督教中使徒多为殉教者。

人死之后都被埋在城外，远离活人。但是，随着时间的推移，事情开始发生变化。

到公元408年，来自远方的信徒正源源不断地涌入圣彼得大教堂。罗马城俨然已经成为一座个伟大的朝圣地，教堂取代阿斯克勒庇俄斯神庙成为病人、盲人和残疾人的新希望。认为自己被魔鬼缠身的人也会前往教堂朝圣，寄希望于殉教者将魔鬼从他们身上驱离。他们要么在自家门外像动物一样吼叫，要么一边痛苦地打滚，一边嘶喊着异教神的名字，异教神成了他们眼中的魔鬼。当然，朝圣者们朝圣的主要目的是洗刷自己的罪孽，获得死后上天堂的机会。作为耶稣十二使徒之长的圣彼得手握通向天堂的钥匙。只要让朝圣者知道殉教者的遗骸与自己只有咫尺之隔，他们就会欣喜若狂，忘乎所以。于是，罗马城的大教堂会刻意将殉教者的遗骸与朝圣者隔离出一段距离。信徒们无法触及圣洛伦佐教堂里的圣洛伦佐墓，只能隔着墓地周围的银色格栅瞻仰。圣彼得的遗骸依然保存完好。信徒们打开一道小门，找到一个像井一样的地方，从下面的坟墓拿下一块圣布，然后再把它拉起来，就能瞻仰圣彼得的圣骨。圣布沾满了信徒们的祈福祷告，说不定会变得沉甸甸的。

这是一个属于殉教者的新时代，一个属于他们的黎明。守护天使作为基督教教义认定的第一批个人守护者正逐渐被取代。公元408年，大到出海，小到生子，基督徒们都会找殉教者卜凶问吉。人们普遍认为只要一个教堂存有殉教者的遗骸，那么殉教者的灵魂也将存于此地。殉教者为当地的市镇带来无数朝圣者，这些市镇得以名扬四海。这些市镇之间的竞争异常激烈。在基督教世界里，罗马城成为仅次于耶路撒冷的朝圣地。罗马的这一地位并非"得来全不费工夫"，而是经过了一番细致的筹谋。就在君士坦丁一世宣布基督教为罗马帝国的合法宗教的那个时期，东罗马帝国和北非地区的很多城市残酷迫害基督徒，导致这些城市基督徒殉教者的数量要远远多于基督教堂所宣称的数量。相比之下，罗马的基督徒殉教者则少得可怜。

在公元4世纪70年代到80年代，罗马城主教达马苏斯一世致力于调查考证新的殉教者遗骸。他为圣阿涅塞和圣洛伦佐这两位曾经籍籍无名的殉教者建立教堂。他为殉道于罗马城的外邦圣徒建立教堂，例如圣塞巴斯蒂安。他还为那些被自己家乡的父老乡亲所唾弃的殉教者建立教堂，并宣称这些殉教者属于罗马城。尽管如此，达马苏斯一世还嫌殉教者不够。于是他便从地下墓穴里挖出那些被人遗弃的骸骨，还编造出不少新的圣徒。尽管这些圣徒要么早已被人遗忘，要么根本就未曾存在过。在达马苏斯一世的授意下，这些被人遗弃的骨骸一夜之间就变成了有名字、纪念日以及殉道颂文的殉教者。他们的殉道经历则各不相同。圣劳伦斯被绑在大烤架上活活烤死。圣塞巴斯蒂安则先是被乱箭射伤，后又被乱棍打死。在达马苏斯一世的统治末期，通往罗马城的每一条路上都有一处殉教者的圣殿或地下墓穴供朝圣者们瞻仰。此时的罗马城成了一座被基督教殉教者包围的城市。尽管有些殉教者是虚构的。

然而，罗马城能够成为仅次于耶路撒冷的基督教圣城靠的可不仅仅是教宗编造几个殉教者那么简单。当基督教还未被世人普遍接受的时候，罗马的主教们便向外界宣称了他们独一无二的权威性。圣彼得由耶稣亲自选定，而罗马城的第一任教宗是圣彼得。如此一来，主教们便将自己的职位与耶稣直接联系起来。这也就解释了为什么圣彼得大教堂会成为罗马最大的教堂。

但是，罗马主教们的言论尚存疑窦。早期的基督教经文并没有提及圣彼得曾来罗马传教。耶稣受难后，圣彼得的身影也从经文中消失了。罗马的基督徒宣称圣彼得曾和圣保罗一起来过罗马传道，但是这种可能性极小。根据经文记载，圣保罗从未见过耶稣，他的主要任务是给外邦人即非犹太人传教，且他与耶稣在耶路撒冷的门徒关系紧张。第二次世界大战期间，教宗庇护十二世决定对此事进行调查，于是命令一个名为路德维格·卡斯的德国牧师开掘圣彼得大教堂下的古代陵墓。卡斯果然在教堂圣坛的正下方找到了一座简陋的墓碑。然而，卡斯的这一发现不仅没有解决先前的问题，反而带来更多的疑问。墓地墙上圣彼得的名字只出现过一次，而圣洛伦佐教堂下的墓地墙上写满了劳伦斯的名字。不仅如此，坟墓中骸骨的主人是一个死亡时年龄为60多岁的人。按照这个年龄推算，圣彼得应该死于韦帕芗皇帝年间，而非基督徒们所公认的尼禄皇帝年间。看着眼前的这具骸骨，庇护十二世和卡斯都很难高兴起来。不久后，这具骸骨便不知所终了。这么看来，罗马主教们放出的这些言论不过是他们施的障眼法罢了。

这个障眼法反而造就了罗马城，让这个城市在漫长而艰难的中世纪得以存活下来。等到公元408年，躺在圣彼得大教堂圣坛正下方简陋墓地里的人究竟是不是圣彼得早已不再重要，重要的是人人都相信墓地里躺着的是圣彼得。他和圣保罗很快取代了罗慕路斯和雷穆斯成为罗马城的新任保护神。圣彼得和圣保罗作为基督教著名的殉教者埋骨罗马城，达官显宦们也有样学样，绞尽脑汁把自己的墓地选在罗马城。君士坦丁一世为自己的家人在诺曼塔纳大道建造了一座庞大的皇陵，其中就有他为女儿圣科斯坦沙建造的一座华美的圆形教堂，教堂内壁装饰着各种各样的马赛克画，几乎都与基督教无关，从振翅高飞的鸟儿，到酿葡萄酒的工人，到长相奇怪、瞪着双眼的蓝色面庞，不一而足。公元408年，西罗马皇帝霍诺里乌斯为自己和家人建造的皇陵刚刚落成。这座皇陵就建在圣彼得大教堂旁边。

与耶稣攀上关系对宗教政治也大有裨益。公元408年，罗马的主教们牢牢统治着即将分崩离析的西罗马帝国，他们至高无上的权力甚至得到了高卢、西班牙和不列颠主教们的认可。前者还没有成为真正意义上的教宗，但是指日可待。他们养尊处优，过着舒适的日子。据罗马史学家阿米安·马塞林记载，公元4世纪晚期，罗马城的主教们出有马车接送，入有贵妇献礼，身着锦衣华服，餐桌上美酒珍馐应有尽有，排场赛帝王。马塞林本人并不是基督徒。很多人挤破头都想要这肥差，甚至不惜为此大打出手。公元前4世纪60年代末期，达马苏斯一世和他的对手乌尔西努在罗马城中分别被拥立为主教，造成两派之间持续两年的冲突。100多人在一次小冲突中被打死。这场冲突的起因绝非神学观的相左，而是台伯河两岸基督徒的地盘之争。当局只好发布禁令，禁止不同派系的基督徒在城区32千米以内的地方集会。而基督教的派系冲突也并非当局发布禁令就能禁绝的。天主教内部的派系冲突在接下来的1000多年里一直困扰着人们。

当然，公元408年的罗马不只有政治和宗教。罗马城的基础设施丝毫不逊色于它的建筑杰作。城中的7座高架渠每天为城中居民供给的水量相当于100万个浴缸的容量。这些水不仅需要用来供给街边的喷泉和私宅里的喷泉，还需要供给城中的800个大大小小的浴场。因而这个时代的皇帝比此前的皇帝多了一个被后人记住的渠道。公元408年，罗马城中建有11座大型公共浴场。其中，戴克里先时代建造的公共浴场面积最大，这些大浴场建于1个世纪以前。当年为了建造这些大浴场，建筑工人甚至将罗马的一个区全部拆除。戴克里先时代的公共浴场的面积全部加起来相当于12个标准足球场那么大，可容纳9000人同时沐浴。这些公共浴场的一般分为4个区域：露天游泳池、冷水厅、温水厅和热水厅，其中热水厅十分宽敞。

正所谓民以食为天，罗马人的饮食也不得不提。公元408年的夏天（5月到9月），每当海面平静的时候，成群结队的货船便会穿越地中海，来到罗马的港口。罗马人通过海运输送食物已经有几百年的历史了。谷物、橄榄油、葡萄酒和鱼露等各式各样的奢侈食物在码头上应有尽有。码头上甚至有中国产的丝绸以及斯里兰卡和印度尼西亚东部产的调味料。至于这些东方国家，罗马人只是偶尔听人说起过而已，并不了解。卸下的货物很快被装上驳船，奴隶们负责拉着驳船走在35千米的台伯河河道上，把货物卸载到河边的各个码头上。台伯河左岸码头的上方耸立着一座小"山"，这座"山"是专门用来证明罗马人的胃口有多好的山，而不是普通意义上的"山"。这一座"山"由无数土罐的碎片堆积而成。这些土罐原本用来装从西班牙和非洲行省运来的橄榄油，它们是一次性的，所以奴隶们在把土罐里面装的橄榄油倒进桶中后，便会把它们摔成两半扔在这座"山"上。

政府规定禁止用马车装运货物，也禁止在白天装运货物，人们只好在晚上将码头上卸下来的食物装在手推车上，或者驴子和奴隶的背上。自恺撒时代开始，为了防止市区交通堵塞，政府便禁止这类手推车白天在马路上运送货物。从此以后，便有不少作家在他们的文章中抱怨自己被轮子发出的咯咯声和其他一些噪声吵得整夜睡不着。公元5世纪早期的一些文献证明，由于资源变得更为匮乏，罗马的人口数锐减。尽管如此，没有任何证据表明白天禁止用车运送货物的禁令已经被解除。罗马人对市政建设着实不在行。除了少数的几条主街，罗马的大多数街道都非常窄，背街小巷里常常堆满垃圾。消防员会在夜间巡查，但是失火已成常态，连遍布建筑杰作的罗马主城区也不能幸免，再高大的防火墙都无济于事。公元283年，古罗马广场被烧成平地。罗马城迷宫似的地形还让它成为抢劫犯的天堂，因此在没有保镖护送的情况下，罗马人夜间是决计不敢出门的。

没几个罗马人雇得起保镖。让那位从共和时代早期穿越而来的罗马人惊掉下巴的事还在后头呢。如果说公元前4世纪80年代的罗马城是一个贫富差距极大的地方，那么公元408年的罗马城则变成了一个贫富差距更大的地方。罗马城的阶级分化从未像此时一样严重，这一情况大大削弱了罗马人对国家的忠诚度，进而为蛮族侵略者提供了一个绝佳的契机。站在金字塔顶端的那一小撮富可敌国的罗马人背后站着几大权势滔天的家族，家族成员均受过良好的教育。各家族势力盘根错节，织就了一张密不透风的网。出身这几大家族的罗马贵族与简·奥斯汀笔下的主人公别无二致，他们所求的不过是为女儿寻个好婆家，为儿子在军队或者政府中谋个有前途的好差事。唯一不同的可能是奥斯汀笔下的主人公并不像这些罗马贵族一样握有元老院的权柄，为儿子的前途铺路可是一笔花费不菲的开销。财务官[1]是罗马人在仕途上第一个重要的职务，主要负责筹备奢侈的比赛。所幸，罗马的大家族都富得流油，再奢侈的比赛他们也赞助得起。他们的不动产遍布整个西罗马帝国。他们住在市中心繁华地段的大房子里，有的家族甚至拥有十几套这样的大房子。瓦伦蒂尼宫下曾出土一个大户人家的宅邸，仅占地面积就 1800 平方米，建有多个花园式庭院、马厩和储藏室，甚至还有一个结构复杂的私人浴场。

宴饮之乐是罗马贵族阶层的人生乐事之一。这一时期罗马城中已经出现了带有单间的饭店，罗马贵族可以在饭店里宴客，但是他们更喜欢在家里设宴。公元 2 世纪到公元 3 世纪的文献详细地记载了罗马贵族宴饮的细节，这些细节在公元 5 世纪初期也并没有太大的变化。这一时期的宴会往往集严肃与活泼于一体，参加宴会的人往往也能玩得尽兴。主人和宾客斜躺在大躺椅上，躺椅的数量通常是 9 个，有时是 18 个，偶尔是 27 个。客人的躺椅与主人的躺椅之间的距离取决于客人的身份。他们的妻子则端坐在他们的旁边。主人为了表示欢迎，待客人们进屋后会献上一杯加香料的葡萄酒或一杯蜂蜜酒，然后再给他们戴上花环（鉴于基督徒十分反对戴花环这一传统，那么在公元 408 年这一传统很可能已经不复存在了）。空气中夹杂着焚香的味道和男女宾客身上的香水味。宾客们主要用手进食，然后用自带的餐巾擦手，或者用桌布擦手，又或者用男侍者的头发擦手。男侍者们特意将头发留长供客人们擦手用。每上一道菜都需要报菜名。为娱宾客，奴隶们载歌载舞，他们表演戏剧、朗诵诗歌、玩抛接杂耍和舞剑，直至宴会结束。

他们上菜的顺序跟现代罗马人的上菜顺序并没有太大差别，都是先上头盘，再上汤，最后上甜点。古典时期的罗马人已经能吃得上原始的意大利面了（在希腊语中，这种面食被称作烤宽面）。除此之外，帝国

---

1 这一官职最初负责法务工作。

时期的罗马菜和现代意大利菜则迥然不同。根据现代人的口味，古典时期的罗马菜更接近于泰国菜，而不是地中海菜。对于一个日常以蔬菜为食，偶尔才能吃到肉质发硬的肉的共和时代的罗马人来说，公元408年的罗马菜完全是陌生的存在，尤其是海鱼。除此之外，这个时期的罗马菜通常需要加不少调味料进行调味。迦太基人发明的一种经过发酵的鱼露，又称鱼酱油，是常见的调味品，跟今天泰国菜和越南菜里常用的鱼露味道很像。为了增加辣味，这个时期的罗马人还喜欢往菜肴里加香菜和大量的黑胡椒。大多数菜肴要比我们想象中的简单得多，例如黄瓜沙拉、孜然花椰菜和鸡蛋凤尾鱼。罗马贵族在举行大型宴会时，会上一些罕见的菜品宴客，例如海豚肉丸、龙虾香肠、鱼香肠、母猪的子宫和乳头，以及蔬菜炖火烈鸟肉或鸵鸟肉。

待客人们洗完手，桌上的餐食全都撤下去后，他们便开始玩餐后游戏。酒会便是这类餐后游戏的一种。在场的宾客指定他们中的一位宾客决定在场的人应该喝多少酒，避免有人喝醉闹事。这种酒一般都兑过水。酒会上讨论的话题也被精心设计过，如果他们讨论的话题变得十分有争议性，那么他们便会立即中止讨论。客人们可以斜躺在躺椅上专心地听人讲故事，也可以玩点小游戏，例如西洋双陆棋、国际跳棋和掷骰子。当然，有时候他们也会玩点无聊的游戏，例如把酒浇在一条小船上，让这条小船从水桶的水面沉入水底。

在公元408年，几乎没几个罗马人能办得起这种盛大的宴会。绝大多数罗马人过着捉襟见肘的日子。普通罗马人住的公寓楼与今天罗马市中心的公寓楼在结构和外表方面大同小异。但是在舒适度方面，前者远不及后者。主楼梯下便是公共厕所，居民们需要常常提着饮用水爬楼梯，拎着夜壶下楼梯。一栋公寓楼最高有七层，像极了彩虹的七种颜色，也像极了七个不同的社会阶层。最富裕的居民往往住在第一层（第一层的住户往往是整栋公寓楼的业主），他们根本无须爬上爬下地提水拎夜壶。他们有专门的小厨房为自己烹饪饭菜，掌勺的一般是奴隶。住的楼层越高，生活越不方便。二楼的房间一般都有阳台和一两个用来做饭的简易手提炉灶。二楼以上的住户则无法在自己的房间里做饭，这样一来他们不得不去街边的小店填饱肚子，小店里供应的简单餐食与800年前的罗马人的餐食差别不大，例如粥、面包、炖豆和蔬菜。公寓的顶层就是贫民窟，屋顶常常漏雨，木头支起的墙在大风面前不堪一击，屋里更是冬冷夏热。除此之外，这里的居民还得担心发生火灾，毕竟住的楼层越高，逃生的可能性就越小。

火灾和疾病是罗马人常担心的两件事。好在罗马还有不少值得欣慰的地方。罗马的街道都被打扫得相当干净，高架渠供水让罗马人免于介水传染病的困扰，公共浴场洗浴让他们免于寄生虫的侵扰。饶是如此，情况也不容乐观。罗马城里总是臭气熏天。我们在前文中曾提到，公寓楼往往建在粪坑之上，穷人家里往往脏乱不堪。罗马城有六大下水道，这些下水道里的洗澡水、粪便、食物残渣和生产污水被直接排放到台伯河里，河水受到严重污染，以致在台伯河口数千米内捕到的鱼都是不可食用的。只有在拂晓时分罗马城的空气是清新的。只消一会儿工夫，各种怪味便开始弥漫在空气中，其中还夹杂着粉尘和烟雾。这些烟雾大多来自街边的熟食铺、家用的炉灶以及八百多个大大小小的浴场。

罗马城并不是一个宜居的城市。作为一个人口密集的大城市，罗马城非常拥挤。人口密度大也意味着流行病多，例如麻疹、腮腺炎、肺结核和天花。疟疾绝对算得上罗马城居民的头号杀手。公元1世纪的社会讽刺作家朱文诺曾在自己的一首诗中提到罗马人常常一次患上三种疟疾。经过数月的高烧发热，病人的身体便会出现三日疟的发热症状，三日疟是这三种疟疾中杀伤力最小的一种，等到另外两种疟疾的症状相继出现，也就意味着病人即将痊愈。根据确切的记载，罗马城每6年就会暴发一次严重的疟疾，疟疾常发于夏季暴雨后。河水很容易成为蚊子的滋生地，居住在河边的疟疾病人的病情往往要比居住在其他地方的疟疾病人的病情更严重。居住在河边的往往都是罗马城中最穷的人。儿童和从北方来的游客都是疟疾的易感人群，前者是因为整体免疫力低，后者则是因为缺乏针对疟疾的免疫力。

总之，罗马城并不宜居。近代早期的一些数据表明，罗马城就像个筛子，活下来的人越来越少，因而需要不断地从其他地方吸收移民。这种情况在公元5世纪初期也不会有太大不同。研究估计古典时期的罗马人的平均寿命约为25岁。罗马城的大多数穷人根本活不到25岁，富人们的寿命则会长很多。富人们住在山上，而穷人们则聚居在疟疾肆虐的低地。此外，在疟疾最凶猛的8月和9月，富人们还可以搬到自己在乡下的住宅里。

罗马的富裕阶层在生病的时候通常会选择去看医生。公元408年，罗马城中已有不少医生，但是鱼龙混杂，良莠不齐。比较专业的医生一般都研习过希波克拉底和盖伦的医学著作，这些医生往往能够做到对症下药。尽管希波克拉底和盖伦的医学著作中存在一些误导性的概念，例如希波克拉底认为，人的肌体是由血液、黏液、黄胆汁和黑胆汁这四种体液组成的，疾病正是由四种液体的不平衡引起的。那个时代的大部分医生要么把诊所开在家中，要么开在街边。还有一部分医生随身携带青铜制的医疗箱去病人家中看诊，这种医疗箱的盖子是可以滑动的，方便从里面取药品，这些药品大部分都没有疗效。病人们除了寻医问药还有别的选择。虽然阿斯克勒庇俄斯神庙已被关闭，但是病人们还可以去教堂祈祷圣徒救他一命。

罗马城并不宜居，但是并不妨碍罗马人继续在这里生活下去。公元2世纪罗马城的人口达到顶峰，城内人口在100万到150万。公元150年，罗马城中首次暴发鼠疫（也有可能是天花），导致人口数量急剧下降。"3世纪危机"期间，由于政治动乱和通货膨胀，人口进一步下降，不过随后人口数量出现回升。研究人员通过研究公元4世纪晚期的口粮配额记录发现，罗马城至少有80万人，是当时世界上人口最多的城市。

那位从共和时代早期穿越而来的罗马人在听到"口粮配额"这四个

字后，很可能会一头雾水。公元408年，发放救济口粮在罗马城中已是司空见惯之事。供应谷物、食用油、葡萄酒和猪肉的食物供应中心在城中随处可见。申领救济口粮在现代人看来可能有些不可思议。实际上救济口粮的目标人群并不是身无分文的穷人，而是罗马的普通居民。国家发放救济口粮也不过是为了增强普通罗马人对国家的认同感。底层的穷人为了活命只能沿街乞讨。不久后，情况发生了变化。公元4世纪晚期，基督教堂开始向穷人分发免费的救济食物。

那么那位穿越而来的罗马人不禁要问，罗马平民过着怎样的生活？他们建立的政治组织、国中之国和神庙呢？他们编写的文献和发明的罢工战术呢？所有的一切都在罗马共和国末期灰飞烟灭。到公元408年，罗马平民在政治上彻底失去话语权。只有在口粮配额因天灾人祸被削减的时候，他们才会奋起反抗。聚众抗议、焚烧官署就是他们反抗的手段。

罗马平民在政治上丧失话语权的根由是奴隶群体的日渐壮大。罗马共和国早期，奴隶相对稀少。当然，罗马共和国在占领维爱城后，很多维爱城的居民沦为奴隶。罗马帝国鼎盛之时也是奴隶人口最多之时。他们有的来自罗马帝国的腹地，有的则来自罗马帝国的边陲。他们与罗马城的自由民一起将罗马城打造成一个多族裔聚居的国际化大都市，一如今天的伦敦和纽约。街道上游人如织，各国语言穿插其中，例如德语、叙利亚语和西塞亚语等。奴隶的身影无处不在，他们是剧场里的仆役，是建筑工地上的工人，是码头上的搬运工，是商店里的店员，是大户人家的厨师和看门人，是装潢设计师，是演员，是珠宝手艺人。只要是你能想到的职业，就有他们劳作的身影。放眼整个罗马帝国，大批的奴隶正忙着耕种农田。罗马的自由民只有在战时才能派上用场，他们的政治权利也因此被大大削弱。

公元406年，也就是亚拉里克率族人兵临罗马城下的两年前，罗马城内的奴隶市场人头攒动。大批哥特人在拉达盖苏斯的带领下突袭托斯卡纳，结果兵败被捕。拉达盖苏斯在用兵方面的确不如亚拉里克谨慎。一部分哥特战俘被编入斯提里科的军队。斯提里科被处决后，这些被收编的哥特士兵为躲避针对蛮族士兵的大屠杀，叛逃至亚拉里克军中。其余的战俘则被困在罗马城中，沦为奴隶。实际上，罗马的奴隶早已供过于求。在那个时代，国家连年征战，不断有战俘沦为奴隶，罗马的奴隶买卖也不再好做。买几个奴隶对家财万贯的富豪来说算不上是多大的花销，但是对囊中羞涩的普通人来说可是不折不扣的奢侈消费。罗马的普通人没钱购买奴隶照顾他们的起居，只好跟600年前的同胞一样自力更生。

罗马人的家庭关系也出现了历史性的倒退。走在公元1世纪到公元2世纪的罗马城中，你可能会产生一种错觉：罗马人对男女两个性别的权利关系的看法仿佛自《十二铜表法》（于公元前449年颁布）颁布以来就没怎么变过。大街上几乎看不到女性的影子，罗马的贵妇几乎不参与社会生产，她们要么大门不出，二门不迈，要么就去走亲访友。上街采购是男人和奴隶的事，女人实在需要外出，则要佩戴面纱。这种现象不禁让人想起今天还有不少中东女性在出门前需要佩戴面纱。但是，我们不能武断地将这两种现象等同起来。罗马帝国在其全盛时期十分开明。罗马的律法已经发生了翻天覆地的变化，这一时期的女性，尤其是上层女性，享有财产继承权，即使离婚也不影响她对所继承财产的绝对支配权。在这一时期，女性的平均结婚年龄是15岁，男性的平均结婚年龄则是25岁，所以青春守寡是普遍现象。跟以前的孩子相比，这一时期的孩子可以说是在蜜罐里长大的。出身富裕家庭的孩子更是被父母捧在手心里，当然这样极有可能把孩子惯坏。

但是等到公元408年，罗马人的家庭关系也和这座城市的雕像和碑文一样出现了退化现象。自"3世纪危机"开始，传统主义思潮回归，要求女性对男性百依百顺。有人曾将这一思潮的回归归因于奉行保守主义的基督教的盛行。可是，这种思潮出现在基督教兴起的几十年前。或许，正是由于基督教部分满足了这一思潮的内在需求，才有了几十年后遍地开花的局面。或许是因为彼时的罗马帝国强敌环伺，国民信心受挫，不安感油然而生，他们别无选择，只能重温旧梦。

罗马人的性观念也出现了类似的倒退。在罗马帝国的鼎盛时期，也就是亚拉里克率族人来到罗马城下的300年前，罗马人的性观念在现代人看来既开放又野蛮。彼时的罗马人绝不会谈性色变，相反他们把性爱看作一种上天的恩赐。人们甚至认为，只有全身心地享受性爱，生出的孩子才能更加健康。彼时，罗马人无意对性行为进行分类。

古典时期的罗马人并非百无禁忌，他们不仅在生活方面有这样或那样的禁忌，在性方面也有不少禁忌。当然，这些禁忌都与阶级有关。罗马贵族男性忌与其他贵族男性的妻子发生性关系，否则会被判处通奸罪。但是他可以不受处罚地与下层阶级的任何人发生性关系，只要他在性行为中掌握主动权。没人在意奴隶主是否与奴隶存在性关系。

公元408年，随着基督教传入罗马，东风西渐，性逐渐成为禁忌。基督教主张性行为的目的是生殖繁衍，除此目的之外的性行为都是罪恶的。总之，基督教对性持否定态度。在基督教发展初期，便有一些虔诚的基督徒鼓吹童贞、贞洁和无性婚姻。罗马人的性观念从一个极端走向另一个极端。

并不是所有人都支持基督教所宣扬的性观念。至公元408年，基督教成为罗马帝国的合法宗教已有约100年的时间，基督教堂在罗马城中遍地开花，而罗马所有的异教神庙都已被关闭10年以上。当然，异教神庙被关闭并不意味着异教信仰会销声匿迹。纵观整个罗马帝国，异教仍然具有很强的生命力，不少罗马贵族依旧信仰异教神。在这些罗马贵族心中，罗马的辉煌和他们自身的荣耀与他们信仰的异教神息息相关。

就在罗马人忙着为信仰问题吵得不可开交的时候，亚拉里克率族人来到罗马城下。政府在10多年前就已宣布废除异教信仰，但是异教和基督教在罗马精英阶层中都有着极强的影响力。在很多大户人家里，基督徒和非基督徒常常在一张桌子上吃饭。鉴于这两个群体之间存在的巨大差异，争吵与矛盾在所难免，尤其是当他们的一位家庭成员突然改变自己的信仰的时候。异教徒看重逻辑学和哲学，而基督徒则看重信仰和情感。他们能找出无数个讨厌对方的理由。在基督徒眼里，异教徒信仰的异教神就是不折不扣的魔鬼。在异教徒眼里，基督徒对尸体的崇拜完全是一种病态。尤利安皇帝（公元361—363年在位）是罗马帝国最后一位多神教皇帝，他曾抱怨道："你们为耶稣建造坟墓也就罢了，可是我不明白为什么每死一个教徒你们就要造一座坟墓，再这样下去，整个世界都快成你们的墓园了。"[3]

但是在罗马城中，异教徒和基督徒之间的较量似乎都集中在民间（跟其他地方有所不同）。他们争执的焦点主要在胜利女神——她在早期的罗马有着最广泛的群众基础。在罗马人开始一天的劳作之前，元老院会按照惯例向胜利女神祭坛献祭。君士坦丁一世之子君士坦提乌斯二世（公元337—361年在位）下令撤掉胜利女神像。然而，当他在公元357年寻访罗马城时，为城中恢宏的多神教建筑所折服，于是下令将胜利女神像归位。公元382年，格拉提安皇帝又下令将胜利女神像撤掉。西玛库斯是当时的一位多神教领袖，他曾上书给格拉提安皇帝，祈求后者收回成命，将胜利女神像归位。西玛库斯甚至还为此同米兰主教进行过激辩，结果无功而返。胜利女神像并未归位。

西玛库斯此举甚至得到了一部分罗马基督徒的同情。神父和虔诚的多神教徒互不相让，所以罗马人只能在两者之间寻找一个平衡点，即基督教至少要对流传下来的多神教生活方式予以包容。自公元313年（君士坦丁一世颁布米兰诏书承认基督教的合法地位）至408年，罗马帝国的皇帝除尤利安皇帝外都是基督徒。尽管如此，多神教依旧影响着罗马人生活的方方面面，包括基督徒在内的大批罗马人依旧庆祝罗马的多神教节日，身在米兰的主教安波罗修看到这一幕肯定大为不快[1]。牧神节是

1　他曾说服教会将每年的12月25日定为圣诞节，而这一天原本是罗马的冬至节。

极受罗马人欢迎的异教节。牧神节当天，年轻的男人们手持羊皮鞭，在街道上奔跑。年轻的女人们则会聚集在街道两旁，祈望羊皮鞭抽打到她们头上，人们相信这样会使她们更容易生儿育女，这样做也是为了纪念哺育罗慕路斯和雷穆斯兄弟二人的母狼。农神节可以说是最受罗马人欢迎的异教节。农神节期间，罗马人可以自由地交换礼物，奴隶主和奴隶的身份也可以暂时被放在一边。异教神的神像依旧装点着这座城市的建筑，依然屹立在被关闭的神庙中，大多数罗马人并未觉得有任何不妥。学校里的学童依旧需要背诵从弗吉尔的《埃涅伊德》中节选的异教神朱庇特的预言。朱庇特在诗篇《埃涅伊德》中曾预言罗马城是一座永恒之城。很多罗马皇帝即使在行动上反对多神教，但是对多神教的态度却很矛盾。狄奥多西一世下令关闭罗马所有的多神教神庙，同时他又下令将这些神庙保护起来。在神父看来，这些神庙无疑是魔鬼迷惑世人的工具。但是在狄奥多西一世看来，这些神庙是罗马帝国的伟大遗产，是他个人荣耀的基石。

罗马的异教徒和基督徒之间并不存在不可调和的矛盾，至少在贵族阶层是这样的。他们只与少数狂热的基督徒之间存在着不可调和的矛盾。这少部分基督徒奉行苦修主义，主要由贵妇人构成。这一圈子形成于公元4世纪80年代初期，核心人物是哲罗姆。他的很多观点即使在一些神父看来也相当极端。哲罗姆（后被封为圣徒）极为鄙视那些表面上恪守基督教信仰，内心深处却盘算着建功立业和继承遗产的富裕基督徒。这些基督徒最多只会让自己的一个女儿做修女，一旦物色到好人家，他们便会毫不犹豫地将女儿从修道院接回来结婚。同样地，他们也并不觉得举行奢侈的宴会是一种罪过。他们甚至还若无其事地在宴会上使用带有异教符号的古董餐具。比起在圣彼得大教堂内救济穷人，他们更愿意在大庭广众之下做这件事。与此同时，他们总是费尽心机地将自己的财产遗留给下一代。

在哲罗姆的鼓动下，这个圈子里的贵妇人决定彻底践行苦修主义。

于是寡妇们拒绝再婚，即使这意味着她们的财产将后继无人。可是她们并不在意，反而会心甘情愿地将财产留给教会和穷人。她们的家人将这种行为视为对家族利益的背叛，对此深恶痛绝。彼时的罗马贵族最珍视的莫过于财富带来的权力传承。玛塞勒是罗马城中第一位奉行苦修主义的基督徒，为了防止她将自己家族的财产分给教会和穷人，她的财产继承权在公元4世纪80年代被自己的母亲剥夺。达马苏斯是哲罗姆的资助人兼保护人，前者一咽气，后者便立即被赶出了罗马城。

虽然没有了哲罗姆的摇旗呐喊，但是罗马的基督教苦修运动没有停下来。在公元4世纪的最后几年里，罗马一对年轻夫妇给这一运动注入了新的生命力。他们是瓦列利乌斯·比尼安及其妻子梅拉尼娅。梅拉尼娅的祖母老梅拉尼娅曾是哲罗姆苦修圈子里的一员。差点死于难产的梅拉尼娅看破红尘，决定散尽家财。只消看一下梅拉尼娅的财产，我们便会发现罗马帝国末期的社会贫富差距已经悬殊到了骇人的地步。彼时大部分罗马人需要靠救济食品度日，甚至还有一部分罗马人连救济食品都领不到，而梅拉尼娅的丈夫一年的收入至少是900千克黄金。亚拉里克要求西罗马帝国支付他的赔偿金也不过才1800千克黄金而已。比尼安在西里欧山上拥有一座连霍诺里乌斯皇帝的侄女都买不起的豪宅。他和妻子梅拉尼娅的房产遍布整个西罗马帝国，例如意大利半岛南部、西西里岛、西班牙、突尼斯、阿尔及利亚、摩洛哥和不列颠。

比尼安夫妇打算散尽家财的决定竟无意中帮了亚拉里克一把。起初夫妻俩的诉求被法院驳回，理由是梅拉尼娅只有20岁，无权做如此重大的决定。法院由同为贵族出身的法官把持着，他们看到夫妻俩公然背叛自己的阶级，绝对不会袖手旁观的。灰心丧气之余，夫妻俩便决定走后门。公元407年末，一说公元408年初，霍诺里乌斯皇帝罕见地出巡罗马城，夫妻俩便托斯提里科的妻子赛妮娜[1]上书陈情。赛妮娜对比尼安夫

1　赛妮娜本是狄奥多西一世的侄女，被收为养女后，嫁给了将军斯提里科。

妇的遭遇深表同情，一口答应帮助他们把霍诺里乌斯皇帝争取过来。元老院的议员经过激烈讨论，最终决定破财消灾自掏腰包给亚拉里克付赎金。由此引发了元老院议员兰帕迪斯对斯提里科的痛斥。与此同时，元老院还允准了比尼安夫妇散尽家财的请求。赛妮娜帮比尼安夫妇说情成为压垮她丈夫的最后一根稻草。既然霍诺里乌斯皇帝自毁长城杀死了顾命大臣斯提里科，亚拉里克也没了顾忌，准备大干一场。

比尼安夫妇并没有在罗马城多加逗留。当夫妻俩发现连霍诺里乌斯皇帝的侄女都买不起他们在西里欧山上的那座豪宅时，他们便决定动身去意大利、高卢、西班牙和不列颠，打算卖掉他们在当地的房产。不久后，他们坐船来到非洲。夫妻俩的所作所为彻底触怒了罗马城的富人。就在夫妻俩离开罗马城几个月后，亚拉里克便命令他的族人封锁罗马城并切断台伯河上的所有线路。这样看来，比尼安夫妇侥幸逃过一劫。

Ⅲ

罗马人一脸困惑地看着城墙外浩浩荡荡的士兵。起初他们以为这些士兵是前来替斯提里科寻仇的蛮族旧部。虽然他们后来意识到了这些士兵的真正身份，但是他们依然从容不迫。100年前，君士坦丁一世一气之下将罗马骑兵团和罗马禁卫军解散。100年后，罗马城成了一座不设防的城市。尽管如此，罗马人依然镇定自若，他们笃信帝国不会见死不救，况且罗马城还是整个罗马帝国的发源地。如果援军不到，那么后果不堪设想。我们先来看一下，城中都有哪些人。亚拉里克打了城中所有人一个措手不及，不给他们留下一点儿逃跑的时间。除了一些富得流油的地主，被困城中的人还包括那个时代的名人，例如斯提里科的遗孀赛妮娜、格拉提安皇帝的遗孀和霍诺里乌斯皇帝的妹妹加拉·普拉西狄亚。

然而援军并没有如期而至。霍诺里乌斯皇帝根本不敢轻举妄动。不列颠行省的君士坦丁三世不久前被拥立为皇帝，驻扎在阿尔特的军队不久前越过阿尔卑斯山，准备伺机入侵意大利半岛。霍诺里乌斯皇帝担心一旦发兵救援罗马城，君士坦丁三世就会乘虚而入，取而代之。至少有80万人被困城中，罗马的生存环境每况愈下。城市执政官将面包的配额降到原先的二分之一，随后又降到原先的三分之一，人们饥肠辘辘。在过去的800年里，罗马人一直走在对外扩张的路上。太平日子过了这么久，他们早已习以为常。不过那时的罗马人怎么也想不到有朝一日自己会沦为任人宰割的鱼肉。面对眼前的情景，罗马人简直不敢相信自己的眼睛，他们的第一反应便是找替罪羊。斯提里科的遗孀赛妮娜因选择站在比尼安夫妇一边而沦为众矢之的。罗马富人莫不对她恨得咬牙切齿。于是他们在没有任何证据的前提下指控赛妮娜是引来敌人的罪魁祸首，并将她活活勒死。他们天真地以为，只要勒死赛妮娜，亚拉里克就会见好就收。可是亚拉里克根本不是为赛妮娜而来，他觊觎的是罗马城的财富和罗马帝国广袤的国土。亚拉里克在城外按兵不动。格拉提安皇帝的遗孀和她的母亲慷慨解囊，救济嗷嗷待哺的罗马人。吃不上饭的人实在是太多，她们的救济食品也不过是杯水车薪。饥荒暴发，接着是瘟疫。根据彼时法律的规定，人死后必须埋葬在城外，这直接导致罗马城中尸体挡道，臭气熏天。

　　有关罗马城被围的消息迅速传播开来。过去的几十年对罗马帝国来说可谓多事之秋，然而这一消息却犹如晴天霹雳。奥古斯丁（公元354年11月13日—430年8月28日，又名希波的奥古斯丁，北非希波里吉诃主教，古罗马帝国时期基督教思想家）起初根本不敢相信自己的耳朵。身在伯利恒的哲罗姆更多的是幸灾乐祸。在他看来，罗马人是罪有应得，他们现在挨饿何尝不是平时太过奢侈浪费的报应。被围困城中的罗马人此时生不如死。异教徒史学家佐息末这样写道："……城中俨然已经沦为人间地狱，食不果腹的人们甚至开始易子而食、易妻而食。"[4]城中的猫和老鼠已经被人们吃光。城中的高层被逼无奈，只好派使者前去同亚拉里克谈判。罗马人企图通过威胁和恐吓让亚拉里克知难而退。使者告诉亚拉里克，罗马人全民皆兵，随时准备杀出城来。通过下面一段描写使者与亚拉里克交锋的文字，我们可以一窥后者的个性。文中的亚拉里克与800年前的蛮族首领布伦努斯在个性上如出一辙，两人都极为嚣张，因此这段描写的可信度有多高，我们不得而知。

> 使者威胁说罗马全民皆兵，亚拉里克回道："草越密，越好割。"话音刚落，他便冲着使者狂笑起来……他告诉使者撤军的条件是上缴所有金帛、日用品和蛮族奴隶。其中一位罗马使者反问道："把这些都上缴给阁下，那我们的人还能剩下什么？"亚拉里克冷笑道："灵魂。"[5]

在这个内外交困的时刻，罗马城高层的所作所为十分耐人寻味。他们决定求助古代诸神。佐息末这样写道：

> 罗马城的城市执政官庞培安努斯偶然间接见了几个从托斯卡纳来罗马城的人。这几个托斯卡纳人向庞培安努斯绘声绘色地描绘了他们当时是如何保住自己的城池的。他们声称当地的居民向古代诸神献祭，感动了诸神，诸神召唤来了闪电和雷把蛮族赶跑。与这些托斯卡纳人的谈话结束后，庞培安努斯便在自己的职权范围内，按照大祭司的祭祀书准备献祭工作。[6]

不久后，庞培安努斯就打起了退堂鼓。庞培安努斯就献祭一事向主教英诺森乌斯请教后，后者居然点头应允。这完全出乎他的意料，他意识到献祭异教神会给他带来了数不尽的麻烦。事态的发展已经到了无法挽救的地步。异教徒和基督徒各执一词，双方都不想承担后续献祭失败的责任。据异教徒佐息末记载，根据古代传统，元老院议员负责向卡比托利欧山和市场上的异教神像献祭，但是他们却对献祭不抱任何希望。而据基督徒作家苏祖门记载，元老院议员已经向诸神献祭，但是没有唤来闪电和雷把蛮族吓跑。

无奈之下，罗马高层只好再派使者前去同亚拉里克谈判。使者带回的谈判结果是：亚拉里克跟布伦努斯一样要求他们破财消灾，不同的是，亚拉里克所求的赎金是布伦努斯的数倍。亚拉里克要求罗马人缴纳2200千克黄金、1.3万千克白银、4000件丝绸长袍、3000床红色羊绒被和1.3万千克胡椒。他还要求罗马人把城中所有的蛮族奴隶都交给他，尤其是原拉达盖苏斯麾下的哥特俘虏。除此之外，他还要求罗马帝国的高官们把儿子交给他当人质。罗马人别无选择，只能一一照办。为了凑齐天价赎金，罗马城高层自然而然地打起了富人的主意，他们打算向后者征收紧急税。不明所以的罗马富人旋即将财产隐藏起来。走投无路的庞培安努斯做了一件让佐息末心寒的事：

> 参与这场交易的人彻底被心魔所控制。为了凑齐赎金，他们打起了诸神雕像的主意……他们不仅抢走了雕像，而且还将其中的金银雕像熔化成金水和银水。英勇之神维图斯的雕像亦没有躲过此劫。它们就这样被毁了，一如罗马人的英勇和无畏。[7]

熔化的雕像凑齐了差额。赎金如数奉上，罗马得救了。可是罗马人的麻烦还在后面。下一年，也就是公元409年，罗马城又横遭一系列的变故，且又无一例外地居于下风。亚拉里克接过赎金和归还的哥特战俘，打算率领部众撤往托斯卡纳时候，却发现霍诺里乌斯皇帝不仅拒绝同他缔结和平条约，而且拒绝递交人质。公元409年秋，亚拉里克再次率众向南进军，围住罗马城。这一次，他没有像上次那样为难罗马人，而是号召他们团结起来一同反抗霍诺里乌斯皇帝。食不果腹的罗马人为了活命也只好听之任之。元老院于是拥立东罗马的阿塔罗斯为新帝。身为贵族的阿塔罗斯，其实早有不臣之心。

拥立新帝后，罗马人得以暂时反客为主。阿塔罗斯、亚拉里克和他的西哥特部众将拉韦纳团团围住。霍诺里乌斯皇帝正在打算逃走之际，东罗马帝国的援军适时赶到。既然已无性命之虞，霍诺里乌斯皇帝便开始复仇。他命令非洲总督截住往罗马城运送食物的船只。不到一年的时间，罗马城就暴发了两到三次大饥荒。只不过这一次的饥荒是拜自己人所赐。商人们囤积居奇，哄抬谷物的价格，从中牟取暴利。佐息末曾这样写道："这样一来，饥肠辘辘的罗马人甚至觉得只要能活命，吃人肉也未尝不可。他们在战车竞技场上撕心裂肺地号叫着，'我要买人肉，你们开个价'。"[8]

在同霍诺里乌斯皇帝签订和平条约之前，亚拉里克并不打算就此作罢。公元410年，他辞别傀儡皇帝阿塔罗斯，独自率军向北，打算直接与霍诺里乌斯皇帝谈判。可是还没来得及同霍诺里乌斯皇帝谈判，他本人就遭到偷袭。事情的经过是这样的：亚拉里克在拉韦纳外等候谈判通知，突然被身边一个名为绍鲁什的西哥特人偷袭，后者极可能是跟他争夺酋长之位的老对手。绍鲁什是否受霍诺里乌斯皇帝指使，我们不得而知。但是在亚拉里克看来，霍诺里乌斯皇帝就是幕后主使，虽然他本人并没有被绍鲁什伤到一根毫毛。同年8月，他再次兵发罗马城。不同的是，他这次终于入城了。至于西哥特人是如何穿过高耸的奥勒良城墙的，基督教史学家索卓门这样写道："悲愤交加的亚拉里克决定折回到罗马城。他违背诺言，将它占领。"[9]西哥特人并不需要大费周章地破墙而入、深挖隧道或者攀爬云梯。罗马城中有人将门主动打开，西哥特人只消大摇大摆地走进城中。

至于引狼入室的人到底是谁，只有普罗科匹厄斯（约公元500—565年在世，拜占庭帝国史学家）在150年后给出过答案。但是他给出了多个答案。根据普罗科匹厄斯的记载，一筹莫展的亚拉里克突然想出了一条妙计。他从军中精挑细选出300位无胡须的西哥特青年,这些青年个个有勇有谋、出身良好。他随后派了一队使者前往罗马的元老院,让使者代为转达:他为议员们的英勇无畏所深深折服,不日停止围城,为表诚意,特献上300位年轻奴隶。议员们欣然接受,丝毫不觉得有诈,坐等城外的西哥特人卷铺盖回家。

> 但是在约定撤军的那一天,亚拉里克召集军队,严阵以待。他们守在萨拉里安门附近,此地是他们最初安营扎寨的地方。这300位哥特青年根据约定的时间来到萨拉里安门内集合,趁守卫不备将他们统统杀死。杀死守卫后,他们便打开门把亚拉里克和他的部队迎入城中。[10]

或许普罗科匹厄斯本人也觉得故事情节太过牵强,于是他给出了另外一个答案:

> 但是有不少人并不认同亚拉里克通过里应外合占领罗马城的说法。这部分人认为让亚拉里克得逞的关键人物是一个名叫普罗巴的罗马妇人,她本人不仅极有名望,而且腰缠万贯,在整个贵族阶层颇吃得开。看着街上到处是挨饿受冻的罗马人,她心生怜悯。罗马人开始互相残杀。台伯河和港口全都被亚拉里克的部下封锁,罗马人没有一丝逃出生天的机会,心灰意懒的普罗巴于是命自己的仆人将城门打开。[11]

第二个版本似乎比第一个版本的可信度要高一点,但是依旧疑点重重。极有可能是因为普罗巴平时树敌过多,她的敌人蓄意造谣诽谤她。她的全名是安妮齐娅·法勒托妮亚·普罗巴,出身罗马望族安尼畿家族,她曾公开反对拥立阿塔罗斯为皇帝。她奉行基督教的苦修主义,并在家中养了一小群修女。有些人怀疑她意欲学梅拉尼娅散尽家财。即使普罗巴在这件事上是无辜的，我们还是能从普罗科匹厄斯的第二种说法中一窥整个事件的真相。开门的人只是出于一个简单的原因：罗马人苦围城久矣。

公元410年8月24日晚，那是一个盛夏的夜晚，亚拉里克手下的西哥特士兵从萨拉里安门蜂拥而入。他们跟公元前387年的高卢士兵一样，也是邋遢至极。至于西哥特士兵进城后发生的事情，记录者们只在一件事上达成一致，即西哥特士兵对罗马城的占领仅持续了3天。这些记录者无一例外是基督徒。至于西哥特士兵进城后的其他细节，他们则看法不一。看过他们每个人的描述后，你甚至会怀疑他们描述的到底是不是同一件事。

一位来自君士坦丁堡的基督教史学家苏格拉底在30年后曾对此事件进行记录。他声称多名元老院议员遇害，城中的大部分建筑被焚。一个世纪后，普罗科匹厄斯则声称大部分罗马人被西哥特士兵所杀。两年后，身在伯利恒家中的哲罗姆对此事件的描写则颇有末世论的意味。他声称亚拉里克率部下进入罗马城之前，城中绝大多数居民已死于大饥荒。

▲ 这幅创作于19世纪的画作描绘了亚拉里克率军进入罗马城的场景。

饥民已经丧失理智，开始互相残杀，以求活命。母亲甚至连怀中嗷嗷待哺的婴孩也不放过。一夜之间，摩押变为荒芜；一夜之间，摩押高墙倒塌。神啊，异教徒进入你的产业，污秽你的圣殿，使耶路撒冷变成荒堆，把你仆人的尸首，交与天空的飞鸟为食；把你圣民的肉，交与地上的野兽。在耶路撒冷周围他们的血如流水，无人埋葬。谁能揭示那夜的屠杀？多少泪水才能抚平那夜的痛楚？一座高高在上的古城轰然倒塌，街道屋舍间了无生机，尸如山积。[12]

奥罗修在8年后也曾记录过此事件。身在西班牙的他描写了另外一番景象。他声称西哥特人此次入城并没有大肆屠戮罗马人，而且此次事件完全可以作为弘扬基督教仁爱的典范。奥罗修声称亚拉里克曾竭尽全力护罗马人周全，尤其是信奉基督教的罗马人。

（亚拉里克）命令手下不能伤害在基督教堂避难的人，尤其是那些供奉着圣彼得和圣保罗的教堂；他允许自己的手下随心所欲地掠夺城中的金银财宝和艺术珍品，但是禁止他们杀人放火。[13]

奥罗修随后讲了一个西哥特军官企图打劫一个在教堂内避难的老修女的故事。老修女找出教堂中所有的金银，放在这位西哥特军官面前，并警告说，这都是圣彼得的圣盘，如果他将这些据为己有，那么上帝将会惩罚他。这位西哥特军官随后下令"立即将所有金银器皿送还圣徒教堂。那位老修女则加入一列由西哥特士兵押送的基督徒队伍中。据说存放这些掳来的金银器皿的房子距离圣徒教堂有很长一段距离，路程相当于整个罗马城直径的一半。负责押送这些金银器皿的西哥特士兵人手一个器皿；他们将手中的器皿高举过头顶，看到的人无不惊讶。那列基督徒队伍由两列手持长剑的西哥特士兵押送；罗马人和野蛮人走在一起"。[14]

继奥罗修后，基督教史学家索卓门也对此事件进行过描述。他讲了另外一个西哥特军官的故事。这位西哥特军官用刀抵住一位美貌女基督徒的脖子，意欲非礼。女基督徒高昂着头颅宁死不屈，他大为震惊，遂将刀收回。

> 因为在她心中，贞洁胜于生命，除了她的丈夫，她不会跟任何男人发生性关系。在她的拼死反抗下，西哥特军官没有得逞。深受触动的西哥特军官带她来到一座供奉着圣彼得的教堂，给了看守教堂的士兵们6枚金币，并命令他们替她的丈夫保护她。[15]

这些天差地别的描述源于基督徒对此事件两种截然不同的反应。以哲罗姆为代表的基督徒赞成亚拉里克屠城说。就哲罗姆本人而言，他对赶他出罗马城的富人颇有微词，自然把此事件视为上帝对罗马人骄奢淫逸和信奉异教的惩罚。在他看来，罗马人被屠戮实属罪有应得。与之相反，还有一部分基督徒出于更大的政治意图而支持亚拉里克的怀柔说。异教徒认为罗马人关神庙、熔神像，触犯诸神，才遭此劫。为驳斥异教徒的指控，这一部分基督徒不得不向前者证明西哥特人在得到上帝的指示后弃恶从善，而这一切要归功于圣彼得和圣保罗向上帝禀报此事。

动机不纯的说教到此为止。事情的真相究竟是什么？考古学不属于宗教范畴，因此考古结果要可靠得多。鉴于罗马城直到今天依然有人居住，大范围的考古开掘并不现实。目前的考古发现颇有意思。在罗马斗兽场周边挖掘出不少那个时代的人类遗骸，可以看出当时是匆忙下葬。彼时的罗马人十分抵触将死人埋在活人周围，甚至颁布法律严禁将尸体埋在城内。亚拉里克围城期间罗马人却一反常态将死人埋在城内，可见此事给他们带来的恐惧有多大。

那么城中到底发生了什么？市中心的很多建筑物都毁于亚拉里克占城那个时期，其中包括古罗马广场上的艾米利大圣堂及其附近的元老院和和平广场。艾米利大圣堂基本被烧成了灰。据记载，元老院和和平广场是西哥特人攻击的目标。城中多处豪宅也未能幸免于难。瓦莱里家族在西里欧山上的一栋豪宅被毁，后直接被废弃。高登提乌斯在西里欧山上的豪宅被毁后被改造成马厩、工厂和贫民房。150年后，普罗科匹厄斯在他的书中提到罗马帝国史学家塞勒斯特（公元前86—公元前34年在世）的故居也在亚拉里克占城期间差点被烧毁。值得一提的是，塞勒斯特故居距离萨拉里安门不远。前者曾去过罗马城，发现塞勒斯特的故居依旧没有修好。

所幸受损的建筑物并不多。可见，奥罗修的描述更接近于现实。根据这些被损毁的建筑物，我们甚至可以还原当时的场景。入城前，亚拉里克嘱托手下的西哥特士兵进城后要安分守己。这符合他谨言慎行的个性。若罗马城在他手中被毁，那么这座城市就失了作为筹码的价值，他也就没机会以此来要挟西罗马帝国。长时间的围城，让一部分西哥特士兵在入城后变得异常兴奋。于是，他们干脆放火烧掉萨拉里安门附近的几栋住宅，其中就包括塞勒斯特故居。

随后西哥特士兵便向市中心进发，意图寻找要害之处并将其毁掉。元老院会成为他们的靶子完全是因为作为城中统治阶层的元老院议员总是出尔反尔，一会儿支持霍诺里乌斯皇帝，一会儿支持阿塔罗斯，一会儿又倒戈霍诺里乌斯皇帝。反复无常的元老院议员最终惹怒了西哥特人，所以他们干脆一把火烧了元老院。不远处的艾米利大圣堂之所以被烧完全是因为距离元老院太近，至于和平广场被烧的原因，那就不言而喻了。在过去的300年里，和平广场内珍藏着提图斯皇帝（公元79年6月23日—81年9月13日在位）的宝贝。公元70年，他在镇压犹太人起义时担任罗马军的主将，攻破耶路撒冷圣殿时掳掠的七杈枝大烛台[1]和其他无数珍宝。后来的故事我们都知道了，西哥特人将罗马城劫掠一空，满载而归。他们在离开之前似乎还心有不甘，于是又放火烧掉了罗马的

1　犹太教神殿中的一个重要标志物。

几栋豪宅。

　　总而言之，相比同时代其他被占领的城市，罗马城的损毁情况不是那么严重，那些城市都被付之一炬，荡为寒烟，城中的居民皆沦为奴隶。相比之下，罗马城的遭遇不值一提。但是我们也不能太低估罗马城的创伤。奥罗修和索卓门故事中的西哥特军官根本就是杜撰的。考古学家曾挖掘出大量记录亚拉里克占城后重建工作的铭文。可以看出罗马尚存恢复元气的实力。同时也说明西哥特人当时焚毁的建筑远不止上文提到的那些，只是罗马人后来做了完善的修复工作，我们才没有注意到。

　　至于罗马沦陷期间西哥特人的暴行，我们可以在一些书中找到蛛丝马迹。据《教宗史》记载，野蛮人掳走900千克重的银圣体盒，他们都是些巧取豪夺之徒，根本不配成为基督徒。奥古斯丁在北非布道的过程中多次提到自己对罗马陷落的看法。在此基础上，他写成了著名的《上帝之城》。他曾提到他的会众中有不少是从罗马城逃出来的难民。要是罗马城沦陷是子虚乌有之事，那么这些罗马人根本不会沦为难民。奥古斯丁还在书中为罗马沦陷期间的暴行辩护，甚至还含沙射影地指责受害者是咎由自取。这种说法在现代人看来十分刻薄。

　　罗马城沦陷期间，不少被困的富人基督徒的遭遇也被人记录下来。这些基督徒都信奉苦修主义。比尼安在西里欧山上的豪宅被西哥特人糟蹋得面目全非，原本价值连城，现在一文不值。安妮齐娅·法勒托妮亚·普罗巴的豪宅也几近被毁，西哥特人还将她养的修女全部掳走。在普罗科匹厄斯看来，如果为西哥特人开门的人是普罗巴，那么他们简直就是忘恩负义的小人。最后，我们要讲的是玛塞勒的遭遇。众所周知，她是罗马城第一个奉行苦修主义的基督徒。公元410年，她已是一个年迈体衰的老姬。哲罗姆在一封写给普林奇皮娅的信中提到玛塞勒的遭遇，而后者是玛塞勒的好友。哲罗姆写这封信的目的很明显是把玛塞勒的事迹传扬出去。在同一封信中，他还极尽夸张之能事，描写食不果腹的罗马人如何互相残杀，与之相对的则是沉着冷静的玛塞勒如何舍己救人。哲罗姆笔下玛塞勒舍己救人的故事可要比罗马人自相残杀的故事真实得多。他在信中提到一伙儿西哥特士兵闯入玛塞勒家中索要黄金：

> 她扯着自己的破衣烂衫让西哥特士兵看，证明自己没有私藏任何金银财宝。他们根本不相信她会安于贫穷，于是直接将她打趴在地。据说她根本顾不上自己的安危，挣扎着爬到那些人的脚边，声泪俱下地求他们不要将你（这里指普林奇皮娅）带走。你那么年轻，后面的日子还长着呢。而她已经是个风烛残年的老人，早已将生死置之度外。[16]

几天后，玛塞勒便驾鹤西去，空留下千疮百孔的房子，再也不会有人花费心力去修缮。事发时，一个名为伯拉纠的不列颠人（公元360—430年在世，基督教修道士兼神学家）也身在罗马城，他的说法或许是最有说服力的。值得一提的是，他的思想被认为是异端，遭到了奥古斯丁派的强烈反对。他在一封写给一位罗马妇人的信中描述了当时的情景："人们都吓得瑟瑟发抖，紧紧地挤在一起：家家都有死掉的人，恐惧笼罩着每一个人。奴隶和奴隶主抱作一团。死亡面前，众生平等。"[17]

三天后，西哥特人离开罗马城，挥军向南，罗马人如释重负。亚拉里克本打算借道西西里岛去非洲，但是他没能渡过墨西拿海峡。或许是因为他在罗马城中不慎感染疟疾，两个月后，他便命丧科森扎。罗马城大仇得报。直到今天，人们依旧没有找到他的坟墓，但是寻墓之旅毫无疑问会继续下去。倘若有人找到了亚拉里克的墓，只怕也只能在墓里找到些不值钱的陪葬品。根据日耳曼人的习俗，战利品越多，效忠的部下就越多，权力也就越大。既然战利品关乎权力，那么把战利品悉数陪葬显然不会是他们的作风。

西哥特人的战火并没有燃烧太久。亚拉里克的内弟阿塔乌尔夫在他死后接替他的位置，率领西哥特人撤出意大利半岛，向高卢进军。他本打算在迎娶公主加拉·普拉西狄亚[1]后，在纳尔博纳建立自己的朝廷，但是天不遂人愿。据说阿塔乌尔夫送给普拉西狄亚的聘礼就是亚拉里克当年在罗马城中掠夺来的原属于耶路撒冷圣殿的那些珍宝，这进一步证明了希姆莱寻墓简直是枉费心机。公元418年，西哥特人终于完成亚拉里克的心愿，同西罗马帝国订立条约。西罗马帝国根据条约将阿基坦地区赠予西哥特人，作为他们的永久居住地。几十年后，也就是公元452年，西哥特人作为罗马人最坚定的同盟，与罗马人在特鲁瓦附近并肩作战，共同击退匈王阿提拉和他的军队。此役就是大名鼎鼎的沙隆之战，亦称特鲁瓦之战，被看作欧洲历史上影响较大的战役之一。又过了几十年后，在经历了西罗马帝国的第三次倾覆后，西哥特人自己建立了一个王国，领土包括伊比利亚半岛的大部分地区。他们逐渐同半岛上的罗马贵族融合，并最终皈依天主教。公元711年，阿拉伯人入侵伊比利亚半岛，西哥特王国灭亡。一小部分死里逃生的西哥特人定居在今西班牙北部的阿斯图里亚斯自治区的山区里，他们后来在当地成立过一支小规模的游击队。这支游击队很可能就是后来点燃收复失地运动星星之火的人。

罗马城并没有荡为寒烟，但是城中尸骸满地，满目疮痍，商业凋敝，人民流离。数不清的人死于饥荒，活着的人流落他乡。根据公元419年罗马城发布的猪肉供应清单显示，城中的人口不到亚拉里克占城前的一半。罗马城的声誉也同样遭到重创。公元410年后，当罗马的学童再次背诵维吉尔的《埃涅伊德》时，朱庇特的预言就显得十分空洞和苍白了。

以文明自居的罗马城被身处北非的奥古斯丁·希波彻底拉下神坛。罗马的沦陷给了他灵感，他开始猛烈抨击罗马帝国的道德根基。他将

---

1 霍诺里乌斯皇帝的妹妹，此次亚拉里克围城的战利品之一。

罗马早期的历史事实（从提图斯·李维写的布伦努斯占领罗马城开始）——一列举出来，并指出罗马帝国与之前的帝国并无不同，它存在的根本目的并不是向全世界散播文明的种子，而是满足最低级的统治欲。维爱人要是有机会听到这番高论，肯定会拊掌击节。在他看来，天堂里的圣城耶路撒冷才是永恒之城。俗世的城市不可能永恒，罗马城也概莫能外。

不过，事态没有发展到难以挽回的程度，罗马城称得上幸运。不久后，罗马城便以惊人的速度从这场灾难中复苏过来。公元411年，越过阿尔卑斯山的君士坦丁三世猝然长逝。霍诺里乌斯皇帝如释重负，立即从拉韦纳动身来到罗马城。他在城中举办各类竞技比赛，号召流离在外的罗马人回家，不少人回到罗马城定居。公元414年，罗马城的谷物已经供不应求，城市执政官亚比努斯上表霍诺里乌斯皇帝，要求增加对罗马城的谷物供应。亚拉里克占城后，罗马城的人口虽然减半，但毕竟还是西欧面积最大、人口最多的城市。城中的绝大多数建筑杰作安然无恙。公元418年，奥罗修甚至曾抱怨过罗马人的言行举止一切如旧，就像什么都没发生过一样。

可很快，这个美好的假象便被无情地戳破了。

公元546年的罗马城

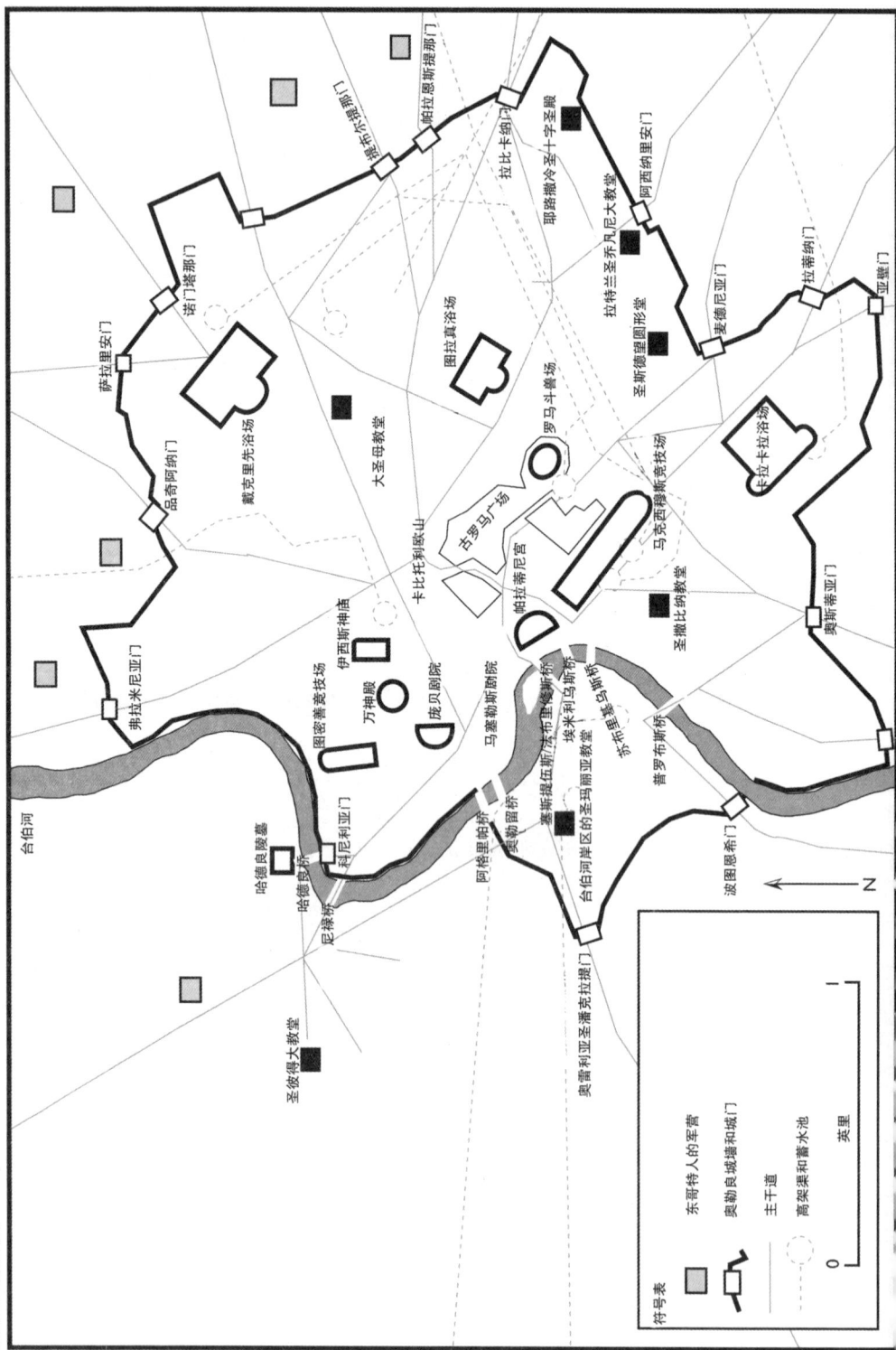

符号表

- 东哥特人的军营
- 奥勒良城墙和城门
- 主干道
- 高架渠和蓄水池

0   英里

N

台伯河

哈德良陵墓
哈德良桥
尼禄桥
科尼利亚门
弗拉米尼亚门

圣彼得大教堂

阿格里帕桥
美勒留留门
塞斯提伍斯布里德桥·法布里修斯桥
埃米利乌斯桥
苏布里基乌斯桥
奥雷利亚潘克拉克里亚堤门
台伯河岸区的圣玛丽亚教堂
普罗布斯桥
波图恩希门

图密善竞技场
伊西斯神庙
万神殿
庞贝剧院
马塞勒斯剧院

诺门塔那门
萨拉里亚门
品奇阿纳门
戴克里先浴场
拉米尼亚门

大圣母教堂

卡比托利欧山
古罗马广场
帕拉蒂尼宫

马克西穆斯竞技场
圣撒比纳教堂

奥斯蒂亚门
拉蒂纳门
亚壁门
拉丁卡洛场

萨拉里亚门
帕拉恩斯提那门
提布尔提那门
拉比卡纳门

图拉真浴场
罗马斗兽场
耶路撒冷圣十字圣殿
拉特兰圣乔凡尼大教堂
圣斯德望圆形堂

阿西纳里安门
麦德纳尼亚门

第三章

还是哥特人

Chapter Three　More Goths

I

如今，博赛纳湖上有一座名叫马尔塔纳的小岛，位于罗马城以北120千米处。这座呈新月形的小岛为私人所有，不对公众开放。看管人是岛上的唯一居民，负责看管岛上的几座房子，打理岛上的几处花园。要是你实在想满足好奇心，又不差钱的话，不妨就近从马尔塔纳港租一条船，环岛一游。届时你可以一睹岛上的岩石海岸和郁郁葱葱的树木。

公元535年，这座小岛变得声名狼藉。据说，小岛上的房子和花园也在这一年灰飞烟灭。几级石头台阶散落在小岛的岸边。同年4月底，东哥特王国的摄政女王阿玛拉逊莎被带到这里软禁起来。她很可能就是踏着这几级台阶登上这座小岛的。岛上的断壁残垣极有可能是当年用来软禁她的房子的废墟。几周后，一条满载东哥特人的船从博赛纳湖的岸边出发，驶向这座小岛。至于岛上的阿玛拉逊莎有没有看到这条船，我们不得而知。作为曾经统治意大利半岛、西西里岛和巴尔干半岛西部的大部分地区长达8年之久的摄政女王，阿玛拉逊莎必定对当时的政治时局洞若观火。如果当时她恰好看到了这条船，那么她肯定能猜到船上的东哥特人此行的目的为何。不错，船上的东哥特人的确是来取她性命的。可悲的是，她只猜中了开头，却未猜中结尾。她做梦都没想到她的死会成为自己母国灭亡和意大利半岛战火四起的导火索。罗马城就是这场战火的中心。公元537年3月，阿玛拉逊莎去世还不到两年，东哥特人便将罗马城团团围住，誓要收复失地。

东哥特人挺进意大利半岛的征程道阻且长，他们和自己的近亲西哥特人是名副其实的难兄难弟。在阿玛拉逊莎毙命的150年前，东哥特人曾短暂地登上历史舞台。彼时西哥特人的先祖还驻扎在多瑙河边，正拼命地向罗马帝国摇尾乞怜，企图在帝国的版图上谋得一块小小的避难所，逃离匈人的魔爪。东哥特人的先祖则收拾行囊前往欧洲中部谋生路，日子并不好过。当亚拉里克的西哥特部众沿途侵略地中海沿岸的城市时，东哥特人不得不向盘踞在匈牙利平原上的匈人俯首称臣。东哥特人为匈人当了约60年的仆从，和平时替匈人种庄稼囤军粮，战时替匈人上战场杀敌。

匈人建立的帝国在公元5世纪50年代分崩离析，身为仆从民族的东哥特人翻身当主人。东哥特人与东罗马帝国比邻而居，居住在今天的保加利亚和前南斯拉夫。东哥特人的民族融合之路与西哥特人别无二致，不同的部落通过通婚、杂居逐渐形成一个足以震慑东罗马帝国的民族。他们以暴力索取东罗马人的食物和金帛。公元5世纪80年代，东哥特人建立了统一的国家，奉狄奥多里克为唯一的国王。为了与西哥特人区分开来，东罗马帝国当局将居住在帝国北部的这部分哥特人称为东哥特人。彼时东罗马帝国的皇帝是弗拉维·芝诺（于公元474—475年及公元476—491年两度在位）。这个在自家门口壮大起来的民族令芝诺皇帝甚为忌惮。狄奥多里克深知自己已成为芝诺皇帝的眼中钉、肉中刺，心里总不免惴惴不安。东罗马帝国最擅长使手腕让哥特人自相残杀，这一点狄奥多里克心知肚明。狄奥多里克害怕芝诺皇帝会趁自己根基未稳大举进犯。当然，狄奥多里克最怕芝诺皇帝暗中联合有异心的族人将自己赶尽杀绝。

公元488年，芝诺皇帝和狄奥多里克找到了一个两全其美的办法。狄奥多里克率领东哥特族人迁往意大利半岛。在芝诺皇帝看来，意大利半岛就是一块肥肉。12年前，也就是公元476年，奥多亚克废黜西罗马帝国最后一个皇帝罗穆路斯·奥古斯都，并将其圈禁在那不勒斯。奥多亚克是一位日耳曼裔雇佣兵首领，先受命于西罗马帝国，后宣称效忠于东罗马帝国的芝诺皇帝。值得一提的是，奥多亚克的军队在公元476年已经是蛮族的天下。芝诺皇帝鼓动狄奥多里克把奥多亚克取而代之，并任命狄奥多里克为意大利半岛的总督。狄奥多里克跟80年前的亚拉里克一样，率领满载着族人的车队向意大利半岛进发。他们横穿巴尔干半岛，与挡住他们去路的格皮德人厮杀，后穿越利安阿尔卑斯山脉，抵达波河平原。奥多亚克并不好对付，狄奥多里克将他围困在拉韦纳达3年之久，才换来共治意大利半岛的权力。不久后，狄奥多里克便设庆功宴将奥多亚克诱杀，收编其余部，建立东哥特王国，定都于拉韦纳。在接下来的33年里，狄奥多里克成为整个意大利半岛真正的统治者，并不断壮大自己的统治版图。他治下的东哥特王国繁荣稳定，蒸蒸日上。他的雄才大略、文治武功丝毫不逊色于任何一位罗马皇帝。

可是狄奥多里克大帝膝下无子，只有两个女儿。相比罗马人，日耳曼人男尊女卑的观念较为淡薄，更能接受女性统治者，但也仅此而已。狄奥多里克竭尽所能地培养自己的两个女儿，送她们接受最好的教育，早早给她们物色良人。阿玛拉逊莎精通哥特语、拉丁语和希腊语。她的丈夫尤塔里克是一位东哥特高阶武士。成婚不久后，他们儿子阿塔拉里克呱呱坠地。尤塔里克本是狄奥多里克大帝属意的摄政王人选，最终却不幸英年早逝。公元526年，她的父亲狄奥多里克大帝崩殂。阿玛拉逊莎的政治才干是有目共睹的。她替幼子代政8年，维系着同心怀叛意的哥特贵族的表面平和。她的表弟狄奥达哈德更是蠢蠢欲动。公元534年，她年仅14岁的儿子阿塔拉里克夭亡。她知道自己大难临头，作为东哥特王国的摄政女王，她的统治地位已经摇摇欲坠。

祸不单行。拜占廷帝国，即东罗马帝国，扭转颓势，国力在查士丁尼大帝（公元527—565年在位）的治下达到空前强盛，于是他决心收复西境。公元533年，他派手下猛将贝利撒留远征汪达尔王国（今突尼斯）。贝利撒留不费吹灰之力便将汪达尔王国收入拜占廷帝国的囊中。查士丁尼大受鼓舞，打起了东哥特王国的主意。

接下来要讲述的事主要源于拜占廷历史学家普罗科匹厄斯在《查士丁尼战争史》（以下简称《战争史》）中的记载。我们不妨先来了解一下普罗科匹厄斯其人。我们在上一章曾提到，普罗科匹厄斯认为罗马城破的罪魁是300位无胡须的西哥特青年。好在《战争史》记载的都是当代史，大部分史实他都亲身经历过，因此要可信得多。他起初在君士坦丁堡当律师并教授修辞学，后得到查士丁尼的赏识，被任命为贝利撒留将军的私人秘书，随军西征汪达尔王国和东哥特王国。公元542年，普罗科匹厄斯奉命回到君士坦丁堡，奉旨撰写《论查士丁尼时代的建筑》，在书中不厌其详地描写查士丁尼下令建造的宏伟建筑，字里行间满是对皇帝本人的谄媚与恭维。查士丁尼很受用，破例给普罗科匹厄斯升了官。可是普罗科匹厄斯生活的年代，正是多事之秋，战乱频仍。他私下写作《秘史》发泄他对查士丁尼大帝和狄奥多拉皇后的不满，揭露拜占廷帝国权势阶层的腐朽和堕落。

普罗科匹厄斯在《秘史》中将查士丁尼描述成一个"诡计多端、两面三刀、精于算计、口蜜腹剑"的伪君子，说他"热衷于挑拨离间、制造事端，以暗杀和掠夺为乐"。不过，与对狄奥多拉皇后的评价相比，他还算给查士丁尼留情面。根据普罗科匹厄斯的记载，狄奥多拉皇后在嫁给查士丁尼大帝之前曾是君士坦丁堡名噪一时的娼妓：

> 她目中无人、不知廉耻，是个人尽可夫的娼妇。有人拿鞭子打她，她也不忘跟打她的人调笑。她可以当众宽衣解带，脱得一丝不挂。[1]

普罗科匹厄斯在《战争史》中对贝利撒留赞不绝口，但是在《秘史》中却毫不留情地批评他和他的妻子安东妮娜，并把安东妮娜描写成一个水性杨花、阴险狡诈的女巫。值得一提的是，安东妮娜是狄奥多拉皇后的闺中密友。相较于《战争史》和《秘史》中描写的其他同时代的帝国将领，贝利撒留给读者的总体印象是有智谋、有魄力、不贪腐。

普罗科匹厄斯描写了阿玛拉逊莎在儿子死后如何巩固自己的政治地位。她任命自己的表弟狄奥达哈德为东哥特王国的共治者。狄奥达哈德本来在托斯卡纳占山为王，向来热衷于鸠占鹊巢，因此名声不好。她冒险这么做的原因，其实不难理解。与表弟共治东哥特王国不仅可以堵住众人的悠悠之口，名正言顺地继续摄政，还可以借此打压那些心怀不满的政敌。事实证明阿玛拉逊莎失算了。普罗科匹厄斯声称阿玛拉逊莎曾暗中逼狄奥达哈德发誓绝不染指东哥特帝国。如果普罗科匹厄斯所言属实，那么只能说明狄奥达哈德违背了自己立下的誓言。狄奥达哈德在成为共治者后立即发动政变，将阿玛拉逊莎押离拉韦纳，囚禁在马尔塔纳岛上。几周后，阿玛拉逊莎在岛上被他的人暗杀。

根据普罗科匹厄斯的记载，阿玛拉逊莎与查士丁尼交好，是后者坚定的盟友。查士丁尼听闻她的死讯后，暴跳如雷，当即命令贝利撒留做好进攻东哥特王国的准备。查士丁尼真正的意图可能更阴险。他的妻子狄奥多拉皇后与狄奥达哈德的妻子古德莉娜曾暗中通信。普罗科匹厄斯在《秘史》中声称狄奥多拉皇后利用古德莉娜怂恿狄奥达哈德处死阿玛拉逊莎，并保证拜占廷帝国绝不插手此事。普罗科匹厄斯甚至还给狄奥多拉皇后的这一行动赋予合理的动机，即她担心美貌与智慧并重的阿玛拉逊莎会抢走她的丈夫。虽然这个故事的可信度不大，但是我们却可以从中窥得一些真相。真正希望阿玛拉逊莎死的人更可能是查士丁尼。阿玛拉逊莎一死，他就师出有名，可以光明正大地出兵攻打东哥特王国。他之所以需要师出有名是因为东哥特王国在理论上是他的领土，东哥特王国的国王在理论是他任命的总督。很可能在他眼里，狄奥达哈德要比阿玛拉逊莎好对付得多。

事实证明狄奥达哈德的确要比阿玛拉逊莎好对付得多。狄奥达哈德并不符合好战的日耳曼人对帝王的期待。在那个完全靠拳头说话的年代，日耳曼人认为渊博的学识无助于激发他们的好战本性。狄奥达哈德本人不仅精通柏拉图哲学，而且熟读拉丁文学，他甚至自封哲学王。日耳曼人的这种偏见不无道理。公元535年，贝利撒留占领西西里岛。公元536年，他率军登陆意大利半岛，费了一番周折占领那不勒斯。士兵顺着那不勒斯城墙外的一条高架渠偷偷溜进城中，在城中烧杀抢掠后离开。眼看城池陆续失守，身在罗马城中的狄奥达哈德畏首畏尾，没有任何反击动作。如果任由事态发展下去，意大利半岛将比北非的汪达尔王国更容易收复。忍无可忍的东哥特人很快便发动政变，毫不犹豫地割断了这位哲学王的喉咙，推举勇猛好战的维蒂吉斯为新王。

史书对维蒂吉斯的记载跟对亚拉里克和布伦努斯的记载一样少。史书上仅记载维蒂吉斯出身东哥特贵族，曾担任狄奥多里克大帝的贴身侍卫，还曾率领东哥特军队征服巴尔干半岛西部地区。维蒂吉斯称不上是成熟的军事谋略家，但是他在登极之初制定的战略战术却堪称老辣。贝利撒留率军在意大利半岛南部埋头作战，查士丁尼以银弹攻势鼓动法兰克人的职业军队穿越阿尔卑斯山脉攻击东哥特王国，以期对维蒂吉斯进行两面夹击。维蒂吉斯决定先摆平法兰克人。他率大军挥师北上，只留下几千东哥特士兵驻守罗马城，寄希望于城中罗马人的忠心赤胆。可是城中的罗马人基本是西罗马帝国的遗民，他们并不想同那不勒斯人一样遭受战争的蹂躏。于是贝利撒留在遗民们的欢呼声中率军入城。精明的罗马人还成功劝退了守城的东哥特士兵。公元536年12月9日，东哥特士兵陆续从罗马城北的弗拉米尼亚大门撤出，贝利撒留的军队则从城南的阿西纳里安门入城。罗马人难得办事如此干净利落。兵不血刃，罗马城重新回到了罗马帝国的怀抱。他们以为战争结束了。

▲ 这幅创作于 19 世纪末的画作描绘了贝利撒留率军进入罗马城的场景，出自爱德华·奥利尔于 1890 年创作的《卡塞尔绘本世界通史》。

　　但是事情远没有罗马人想的那么简单。国王维蒂吉斯速战速决，同法兰克人签订和平条约。当他得知贝利撒留的军队只有区区之众时，立即挥军南下，直捣罗马城。维蒂吉斯率领的东哥特部众与一个世纪前亚拉里克率领的西哥特部众并不相同，前者是一支严格意义上的军队，军人的妻儿皆定居在意大利半岛的中部和北部。但是，两者又有很多相似性。东哥特人的行军方式依然分为步行、骑马和乘战车。他们手中的武器种类也同样花样繁多。出身贵族的统帅同样装备精良远胜普通士兵。当然，他们也跟一个世纪前的西哥特人一样，通身恶臭，虱子满身。他们也同样人多势众。普罗科匹厄斯声称维蒂吉斯的军队总共有 15 万人。虽然这一数字有夸大之嫌，但是可以肯定东哥特军在数量上远超贝利撒留的罗马军。公元 537 年 3 月，也就是罗马人开城迎接贝利撒留 3 个月后，东哥特人兵临罗马城下。

II

那么东哥特人面前的罗马城是一座怎样的城市呢？假设有一位罗马人乘坐时光机从公元408年亚拉里克洗劫前的罗马城穿越到公元537年的罗马城，他/她一定会为眼前的景象痛心疾首。整个罗马城变得空空荡荡。据估算，公元530年罗马城的人口只有公元408年人口的十分之一或二十分之一。原本繁华热闹的大街变得冷冷清清，原本挤满人的公寓也变得空空荡荡。这些公寓二层以上已经无法住人，到处都是腐烂的木头、塌陷的楼梯、漏雨的屋顶，鸟儿成群结队地来这里筑巢。罗马人无奈之下只好在地面上扎帐篷。城中的很多建筑物直接被废弃。

罗马城也不复往日的国际范儿。曾经游人如织的街道如今变得空空荡荡。公元537年，城中大部分罗马人只会讲通俗拉丁语，这是意大利语的雏形。其中有一小部分罗马人可能会讲一点儿哥特式德语。那个但凡是个罗马人就会讲拉丁语和希腊语的繁华时代早已一去不复返了。到公元537年，只有极少数受过最高等教育的罗马人才会讲希腊语。当贝利撒留率军进驻罗马城时，一些罗马人正在恶补希腊语语法，他们觉得自己的所学肯定能派上用场。早在一个多世纪前，拜占庭帝国宣布拉丁语不再是官方语言。所以到公元537年，拜占庭帝国的高官几乎人人都只会讲希腊语。

罗马城在此期间还经历过一场浩劫。我们在上一章结尾曾提到罗马城在遭到亚拉里克洗劫后迅速恢复过来，好似什么都没发生过一样。关于后来的这场浩劫，我们先从卡比托利欧山讲起。卡比托利欧山上那座曾占据着罗马城天际线长达1000年之久的朱庇特神庙现在已成为一片废墟，庙顶的青铜瓦片早已不见踪影。我们还可以从古罗马广场的状况来一窥那场浩劫的惨烈。广场上数不胜数的雕像而今只剩下光秃秃的底座。公元455年6月，也就是亚拉里克攻陷罗马城的40多年后，罗马城再次沦陷。这次攻陷罗马城的人叫盖萨里克，他带领一支由北非的汪达尔人组成的职业军队在城中进行了为期两周的疯狂洗劫。除了在城中肆意屠杀和破坏，他们还将朱庇特神庙庙顶的瓦片全都抢走，将古罗马广场上的雕像全都装车拉走。17年后，罗马城再遭劫难。西罗马帝国的实权将军里西默将身在罗马城的西罗马帝国皇帝安特米乌斯（公元467—472年在位）杀死。罗马城也在这次内战中跟着遭殃。看着满目疮痍的罗马城，大部分罗马人选择用脚投票，弃城而逃。

罗马城如今的惨状，责任不只在战争。根据现有的文献记载，罗马城中的居民是罪魁祸首。公元458年，马约里安皇帝（公元457—461年在位）颁布多项法令来保护罗马城中的古迹，旨在禁绝城中居民拆除古建筑挪作他用的行为。可惜，这些法令并没有对他们起到真正的约束作用。值得一提的是，马约里安皇帝是罗马帝国最后一位颁布法令保护罗马城中古迹的皇帝。在城中官员的默认下，当地居民明目张胆地拆除古建筑。一些"不合时宜"的古建筑被居民滥用，连马约里安皇帝本人都觉得无伤大雅。在维蒂吉斯围城前的几十年里，萨卡拉大道两侧的青铜大象早已破旧不堪，高架渠中的水也已被排掉用作他途，公共建筑物上的装饰物失窃如家常便饭。用来存放救济口粮的粮仓以及古罗马广场上造型优美的拱形柱廊也已千疮百孔。它们之所以没被拆掉完全是因为它们已成为私人所有物。

考古证实了这一点。亚拉里克从罗马城撤出后，庞贝剧院和马塞勒斯剧院之间的一座土窖变成垃圾场，这里堆放着倒塌的柱廊、圆柱和抢来的铺路石。这个地方甚至一度被用来储藏抢来的大理石。除却饱受人祸的践踏，这个地方也难逃天灾的毒手。此地曾多次发生地震，没了石头和金属箍加固的建筑物一触即溃。到公元5世纪末，城中多处民房和公寓沦为垃圾场，公园和广场沦为荒地。贝利撒留直接下令骑兵在城中的荒地上牧马。罗马城的惨状竟无意间催生了一个新行业。一时间城中石灰窑如雨后春笋般涌现。大理石柱、底座、雕像以及房屋墙体加工成灰泥售卖。

与意大利半岛上的大部分城市相比，罗马城还算幸运。城中的居民还可以使用高架渠运水，可以跟先辈一样在浴场中洗浴。游客依然会惊叹于城中巧夺天工的建筑。在东哥特王国担任要职的学者卡西奥多鲁斯曾写道："罗马城是当之无愧的人间瑰宝，是一座令人赏心悦目的建筑森林。浴场建得有行省那么大，斗兽场巍峨高峻，万神殿的穹顶肃穆华丽，几乎相当于一座城那么大。"[2]罗马城也变得比以前宜居。疟疾依然是城中居民的头号杀手。随着城中人口的减少，街上不复往日繁华热闹的盛况，好在麻疹一类的流行病不再猖獗。

罗马城依旧不乏守护者。你一定想不到狄奥多里克大帝是其中最坚定的守护者。他在位30年，只去过罗马城一到两次，在帕拉蒂尼山上的旧宫殿里只住过六个月，却是过去的两个世纪以来在此居住时间最长的帝王。他曾特意拨款修葺这座旧宫殿，如此看来他那六个月住得并不舒服。他还命令工匠修葺卡拉卡拉浴场、艾米利大圣堂、图密善皇帝的旧田径场以及维斯塔神庙等其他城中建筑，用掉两万五千块瓦片。值得一提的是，早在一百多年前维斯塔神庙中便不再有维斯塔贞女。他还命人清理和维修城中的下水道系统和高架渠系统，并派遣一名建筑师专门监督城中古建筑的维护和保养。

狄奥多里克大帝不仅是罗马城古建筑的守护者，还是城中古老传统的捍卫者。他恢复口粮配额制，向城中居民分发100万公斤小麦和一定配额的猪肉。他还下令恢复传统表演项目，雇用杂技演员开创出一种十分经济的表演方式：通过引逗或驱使野生动物进行相斗而达到娱乐目的，而不必将它们杀死，这便是斗牛表演的雏形。狄奥多里克大帝本人对这类表演项目深恶痛绝，但是为了给罗马人找点儿乐子，他愿意做出一部分妥协。他极力推崇元老院，把元老院的地位推向新的高度。货币和官方铭文上都有"SC"和"Res Publica"的字样，前者是"元老院法令"的首字母缩写，后者的意思是"共和国"。这些字样将"罗马共和国依然存在"这个已经延续了500年的谎言继续圆下去。他甚至把罗马称为"不可战胜的罗马",他这话怕是有些言过其实,毕竟罗马都沦陷过两次了。

狄奥多里克大帝所施仁政的收效如何?我们无法给出确切的答案。两万五千块瓦片对于罗马城中日渐崩坏的建筑杰作来说无疑是杯水车薪。当然,恢复古罗马时代的头衔和称号并不意味着罗马城就能恢复往昔的荣光。罗马的权贵阶层依旧是发扬传统的中流砥柱,但是公元6世纪的这帮权贵要比他们的前辈寒酸不少。从公元408年穿越而来的权贵基督徒一定无法面对眼前"礼崩乐坏"的局面。元老院议员的数量从先前的2000名缩减为现在的50到80名,其中大部分议员还不得不为了达到规定的财产资格而疲于奔命。公元455年,汪达尔人将罗马城洗劫一空,城中的名门望族纷纷逃往西西里岛或君士坦丁堡,他们在城中的豪宅或关或毁。因此,等到公元6世纪,安尼畿家族不仅在罗马城中一家独大,还发展成一个具有国际影响力的家族。安尼畿家族的不少成员在高卢和君士坦丁堡担任要职。我们在上一章曾提到出身安尼畿家族的贵妇普罗巴曾因引狼入室放西哥特人入城而被责难。

罗马的权贵日渐没落,罗马的传统风俗也随之式微。在亚拉里克围城的十几年后,也就是公元424年,一位元老院议员为举办比赛不惜一掷千金。汪达尔人围城后,罗马再也无人能支付得起昂贵的比赛花销。汪达尔人在北非建立王国,原产于北非的野生动物一并落入汪达尔人手中。到公元5世纪末,罗马的权贵连花销最少的比赛也办不起了,所以他们也懒得费心把自己的名字刻在罗马斗兽场中的座位上了。罗马共和国时期设立的许多官阶也随之消失,其中就包括专为筹办比赛而设立的官阶。公元523年之后不再有执政官主持比赛,公元534年后不再有执政官。

罗马城的古建筑每况愈下,但是不妨碍新建筑拔地而起。在这一时期,罗马人建起几座富丽堂皇的教堂。建于公元5世纪30年代的大圣母堂雄伟壮观,阿文提诺山上的圣撒比纳教堂美轮美奂,两座教堂几乎在同一时间完工。西里欧山的圣斯德望圆形堂也建于公元5世纪，完工时间稍晚于前两座教堂。在东哥特王国的统治下，罗马人过了40多年的太平日子，使徒教堂周边也新建了不少修道院和招待所供朝圣者使用。公元500年前后，罗马人在圣彼得大教堂前为朝圣者建起一座大型公共厕所。

富丽堂皇的基督教堂崛地而起，预示着基督教的发展势头方兴未艾。从公元408年穿越而来的那位权贵基督徒欣喜地发现罗马人都不再信仰异教，但是这并不意味着罗马的基督教已经实现统一。实际上，罗马的基督徒正经历着前所未有的分裂。从公元498年到506年，罗马的基督教会为教宗人选举棋不定，各教宗人选背后的牵扯的利益关系错综复杂，稍有不慎便会引起阶级对立，甚至国际冲突。与此同时，基督一性论和基督二性二位说之争甚嚣尘上，拜占廷帝国也面临着前所未有的对立和撕裂。两派基督论学说就基督的神性和人性争论不休，相持不下。拜占廷皇帝阿纳斯塔修斯一世（公元491—518年在位）发布《联合敕令》企图弥合两派的裂隙，并支持劳伦蒂乌斯担任教宗，原因是后者愿意配合他的宗教政策。罗马平民对阿纳斯塔修斯一世插手宗教事务的行为心怀不满，认为这种行为是对罗马教宗至高权威的挑战。罗马城的权贵阶层和高阶神职人员选择支持劳伦蒂乌斯，而贫民阶层和低阶神职人员则选择支持西玛克，阶级矛盾彻底激化。就连罗马的战车队也分裂为两派，支持西玛克的平民组成绿队，支持劳伦蒂乌斯的贵族组成蓝队。贵族先发制人，派奴隶攻击西玛克的支持者，并把这些支持者全部赶出市中心。街头暴乱如家常便饭，神职人员无端被杀，修女被赶出女修道院，被羞辱暴打。这场旷日持久的暴乱甚至还对罗马城中如火如荼的教堂建设造成了影响。被赶出罗马市区后，西玛克便着手在罗马郊区建设新教堂，贾尼科洛山上的圣潘克拉齐奥教堂就是其中的代表。西玛克还为同样位于郊区的圣彼得大教堂建造了一座大型楼梯、一座喷泉和一座公共厕所。

狄奥多里克大帝一直谨小慎微地保持着中立，可最后还是被卷进去了。他和大部分东哥特人跟西哥特人一样信奉基督教。狄奥多里克本人对宗教持包容态度，在他统治末期，查士丁尼的舅父查士丁一世（公元518—527年在位）被推举为拜占廷帝国的皇帝。查士丁一世登基后便开始对基督徒和犹太人进行残酷的宗教迫害。随着事态不断升级，宗教迫害之风蔓延到西部。公元523年，罗马教宗约翰一世企图将罗马的多座基督教堂奉献给上帝，暴徒将拉韦纳、维罗那和罗马城的犹太教堂焚烧殆尽。狄奥多里克大帝命人鞭笞涉事者，并烧掉维罗那的一座教堂，作为报复。此举伤透了大部分罗马人的心。原本深得民心的奥多里克大帝，终落得一个晚节不保的下场。

贝利撒留的军队挺进罗马城10年后，宗教冲突不降反增。查士丁尼大帝跟前任皇帝阿纳斯塔修斯一世一样企图采用折中方案弥合裂隙。他这么做也是出于个人原因。他和君士坦丁堡的民众均支持基督二性二位说，而他的妻子狄奥多拉皇后则支持基督一性论。根据查士丁尼大帝的旨意，贝利撒留进城后第一件事就是废黜哥特人任命的教宗西尔维（公元536年6月8日—537年在位），并推举听话的维吉利（公元537年3月29日—555年6月7日在位）为新任教宗。值得一提的是，维吉利曾在君士坦丁堡担任教廷使节，支持查士丁尼推行的折中方案。被废的西尔维被罗马教廷派往帕尔玛利亚岛，不久后便在岛上去世了。维吉利的教宗之路能否走得比西尔维长远？现在看来，答案当然是肯定的，但在当时，并不明朗。他刚登上教宗之位不久，维蒂吉斯便率领大军将罗马城团团围住。

III

罗马人的舒服日子算是到头了。维蒂吉斯命人在罗马城北修建了7

座重兵把守的大型军营，彻底将罗马城的高架渠切断了。那不勒斯之战后，贝利撒留开始意识到高架渠是城市的要害，于是干脆命人用砖石将高架渠口堵上。没有高架渠引水，城中的浴场也运作不下去了。正常运作了600多年的公共浴场全部歇业，罗马人只好用城中的泉水、井水以及台伯河的河水洗浴。贝利撒留还命令他们轮流在城墙上守夜，所以他们睡不醒吃不饱是常事。

罗马人最担心的不是没有舒服日子过，而是没命过日子。他们跟维蒂吉斯一样，不敢相信贝利撒留手下的士兵居然这么少。在最初登陆西西里岛的时候，他手下的士兵就少得可怜，但是这并不妨碍他在意大利半岛上所向披靡，一路占领多座城市。为捍卫胜利的果实，他不得不派军驻守这些城市。这样一来，随他前往罗马城的士兵已不足5000人。普罗科匹厄斯曾声称维蒂吉斯的军队总共有15万人。虽然有夸大之嫌，但是真实的人数也在2.5万人到3万人。两军兵力悬殊。罗马人开始后悔让贝利撒留进城，并控诉他入侵意大利半岛的行为。维蒂吉斯闻讯后立即派出使者前往罗马城，企图彻底瓦解罗马人的士气。根据普罗科匹厄斯的记载，使者见到罗马人先是指责他们叛变投敌，然后痛斥他们"将哥特人的统治权拱手让给希腊人。希腊人除了演悲剧和滑稽戏的戏子，就是海盗，还没有哪支有胆的希腊军队来过意大利半岛。这帮希腊人护不住你们！"[3]

亚拉里克第一次围城时，罗马人曾向古代诸神求助。如今，一部分罗马人居然还打算效法。从前，每当罗马开战，雅努斯[1]神庙的大门便会打开。雅努斯神庙位于古罗马广场，与元老院议事堂相邻而建。普罗科匹厄斯曾亲眼看过这座神庙，这是一座正方形的建筑物，外观为古铜色，刚好能容得下一尊雅努斯的神像。普罗科匹厄斯还证实当时这座神庙保存完好。城外的维蒂吉斯没有丝毫退意，城内的一部分罗马人开始

---

1 罗马人的门神，也是罗马人的保护神。

坐不住了，他们偷偷来到神庙门前，企图将门打开。或许是因为门上的金属部件早已锈蚀，他们没能如愿。不再严丝合缝的神庙大门就是他们企图开门的罪证。根据普罗科匹厄斯的记载，"……所幸他们没有被发现。天下大乱，当局根本没心思和精力调查此事。长官们因此对此事一无所知，普通大众也蒙在鼓里。这件事只是极少数人的秘密"。[4]世易时移，现在已经不是亚拉里克围城的那个时代了。那时一部分罗马权贵还对异教抱有幻想。时至今日，只有一小撮无名之辈愿意再次求助异教，所幸他们没因此而遭受牢狱之灾。

罗马人和维蒂吉斯都小瞧了贝利撒留。东哥特人的战略战术和武器相较于亚拉里克时代并没有太大的不同。拜占廷帝国却发生了翻天覆地的变化。拜占廷帝国国库空虚，再也养不起那么多士兵，于是便练就了四两拨千斤的本领。贝利撒留手下的军队与古罗马帝国鼎盛时代装备精良的步兵军团有着云泥之别。前者更像是一支匈人的职业军队。值得一提的是，贝利撒留的军队中还真有不少匈人替他效力，当然还有斯拉夫人、赫鲁利人、格皮德人、伦巴德人和伊苏里亚人。勇猛好战的伊苏里亚人来自小亚细亚南部山区。这些来自不同民族的军人却有着一个共同点：他们都极擅骑射。贝利撒留本人就是一位百步穿杨的神箭手，他曾在一次与东哥特人的战役中将一头拉着攻城塔的公牛一箭射死。

贝利撒留完美地承袭了匈人的战略战术。先派出弓骑兵做诱饵，引东哥特军进入弓箭射程，拜占廷的弓箭手立即射击。东哥特军遭到重创，拜占廷的弓骑兵则全身而退。一些精巧的机器也被贝利撒留用在战场上。弩车通过弹射巨箭，进行远距离作战，一支巨箭足以将一个人高马大的哥特军人钉死在树上。石弩用来投射巨石。还有一种吊闸状的架子，边缘带有锯齿，平常挂在城垛上。一旦发现有东哥特军企图爬云梯攻城，拜占廷军便会将城垛上的架子放下去，架子上的锯齿就会刺入敌人的背部。守城的拜占廷军因兵力不足，不得不借助外力。一队东哥特军偷偷溜进一处用来给朝圣者晾衣服和歇脚的长柱廊，企图占领哈德良陵墓一处要塞。拜占廷守军只得拆毁皇陵上的大理石雕像，用作滚木礌石，才成功将敌军击退。

维蒂吉斯的战略失误也给了贝利撒留扭转乾坤的机会。没有将罗马城团团围住就是维蒂吉斯最大的战略失误。除却在罗马城北建的七座军营，他还在城南建造了一座堡垒，这座堡垒原先是两座相连的高架渠，它成功阻断了罗马人接收供应品的陆上通道，但是维蒂吉斯没有拿下罗马城的海港波尔都斯。陆路补给通道被切断后，罗马人只能以野菜果腹。不久后，拜占廷帝国便将大量金钱和援军从波尔都斯悄悄运入罗马城。罗马人甚至在城中磨面粉做起了面包。没有高架渠引水，罗马的磨坊没法运作下去。贝利撒留于是命人建造了水上磨坊，利用台伯河的水力驱动磨坊磨面粉。源源不断的援军来到罗马，贝利撒留的军队逐渐壮大起来。城外的东哥特军饥肠辘辘，伤亡惨重。拜占廷的弓骑兵让他们苦不堪言。贝利撒留于是派军偷袭居住在亚得里亚海岸的东哥特平民。维蒂吉斯闻讯大惊失色。公元538年3月，围城一年后，东哥特人知道攻城无望，于是烧掉军营，而后离去。两年后，维蒂吉斯被赶下台，在拉韦纳投降了贝利撒留。只有波河北岸的东哥特人拒不投降。战争似乎已接近尾声。

庆祝胜利还为时过早。打完仗后，拜占廷人就把胜利的果实搁在了一边。拜占廷帝国疲于应付萨珊帝国，查士丁尼将贝利撒留调回东部战场。留在的意大利半岛的拜占廷军官不仅个个都是暴脾气，还又贪又懒。查士丁尼很快将解放后的意大利人纳入帝国的税务系统中，他派一个名叫亚历山大的财务官前往意大利半岛。这名财务官有个诨号叫"剪刀手"，凡经他手的金币，分量都会变轻。他不仅无情压榨本来就穷困潦倒的意大利人，还克扣军饷。官兵们被逼无奈，只好也加入他的行列，欺压当地百姓。根据普罗科匹厄斯的记载，当时一些意大利人甚至觉得还是蛮族好些。

屋漏偏逢连夜雨，本就生活在水深火热之中的意大利人又遇上了鼠疫。这种后来被称为黑死病[1]的鼠疫突然在意大利半岛暴发，并在其后的800年里席卷整个欧洲。鼠疫暴发时，普罗科匹厄斯已随贝利撒留离开意大利半岛，所以他没有记载罗马的疫情，但是他用生动的笔触将君士坦丁堡的惨状记录了下来。与日薄西山的罗马城不同，暴发鼠疫前的君士坦丁堡华盖云集，车水马龙，一派欣欣向荣的景象。

　　……起初，死亡的人数只稍稍高于正常值。后来，死亡人数不断攀升，一天的死亡人数竟高达5000，随后这一数字攀升至10000，甚至更多。起初，亲人死后，人们先在自己家办葬礼，葬礼结束后便将亲人的尸体偷偷送到他人的墓地里。一旦被人发现，一场械斗在所难免。后来，这种混乱的局面终于结束了，因为活下来的人寥寥无几——奴隶一觉醒来发现主人全病死了；富人发现自己的用人或病或死，就算他豪掷千金，也再找不到人服侍自己。很多房屋变得空空荡荡。[5]

三分之一到二分之一的意大利人在这场鼠疫中丧命。

东、西两线战事吃紧，无数人丧命，查士丁尼无奈之下只好再一次出手干预宗教事务。前不久颁布的《联合敕令》并没有达到解决分歧、弥合裂隙的目的，他只好另辟蹊径召开第二次君士坦丁堡公会议，谴责教会文章"三章案"。查士丁尼颁布的新信条遭到教宗维吉利的强烈反对，完全不顾念当年的提携之恩。公元545年12月22日，维吉利正在跨蒂贝里纳岛区的圣塞西莉亚教堂里同信徒一起举行庆祝活动，一队人马突然赶到，直接将他押到静候在台伯河上的船上。罗马人怀疑维吉利曾命人暗杀自己的秘书和侄女婿，所以他在罗马很不得人心。一部分不明真相的罗马人一路跟随押解维吉利的队伍，他们冲维吉利扔石头，诅咒

1　14世纪蔓延于欧亚的鼠疫。

他快点得鼠疫，好去死。船启程离开时，维吉利还在为这些人做最后的祷告。

查士丁尼抓捕维吉利与宗教干预无关，与他贪婪的税收政策无关，与肆虐的鼠疫也无关。值得一提的是，鼠疫最终瓦解了君士坦丁堡对意大利半岛的统治。贝利撒留的继任者都是些酒囊饭袋，拿波河以北的东哥特人一点办法都没有。东哥特人借机推举新主托提拉。这位托提拉大王可比维蒂吉斯英明神武得多。普罗科匹厄斯曾这样形容他，"算无遗策，器宇轩昂，深受子民爱戴"。[6]托提拉用伏击术成功克服了东哥特人在战略上的劣势。拜占廷人疲于应付东部的萨珊帝国，根本无暇顾及西部。

托提拉还十分懂得笼络人心。没有贝利撒留的拜占廷军就是个纸老虎，根本唬不住文韬武略的托提拉。托提拉在意大利半岛北部节节胜利，于是挥师南下，途经罗马城，直指那不勒斯。那不勒斯投降后，他并没有趁机祸害出逃的饥民，而是把他们锁在城里，供他们吃喝。等他们吃饱有力气了，才肯放他们走。有一次，他的一个贴身侍卫奸淫了一位那不勒斯妇女，他执意将这位侍卫处死。据说这位侍卫在东哥特军中声望颇高。在他的治下，意大利农民只需缴纳一定比例的赋税便可以安心地从事农业生产。摆脱了横征暴敛的拜占廷税吏，农民们也有了干劲。

占领那不勒斯后，托提拉便打起了罗马城的主意。有维蒂吉斯这个前车之鉴，他分外小心。他先将意大利半岛北部的城市收入囊中，然后又将距离罗马城29千米的蒂沃利拿下。接下来，他开始以那不勒斯和伊奥利亚群岛为根据地组建海军，小型快船是主力，用来拦截拜占廷帝国的船队。事实证明托提拉的远程封锁战略要比维蒂吉斯的围城战略有杀伤力得多。公元545年末，维蒂吉斯围城失败7年后，东哥特军万事俱备，只欠围城。此时罗马城的守城将领叫贝萨斯，是哥特后裔。眼看敌军来者不善，他决定效法前任贝利撒留，派出弓骑兵侵扰敌军，不料中

▲ 这幅创作于 18 世纪末的版画，描绘了公元 536 年当选教宗的维吉利。

了托提拉的埋伏，伤亡惨重。贝萨斯再也不敢轻举妄动。

眼看城外的东哥特军没有丝毫退意，城内的罗马人嗷嗷待哺。好在天无绝人之路，一拨救济口粮正在来的路上。我们在前文提到，教宗维吉利被带到台伯河的一条船上，一群乱民冲他扔石块，诅咒他。此时他已经被押送到西西里岛，查士丁尼把他圈禁在这里，命他重新考虑对"三章案"的态度。巧的是，肥美的西西里岛现在远离战乱，食物充足。维吉利心系罗马城的教众，于是遣船运送粮食救济他们。可惜罗马人这回很不走运。粮船还没到波特斯就被潜伏在那里的东哥特人盯上了。城垛上的拜占廷军拼命冲粮船上的人挥舞披风，暗示他们快逃。不巧粮船上的人会错了意，误以为对方是见到粮船高兴得手舞足蹈。船上的人全部被东哥特人抓获。顺我者昌，逆我者亡，是托提拉的人生信条。他对跟自己不一条心的人向来不手软，想都不想就把抓来的船员全杀了，只留下主教一人。托提拉亲审主教，发现对方就是个彻头彻尾的骗子，一气之下砍掉了他的双手。

就算维吉利的救济粮能平安抵达罗马城，这些粮最后能不能到达灾民手里都是个问题。根据普罗科匹厄斯的记载，守城将领贝萨斯趁围城敛财。

> ……（他和下级军官）在罗马城中囤积了大量粮食……他们和麾下的士兵不断削减粮食的配额，将多出来的粮食据为己有，然后再以高价卖给城中的富人，27公斤粮食的价格甚至高达7个金币。[7]

罗马人被逼得走投无路，无奈之下派代表跟贝萨斯说了三个方案：或者开仓放粮，或者大开杀戒，又或者开门放人。贝萨斯和他的手下既不想开仓赈济做赔本买卖，也不想背负杀人灭口的骂名，更不想放人出城白白送死。饥肠辘辘的穷人只好以水煮荨麻果腹，富人花高价从贝萨斯这帮人手里买粮。钱花完了，就拿家里值钱的东西去换粮。后来，城里的屯粮全被吃光了，除却贝萨斯外，其他人都只能吃水煮的荨麻。

> 长时间以荨麻为食，人们变得营养不良，一个个面黄肌瘦。不少人走在大街上，嘴里嚼着荨麻，突然间就倒地死去。侥幸没被荨麻夺去生命的人甚至开始吃粪便。许多人由于实在受不了饥饿的折磨，开始自残。城中能吃的动物都被他们吃干净了。[8]

一位五个孩子的父亲当着孩子们的面从桥上一跃而下。贝萨斯终于开门放人出城。一时间，城中的人蜂拥而出。一部分人因体力不支饿死在路上，另一部分人被围城的东哥特人抓住杀掉。

山重水复疑无路，柳暗花明又一村。罗马城在生死存亡之际，再一次迎来贝利撒留。他带着一支部队登陆波特斯。查士丁尼多疑寡恩，只肯拨给贝利撒留一小队人马。贝利撒留没有被眼前的困难吓倒，开始谋划布局，决意扭转乾坤收拾残局。托提拉用一条锁链和两座木高塔封锁了从波特斯到罗马城之间的台伯河。于是贝利撒留建造了几艘军用江轮，其中一艘江轮上装有一座木高塔，这座木高塔比东哥特人那两座木高塔还要高，塔顶上有一条小划艇，小划艇里满载着松脂、硫黄、松香等可燃物。他把随他出征的妻子安顿在波特斯，下令海军指挥官艾萨克坚守波特斯，不得踏出城门半步。随后他就独立率领船队出战了。

贝利撒留轻而易举地将河道上的那条锁链除掉，东哥特人的一座木高塔也被满载可燃物的小划艇烧毁。听说战场局势一片大好，艾萨克忙不迭地带兵出战，好分一杯羹。他率军袭击东哥特人的军营，不料中了埋伏，被活捉。听到探子传来消息说艾萨克被活捉，贝利撒留"大惊失色，来不及细究艾萨克究竟因何被捉，误以为波特斯沦陷，他的妻子也被敌军所害……他吓得舌头都僵住了，完全说不出话来，他以前从未这样过"。[9]

贝利撒留快马加鞭，火速赶回波特斯。他意识到自己误读了探子的消息，正在扼腕叹息自己没有乘胜拯救罗马城之际，突然病倒，命悬一线。据说这是他因为在行军打仗的过程中感染了鼠疫或是疟疾。罗马城丧失了最后的机会。

贝萨斯正一门心思赚钱数钱，哪里顾得上巩固城防。军官们懒得晚上去城墙上值夜，守卫们自然也就懈怠了，都在城墙上打起盹来。城中的罗马人跑的跑，死的死，只剩下一些跑不动的老弱病残，守卫的人数也跟着锐减。4个负责看守阿西纳里安门的伊苏里亚人看到了赚钱的机会。阿西纳里安门距离拉特兰圣乔凡尼大教堂不远。他们顺着墙外的绳索滑下，径直来到托提拉的营帐，表示愿意为他效劳，带他入城。托提拉当即同意事成之后，给他们重金酬谢。几天后，也就是公元546年12月17日晚，托提拉集结大军，4名伊苏里亚人带领4名哥特人顺着来时的那条绳索爬上墙头。哥特人用斧子把城中各处大门上的木门闩和铁索全部砍断，霎时间罗马城门户大开。被围一年之久的罗马城，再次陷落。在武力和饥荒面前都拒不屈服的罗马城，在背叛面前不堪一击。

……城里乱成一锅粥，大部分罗马士兵在军官的带领下从另一个门仓皇出逃。为了能逃出去，他们连狗洞都钻。剩下没来得及逃走的士兵和罗马平民到处找圣所避难。事发时，名叫德西乌斯和巴西利乌斯的两个罗马贵族和另外几个人在一起，他们手上正好牵着马，所以跟贝萨斯一样骑马逃了出去……城中最后只剩下五百人，这些人根本找不到能避难的圣所。[10]

8年了，东哥特人终于得偿所愿，把罗马城夺了回来。得意忘形的他们，见人就杀，以此为乐。一位名叫贝拉基的神父出面说服托提拉，才终止了杀戮。东哥特人怎肯善罢甘休，不能杀人那就越货："托提拉在贵族的家中发现了大量财帛，其中数贝萨斯家中的财帛最多，都是他高价卖粮得来的。倒霉的贝萨斯到头来都是为他人作嫁衣裳。"[11]

在过去的1500年里，罗马城沦陷了3次，罗马人却从未像现今这样落魄："锦衣华服早已成为过去式，他们现在只能穿奴隶和仆人的衣服，靠向敌军乞讨食物过活。"托提拉把城中的女人都保护起来，"女人们无论结婚与否，丧偶与否，都保住了自己的贞洁"。但是他对罗马城却没有丝毫怜悯之情。城中火光冲天，台伯河对岸的跨蒂贝里纳岛区化为乌有。托提拉还觉得不解气，打算放火把城里的东西全都烧光。动手前，他命人把抓获的几位元老院议员带到他面前，痛骂他们是恩将仇报的小人。骂完之后，他"命人动手拆除城中的防御工事，约有三分之一防御工事被损毁。可是他觉得还不解气，执意要把罗马城夷为平地"。[12]

根据普罗科匹厄斯的记载，贝利撒留的一封信让托提拉彻底改变了主意。听说托提拉的打算后，贝利撒留立即派人给他送去一封信。普罗科匹厄斯将这封信的内容原封不动地记录了下来。这封信行文流畅、逻辑清晰、有理有据，可以百分百确定是由普罗科匹厄斯代笔的。在上文中我们已经提到，普罗科匹厄斯曾跟随贝利撒留驻守过罗马，对罗马的建筑杰作叹为观止。把他在信中用来形容罗马的文字拿来形容今天的罗马也毫不过分。

> 罗马是伟大、辉煌的城市。它并非出自一人之手，而是历代帝王能人反复创作的结晶。它的辉煌与华丽亦非一日之功，而是经过了日积月累的沉淀。数不尽的财富将世界各地的奇珍异宝和能工巧匠会聚于此。这座凝结了历代能工巧匠无数血汗和泪水的城市，是他们留给后人的不朽丰碑。谁糟蹋了它，谁就是全体人类的罪人。[13]

根据普罗科匹厄斯的记载，托提拉反复阅读那封信，最终被说服，决定放罗马城一马。罗马虽然得救了，却从未如此狼狈落魄：

> ……他（托提拉）把包括元老院议员在内的所有罗马人，连同他们的妻儿，全都发配到坎帕尼亚。禁止任何人踏入罗马半步，任其自生自灭。[14]

罗马城自诞生以来首次成为空城。根据史料记载，罗马城的无人状态持续了40天。饶是如此，后面还有不少磨难等着它。在接下来的5年里，它的控制权几经易手。为了光复罗马城，托提拉不惜花费数年心血。可到手后，他便弃之不顾，继续挥师南下。贝利撒留瞅准时机杀了个回马枪，从波特斯立马赶到罗马城，通过提供食物怂恿一众居民搬回罗马，并组织军民修复城墙。意识到自己犯了个大错误的托提拉随即率大军杀回罗马城。鉴于罗马城各处的门早已不知所终，贝利撒留只好派重兵守住门口，并在门口处敷设铁蒺藜，成功挫败了哥特人的骑兵团。这次的胜利犹如昙花一现。两年后，也就是公元549年，托提拉再次兵围罗马城。围城一年后，他再次顺利破城，连破城的过程都跟上次一样。上次那4名伊苏里亚人因公然叛变，大发横财，惹得族人分外眼红。于是他们的族人故技重施，再助托提拉一臂之力。

好在托提拉这次没打算置罗马城于死地。他甚至干脆定都于此。为了赢得法兰克公主的芳心，他下令让工人马上修缮破败的罗马城，不得有误。企图在一夜之间把一座渺无人烟的城市变为富丽堂皇的都城，简直就是天方夜谭。托提拉召回元老院议员，命他们会面商议政事。他甚至还在马克西穆斯竞技场中举办过马车赛。

东哥特人万万没想到这次胜利是他们最后的狂欢，王朝气数将尽。拜占廷帝国与萨珊波斯在东线的战事暂时得到缓和，所以查士丁尼于公元551年向意大利半岛派出一支2万多人的军队。奉命领军出征的是一个名叫纳尔西斯的人。将近20年的浴血奋战令东哥特军元气大伤，兵力锐减。东哥特军的兵力甚至一度被拜占廷军的兵力反超。更不幸的是，托提拉还把屡试不爽的伏击术抛诸脑后。公元552年初，东哥特军和拜占廷军在翁布里亚的塔吉纳展开较量，纳尔西斯的弓骑兵重创托提拉的主力骑兵，托提拉战败身亡。东哥特的残余力量又拥戴新王，继续抵抗。无奈东哥特人已回天乏术，东哥特王国于公元561年灭亡。在接下来的数个世纪里，东哥特人的名字偶尔出现在意大利的历史中。几代人以后，东哥特人彻底绝迹。

哥特战争给罗马城造成的影响远甚于西哥特人和汪达尔人对罗马城发动的战争。托提拉曾举行马车赛的马克西穆斯竞技场已变成一块长满野草的荒地。查士丁尼誓恢复罗马往日的荣光，结果却加速了它的衰落。罗马残存的社会习俗也在纷飞的战火中消失殆尽。哥特战争结束后，查士丁尼为重建意大利颁布《国事诏书》，提出他将重修古罗马广场，加固罗马城的河堤，重修罗马城的码头和高架渠。这些承诺只是他的一个美好愿景罢了，并没有实现。

哥特战争结束后，罗马人再也不复往日的洁净。几十年前，罗马的公共浴场依然正常运作。公元408年的罗马城曾有800个大大小小的浴场。资源匮乏不是造成浴场数量锐减的主要原因。人们在思想上已经不接受公共洗浴这种形式了。基督教认为水是用来喝的，不是用来洗澡的。带有肉体享乐性质的洗浴更是为基督教所不容。哥特战争结束两个世纪后，人们修好罗马城中部分高架渠，用来把水运往圣彼得大教堂和圣洛伦佐教堂外的简陋浴室，供神职人员和风尘仆仆的朝圣者使用。这些浴室几乎从来不提供肥皂。蓬头垢面成为新时尚。战后，偌大的罗马城只剩下一间私人浴室，这间位于拉特兰宫[1]的私人浴室是教宗的专属浴室。

口粮配额也同公共浴场一样退出了历史舞台。哥特战争结束后的几十年里，这一古老的制度被教会的慈善救济所取代。教会有时也会在旧时的粮仓里给穷人分发救济食物。这恰好反映了那个时代的一大特点：世俗政权渐渐被教会所取代。重挫东哥特人、光复意大利半岛的拜占廷帝国也没能长久地守住它。公元568年，东哥特余部被灭7年后，伦巴德人入侵意大利半岛，建立伦巴德王国。拜占廷帝国的统治范围缩小至意大利半岛的沿海地区。值得一提的是，伦巴德人第一次踏上意大利半岛时还是拜占廷帝国的雇佣军。随着拜占廷帝国的势力逐渐退出意大利半岛，教廷的权力慢慢膨胀起来。教宗不愿花费精力守护帝国曾经的辉煌，对多神教更是没有任何好感。没有了世俗政权的阻挠，基督教迫不及待地将它们从历史的长河中抹去。公元6世纪末，教宗格列高利一世（公元590—604年在位，第64任罗马天主教教宗）下令捣毁异教神像。没有狄奥多里克大帝和马约里安皇帝的庇护，加之天灾不断，罗马的异教文物日渐腐朽，盗窃行为日益猖獗。位于低洼区的文物还要忍受洪涝的侵蚀。台伯河的堤岸崩溃后，罗马城每个世纪都要遭受两到三次毁灭性的水灾。公元589年那场水灾是罗马城历史上惨烈的水灾之一。两个世纪后，保罗·迭肯（Paul the Deacon，公元720—799年在世，本笃会僧侣，伦巴德王国历史学家）曾提及这次水灾。从他的描述中，我们不难发现，水灾还引发了另一个问题：

1　古罗马宫殿，位于罗马城东部，今属梵蒂冈城国，公元4世纪由罗马皇帝君士坦丁大帝赐给罗马主教。

台伯河的水位因泛滥的洪水迅速高涨，水势越过城墙，将罗马城大部分地区淹没。河流中大量的水蛇和一条巨蛇顺着水势游过罗马城，游入大海。[15]

战争过后，罗马城满目疮痍，百废待兴，一部分文物因此得以侥幸保存下来。哥特战争结束后的150年里，教宗们对现有教堂的维护都力不从心，更无力再新建教堂。圣彼得大教堂高昂的维护费已经让他们叫苦不迭。既然无力新建教堂，那就索性在旧的建筑物上进行改造。公元6世纪末，老皇城的前厅被改造成安蒂戈圣母教堂；城市执政官在古罗马广场上的驻地被改造成圣科斯玛暨达米安教堂。公元8世纪，元老院的驻地被改造成圣马蒂诺暨卢卡教堂。作为罗马城最瑰丽的异教神庙，万神殿在公元7世纪初被改造成圣母与诸殉教者教堂，因而得以完好地保存下来，真是不幸中的万幸。

罗马的政治制度可就没那么幸运了。我们曾在上文提到，罗马共和国时期设立的官阶早在东哥特战争打响前就已退出历史舞台，元老院却顽强地存活下来。公元554年，查士丁尼决意重振元老院，把议员的财产资格由先前的45千克黄金降低到13千克黄金。曾经富可敌国的罗马地主如今寥寥无几，降低财产标准实属无奈之举。他们要么举家逃亡至西西里岛和君士坦丁堡，要么为赎出落入伦巴德人之手的亲人散尽家财。元老院已经是日薄西山，就算查士丁尼费尽心思，也是竹篮打水一场空。元老院制度在无声无息中落幕，以至于后人都不知道它是于何时、以何种方式解散的。公元6世纪70年代末，元老院曾派特使前往君士坦丁堡，请求当时的拜占廷皇帝发兵抗击伦巴德人。公元603年，拜占廷皇帝福卡斯（公元602—610年在位）曾短暂出巡罗马城，据说在此期间，元老院议员曾偕同教宗和神职人员一起拜谒他。不过这种说法的可信度不高。据说，教宗格列高利一世曾宣称"元老院已经化为乌有"。

值得一提的是，格列高利一世于公元604年逝世，也就是福卡斯出巡的前一年。教宗霍诺留斯一世（公元625年11月3日—638年10月12日在位）在位期间曾把元老院的旧官邸改造成圣阿德里亚诺教堂，这可以看作元老院不复存在的明证。发轫于王政时代的元老院，曾长时间统治着整个地中海世界。这个存在了长达1200年的古老机关终于寿终正寝。

伴随着旧制度的消亡，是新制度的萌芽和成长。雄心勃勃的罗马人依靠良好的人脉在东罗马帝国的行政体制和军队体制中游刃有余。随着东罗马帝国的式微，罗马人把目光转向教会。富有的基督徒纷纷把自己的财产捐给教会，希望死后升天堂、享荣华，致使彼时的教会一跃成为欧洲最大的地主。哥特战争结束后的100年里，一种新的权力秩序出现在罗马城。彼时的罗马人一定对这种秩序有种似曾相识的感觉。站在这一权力秩序顶端的是教皇，由教宗兼任。教皇这一尊号不免让人回想起恺撒之后的罗马皇帝。教皇以下是听命于他的高阶神职人员。脚踏丝绸拖鞋的高阶神职人员宛如昔日的元老院议员。

罗马抓住良机，再一次在灾难中浴火重生。伦巴德人入侵意大利半岛，饱受战争蹂躏的意大利人纷纷逃往建有牢固城墙的罗马。一度沦为空城的罗马渐渐变得热闹起来。截至公元6世纪末，罗马城有4万到5万居民。40年后，从阿拉伯半岛驰骋而来的军队将拜占廷帝国半数领土收入囊中，从突尼斯到叙利亚尽成阿拉伯的天下。曾经不可一世的拜占廷帝国一度衰弱。约公元636年，耶路撒冷落入阿拉伯人手中，这座圣城也随之成为基督教朝圣者可望而不可即的远方。罗马人趁势推出第一本朝圣旅行指南：《圣地的殉教者》。精明的罗马人还把耶路撒冷的圣油专卖权抢了过来。罗马成为整个基督教世界的朝圣圣地。

公元1084年的罗马城

台伯河

弗拉米尼亚门

品奇阿纳门

圣洛伦佐门

马杰奥尔门

圣乔凡尼门

戴克里先浴场

埃斯奎里山

圣克雷芒教堂

拉特兰圣乔凡尼大教堂

拉蒂纳门

亚壁门

四偶雷堂

克劳迪亚斯神庙

圣乔凡尼和圣保罗大教堂

圣西尔维斯特一世教堂

卢奇娜的圣洛伦佐圣殿

罗马斗兽场

圣特里尼大大教堂

圣塞巴斯蒂亚诺门

卡拉卡拉浴场

卡比托利欧山

圣玛丽亚感恩教堂

维拉布洛圣乔治教堂

圣普里斯卡教堂

马莫勒斯监狱

萨普西娅斯竞技场

马克西姆斯竞技场

圣天使堡

皮斯西努拉圣贝内德托教堂

阿文提山

圣保罗门

圣赛诺门

圣彼得大教堂

N

符号表

主居住区

主干道

城墙和城门

0   英里

第四章

诺曼人
Chapter Four   Normans

I

卡诺萨城堡位于意大利北部的艾米利亚·罗马涅大区，坐落在群山环抱之中，耸立于悬崖峭壁之上，每年吸引着无数游人慕名前来。大部分游客都是当地居民，其中也不乏远道而来的德国人，他们往往对这座城堡怀有别样的情愫。这座城堡其实没什么看头。它所在的悬崖峭壁早已称不上高大险峻，历经多次山崩后，变得低矮平缓。整座城堡如今只剩下一座残破不全的塔楼和一座四周是弧形墙壁的礼拜堂。游客们似乎对这些遗迹并不十分感兴趣，反倒流连忘返于附近极具现代气息的博物馆。博物馆里陈列着人们在城堡遗址上搜集而来的各色文物、多座历史名人塑像，以及一个用石膏做成的卡诺萨城堡模型。博物馆的管理员用夸张的手法演示着这个模型。只见管理员按下一个按钮，教堂音乐徐徐传出，模型的一部分在机械的控制下滑落下来，这就是山崩时城堡被毁的过程。

卡诺萨城堡至少被毁过一次和被重建过一次。在公元11世纪风头一时无两的卡诺萨城堡如今已是一座废墟。它在历史上曾是控制西北欧交通的要塞。托斯卡纳藩侯玛蒂尔达曾是它的女主人。玛蒂尔达可谓女中豪杰，曾亲自带兵上阵杀敌。

1077年隆冬，教皇格列高利七世造访卡诺萨城堡，玛蒂尔达接见了他。玛蒂尔达是格列高利七世的忠实拥趸，他们的敌人以此污蔑他们之间有不正当男女关系。公元1077年1月25日，一位不速之客叩响了卡诺萨城堡的大门，请求面见教皇。他在凛冽的寒风中奔波数周，一路追赶至此。兰伯特·赫施费尔德（公元1028—1088年）是当时的一位编年史家，他曾记录下这位不速之客和他的随从是如何顶风冒雪、历尽艰辛越过阿尔卑斯山的：

> 一行人兵来将挡，水来土掩，他们一会儿手脚并用向上攀爬，一会儿靠在向导的肩膀上休息。一不留神就会摔倒，滚到别处去……皇后和她的侍女们坐在牛皮垫上，向导们一边带路，一边拖着牛皮垫。他们把一部分马放在雪橇上，让另外一部分马负责拉雪橇，马儿们在崎岖不平的山路上蹒跚前行。负责拉雪橇的这部分马基本都累死在路上了，其余的马也已气息奄奄……[1]

这一行人的领头人就是亨利四世（公元1054—1106年在位），他是德意志、勃艮第和意大利的国王。他冒着严寒匆匆赶往卡诺萨城堡是有原因的：格列高利七世将他革出教门，给予绝罚¹处分，国内诸侯和教徒趁机叛乱。格列高利七世此行的目的是前往德意志主持帝国议会并在会上剥夺亨利四世的皇位。为了保住自己的皇位，亨利四世只好孤注一掷。出身寒微的格列高利七世十分享受这种高高在上的感觉。兰伯特·赫施费尔德曾描写亨利四世求见格列高利七世的场景：

1　绝罚是罗马教廷对神职人员和教徒的一种处罚，即开除教籍。

卡诺萨城堡被三道城墙环绕，亨利四世获准进入第二道墙，他的随从们只能在墙外守候。他褪下黄袍，换上布衣，赤足站着，不吃不喝，就这样等了三天。直到第四天，格列高利七世才同意见他……[2]

REX ROGAT ABBATEM MATHILDIM SUPPLICAT ATQ;

▲ 这幅创作于当代的插图描绘了亨利四世在卡诺萨城堡的圣尼古拉斯礼拜堂里请求托斯卡纳藩侯玛蒂尔达和克吕尼男修院院长替他向教皇格列高利七世求情。

兰伯特·赫施费尔德与亨利四世势同水火，乐见他受辱，有故意夸大之嫌。在冰天雪地里赤足站立3天，且不吃不喝，任谁都受不了。所以，真实的情况很可能是这样的：亨利四世在不远处的比亚内洛城堡中忙着协商对策，而后才去到卡诺萨城堡门口等候，格列高利七世恰好在此时同意同他见面。不管怎样，卡诺萨觐见在中世纪绝对称得上震撼世界的大事件。人们做梦也不会想到，底层出身的教皇居然可以让欧洲最有权力的君主对其俯首。可惜好景不长。4年后，也就是公元1081年5月，亨利四世率大军围住罗马城，决心一洗前耻。

等等！好像有什么地方不对劲。本章的标题明明是诺曼人，而不是德国人，更不是亨利四世研究专家或神圣罗马帝国的拥护者。这是因为我们接下来要聚焦一场三方角力之战，牵扯其中的三位主角性格迥异。他们分别是：如履薄冰的亨利四世、严苛谨慎的格列高利七世和手握重兵的罗伯特·圭斯卡德公爵。罗伯特既是传奇的诺曼雇佣兵，又是为达目的不择手段的投机分子。

关于这三个人，我们首先要介绍的是教皇格列高利七世。希尔德布兰德是他成为教皇前的俗名，他出生于托斯卡纳南部。第一次踏上罗马城的土地时，他只是个少不更事的孩子，据说是受叔父之邀，后者在阿文提诺山上管理着一家修道院。年少的希尔德布兰德，很快成为克吕尼运动的忠实追随者。克吕尼运动是一场天主教内部的重大改革运动，公元10世纪始于法国，后蔓延至整个欧洲。希尔德布兰德那个时代的教会已经与基督教初期倡导的三大理想（守贞、守贫和服从）相去甚远，因此改革势在必行。作为西欧最大的土地所有者，教会成为人们追求财富和权力的天堂。主教与政客无异，买卖圣职现象屡禁不止。教士和僧侣腐化荒淫，肆意挥霍农民缴纳的什一税。守贞更是沦为笑谈。到公元9世纪，教士婚娶已成为一桩司空见惯的事，他们也像普通人一样养育子女、操持家业。公元11世纪初期，克吕尼运动如火如荼，教士们不得已将自己的婚姻生活转至地下，把面子功夫做足。

罗马的教士和僧侣可谓同行中最腐化荒淫的一个群体。希尔德布兰德来到罗马城时，罗马教会已变得乌烟瘴气，教皇本尼狄克九世（公元1032—1045年在位）本名狄奥菲拉托，编年史家笔下的他荒淫残暴、无恶不作。中世纪的历史作家们一门心思粉饰自己的资助人，抹黑资助人的敌人，根本无暇顾及事情的真相，所以他们的话不能尽信。但是本尼狄克九世绝对是个例外，很多迹象表明他就是像史家笔下那样糟糕。

本尼狄克九世出身显赫的图斯库拉尼家族，这个家族曾长期把持教皇宗座，时间长达30年，本尼狄克的两位堂兄曾在他之前当选教皇。他登基时年仅12岁，一说14岁。公元1045年，也就是他登基12年后，罗马人终于忍无可忍，揭竿而起，推翻了他的残暴统治。本尼狄克九世倒台后，新一代贵族世家被推上风口浪尖，整个罗马城乱作一团。起义军推选主教约翰为教皇，称西尔维斯特三世（公元1045年在位），但是本尼狄克九世不肯作罢，依旧宣称自己是合法教皇。一年以后，他决定退位，以高价将教皇之位卖给他的叔父格拉齐亚诺，称教皇格列高利六世（公元1045—1048年在位）。不久后，本尼狄克九世又反悔了，再次对外宣称自己是合法教皇。这样一来，罗马城同时出现了三位教皇。

亨利四世的父亲亨利三世终结了这场乱局。为巩固自己的统治，他亟须教皇加冕他为神圣罗马帝国皇帝。加冕礼始于查理曼大帝（公元768—814年在位，法兰克国王、查理曼帝国皇帝），到亨利三世加冕时，已有250余年的历史。主持加冕礼的教皇必须能服众，但是亨利三世对当前的三位教皇都不满意。公元1046年，他前往罗马城北的苏特里召集宗教会议，宣布废黜三位教皇，推举德意志人苏伊德吉继位为教皇，称克雷芒二世（公元1046—1047年在位）。克雷芒二世大力支持教会改革。

一场巨变即将开始。在接下来的150年里，罗马教廷牢牢握在改革派手中，他们立志复兴基督教初期倡导的价值理念。士气高昂的改革派甚至被比作十月革命时的布尔什维克党人。改革派摆脱了罗马贵族对罗马教廷的干预和控制。教皇在过去几乎全由罗马人担任，但是在接下来的80年里，教皇和大部分高阶神职人员均由意大利人和德意志人担任。希尔德布兰德迅速成长为改革派的中流砥柱，公元1073年4月，他当选为教皇，称格列高利七世。登基后，他大刀阔斧整顿教会，在全欧洲进行道德改革。他本人不支持教士婚娶，打定主意禁止这种现象。他的火力主要集中在一个倒霉的人身上。

这个倒霉的人就是亨利四世。希尔德布兰德于1073年登基为教皇时，亨利四世刚刚年满22岁。别看他年轻，他早已尝遍了生活的酸甜苦辣。他的父亲亨利三世在他5岁时突然崩逝，年幼的他继位，他的母亲阿格尼丝太后摄政。值得一提的是，阿格尼丝太后也是坚定的教会改革派。亨利四世11岁时，科隆大主教安诺将他劫持到了一艘开往科隆的小船上，逼他的母亲交出摄政权。亨利四世终于在15岁时亲政，亲政后第一件事就是宣布自己与妻子伯莎离婚。亨利四世没有挑出伯莎的错处，他们是包办婚姻，他可能只是单纯地不喜欢她。亨利四世决定离婚是不明智的，伯莎出身望族，德意志的诸侯几乎都不同意他离婚。罗马的教会改革派对这种动不动就离婚的新风气更是深恶痛绝，于是他们干脆宣布：国王带头离婚就是在给全体基督徒抹黑。无奈之下，亨利只好让步，打消离婚的念头。但是离婚事件却让他陷入被动，他的政敌大肆宣传他私德有亏，指控他蓄妾、养私生子等。

这些指控是否属实，我们不得而知。至于政敌为何如此中伤他，个中缘故亦无关紧要。紧要的是这些话传到了希尔德布兰德耳朵里，偏偏他还信以为真了。希尔德布兰德年长亨利35岁，亨利的母亲阿格尼丝是希尔德布兰德和教会改革的坚定支持者，并且早已搬到罗马城居住。所以，希尔德布兰德之于亨利，恰似恨铁不成钢的父亲之于不成器的儿子。阿格尼丝对自己的儿子也是一副恨铁不成钢的样子。除却个人生活作风"糜烂"，亨利对教会改革的态度也很成问题。他虽然支持教会改革，但是不像他父亲那么热衷。

罗马教廷和德意志朝廷本就势不两立。希尔德布兰德在公元1073年登基后，这两股势力的关系越发雪上加霜。双方展开拉锯战，互不相让。格列高利七世不承认亨利有任命本国主教的权力，他和阿格尼丝太后也都不看好亨利指定的顾问人选。公元1075年末，格列高利要求亨利承认自己是教皇国的臣民，并拿神圣罗马皇帝之位要挟他。亨利勃然大怒，立即以选举程序非法为由废黜教皇。命运女神站在格列高利这一边。公元1076年初，亨利在乌特勒支召集德意志主教会议宣布废黜格列高利七世。一个月后，也就是在复活节当天，乌特勒支大教堂突遭雷劈，瞬间被夷为平地。一时间，人们议论纷纷，说这是上帝对亨利的惩罚。格列高利趁势绝罚亨利，并计划与德意志国内的诸侯联合起来推翻亨利，扶持斯瓦比亚的鲁道夫·斯瓦比亚为皇帝。值得一提的是，鲁道夫是坚定的教会改革派。格列高利宣布他和阿格尼丝太后不日将亲往德意志，召集国内的诸侯，一起决定皇帝的废立，一副严父严母的做派。在上文中我们已经提到，亨利为制止格列高利前往德意志，冒着严寒前往卡诺萨城堡向教皇忏悔。为了让教皇收回成命，亨利不得不对教皇宣誓效忠，承认他的地位高于世俗政权，有权罢免皇帝。

亨利四世的忏悔看似耻辱，其实不失为权宜之计。得到教皇格列高利七世的宽恕后，他快马加鞭赶回德意志，把他对教皇的誓言抛诸脑后。经过一番经营，先前对他不利的局面渐渐得到扭转，越来越多的人选择站在他这一边。鲁道夫·斯瓦比亚为了争夺皇位费尽心思，格列高利再次将亨利革出教门。但是这一次德意志的大部分诸侯和主教选择向亨利四世效忠。公元1080年10月，鲁道夫在霍亨默尔森战役中被人砍掉一只手，不久后离世。亨利终于获得了一丝喘息的机会，于是决意洗刷卡诺萨之辱，一劳永逸地稳固自己的皇权。他计划前往罗马城，接受教皇的加冕，成为名正言顺的神圣罗马皇帝。阿格尼丝太后早在三年前就驾鹤西游了，他再也不用忍受她那副恨铁不成钢的表情了。

公元1081年冬，亨利四世召集一小支由德意志人和波希米亚人组成的军队，穿越布伦纳山口，来到意大利半岛，其间不少意大利军人投靠到他的麾下。随后他率军绕道至拉韦纳，邀请城中的主教韦伯特加入他的队伍。值得一提的是，韦伯特本人不支持教会改革运动。韦伯特算是亨利给自己留的退路。要是教皇格列高利七世到时候软硬不吃，就是不肯加冕他为神圣罗马皇帝，他就只好废黜格列高利七世，立敌对教皇韦伯特为教皇。

命运女神这次没有站在格列高利七世这边。他对亨利四世的军队不屑一顾，扬言他们会饿死在路上。好在敌对教皇韦伯特善于组织和协调兵力，他们一路南下，势如破竹。不得不说，韦伯特的行军作战能力的确不一般。格列高利的身家性命全仰仗他在意大利的两位盟友。他的第一位盟友就是托斯卡纳藩侯玛蒂尔达，她是格列高利最稳固的靠山。按说，亨利的这一小队人马跟她的正规军相比就是小巫见大巫。但是去年10月，她的军队被亨利的保皇军彻底击溃，从此一蹶不振。她只能眼睁睁地看着亨利率军杀向罗马城，爱莫能助。

格列高利的另一位盟友就是罗伯特·圭斯卡德，他也是这场三方角力之战的第三位主人公。身为诺曼人的罗伯特书写了11世纪欧洲最励志的逆袭故事。我们前面两章讲到亚拉里克的西哥特人和维蒂吉斯的东哥特人挺进意大利半岛的征程道阻且长，罗伯特的诺曼人也无法逃脱这个魔咒。两个世纪前，丹麦的维京人从斯堪的纳维亚半岛驾船出发，沿途打劫欧洲沿海地区，包括今法国北部。西法兰克王不堪其扰，无奈之下只得把一块土地分封给他们，诺曼底公国成立。定居公国的维京人开始与当地居民融合，以法语为母语，按照当地人的生活方式生活。他们被后人称为诺曼人。在诺曼底公爵的残酷迫害下，他们不断陷入暴力纷争之中。随着家族人口不断壮大，越来越多的年轻人走出诺曼底公国，到别处去寻找机会。

诺曼人的身影出现在了意大利半岛南部。他们是组织松散的冒险家雇佣军，跟1066年有组织入侵英国不一样。他们极有可能是在去耶路撒冷朝圣的路上偶然发现了这个地方。到公元11世纪20年代，南意大利分裂割据，战乱频仍，政治局势错综复杂。诺曼人抓住机会成为靠战争吃饭的雇佣兵，为各路势力战斗。他们曾为伦巴德王国的诸侯、拜占廷帝国和教宗本笃八世而战。越来越多的诺曼人为躲避诺曼底公国内愈演愈烈的政治迫害而出逃。公元1030年，一批诺曼人在那不勒斯附近的阿韦尔纳得到了一小块封地。这只是开始，后来他们不断扩张，在占领的各个村庄里建造城堡。

诺曼人残暴又贪婪，让人痛恨，他们就像梦魇一样令人无法摆脱。教皇利奥九世（公元1049—1054年在位）是狂热的克吕尼派，出身德意志皇族。他想尽办法消灭诺曼人，甚至不惜联合伦巴德王国的诸侯和拜占廷帝国组成反诺曼联盟。不料，诺曼人在奇维塔特之战中大胜，利奥九世被生擒。经此一役，罗马教廷意识到诺曼人已成为南意大利一股不可小觑的力量，于是改变策略，开始笼络他们。诺曼军人成为替罗马教廷清除保守派的急先锋，保守派因此再也无力拥立新教皇。值得一提的是，罗马城的旧贵族基本都是保守派。一边是信仰正统宗教的教会领袖，一边是唯利是图的雇佣军，曾经针锋相对的两方，居然可以如此默契地合作。罗伯特·圭斯卡德屡建奇功，在雇佣兵中脱颖而出。罗伯特的父亲唐克雷德是一个诺曼村庄的族长，一生娶过两任妻子，共为他生育十二子，罗伯特排行老六。作为非继承人，他深知一切都要靠自己。公元1045年前后，苦于老家地少人多机会少，他决定去意大利半岛闯一闯。起初，他率领一群流寇在卡拉布利亚讨生活。直到他娶了一位诺曼裔的女继承人，女方带来二百位骑士作为嫁妆，他的人生才迎来转机。有了妻子的协助，他如虎添翼，能力很快显现出来。他身形高大魁梧，整个人身上透着一股威严的气质。生性狡诈的他十分善于笼络人心。在同时代编年史家的笔下，诺曼人是"狡猾"的代名词。编年史家威廉·马姆斯伯里曾经直言不讳地说："诺曼人无所谓背叛，只看诱惑的筹码够不够。"[3]罗伯特全名罗伯特·德·欧特维尔，"圭斯卡德"是族人给他起的诨名，意为"像黄鼠狼一样狡诈的人"。以狡诈著称的诺曼人都觉得罗伯特狡诈，可见他是个老奸巨猾的狠角色。

等亨利四世发兵罗马城时，罗伯特·圭斯卡德已经营意大利长达35年之久。此时的罗伯特大权在握，在整个地中海地区要风得风要雨得雨。他出身于诺曼底的小地主家庭，从没有继承权的第六子，摇身一变成了南意大利之王，他的弟弟罗杰以他的名义统治着西西里岛。他抛弃陪他打江山的发妻，娶了伦巴德公主希赫盖塔·萨莱诺。妻贵夫荣，他成功跻身王公贵族之列。

罗伯特依然选择同教皇结盟。一个是贪婪阴险的雇佣兵，一个是严苛谨慎的基督徒，两人之间发生摩擦是在所难免的。格列高利七世于1073年登基后立即开始筹划同罗伯特会面，疑神疑鬼的罗伯特不中意格列高利七世选择的会面地，因为这个地方不在他的势力范围内，最终双方不欢而散。当满腹狐疑的罗伯特遇上心高气傲的格列高利七世，会擦出怎样的火花呢？编年史家阿玛蒂·蒙特卡西诺回答了这个问题："双方龃龉渐生，敌意不断加深。"[4]不久后，罗伯特纵容侄子侵占教会土地，格列高利七世一怒之下开除罗伯特的教籍，并于次年再次开除其教籍。罗伯特淡定自若，反观亨利四世被开除教籍后活像热锅上的蚂蚁。格列高利七世不仅没打到罗伯特的要害，反而使自己陷入进退维谷的境地。公元1080年6月，格列高利七世同亨利四世的关系急剧恶化，他意识到四处树敌无异于自寻死路，于是放下面子，主动和罗伯特握手言和。罗伯特识时务地向格列高利七世宣誓效忠，并献上黄金。作为回报，格列高利恢复了罗伯特的教籍，并承认他对所征服的土地具有所有权。

格列高利七世付出的比得到的多。过不了多久，他就会发现罗伯特根本算不上合格的盟友，根本不想帮自己收拾烂摊子。公元1081年春，亨利四世挥师南下，来到意大利半岛，此时的罗伯特·圭斯卡德在亚得里亚海东岸与拜占廷帝国皇帝阿历克塞一世·科穆宁（公元1081年4月1日—1118年8月15日在位）激战正酣。征服拜占廷帝国可以说是他此时最大的心愿。教皇格列高利处在孤立无援的境地。得知罗伯特不在罗马，亨利四世变得无所顾忌，命部下直接在罗马城西北郊扎营。

Ⅱ

　　亨利四世和他的部下所面对的罗马城是一座怎样的城市呢？本书讲述了七个年代的罗马城，1081年的罗马城是最荒诞不经的，民房和废墟同在，让人不禁想起《格列佛游记》里的场景。不少罗马人干脆住进这些废墟里，他们还给它们起了一个名字叫"地窖"。已有千年历史之久的破烂公寓里、早已废弃的浴场和剧院里、竞技场的库房里和走廊里都住满了人。罗马斗兽场更成了罗马最大的住宅区。

　　假设有一位罗马人乘坐时光机从公元537年的罗马城穿越到公元1081年的罗马城，他会惊讶地发现曾经熙攘的城市如今已变成寂静的乡村。以万神殿为中心的一块长方形区域勉强算得上市区，但是也没几个人住。这里最常见的是民居是平房，再就是二层小楼，都建有临街的院子，屋后有座小花园。出了这块长方形市区，人烟更加稀少。放眼望去，一个个小村落散落在广袤的农田里。罗马城的外围地区和台伯河两岸基本上是大片的果园和葡萄园。

　　公元1081年的罗马城已经沦为小城，只有两万到三万常住人口。这一数字远远少于哥特战争前的人口数量，是罗马巅峰时期人口数量的五十分之一到三十分之一，说不定还没有公元前387年的人口数量多。公元前387年，布伦努斯和他的高卢族人"造访"罗马时，罗马还是一座很年轻的城市。所幸人口剧减的城市不止罗马。罗马的人口相较从前大幅缩水，但是它仍然是西欧最大的城市，并且它在过去的数个世纪里一直是西欧最大的城市。

　　实际上，公元1081年的罗马城是由三个城市组成的。长方形市区东、西两边各一座卫星城，分别是基督教会的一个中心，两者之间的竞争十分激烈。西边的卫星城名叫雷欧利内城，是在圣彼得大教堂的基础上发展而来，面向朝圣者。朝圣者无论尊卑都要住在这里，就算是亨利四世这样等待加冕的帝王也不能例外。当然，德意志的帝王们在这里有专属的皇宫，皇宫正对圣彼得广场。皇帝出行总是与骚乱冲突相伴，一旦发生冲突，圣彼得广场就会变为皇帝侍卫和罗马人厮杀的战场。虽说雷欧利内城在地理上完全独立于罗马城，但是罗马市中心的所有店铺都搬到了这里，因此这里要比其他的地方熙攘繁忙得多。雷欧利内城没有庞然大物般的废墟遗址，城中低矮的商铺和拥挤的街道构成了中世纪游人最熟悉、最亲切的街景。

东边的卫星城叫拉特兰，是罗马教廷的办公所在地。广袤的田野把拉特兰和罗马市中心间隔开来，形成了一个高效运转的办公区。拉特兰宫是教皇的居住地，周围陈列着许多古代文物，透着一股神圣不可侵犯的威严，其中就包括那尊著名的母狼青铜雕像。拉特兰宫前广场上耸立着一座骑马塑像，一度被认为是在基督教发展史上有着举足轻重地位的君士坦丁大帝，但是它实际上是多神教皇帝马可·奥勒留。中世纪的罗马人对历史稀里糊涂，一知半解。拉特兰宫周围还陈列着一尊巨型人形雕像的头和一只手，这尊雕像才是君士坦丁大帝，不过当时的罗马人认为它是《圣经》中的人物三松。

拉特兰城是宗教游行的起点，宗教游行是中世纪的罗马人最重视的时刻。罗马皇帝通常在竞技场上面见自己的臣民，而教皇则通常在路上面见自己的信徒。教皇同信徒见面的次数要远远多于帝王与臣民见面的次数。教皇每年都会参加城里举行的宗教游行，场面极其盛大。他有时骑马，有时干脆打赤脚，无论他走到哪儿，都有高阶神职人员、穿紫袍的贵族、罗马平民，以及打钹、拉竖琴和吹小号的乐师追随。教皇常常跋涉数千米，沿途为众人做弥撒。有些宗教游行则发源于罗马的多神教时代。罗马人为了纪念谷神罗比顾斯，每到4月25日这一天都会举行大连祷，堪称罗马的一大盛事。这种连祷仪式也跟很多教皇游行一样需要参与人员做艰苦的跋涉。不过，起点不在拉特兰城，而在战神广场上的奥古斯都太阳钟附近，人们一路向北走几千米，穿过米尔维安大桥，来到台伯河西岸（也就是今天的罗马奥林匹克体育场附近，这个体育场是意甲球队罗马和拉齐奥的主场球场），最后到达终点——圣彼得大教堂。人们有时会在晚上游行，用火把照亮前行的道路，沿途的屋顶上吊着灯笼，街边挂着吊灯。罗马人会在每年8月15日晚举行游行纪念圣母升天，每当此时，罗马城中必定万人空巷，热闹非凡。不过，盛夏时节，夜行的人们很容易被蚊虫叮咬，染上疟疾。

教皇参加游行不只为面见信徒，还为回馈信徒。教皇在教堂做完弥撒后会给教堂一大笔钱，在游行的过程中也会给富人、神职人员和世俗官员发钱，教皇这一举动明显是在效仿罗马皇帝。众所周知，罗马皇帝常在竞技场中往观众席里扔金币。教皇也会对穷人慷慨解囊。神职人员和世俗官员会在复活节和圣诞节这一天收到教皇发的大红包。新教皇登基后通常会博施济众，新皇登基也会有类似的举动。

说教皇的权力是买来的一点也不夸张。早期的教皇选举竞争常常十分激烈。残暴的本尼狄克九世在1045年被推翻后，罗马城的旧贵族一直伺机卷土重来。公元1058年，他们瞅准机会推举本笃十世为新任教皇，企图打压改革派夺回对罗马教廷的控制权。考验人心的时刻到了。罗马教廷一水儿的外地人，以致不少罗马人心生不满；被迫放弃天伦之乐和闺房之乐的低阶神职人员也对改革派当道的罗马教廷多有不满。所幸希尔德布兰德，也就是后来的教皇格列高利七世力挽狂澜拯救了不怎么得人心的改革派。他成功向诺曼人诸侯理查德·加普亚借来三百位骑士，并说服城中数一数二的富人莱昂内·迪·贝内代托·克里斯蒂亚诺替他广施钱财，收买人心。希尔德布兰德的胡萝卜加大棒政策还真奏效了。教皇本笃十世被罗马人赶出城去，提倡改革的教皇尼古拉二世（公元1058—1061年在位）成功上位。

罗马城的旧贵族气数已尽，再也无力打圣座的主意，但是这并不意味着宗座之争就此偃旗息鼓。4年后，教皇尼古拉二世去世，宗座之争再次硝烟四起。只不过这次改革派遇到的对手不再是罗马城的旧贵族而是德意志朝廷。此时的科隆大主教安诺可谓只手遮天，他挟持了幼主亨利四世，手握国柄，一心拥立帕尔马主教卡达罗为教皇。希尔德布兰德见势不妙，再次发起"银弹攻势"，笼络罗马人。他的苦心总算没白费，成功把改革派的安塞尔莫扶上圣座，称亚历山大二世（公元1061年9月30日—1073年4月21日在位）。另一边卡达罗的竞选资金提前耗尽，被罗马人无情抛弃。也许，希尔德布兰德的贿选行为与他致力于取缔圣职买卖的伟光正形象不符。但是他使出以毒攻毒的下策也是事出无奈，因为一旦罗马教廷的控制权旁落，改革派振兴教会的计划就会彻底泡汤。

还有，教皇格列高利七世的确是穷得只剩下钱了。欧洲同时期的世俗君主常常通过赐号封土的方法笼络人心。虽然以罗马城为中心方圆25公里的地方都是罗马教廷的地盘，但是教皇们根本没有把这些土地拱手让人的打算。他们需要靠这些土地解决城中罗马人的生存需求。从前的罗马皇帝们担负着喂饱城中居民的责任，现在的教皇们将这一重任扛在了肩上。在罗马皇帝的时代，整个地中海地区都是罗马城的粮仓。在暗淡的中世纪，罗马人只能靠附近的农田吃饭，跟1500年前高卢人"造访"罗马城时别无二致。

教皇根本不差钱，花点小钱笼络人心，算不了什么。教皇派人在罗马的城门上、河港上和市场上收费，每一个欧洲人每年都要向教皇缴纳1便士的圣座献金，各地的修道院和虔诚信徒也会时不时给教皇献礼。格列高利七世登基后设立的教会法院为法官以权谋私打开了方便之门，成为教皇的摇钱树。主动向教皇示好的统治者也会十分识趣地奉上献金。例如我们曾在上文中提到，罗伯特·圭斯卡德为了化干戈为玉帛主动向格列高利七世献上黄金。垂涎神圣罗马皇帝头衔的德意志国王给教皇塞钱也是常事，亨利四世就是个例子。当然，风尘仆仆的朝圣者是教皇最大的摇钱树。

　　在格列高利七世的苦心经营下，城中面向朝圣者的生意变得十分红火。克吕尼改革派的教皇们为罗马教廷赢得了务实清廉的好名声，进一步增强了这座城市的吸引力。成千上万的朝圣者不远万里来到罗马城，渴求罗马的圣徒治好他们的眼疾、耳疾和不孕不育症。不过，请圣徒向上帝求情原谅他们今世的罪孽才是朝圣者朝圣之旅最重要的目的，因为只有在死前述清今世的罪孽，才能在死后上天堂。手握通往天堂大门的钥匙的圣彼得像从前一样吸引着无数朝圣者前往虔诚礼拜。朝圣者在踏上朝圣之旅前，需要先向当地的教堂报备，再从教堂里购买朝圣途中需要用到的皮质小背包和拐杖。虔诚的朝圣者相信朝圣途中的苦难能够洗刷自己的罪孽，所以即使朝圣之旅充满未知的凶险，他们也愿意赤足徒步前往圣地。当然，大部分朝圣者还是会选择骑马朝圣，毕竟既舒服又快。朝圣者们还可以沿途瞻仰圣物，例如位于沙特尔的"圣母之纱"和位于莫列讷河谷的施洗者圣约翰的遗物。

　　朝圣者们历尽千辛万苦来到罗马朝圣可不只为去各大教堂参拜，他们还会像普通的游客一样参观古典时期的建筑。虽然他们历史知识匮乏到无法辨认马可·奥勒留的塑像，但是这完全不会减弱他们参观的兴致。除却所谓的三松雕像，他们必去参观罗慕路斯墓穴、恺撒宫遗址（那时的人们普遍相信圣彼得大教堂是在恺撒宫的遗址上修建的）和一堆烂石头。据说，那堆石头原先是圣彼得私藏的粮食，尼禄皇帝得知后想要偷走，粮食瞬间石化。那时的人们普遍认为罗马斗兽场是一座顶部建有大穹顶的神庙，用来供奉太阳。

　　教皇，尤其是改革派的教皇会想尽办法从朝圣者身上捞钱，哪怕是一个便士也不放过。教会雁过拔毛，朝圣者投宿的小旅馆也要收税。我们在第三章讲到哈德良陵墓附近有一处长柱廊，它主要用来给朝圣者晾衣服和歇脚，现在里面开满了各式各样的铺子，教会当然不会放过这块税收肥肉。这些铺子不仅可以修鞋和拔牙，还售卖铺床的稻草、喂牲口的草料、念珠、瓶装圣油和祭灯。朝圣者们有往圣彼得大教堂的圣坛里扔硬币的习惯。久而久之，这些硬币成了教会的一大收入来源。其中一半的硬币都被收税员贪没了，改革派的教皇干脆开除收税员，把所有硬币收入囊中。

教皇甚至还能从死去的朝圣者身上抠出钱来。教会宣布对所有死在朝圣途中的朝圣者的财物享有所有权。长途跋涉已经让朝圣者筋疲力尽，再加上盛夏时节罗马城中肆虐的疟疾，致使许多朝圣者丧命，他们随身所带的财物也随即流到教会的口袋里。为了将使这部分收益最大化，改革派教皇利奥九世在公元1053年发布教皇训令：禁止罗马人私自藏匿患病的朝圣者和他们随身携带的财物，以及禁止罗马人劝说朝圣者离开罗马城。这条训令直接坐实了罗马人"贪婪腐化"的名声。有人曾说"罗马人"这个词在欧洲就是渎职滥权的代名词。针对罗马人作风的批评声在当时不绝于耳，例如杰弗里·马拉泰拉就曾对此提出尖锐的批评，他本人是罗伯特·圭斯卡德的传记作者。

> 你制定的律法罪恶滔天、漏洞百出。
> 贪婪和欲望在你体内野蛮生长。
> 万事皆交易，
> 你的土地上每天都上演着阳奉阴违、倒行逆施和买卖圣职的故事。
> 往昔的浩然正气已然烟消云散。
> 如今的你表里不一、两面三刀。
> 赤诚于你不过是表面文章。
> 唯利是图是你的座右铭。
> 借刀杀人是你的好手段。
> 鹬蚌相争，你得利。[5]

世人如此评价罗马人，其实也不算冤枉他们。可是罗马人听后却是一肚子委屈。他们收取不义之财也是迫于生存的压力，想要活得体面些而已，况且当权者也默许他们这么做。期待罗马人做出改变，无异于痴人说梦，毕竟这种寄生于他人的生活罗马人已经过了1000多年了。可以说，没有源源不断的外财，就没有罗马城。至于外财流入的多寡，我们大可以从1081年罗马的建筑上找到些蛛丝马迹。

哥特战争后，民生凋敝，经济萧条，外财骤减，罗马的建筑乏善可陈。也就那些被改建成教堂的古典时期的建筑还有些看头，最典型的就是万神殿。这一时期，不少建筑物因为人为的疏忽而轰然倒塌。例如阿格里帕大桥在公元8世纪倾圮。几乎在同一时期罗马斗兽场倒塌了一半，许多石块堆积在地面上。不少人曾猜测，它倒塌的原因是地震。但是就目前的资料来看，它极有可能是因自身损坏而倾圮。众所周知，罗马斗兽场的地下由两种沉积物构成，地下结构极不稳定。随着时间的推移，地表下陷，加之不少用于加固石头外墙的金属箍被人偷走，罗马斗兽场不可避免地倾圮。

公元8世纪末到公元9世纪初，城中冒出了一批新建筑物。罗马人在城中新建和改建了不少教堂，这些教堂主要分布在市中心，用来存放殉教者的骸骨。这些骸骨原先被放置在地下墓穴里，实在是不安全。其中具有代表性的教堂是位于台伯河岸区的圣塞西利亚教堂、卡比托利欧山下的圣马可教堂和饰以拜占廷风格的马赛克画的圣普拉赛德教堂。这一时期，罗马的一部分高架渠也重新焕发了活力，例如维尔戈高架渠，很可能还包括另外三条高架渠。遭受日耳曼人蹂躏的欧洲也在这一时期渐渐恢复过来。得益于教皇和煊赫的法兰克帝国的同盟关系，罗马城迅速恢复活力。公元800年的圣诞节，教皇利奥三世（公元795年12月26日—816年6月12日在位）在罗马城为查理曼大帝加冕，查理曼大帝因此成为第一任神圣罗马皇帝，这一举动直接把两者的同盟关系推向了高峰。

9世纪下半叶，再次失去外财支援的罗马人没有再新建一座建筑物。

台伯河西岸的梵蒂冈就是这次财务危机的根源。假设一位罗马人乘坐时光机从公元537年穿越到此时的梵蒂冈，他会发现圣彼得大教堂周围的区域新建了一堵城墙，这是继修建奥勒良城墙后罗马人首次新建城墙。为了躲避外敌入侵，罗马人在仓促间建造了这堵城墙。公元846年8月23日，一支阿拉伯舰队从西西里岛出发，登陆台伯河口。罗马民兵和外国居民奋起反击，但终因寡不敌众败下阵来。在旧城墙的保护下，罗马主城区完好无损，但是圣彼得大教堂被洗劫一空。阿拉伯人将教堂内的珍宝全部抢走，连教堂的青铜大门也不放过。两个月后，教皇利奥四世（公元847—855年在位）着手修建新墙，这是几个世纪以来罗马城最大的建筑项目。意大利国王兼神圣罗马皇帝洛泰尔一世（公元818—855年在位）向臣民征税，支援罗马城。大批罗马人加入修城墙的队伍。第二支企图入侵罗马城的阿拉伯舰队被风暴击沉，大批阿拉伯人沦为俘虏，成为修城墙的免费劳动力。城中大大小小的石灰窑没日没夜地运作，古时候的大理石雕像都被运到窑中煅烧成石膏。4年后，新城墙落成，取名雷欧利内城墙。新城墙状如马蹄铁，足足有3千米长，有3个门。不过，它只有奥勒良城墙的一半高，可见此时的建筑水准已经大滑坡，不复旧日辉煌。就是因为高度不够，这堵城墙在后世屡次成为罗马城的软肋。

这一时期，日子不好过的不只有罗马城，在阿拉伯人、维京人和匈牙利骑兵的侵扰下，整个欧洲的日子都不好过。欧洲大陆上的统治者们疲于自救，根本无暇顾及罗马城。罗马城没了收入来源，罗马人面对僧多粥少的局面，变得吝啬贪婪、目无法纪。谋杀教皇在这一时期变成风气，这在历史上尚属首例，罗马人也听之任之，睁一只眼闭一只眼。公元897年，教皇司提反六世（公元896—897年在位）召开了骇人听闻的"僵尸会议"，对他的前任教皇福尔摩苏斯（公元891—896年在位）进行"僵尸审判"。司提反六世命人掘开福尔摩苏斯之墓，为掘出的尸体穿上教皇礼服，将它支撑在座椅上，接受审判。此次会议宣布福尔摩苏斯以非法手段当选教皇，他用以主持圣礼的三根手指被砍掉。审判结束后，这具被扒光衣服的尸体被人扔进了台伯河里。几个月后，斯提反六世被废，后被绞死于狱中，福尔摩苏斯大仇得报。

10世纪上半叶，罗马城中兴建了一批修道院和一座皇宫。皇宫位于万神殿以北，是在塞拉皮斯神庙的遗址上修建而成的。这一切都要归功于善于弄权的罗马豪门克雷申蒂家族，这个家族的人为了上位无所不用其极。克雷申蒂欧是克雷申蒂家族的创始人，是罗马政坛上呼风唤雨的存在。为了巩固自己的地位，克雷申蒂欧扶持自己的亲信约翰十世登上宗座。约翰十世骁勇善战，曾亲自带兵征战，一直到把阿拉伯人彻底赶出意大利中部。约翰十世心里盘算着，等克雷申蒂欧百年之后，罗马城就是他的了。很明显，他没把克雷申蒂欧的女儿玛洛齐亚夫人当回事。玛洛齐亚夫人下狠手绞死了约翰十世，顺理成章地成为罗马城的实际统治者。她为了扩大手中的权力，先后嫁给南欧两位极具实力的国王。她的儿子阿尔贝里希率兵将她推翻并软禁在哈德良陵墓的城堡里。阿尔贝里希统治罗马城长达20年之久，其间在塞拉皮斯神庙的遗址上修建了一座皇宫，并扶持自己的儿子登上宝座。出身克雷申蒂家族的统治者们称不上仁厚，但是在他们的治下，罗马城重新焕发熠熠光辉。

公元963年，德意志国王兼神圣罗马皇帝奥托一世（公元936—973年在位）为克雷申蒂家族的辉煌时代画上了句号。他在这一年出兵罗马城，胁迫教皇加冕他为神圣罗马皇帝，为罗马政坛开启了一个新的时代。德意志统治者把罗马教廷交到改革派手上。改革派教皇专注于道德改革，根本没有兴趣新建教堂。但是，在改革派教皇在位的35年里，城堡如雨后春笋般大批出现。兴建城堡在11世纪的欧洲开始成为风尚。城堡不仅可以彰显主人的地位，还可以防范邻人。到公元1081年，罗马的十三大家族建造了一大批城堡，这些城堡主要分布在台伯河岸区。他们还热衷于在古建筑遗址上建城堡。古建筑的城墙厚实又稳固，在此基础上修建的城堡往往固若金汤。弗兰吉帕尼家族控制着古罗马广场一带，把广场旁的罗马斗兽场改建成了一座城堡；科尔西家族把卡比托利欧山上的古罗马档案局改建成了一座城堡；莱昂内·迪·贝内代托·克里斯蒂亚诺和他的继承人皮耶尔莱昂尼家族控制着台伯岛，他们把马塞勒斯剧院改建成了一座城堡；塞普特佐尼姆家族把帕拉蒂尼山上的一处延伸垛壁改建成了一座城堡；哈德良陵墓是罗马城的战略要地，今称圣天使堡，在公元1081年称克雷申蒂堡。

这十三大家族的成员在各自的城堡中过着怎样的生活呢？根据考古发现和对法律文献的研究，公元1081年的罗马城满是荒凉和萧瑟。昔日之乐不可追。罗马原有的11条高架渠，如今只有维尔吉内高架渠还在运行，负责将水运往今天的特莱维喷泉一带。梵蒂冈的用水主要依靠一条名为达玛西亚纳的小高架渠，这条渠建于公元4世纪。彼时罗马人的饮用水主要源于水井、雨季的泉眼和台伯河。享乐型洗浴早已成为遥远的记忆。

跟从前的罗马富人相比，公元11世纪的罗马富人过着简朴的生活。这一时期罗马人的居住环境远比同时代其他欧洲人的居住环境好，但是跟古典时期罗马人的居住环境没法比。万神殿以西的亚历山大浴场遗址是彼时罗马人争相落户的地方，这里的房子带有大理石楼梯和种满苹果树及无花果树的小花园，但这些房子是用旧砖石垒起来的，难掩破败。出了市中心，郊区的村庄里住着罗马的富裕阶层，彼时的他们却过着跟农民一样的日子。打理花园里辟出的小菜园，然后踩着木头楼梯去二楼休息，楼下挤满了家畜。眼前的情景对罗马帝国的贵族来说简直是匪夷所思。罗马城的穷人住在两到三米宽的木头房子里，房子空间狭小，简陋破败，比2000多年前罗马人的祖先居住的茅草棚屋好不到哪里去。

但是也有进步的地方。一份1127年的文件曾提到，公元1081年罗马人的家中很有可能已经装上了舒适的壁炉。彼时罗马人的房屋结构十分简易，但是屋内的陈设却精致考究。这一时期的嫁妆和遗嘱清单常常包括厨房用具、嫁衣、床、寝具、华美的墙幔、胡桃信插。羊皮纸书也是这些清单上的"常客"，这时中国的造纸术还没有传入欧洲。羊皮纸书的频繁出现也从侧面印证了一件事：在公元11世纪，大部分出身良好的罗马人都能读写，而放眼整个欧洲，只有教会里的神职人员不是文盲。

罗马人的健康状况相较以前有所改善，但是烦心事可一点也不比从前少。这一时期的罗马人因为没有每天洗澡的习惯，很可能需要经常赶跳蚤和抓虱子。好在城中人口数量大幅缩水，麻疹等一些疾病不再属于常见病。公元1081年的罗马人的预期寿命很可能要比500年乃至1000年前的罗马人长。还是那句话，要是他们能在疟疾季花钱逃到别处去，那么他们的预期寿命肯定还要长。

公元11世纪，罗马人得病后的第一反应往往不是恐慌，而是内疚。基督教认为人之所以得疟疾和疯病是因为作恶太多，得麻风病是因为不检点。当然，这种观点遭到了许多人的非议。另外，基督教的崛起并没有像人们想象中的那样有影响力，彼时的罗马人对健康的认识与多神教时代的罗马人并无太大差异。中世纪的罗马人一旦患病，也跟多神教时期的罗马人一样，只有两条路可走：一条是求助宗教；另一条是求助专业医生。这一时期的罗马城中医院林立，但是里面的大夫都是神职人员，他们治病救人的方式居然是做祷告。这样一来，这些医院反而成了疾病的传播地，真想治病还不如去教堂。古罗马广场上的葛斯默和达弥盎教堂是不错的选择，葛斯默和达弥盎是天主教的两位医圣，这座教堂是在卡斯托尔和波吕克斯神庙的旧址上建造起来的。医生都难以治好，天主教徒们却吹嘘天主教的医圣包治百病，就跟多神教徒吹嘘医神阿斯克勒庇俄斯包治百病是一个路数。

就求助专业医生这一条，公元1081年的罗马人的选择权要远远大于大部分欧洲人。日耳曼人大规模入侵，致使大量医学典籍散佚，无数疗法被人遗忘，欧洲医学遭遇了古典时代以来最大规模的破坏。所幸罗马和南意大利的医学遭遇的破坏程度不大，这里医生的医术跟1000年前的同行的医术不相上下。这一时期，杏林高手往往是犹太人，这得益于他们扎实的医学功底。众所周知，在阿拉伯世界，宗教和医学有着明确的分界线，阿拉伯医学因此能够在文艺复兴之前保持领先地位。

公元1081年，大批犹太人生活在罗马，其中不乏医生。犹太人本杰明·图德拉曾在约公元1000年到访罗马城后写道：罗马有一个2000人的犹太人社区。罗马不仅是基督教世界的中心，还是犹太教在欧洲的中心。城中的犹太人具有较高的社会地位，原因有二：一是犹太人社区在城中有着最悠久的历史；二是罗马人普遍认为基督教的礼拜仪式是对耶路撒冷圣殿礼拜仪式的传承。罗马的犹太人和教皇走得很近，在图德拉那个年代，教皇亚历山大三世的私人管家就是一名犹太人。他们还时常代受虐待的族人向教皇求情。众所周知，在很长一段时间里，天主教世界普遍存在虐待和迫害犹太人的现象。公元11世纪末，罗马的犹太人还同莱昂内·迪·贝内代托·克里斯蒂亚诺交好。我们曾在前文中提到，克里斯蒂亚诺曾在教皇选举中向格列高利七世提供金钱，贿赂选民。从莱昂内·迪·贝内代托·克里斯蒂亚诺的名字不难看出，他的祖上是改宗天主教的犹太人。

罗马生活着众多犹太人，但是它并不是一座种族多元化的城市。雷欧利内城的大街上挤满了操着不同语言的朝圣者，但是居住在台伯河两岸的人只能听到意大利语，偶尔会听到有人说拉丁语。拉特兰城里的一些高阶神职人员则用德语交流。在公元11世纪，罗马的文化很可能没有公元6世纪30年代的文化多元，后者至少深受哥特文化的熏陶。

罗马人的食物倒是变得越来越多元化。昔日那个熙熙攘攘的市场如今已经从台伯河边搬到卡比托利欧山的山坡上。摊上摆着鱼、各色肉类、蔬菜、水果，还有醋、葡萄酒和芥菜油，琳琅满目。从远东地区进口的黑胡椒不仅是古典时代的宠儿，也是这一时期的宠儿。比黄金还要珍贵的黑胡椒甚至充当过货币。市面上的奶酪种类繁多。早在几个世纪前，水牛被伦巴德人引进意大利半岛，一说拜占庭人，以水牛奶为原料的马苏里拉奶酪很可能已经变成罗马人餐桌上的寻常食物。阿拉伯人占领西西里岛后，不少具有异域风情的食物经由西西里岛传入意大利半岛，其中包括茄子、菠菜、石榴、杏仁、大米、藏红花、甘蔗和柠檬。

公元1081年，罗马菜已由古典时期的泰国风味转变为明显的意大利风味。公元11世纪的罗马人爱吃一种名叫pulmentarium的蔬菜酱，这种蔬菜酱是意大利面酱和比萨饼浇头的雏形。新鲜意面在古典时代就已出现，但是目前尚无明确证据可以证明新鲜意面在11世纪受到追捧。意大利人在这一时期还没有发明出干意面，更何况美洲人都还没来得及发现西红柿呢。到公元1081年，作为餐具的叉子已经出现在罗马城。叉子最早在公元10世纪有书面记录：一位穿着精致的拜占廷公主在威尼斯用叉子进食，在当时引起了一场不小的轰动。

相较从前，罗马人的贫富差距在这一时期大大缩小。罗马的十三大家族跟过去富得流油的罗马贵族没有任何可比性。在这一时期，教会是罗马大部分土地的主人，这些大家族不过是些租户罢了。这一时期的罗马人基本不清楚自己的祖宗是谁，没了祖宗的荫蔽，大家都别装世家子弟，都是暴发户。有城堡、有钱、有人脉才是硬道理。

处于社会底层的罗马人想尽办法突破阶层。与公元410年和公元530年的罗马城相比，公元1081年的罗马城有着人数可观的中产阶层。这一切都得益于充满生机的城市经济和高效的生产方式。尽管如此，公元11世纪的罗马城依旧没有洗去寄生的底色。贝利撒留发明的水上磨坊在台伯河上已经小有规模。手艺人开的铺子比比皆是。制铁工和陶瓷工聚居在台伯河岸区，木工和制盾工聚居在台伯河的大桥周围，鞋匠、毛皮裁缝和青铜工匠则聚居在古罗马广场一带。这一时期的罗马城还是欧洲重要的金融中心，这里的放债人不仅把金子借给教皇，还把钱借给来教会法院打官司的外地人。为了得到满意的判决结果，这些外地人借了钱就忙不迭地塞给主管案子的法官。我们在前文中曾提到，教会法院是格列高利七世的"手笔"。

罗马城的中产阶层诸如法庭书记员、低阶神职人员、建筑工人、军人、工匠、店掌柜都过着舒服、安逸的日子。在这一时期，房租极便宜，他们中的不少人会在城内租两三处房子，再在城外租一小块地。马匹和锁子甲是这一时期中产阶层的标配。在四旬期第一主日，人们成群结队地涌向那座堆满废弃土罐的人造山"泰斯塔西奥山"，他们来此山，一是为了嬉戏游玩，二是为了猎杀一只公熊、一头小公牛和一只小公鸡献祭。这三种动物分别代表人类的三宗罪：恶毒、傲慢和色欲。穷人只能步行去"泰斯塔西奥山"，屠夫、法庭书记员、十三大家族的成员则同教皇一同骑马去。罗马城依然有不少穷人，而我们也一如往常对他们知之甚少。公元1081年，罗马城的蓄奴现象已基本消亡，但是整个西欧仍零星存在着蓄奴现象。没有了奴隶，罗马富人的饮食起居开始由用人打理。用人的生活要比奴隶的生活好过些，前者至少有婚配权和财产权。

最后，罗马社会在这一时期的父权制色彩要比从前暗淡许多。中世纪的人并不关心妇女权益，但是公元1081年的罗马妇女，至少出身上层的妇女，要比我们想象中富有。这在某种程度上得益于罗马法系，这一法系要比同时代意大利半岛上的其他法系对女性宽厚得多。罗马妇女因此可以享有跟自家兄弟同等的继承权。当然，她们还跟从前的罗马妇女一样十几岁就要嫁为人妇，她们的丈夫也跟从前一样比她们大个10岁左右，这意味着她们有很大概率成为富有的寡妇。意大利妇女的土地所有权在公元11世纪迎来了一个小高峰。不少子女从母亲那里继承财产，甚至有不少子女随母姓。当然，随母姓可能主要是因为子女为非婚生子，或者是因为他们的父亲是教士。在公元10世纪，官方记录里有超过三分之一的罗马人随母姓。这是一个女人手握实权的年代，托斯卡纳藩侯玛蒂尔达就是其中的一个典型。英勇不凡的她曾亲自带兵血战沙场，捍卫疆土。

生活在热那亚的父亲们在公元11世纪末立的遗嘱一直保存至今。从这些遗嘱中不难看出，这些父亲个个忧心忡忡。公元11世纪初的罗马父亲也好不到哪里去，他们普遍担心自己活不过风华正茂的妻子，担心自己死后妻子改嫁，担心子女的继承权被外人抢走。为了防止妻子改嫁，他们不惜下血本让妻子为自己守寡。他们还担心子女早夭后没钱做弥撒，无法升入天堂，于是会在遗嘱中特别为子女留出一部分做弥撒的钱。值得一提的是，在那个年代，孩子早夭是常事。没有子嗣的人也个个忧心忡忡，担心自己晚年没人照顾，他们选择领养孩子。

撇开上述这些烦心事不说，罗马人一不小心就会被卷入十三大家族的钩心斗角中。等到格列高利七世登基的时候，这些家族之间的明争暗斗已渐趋白热化。公元1062年，科隆大主教安诺挟持幼主亨利四世，德意志朝廷拥立安诺的亲信为教皇。围绕这一事件，十三大家族之间产生裂隙。我们在前文中曾提到，希尔德布兰德铆足了劲贿赂选民，重挫德意志朝廷，顺利扶持改革派教皇上位。尽管如此，这次教皇之争把这些家族割裂成两派：教皇派和皇帝派。这两大派系之争很可能就是吉柏林派（皇帝派）与圭尔夫派（教皇派）之争的滥觞，两派的混战令意大利陷入长达几个世纪的动荡。说不定亨利四世围攻罗马城也与此事有一定的关系。

包括弗兰吉帕尼家族、科尔西家族和莱昂内·迪·贝内代托·克里斯蒂亚诺及他的继承人皮耶尔莱昂尼家族在内的大多数家族选择向教皇效忠，剩下的三大家族则选择向德意志皇帝效忠。公元1075年，教皇格列高利七世下属的一位官员同杰恩西奥·迪·斯特凡诺发生口角。出身十三大家族的杰恩西奥·迪·斯特凡在哈德良桥上建造了一座塔楼，专向过路人收取过路费，教皇格列高利七世的城市执政官将他逮捕，并执意将他处死。下一年的圣诞节，格列高利七世依照传统在玛格丽圣母大教堂主持弥撒。一场突如其来的大雨，顿时令教堂里的罗马人作鸟兽散，整座教堂变得空空荡荡。迪·斯特凡诺瞅准时机报复，带着一群持械的打手闯进教堂，抓住教皇格列高利的头发将他扔到马上。他们成功挟持了教皇，把他带到附近的一座塔楼上，这座塔楼是迪·斯特凡诺家的房产。这场闹剧很快就被平息了。翌日，天气放晴，一群罗马人将教皇解救出来。教皇原谅了迪·斯特凡诺的鲁莽行为，但条件是他得去耶路撒冷朝圣。迪·斯特凡诺先答应去朝圣，然后就逃到亨利四世在意大利半岛的根据地帕维亚去了。这件事看起来无关宏旨，却似乎又有着举足轻重的地位。此事件可能是致使亨利四世对局势作出误判的重要原因。

Ⅲ

公元1081年5月21日，亨利四世命手下的士兵驻扎在城外。这些士兵主要来自德意志、波希米亚和北意大利，由义务兵、雇佣兵、步兵、弓箭兵和骑士构成。骑士是当时欧洲的新型超级武器。骑兵的出现主要得益于中国的一项重大发明：马镫。踩着马镫的骑士如虎添翼，双脚踏镫控制战马，向敌人猛冲，腾出双手舞动兵器，将敌人一击毙命，完全不用担心被马甩出去。骑士和他的马皆身披重甲，在战场上所向披靡。可以这么说，骑士就是中世纪的坦克。他们的铁蹄令敌人闻风丧胆。但是亨利四世这一小队人马里骑士的数量却少得可怜。在人数上，亨利四世的讨伐军跟亚拉里克和维蒂吉斯的哥特大军没有任何可比性，甚至还不如贝利撒留的5000名拜占廷军。

亨利四世似乎觉得兵力多寡无关紧要，紧要的是他这个人。一群虾兵蟹将不费吹灰之力便将在玛格丽圣母大教堂主持弥撒的教皇格列高利七世挟持，这一事件让亨利四世信心倍增，他想当然地认为罗马人跟他一样厌弃教皇了。正是这一想当然的想法让他大意轻敌，没有做足应对不利局面的准备。他决意扶植敌对教皇韦伯特以备不时之需，但是没有制定任何围城战略，况且他围城的时机也不对。为了避开罗马城的疟疾季，亨利四世本应该在秋天从德意志动身，而非在冬末动身，在5月21日抵达罗马城。他希望在几周后的圣灵降临节当天加冕为神圣罗马帝国皇帝。他急匆匆地往罗马城赶，似乎是料定罗马人会敞开大门欢迎他。

没过多久，他就意识到自己错了。罗马的皇帝派要么是出于对他的忠心，要么是出于对他从前慷慨解囊的感激之心，纷纷涌出城外支援他，但是绝大多数罗马人都选择站在教皇这边。城门紧闭，城墙之上有重兵把守，守备森严。托斯卡纳藩侯玛蒂尔达也派了一些诺曼人和托斯卡纳人协助守卫罗马城。亨利四世虽受挫，但是仍要强装坚强，他给罗马人写了一封宣言书，语气十分柔和，他在信中装作什么都不知道的样子，抱怨他们不开门迎接准神圣罗马皇帝。他还煞有介事地任命官员和神职人员，甚至还同敌对教皇一起举办过一场圣灵降临节大游行，好似他已经顺利进城了。6月初，他和他的军队收拾行囊离开，放弃围城。

格列高利七世和罗马人必定欢呼雀跃。仅仅两周时间，他们的敌人就知难而退，夹着尾巴逃走了。但是现在庆祝胜利还为时尚早。对于神圣罗马皇帝这一尊号，亨利四世志在必得。况且，他一直在等洗刷卡诺萨之辱的那一天。在接下来的三年里，亨利四世曾多次围攻罗马城。相比500年前托提拉的围城战，亨利四世的围城战可谓旷日持久。每一次围城后，他都会距离他想要的更进一步。自公元1082年2月起，他发起第二次围城。在此期间，他先后支开了格列高利七世在这一地区的两位重要密友，他们可以说是格列高利七世最后的依靠。他们分别是蒙特卡西诺修道院院长阿博特·德西德里乌斯和割据南意大利的诺曼人诸侯乔丹·加普亚。除此之外，亨利四世还忙着与拜占廷皇帝亚历克修斯·科姆努斯（公元1081—1118年在位）缔结同盟。难缠的罗伯特·圭斯卡德让亚历克修斯叫苦不迭。为了把圭斯卡德从拜占廷帝国赶走，亚历克修斯付给亨利四世一大笔钱，开出的条件是他得出兵攻击圭斯卡德在普利亚的领地。亨利四世拿完钱才意识到自己接了个烫手山芋，因为亚历克修斯还拿钱贿赂了圭斯卡德在普利亚的一众跟班，怂恿他们造反背主。这下可急坏了圭斯卡德。公元1082年，圭斯卡德安排儿子接手入侵拜占廷帝国的计划，自己则坐船横渡亚得里亚海，回到意大利半岛。现在他的脑子里全都是平息叛乱，但是亨利四世却不希望看到圭斯卡德重回意大利半岛。

公元1082年末，亨利四世再次率军兵临罗马城下，做好了打持久战的准备。罗马出现饥荒，罗马人对格列高利七世的忠心也开始动摇了。双方在围城期间进行过多次谈判，亨利四世做出"柔软姿态"，表示愿意妥协，以期速战速决，尽快打道回府。本可以把这场信任危机扼杀在摇篮里，但是格列高利七世寸步不让。这样一来，可害苦了城中的百姓。亨利四世终于迎来转机。罗马的守卫饥饿难耐，开始放松警惕。公元1083年6月3日，维柏特率领一支由米兰人和撒克逊人组成的军队越过雷欧利内城的矮墙，其中的一个城门被他们攻破。双方在圣彼得大教堂附近展开战斗。经过两天的浴血奋战，亨利四世的军队大获全胜。亨利四世扬扬得意地率领骑士、主教、罗马人同盟和敌对教皇入驻罗马。圣彼得大教堂旁边的皇宫就是他们的落脚处。

但是亨利四世的这次胜利并不是完全意义上的。雷欧利内城已经成为他的囊中之物，但是台伯河对面的罗马人依旧视他为敌。格列高利七世近在咫尺，亨利或许还瞥见过他恨铁不成钢地盯着自己看呢。雷欧利内城陷落后，皮耶尔莱昂尼家族的人把他转移到圣天使堡，此地距离圣彼得大教堂仅有几百码（1码约等于0.9144米）的距离。即使他暂时得到了安全，他的处境却并不妙。雷欧利内城失守进一步动摇了罗马人的忠心。亨利四世把拜占廷皇帝亚历克修斯给他的"好处费"转手全撒给了罗马人，这一举动顺利赢得了他们的爱戴。此时的罗马人过得捉襟见肘，教会和朝圣者这两大收入来源全断了。次年，亨利四世再次发起围城。格列高利七世依旧一意孤行，他幻想着亨利能像在卡诺萨城堡时那样对他俯首称臣。罗马人对他的态度开始由忠诚转为憎恨。

亨利四世没有意识到罗马人的转变。他万念俱灰，做好了空手回德意志的心理准备。离开罗马后，他率军前往罗伯特·圭斯卡德在普利亚的领地，准备兑现与亚历克修斯之前的协议。就在他发起进攻的当口，罗马人派来使者邀请他入城，他又惊又喜。他在给凡尔登主教西奥多里克的信中这样写道：

> 打一个不太恰当的比方，我们的前辈用10万人在罗马完成的事，我们用10个人就完成了，我们得到了上帝的恩准，说是奇迹也不为过。正考虑要不要打道回府的时候，罗马人突然派使者邀我们入城，并承诺无条件服从我们的安排。他们确实说到做到了……[6]

公元1084年3月21日，经过长达3年的艰苦努力，赫赫扬扬的亨利四世入驻罗马城。他携妻子伯莎和敌对教皇韦伯特下榻拉特兰宫，成为有史以来第一位入住教皇宅邸的国王。几天后，罗马人召集议会废黜格列高利七世，韦伯特被推选为新任教皇，称克雷芒三世。值得一提的是，此时的格列高利七世虽安全无虞地住在圣天使堡里，却被气得脸色铁青。复活节第二天，罗马举行了盛大的加冕仪式，克雷芒三世加冕亨利四世为神圣罗马皇帝，伯莎为神圣罗马皇后。至此，亨利四世终于得偿所愿。

但是亨利四世仍觉美中不足。卡诺萨之辱是他的逆鳞，他欲除掉格列高利七世而后快。进城后不久，他就派兵把圣天使堡团团围住，哈德良陵墓的墓石高峻滑腻，易守难攻，他的士兵伤亡惨重，跟500年前的东哥特军一样没讨到便宜。此时正值4月初，距离疟疾季还有很长一段时间，他有的是时间跟格列高利七世耗。强攻失败后，他又采用饥饿战术，逼迫格列高利七世投降。与此同时，他开始把目光转移到以弗兰吉帕尼家族、科尔西家族和皮耶尔莱昂尼家族为代表的教皇派身上，他们早已识趣地躲进了各家的城堡里。亨利围攻科尔西家族在卡比托利欧山上的城堡，将其一举拿下。塞普特佐尼姆家族在帕拉蒂尼山上建造的那座城堡此时由格列高利七世的侄子卢斯提库斯把持着，亨利的部队在这里没占到上风，只毁掉了一些古典时代的精美柱廊。根据考古发现此地在这一时期有被灼烧的痕迹，所以他的部队很可能还围攻过弗兰吉帕尼家族在罗马斗兽场基础上改建的城堡。但是没有证据证明他曾围攻过皮耶尔莱昂尼家族在马塞勒斯剧院基础上改建的城堡。

亨利复仇的机会悄无声息地溜走了。5月初，坏消息不期而至。罗伯特·圭斯卡德率军杀奔罗马。他本无意营救格列高利，但是他后来改主意了。一部分原因是他已经把手下的叛党收拾得服服帖帖，可以腾出手来，还有一部分原因是他想看格列高利在圣天使堡里吃点儿苦头，这样当年自己被绝罚的仇怨算是了结了。或许，他并不想让格列高利就这样死去，毕竟同教皇结盟大有神益，况且还是一位蒙他救命之恩的教皇。

亨利无意久留，他不打算同罗马人民一道抵抗外敌。他已经得到了他想要的一切，为什么非要同罗伯特·圭斯卡德在战场上一决雌雄？万一运气不好被围困在罗马，再加上即将到来的疟疾季，一定会让他死无葬身之地。三十六计，走为上计。公元1084年5月21日，他带上妻子伯莎、敌对教皇韦伯特和军队弃城而逃。他们逃得很是时候。三天后，罗伯特·圭斯卡德的大军在圣洛伦佐门外扎营。圭斯卡德本想跟城中的教皇派来个里应外合，可惜人算不如天算，教皇派被死死地困在各自的城堡里。城中其余的罗马人对教皇恨之入骨。一场大战在所难免。

罗马人多次挫败亨利四世的围攻。面对罗伯特·圭斯卡德，他们信心满怀。驻扎在罗马城外的诺曼人军队是11世纪欧洲最强大的军队，圭斯卡德凭借这支军队在整个地中海地区所向披靡，从西西里岛到威尼斯，再到拜占庭帝国。他没有理由不自信。他甚至不费吹灰之力就吓跑了神圣罗马皇帝。

至于接下来发生的事，各路编年史家依旧公说公有理，婆说婆有理。他们连圭斯卡德麾下部队的人数都无法做到统一口径。菲拉拉主教古朵和威廉·阿普利亚声称人数在3万到3.6万，杰弗里·马拉泰拉在他给罗伯特·圭斯卡德写的传记中提到圭斯卡德当时只有4000人。我们应该相信谁的话呢？菲拉拉主教古朵是皇帝派，这样就能解释为什么他有夸大圭斯卡德麾下部队人数的动机了，因为夸大敌方力量可以帮亨利四世开脱。在这一时期，人数过万的大部队并不常见。况且罗伯特·圭斯卡德的主力部队和拜占廷军正在亚得里亚海东岸酣战，根本不可能抽调数万兵力。相较之下，杰弗里·马拉泰拉给出的数据更有说服力。

关于圭斯卡德的军队是如何进城的，编年史家们没有异议。根据杰弗里·马拉泰拉的记载，圭斯卡德将大军驻扎在圣洛伦佐门外，用三天时间对罗马城进行秘密监视。就这一点，其他编年史家也给出了同样的答案。他的军队凭一己之力顺利破城，没有借助任何外援。这件事说来简单，里面却大有文章。罗马城守备森严、城墙高耸，曾让亚拉里克、东哥特人和亨利四世束手无策。亚拉里克用了两年时间才占领罗马城，托提拉用了一年时间（两次），亨利四世则用了三年时间。维蒂吉斯花费一整年时间围城，最终却竹篮打水一场空。亚拉里克、托提拉和亨利四世之所以能顺利破城，是因为与城中的人里应外合。罗伯特·圭斯卡德在没有任何外援的情况下，只用了四天时间就顺利破城。

那么，圭斯卡德是如何做到的呢？各项资料都显示他率军驻扎在罗马城以东，然后从其中的一个门入城。至于具体是哪个门，这些资料给出了不同的猜想，城北的品奇阿纳门、弗拉米尼亚门和城东的圣洛伦佐门都榜上有名。不过可以肯定的是，这些猜想都不对。考古工作者在开掘城南的拉蒂纳门周边的土层时，发现这一时期的土层有被灼烧和修复的痕迹。如此看来，拉蒂纳门的可能性最大。拉蒂纳门至今仍屹立不倒，此门所在的奥勒良城墙明显低于别处。根据杰弗里·马拉泰拉的记载，圭斯卡德故意将主力部队留在城东迷惑和牵制罗马人，自己则带领1400人趁着夜深人静偷偷翻墙入城。他"敏锐地觉察到此处的防守最弱，罗马人把这个地方漏掉了"，[7]于是趁机发起偷袭。公元11世纪末，拉蒂纳门周边人烟稀少，远离熙熙攘攘的市中心。马拉泰拉记载了诺曼人是如何进城的："他们神不知鬼不觉地架好梯子，随后顺着梯子翻墙而入。"[8]圭斯卡德的战术只靠两点：暗夜和奇袭。那么我们不禁要发问了，如此简单又好用的战术为什么亨利四世、亚拉里克和托提拉都没想到呢？成功翻墙的诺曼人从里面打开拉蒂纳门，城外的诺曼人蜂拥而入。罗马城成为瓮中之鳖。

罗伯特·圭斯卡德的名号是令整个地中海地区都闻风丧胆的存在。如今，罗马城也成为他的囊中之物。他有没有替格列高利七世报仇呢？针对这一点，各路编年史家依旧无法统一口径，但是他们一致认为罗马发生过纵火事件。威廉·阿普利亚只是简单地提到圭斯卡德放火烧掉了"某些建筑物"[9]，然后救走了格列高利七世。据《教宗名录》中的记载，万神殿以北，也就是鲁西娜圣洛伦佐教堂的周边地区遭到圭斯卡德大肆破坏。利奥·马尔西卡努斯则看到了圭斯卡德狡猾的一面，他声称圭斯卡德蓄意放火烧掉四殉道堂，趁罗马人忙着扑火之际将格列高利七世救出。根据杰弗里·马拉泰拉的记载，圭斯卡德不费吹灰之力救出格列高利七世，助他在拉特兰宫复位。三天后，罗马人发动起义，反抗格列高利七世的统治。圭斯卡德为了自保，"将罗马的大部分建筑"烧毁。[10]菲拉拉主教古朵则给出了一个相当血腥的版本。他声称圭斯卡德不仅放火烧城、捣毁教堂，还暴力抓捕藏身于教堂的已婚妇女和平民。

相较史料记载，考古发现是唯一中立的信息源。目前没有确凿证据证明罗马城在这一时期遭遇过大规模破坏，但是可以确定的是城中有八处建筑遭到了不同程度的破坏，其中的五处建筑彻底被毁。这五处建筑无一例外是教堂，它们的名字值得被公之于众，所以笔者要一一列出：拉蒂纳门圣乔凡尼教堂、阿文提诺山上的圣普里斯卡教堂、台伯河边的维拉布洛圣乔治教堂、万神殿以北的鲁西娜圣洛伦佐教堂（《教宗名录》声称万神殿以北的地区曾遭遇大肆破坏）和西里欧山上的四殉道堂。

既然罗伯特·圭斯卡德是来救教皇的，他为什么要多此一举烧教堂呢？主要是因为那个年代的教堂常常兼具宗教功能和军事功能。教堂一般由石头建造而成，石质建筑在公元11世纪的欧洲很罕见，以牢固著称的石质教堂建筑简直就是天然的堡垒。圭斯卡德入城后首先想到的是给自己找好退路，以防兵败被困在城中。为了保证撤退行动成功，他需要把撤退路上所有躲在教堂里避难的罗马反抗军赶出来。于是他派人把教堂的门点着，有的人甚至爬到屋顶掀开瓦片把里面的横梁点着了。

沿着被烧毁的教堂可以找到诺曼人行军的大体路线。他们先是通过突袭活捉了城墙上的守卫，然后通过火攻把藏在拉蒂纳门周边一座堡垒和一座教堂里的罗马反抗军熏出来。随后，他们沿着拉蒂纳门一路向北，穿过荒废的卡拉卡拉浴场，来到废弃多年的马克西穆斯竞技场。鉴于马克西穆斯竞技场附近的塞普特佐尼姆城堡由格列高利的侄子卢斯提库斯控制，且弗兰吉帕尼家族的城堡是在罗马斗兽场基础上改建的，诺曼人极有可能在马克西穆斯竞技场跟城中的一部分教皇派会合。会合后，他们继续通过火攻把藏在圣普里斯卡教堂和维拉布洛圣乔治教堂里的罗马反抗军熏出来。完事后，诺曼人极有可能同台伯岛上的皮耶尔莱昂尼家族会合。第二次会合后，他们一行人沿着台伯河向圣天使堡进军，前去营救悲喜交加的格列高利七世。

诺曼人成功救出了格列高利七世，但是他们得想办法全身而退。根据一些文献记载，万神殿以北的鲁西娜圣洛伦佐教堂遭到他们大肆破坏，而放火烧教堂的却极有可能是另一伙人，这伙人从一扇门入城。不过这座教堂的损伤程度并不大。西里欧山上的四殉道堂的内部被摧毁。诺曼人这么做的原因其实不难理解。四殉道堂地处要塞，墙壁高耸入云，如同一座堡垒，控制着通往拉特兰城的道路。四殉道堂和整个西里欧山区域都遭受了严重的破坏，此地似乎经历过一场殊死搏斗。根据杰弗里·马拉泰拉的记载，罗马人曾抱着必死的决心向诺曼人发起反扑。那么他们发起反扑的地点是不是就在四殉道堂周边呢？这种可能性不大。身为圭斯卡德的推崇者，马拉泰拉只是想突出罗马人的背信弃义，描写他们遭到惩罚的情节以泄私愤。所以，真实的情况很可能是这样的：为了扶格列高利七世再次上位，诺曼人必须占领拉特兰城，因此必须放火烧掉四殉道堂。一旦占领拉特兰城，他们便可以同等在城外的诺曼人会合。

所以，威廉·阿普利亚的记载最贴近现实。他的记载也最简单，只用寥寥几笔提到圭斯卡德放火烧掉了某些建筑物，然后救走教皇格列高利七世。根据他的记载，我们可以看出这次军事行动极具现代性。罗伯特·圭斯卡德给这次军事行动确定了任务，要求速战速决。破城、救走格列高利七世、突破罗马人的包围，这一系列行动在短短几个小时内就完成了。诺曼人在这次搜救行动中所表现出来的军事素养丝毫不逊色于现代的特种部队。

得益于错综复杂的地形，罗马城侥幸逃过一劫。这不是第一次，也不是最后一次。罗马的建筑低矮分散，遍布花园，不具备引起大面积火灾的条件。加上正值5月春夏之交，空气潮湿，木材不易燃。饶是如此，我们也不能低估诺曼人的破坏力。西里欧山上曾遍布各类手工作坊，被诺曼人洗劫后，这些作坊几乎全部关停。限于考古技术无法原景重现，诺曼人在罗马损毁的建筑无法全部列举出来。圭斯卡德的营救行动在某种意义上是一场外科手术式的打击，"术后"的问题不容小觑。罗马人揭竿而起推翻的教皇重新复位。教皇本人很可能要做做样子，对罗马人表现出宽容的态度，但是弗兰吉帕尼家族、皮耶尔莱昂尼家族和科尔西家族肯定会愤愤不平。要说他们没有秋后算账，笔者是不信的。

罗伯特·圭斯卡德成功破城救出格列高利七世。但是纵观全局，亨利四世才是真正的赢家。他得偿所愿加冕为神圣罗马皇帝，把罗马教廷牢牢握在手中，他匆匆赶回德意志。敌对教皇克雷芒三世退守在罗马城附近的蒂沃利，克雷芒三世再次发挥他的军事才干，挫败了企图缉拿他的圭斯卡德和格列高利七世。格列高利七世民心尽失，大部分罗马人已经受够了他。被救几周后，他就被迫流亡。圭斯卡德意识到让教皇成为自己的座上宾，对自己只有好处，没有坏处。于是，他把格列高利七世带回自己的首都萨勒诺，立马给后者安排工作。圭斯卡德在萨勒诺新建了一座精美绝伦的主教座堂，格列高利七世亲自为这座教堂举行祝圣庆典。总之，对圭斯卡德来说，罗马之战是一场完全意义上的胜利，不仅大大提高了他的社会地位，而且得到了正牌教皇的大力支持。

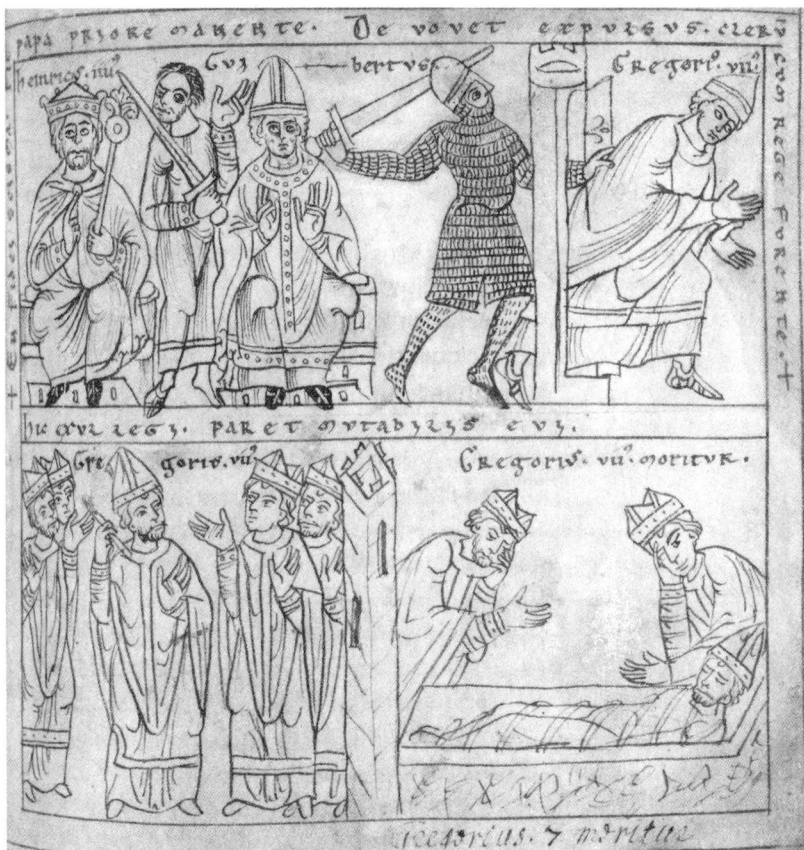

▲ 从左上图开始顺时针看：亨利四世和敌对教皇韦伯特；教皇格列高利七世被赶出罗马城；教皇格列高利七世与各位主教商讨绝罚亨利四世；教皇格列高利七世驾崩。出自12世纪的《奥托·弗莱辛编年史》。

然而，圭斯卡德的胜利如昙花一现。他和格列高利七世在一年内相继撒手人寰。公元1085年5月，格列高利七世客死萨勒诺。在格列高利七世去世两个月后，罗伯特·圭斯卡德发高热，在希腊的法罗尼亚岛上溘然长逝。他本打算重整旗鼓，拿下拜占廷帝国。

　　相比之下，亨利四世和克雷芒三世的日子则要好过得多。从罗马城归来后，亨利四世稳坐皇位20年。公元1105年，他的次子亨利五世发动叛乱将他囚禁，他被迫让位。圭斯卡德和格列高利七世放弃罗马城，前往萨勒诺。几个月后，克雷芒三世入住拉特兰宫。虽然各方势力蠢蠢欲动，但是他稳坐教皇之位直到公元1100年去世。令他万万没想到的是，他死后却遭了报应。他的继任者教皇帕斯加尔二世将他"除名毁忆"（damnatio memorie），并将他的尸骨从墓中掘出扔进台伯河。

　　罗马城三年来多次被围，合法教皇仓皇出逃，留下了一个烂摊子。教皇之争变得比以前更激烈。在这一时期，大多数现任教皇都受到过竞争对手的威胁。当然，罗马人也不忘抽空修葺重建那些被诺曼人损毁的教堂，其中就包括四殉道堂。

　　罗马的动荡局势无意间为罗马新添了两座教堂。继任教皇为了将前任教皇的痕迹抹去，习惯于在原有教堂的基础上新建教堂，因此它们可以被称为"复仇教堂"。圣克雷芒教堂毗邻罗马斗兽场，是为纪念教皇克雷芒三世而建的。克雷芒三世去世后，他的继任者教皇帕斯加尔二世把圣克雷芒教堂推倒重建了一座新的教堂。几十年后，位于台伯河岸区的圣玛丽亚教堂也难逃同样的命运。阿纳斯塔斯二世在继位成为教皇前建造了这座教堂，他的继任者兼宿敌英诺森二世（公元1130—1143年在位）将它推倒重建。因着四位教皇之间的恩怨，罗马城多了两座富丽堂皇的教堂。

　　罗马城的政治局势本来已经够纷繁复杂的了。公元12世纪40年代，一股新生的政治力量乘势而起。在这一时期，意大利的城市中产阶级迅速成长壮大，罗马城的中产阶级组建了自己的政府——元老院。元老院要求剥夺罗马教廷的世俗权力。罗马共和国传统的复兴一部分要归功于新的元老院。新元老院定期在卡比托利欧山上的旧城堡里举行会议，并恢复了旧时的称号：罗马帝国。总之，它以重拾罗马旧时的荣光为己任。此外，它还专注于历史遗迹保护，甚至派专人保护罗马的历史遗迹。禁止破坏图拉真记功柱，违令者死。英诺森二世忙着拆卡拉卡拉浴场的石头建造他的复仇教堂——圣玛丽亚教堂。三年后，元老院重新开张。由此可见，元老院东山再起的原因很可能与罗马人对古迹再三被破坏而日渐不满有关。

罗马教廷自然对这股新生力量心生不满。不久后，皇帝、教皇和元老院呈三足鼎立之势。面向朝圣者的生意成为这一局势的牺牲品。朝圣者渐渐厌倦了罗马此起彼伏的暴乱和利欲熏心的罗马人，于是干脆掉头去别处。早在公元1081年以前，罗马城遭遇了一个新的竞争对手——西班牙的圣地亚哥·德·孔波斯特拉。孔波斯特拉的朝圣之路并不比罗马的朝圣之路轻松，朝圣者们需要穿越巍巍群山、茫茫丛林，才能到达终点。孔波斯特拉没有圣彼得和通向天堂的钥匙，但是朝圣者不必担心感染疟疾。成功抵达孔波斯特拉的朝圣者还能在当地买到朝圣徽章——一枚扇贝壳。等他们回家后，大可以拿着买来的扇贝壳吹嘘炫耀一番（罗马城不提供类似的朝圣徽章）。

除了孔波斯特拉，罗马城在圭斯卡德占城后的几年里迎来了另一个强劲的对手。这种三足鼎立的局面主要是由教皇造成的，这确实挺让人惊讶的。公元1097年，教皇乌尔班二世（公元1088—1099年在位）完成了格列高利七世生前的夙愿，发起第一次"十字军"运动。值得一提的是，教皇乌尔班二世视亨利四世和他的敌对教皇克雷芒三世为宿敌。两年后，"十字军"从阿拉伯人手中夺回耶路撒冷，圣地重新向基督教徒开放。基督徒上一次去耶路撒冷朝圣已经是600多年前的事了。罗马城根本不是耶路撒冷的对手。朝圣者的所有罪行都可以通过前往耶路撒冷朝圣得到赦免。身处耶路撒冷，朝圣者常常有一种耶稣会随时现身的感觉，他们还能在耶路撒冷买到画着橄榄叶的朝圣徽章。朝圣者拥护耶路撒冷，罗马城黯然离场。

罗马城不甘落后，城中两座圣殿的竞争日趋白热化。圣彼得的圣骨埋在圣彼得大教堂的下面，普通朝圣者只能远远地瞻仰，他们对此颇为不满。只有身份尊贵的朝圣者才能靠近圣墓，放下圣布祈福。拉特兰大教堂藏有大量圣物，其中就包括约柜及圣彼得和圣约翰的头骨。值得一提的是，这两位圣人的头骨最受朝圣者崇拜。此外。拉特兰大教堂还藏有一幅描绘耶稣圣容的布画——尤洛尼卡。据说这幅画是由圣路加和诸位天使创作的。人们普遍相信凡看见这幅画者皆会变成盲人，所以人们将它小心翼翼地盖起来。每逢8月中旬，信徒们便会举着这幅画进行绕城大游行。游行结束后，他们会清洗它的底座，然后让它与圣玛丽亚诺瓦教堂的圣母画像聚首。

圣彼得大教堂的神职人员也不甘示弱。圣彼得大教堂藏有耶稣受难的真十字架。公元7世纪，教皇塞吉阿斯一世在修复工作中偶然寻获了这个十字架。神职人员甚至找到了圣彼得晋升主教时所坐的宝座。实际上，北法兰克才是这个宝座的故乡，很可能是西法兰克国王秃头查理（公元843—877年在位）为了加冕神圣罗马皇帝顺道把宝座带到了罗马城。圣彼得大教堂也有一幅描绘耶稣圣容的布画——维洛尼卡。据称，维洛尼卡曾拿这块布擦拭耶稣的额头。

不久后，朝圣者们便慕名前来，两座圣殿里挤满了人。诺曼人占城后的几十年里，欧洲逐渐走向繁荣，黄金可以自由流通。在这样的背景下，罗马城再次进入文化繁荣的时代。新教堂如雨后春笋般拔地而起，这里汇集了整个意大利半岛顶尖的艺术家。他们为罗马城创作了无数精美绝伦的马赛克画、湿壁画和雕像。同时，罗马教廷开始向朝圣者兜售赎罪券，宣称购买赎罪券可以缩短灵魂在炼狱受苦的时间。公元1187年，萨拉丁（中世纪阿拉伯世界著名军事家、政治家，埃及阿尤布王朝首任苏丹，公元1174—1193年在位）攻陷耶路撒冷，罗马城失去了一个强劲的竞争对手。教皇英诺森三世统治时期，教皇的权力达到顶峰。罗马城的好运成就了他。他在雷欧利内城为朝圣者建造医院，规定信徒每周举行游行，展览圣彼得大教堂的维洛尼卡布画。这种游行活动很受朝圣者欢迎。在他的治下，罗马城终于有了专属的朝圣徽章——宗徒的标志，描绘着手持锋利长剑的圣保罗和手握天堂钥匙的圣彼得。雷欧利内城熙熙攘攘，像个巨大的露天集市。路边的小摊贩纷纷溜进圣彼得大教堂的中殿，客栈老板忙着招揽客人。

罗马城的盛世在公元1300年达到顶峰。同年2月，教皇卜尼法斯八世（公元1294—1303年在位）宣布本年为圣年。这是罗马城的第一个大赦年。自此，圣年大赦不再为耶路撒冷所独有。罗马城的圣年大赦大获成功。一位编年史家曾这样写道："仿佛全世界的人都去罗马朝圣了，无论男女老少，无论贫穷富贵。"在这一年的圣诞节，由于朝圣的人数太多，出现了踩踏事件，导致多人死亡。

没人能够未卜先知。才短短几年时间，罗马的建筑工程全部搁浅，聚集在这里的艺术家纷纷出走，到别处去另谋生计。面向朝圣者的生意惨淡，风光不再。罗马城被萧条凄怆的氛围笼罩着，各政教派系为争地盘大打出手，街头巷战是家常便饭。人口锐减，全城只剩下约1.7万人。公元14世纪，黑死病蹂躏着整个欧洲大陆，无数人的生命被夺走，罗马人也未能幸免。当然，鼠疫不是罗马城人口锐减的罪魁祸首。在这期间，相似的戏码又在罗马城上演。公元1309年，法兰西籍教皇克雷芒五世（公元1305—1314年在位）在法兰西国王的鼓动下，把教廷迁往法国控制的阿维尼翁。在此后的68年里，教皇纷纷前往阿维尼翁教廷任职。

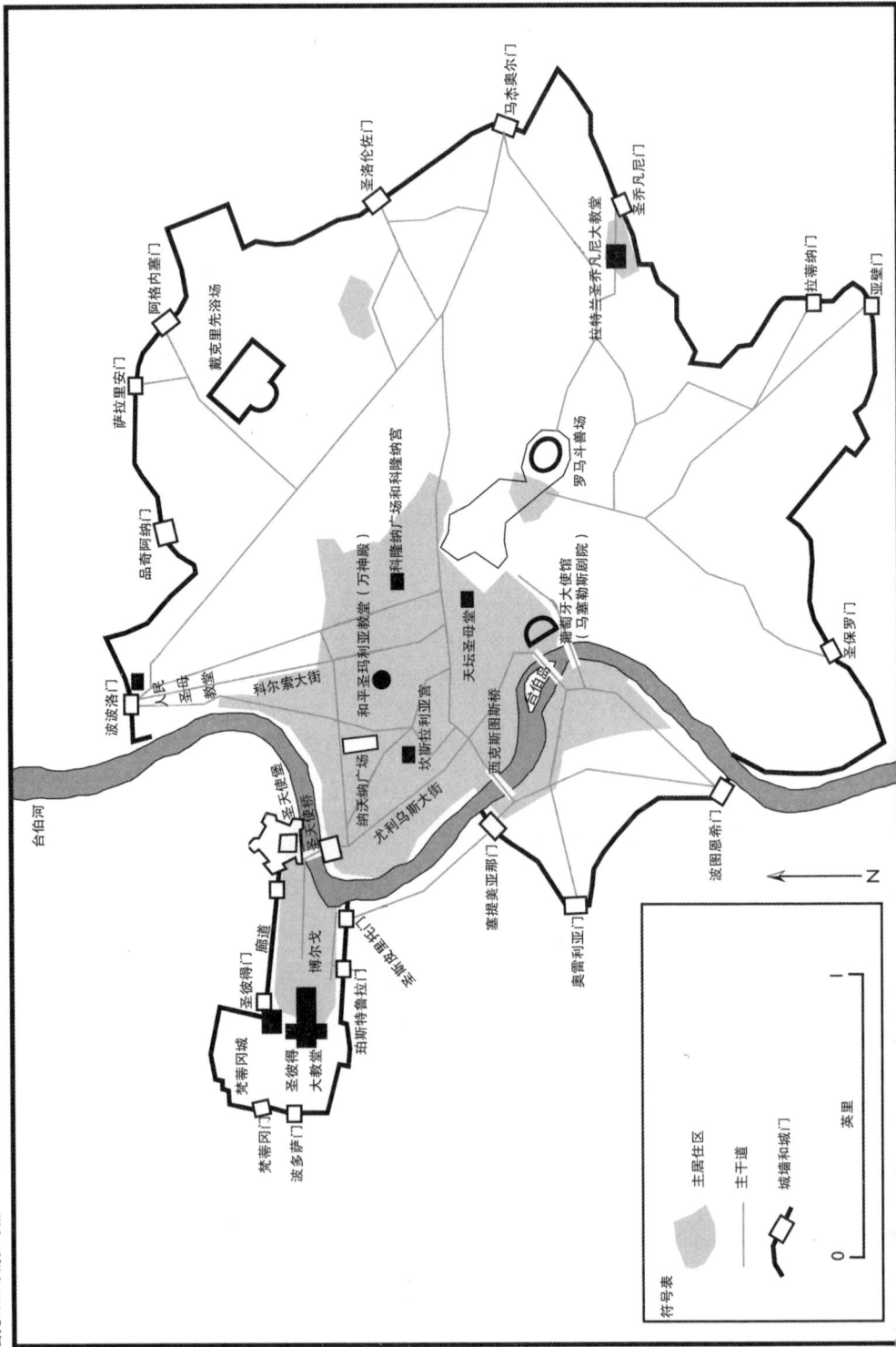

公元1527年的罗马城

台伯河

梵蒂冈门
波尔萨门
圣彼得门

梵蒂冈城
圣彼得
大教堂
博尔戈
珀斯特鲁拉门
商道
圣斯皮里托门

圣天使桥
圣天使堡

圣彼得门
人民门
圣母
教堂

波波洛门

科尔瑟大街

品奇阿纳门

萨拉里安门

阿格内塞门

戴克里先浴场

圣洛伦佐门

马杰奥尔门

圣乔凡尼门
拉特兰圣乔凡尼大教堂

拉蒂纳门

亚壁门

纳沃纳广场

和平圣玛利亚教堂

科隆纳广场和科隆纳宫（万神殿）

坎皮多利亚宫

天坛圣母堂

尤利乌斯大街

西克斯图斯桥

台伯岛

葡萄牙大使馆（马塞勒斯剧院）

罗马斗兽场

圣保罗门

波图恩希门

塞提米亚那门

奥雷利亚门

N

符号表

主居住区

主干道

城墙和城门

0   英里

第五章

西班牙人和路德宗信徒

Chapter Five　Spanish and Lutherans

I

如今，有参观梵蒂冈博物馆打算的游客最好上网预订门票，要不就等淡季再去，否则就得排大半天的队。饶是如此，游客也很难感觉到自己正在享受一场文化盛宴，倒是会时不时地生出一种正在逛特卖会的错觉。展品在海量的游客面前就像粟米那样渺小。展台前人头攒动，游客人手一根自拍杆，自顾自拍着展品。警卫挥舞着警棍，企图护住这些价值连城的展品。游客需要穿过多扇门，门与门之间只留出狭窄的过道，过道两旁的保安不停地低声提醒："不要停，继续往前走。"不出所料，游客最爱参观的地方是西斯廷礼拜堂，这里的参观体验也是最差的。游客刚进礼拜堂的门，保安就会冲他大喊："肃静，禁止拍照。"黑压压的人群挤满了礼拜堂，人们一边拿着语音讲解器或戴着耳机听导游讲解，一边仰头观赏四壁和头顶的绘画，任凭来来回回的人在身边挤来挤去，这场景的确令人眼花缭乱、难以招架。

公元1523年11月中旬的西斯廷礼拜堂却是另外一番场景。米开朗琪罗创作的巨幅天顶画《创世纪》在11年前完成，还跟新的一样。至于他创作巨幅壁画《最后的审判》，那是十几年以后的事了。礼拜堂四壁有几十间木头禅房，有些涂成了红色，有些则涂成了绿色。各间禅房之间保持一定的距离，以防隔墙有耳。禅房里的人不用外人提醒，就会自觉地压低声音交流，十分谨慎小心。禅房里的人是枢机主教，他们正在选举新任教皇。

教皇选举会议一度陷入僵局。多名折中候选人先后被提名，又先后被否决，来来回回折腾了6个星期没有丝毫进展。值得一提的是，英格兰的枢机主教托马斯·沃尔西在最先被踢出局的名单里。会议陷入僵局的原因是两大派系都固执己见，各不相让，他们背后站着当时欧洲最有权势的两位君主。这两位君主为争夺对意大利的控制权打得不可开交。红色禅房里的枢机主教提名的教皇候选人是朱利奥·德·美第奇，他也是神圣罗马帝国皇帝查理五世（同时也是西班牙国王，称卡洛斯一世，公元1500年2月24日—1558年9月21日在位）中意的人选。绿色禅房里的枢机主教背后有法兰西国王弗朗索瓦一世（公元1515—1547年在位）撑腰。39位枢机主教中只有15位枢机主教选择支持朱利奥，还有一部分枢机主教保持中立，所以对手的胜算也不大。另外，支持他的枢机主教大都是他的族人，由他的堂兄教皇利奥十世（公元1513年3月9日—1521年12月1日）在生前任命，因此临阵叛变的可能性很小。

相比之下，绿色禅房里的枢机主教只有一个诉求：阻止朱利奥·德·美第奇上位。他们由法籍枢机主教亚历山大·迪·法尔内塞（红极一时的教皇人选）的拥护者和以枢机主教蓬佩奥·科隆纳为首的小团体组成。蓬佩奥先前站在查理五世这边，因不喜朱利奥，而倒戈弗朗索瓦一世。美第奇家族是奥西尼家族的盟友[1]，而后者与科隆纳家族却是竞争关系。当然，除了家族宿怨，蓬佩奥与他们还有个人恩怨。朱利奥的堂兄教皇利奥十世曾囚禁枢机主教索代里尼多年，起因是索代里尼被控谋刺教

---

[1] 洛伦佐·德·美第奇的妻子是克拉丽丝·奥西尼，他们是教皇利奥十世的父母。

皇，而索代里尼正是蓬佩奥的族人。后来证明索代里尼是被冤枉的，而利奥十世只是还了他的自由身，并没有替他平反。

在西斯廷礼拜堂外等了6个星期的罗马人越来越不耐烦。教皇之位空悬，教皇国陷入瘫痪，所有公共事务被叫停。整个国家危若累卵。菲拉拉公爵多次侵袭教皇国的北部边境，成功拿下两座城池。教皇选举会议迟迟没有结果，罗马人发动暴乱，要求西斯廷礼拜堂里的枢机主教尽快选出新任教皇，哪怕选出的人是个傻子也不打紧。他们让守卫给枢机主教们传话：如果再继续拖下去，就断粮断水。饶是如此，曼图亚特使依然绝望地写道：枢机主教们似乎是铁了心要在西斯廷礼拜堂里过冬了。

枢机主教们的动作比他预想的要快。11月16日，反帝国阵营里有人坚持不住了，转而支持朱利奥·德·美第奇。你绝对想不到，这个人居然是对朱利奥恨之入骨的蓬佩奥·科隆纳。蓬佩奥临阵倒戈主要是因为中了朱利奥的计。法籍枢机主教们眼看无法扭转僵局，干脆转而支持新的折中候选人——枢机主教奥西尼。朱利奥从中嗅到了机会，对外宣布他也打算支持奥西尼。蓬佩奥·科隆纳不想眼睁睁地看着美第奇家族再出一位教皇，但是他更不想看到教皇之位落入宿敌奥西尼家族手里。两害相较取其轻。他和朱利奥公开握手言和。8天后，朱利奥当选教皇，称克雷芒七世（公元1523—1534年在位）。

罗马人喜出望外，不只是因为教皇选举会议终于给他们选出了一位合法教皇，还因为这位教皇可以让他们过上好日子。利奥十世乐善好施，深受罗马人爱戴，而他的继任者阿德利安六世（公元1522—1523年在位）却吝啬小气。值得一提的是，阿德利安六世是唯一的荷兰人教皇。罗马人都以为克雷芒七世会跟他的堂兄一样乐善好施。在利奥十世任教皇期间，克雷芒七世就曾展现出卓越的政治才华，所以罗马人相信他会是一位有作为的教皇。查理五世在罗马的特使塞萨公爵也曾不遗余力地支持朱利奥。看到他成功当选教皇，塞萨公爵喜不自胜。在致查理五世的一封信中，他得意扬扬地写道："教皇完全沦为陛下您的工具。您可以要风得风，要雨得雨；您可以把石头变成听话的孩童。"[1]但是好景不长，查理五世在短短三年半后就同克雷芒七世翻脸，派出一支庞大的军队杀向罗马城。

为什么会发展到这种地步？问题就出在克雷芒七世身上。几个世纪以来，克雷芒七世一直备受新闻舆论的苛评，甚至被认为是昏庸无能的教皇。不出意外的话，这个记录会一直保持下去。但是作为一个人，他身上也有不少闪光点，让人很难不喜欢他。他的堂兄利奥十世喜好举办奢华的宴会，旁边总是围着一群叽叽喳喳的侍臣，他却性格孤僻，不喜张扬，乐于同文人墨客来往。他这个性格不适合做宗教领袖和一国之主。人们普遍认为，他是意大利杰出的音乐家。他视米开朗琪罗为知己，曾将多个项目委托给后者，并与后者常有书信往来。他甚至在教廷上大声朗读米开朗琪罗在信中写给他的笑话，逗得众人前仰后合。

克雷芒七世是私生子，本来没有希望成为教皇。他的母亲出身低微，他的父亲朱利亚诺·德·美第奇是洛伦佐·德·美第奇的弟弟，后者是文艺复兴时期佛罗伦萨的实际统治者，人称"伟大的洛伦佐"。美第奇家族树敌太多，虽然享尽荣华富贵，但是随时性命不保。朱利奥在他父亲朱利亚诺被刺身亡后一个月出生，由他伯父洛伦佐·德·美第奇抚养长大。灾难再一次降临到美第奇家族身上。朱利亚诺14岁的时候，美第奇家族失势，被赶出佛罗伦萨。20年后，美第奇家族在查理五世的祖父马克西米利安一世（公元1493—1519年在位）的扶持下卷土重来，重新夺回佛罗伦萨的统治权。朱利奥终其一生都在维护美第奇家族的利益和巩固美第奇家族在佛罗伦萨的统治地位。

公元1523年11月，朱利奥当选为教皇后，捍卫天主教和振兴罗马城的重任也落在了他的肩上。他有今天的地位，完全要归功于他堂兄利奥十世的提拔。饶是如此，他却不愿承袭堂兄的衣钵，因为利奥十世的行事做派根本不像个教皇，倒像极了罗马皇帝。利奥十世为了帮另一位堂弟朱利亚诺争地盘，曾派教皇国军队讨伐乌尔比诺公爵，可惜最后以失败告终。公元1517年，利奥十世伪造证据指控五位枢机主教密谋行刺他。值得一提的是，这五位枢机主教无一例外是美第奇家族的老对头。他还趁机将旧年的恩怨同他们一同清算了，其中一位枢机主教被他掐死在监狱里。他把空出的5个圣职售出，得了些零花钱。这5位枢机主教中的一个是蓬佩奥·科隆纳的族人索代里尼。显而易见，利奥十世并不避讳自己的亲属。他在担任教皇期间，任命自己的4位亲属为枢机主教，朱利奥就是其中的一个。利奥十世还通过做伪证证明朱利奥的父母曾秘密结婚，帮他洗掉了私生子的身份。

克雷芒七世决心做个有作为的教皇。他虔诚地守斋，大斋节期间只喝清水、吃面包。堂兄利奥十世生活挥霍，穷极奢侈，给他留下巨额财政亏空。尽管如此，他仍立志扫除教会积弊，他拒绝售卖枢机主教圣职，并决意不再任命新的枢机主教。看得出，他采取的是以退为进的改革方式。此外，他还采取措施控制财政支出，此举为他在罗马城赢得了一些人心。然而，他却在别处栽了跟头：他准备一展抱负的外交领域。

想要在外交领域有所建树绝非易事。克雷芒七世当选为教皇前的30年里，意大利半岛成为欧洲各强国争夺的对象，一时间狼烟四起，战火不断。意大利半岛成为各方势力觊觎的一块鲜美的肥肉，其实这也在意料之中。在这一时期，欧洲的君主王侯们穷兵黩武，四处征讨，导致国库空虚，因此只能侵略他国以填补亏空。这一时期的意大利半岛是整个欧洲最富庶的地方，因此成为各方必争之地。尽管如此，罗马教廷在这一时期能人辈出，其中就包括克雷芒七世的堂兄利奥十世，他们趁机开疆拓土，并为族人开拓领地。意大利半岛上的城市相继陷落在战火中，只有罗马城毫发未伤。

至少目前是这样。法兰西国王弗朗索瓦一世和神圣罗马皇帝查理五世之间的火药味越来越浓，直接导致1523年的教皇选举空前白热化。两位君王的性格完全不一样。弗朗索瓦一世用中世纪的眼光看待战争，认为战争的底色是浪漫的，参加战争是为了彰显勇气和获得荣誉。查理五世则有更加崇高的目标。他的亲人大都短命，给他留下一片广阔的领地。在这一时期，欧洲皇室之间频繁联姻，编织了一张巨大的关系网。如果这张关系网里的人先后英年早逝或无嗣而终，那么就会产生王朝更迭的连锁反应。查理五世就是这种连锁反应的产物。他在荷兰出生，他的亲人先后去世，他19岁的时候便已继承今荷兰、比利时和奥地利的大部分地区，德意志王国的大部分领土，阿拉贡王国，阿拉贡王国的附属王国西西里王国和南意大利[1]，以及卡斯蒂利亚王国。值得一提的是，卡斯蒂利亚王国正疯狂地殖民美洲。此外，他还于同年当选神圣罗马皇帝。

查理五世含着金钥匙出生，一成年就继承了大片领地。在外人看来，他一定会为自己的好命感到高兴，但是他没有。他的母亲卡斯蒂利亚女王胡安娜（公元1479年11月6日—1555年4月12日）郁郁寡欢，有可能患有精神疾病，她先后被丈夫、父亲和儿子软禁，一生大部分时间在卡斯蒂利亚的一座王宫里度过。查理五世似乎也跟他的母亲一样。他最为人津津乐道的不是他的赫赫战功，而是他畸形的大下巴和一丝不苟的精神。当然，庞大的帝国需要他这样严谨的君主。他治下的领土结构松散，他稍有不慎就会行差踏错。这一时期，奥斯曼帝国步入极盛时期，土耳其人先后征服了巴尔干半岛地区和地中海东部地区，整个欧洲陷入恐慌。查理五世拥有广袤的国土，是继查理曼大帝以来欧洲最有权势的帝王。他笃信自己得到的一切都是上帝的安排。因此，他给自己定了三大目标：统一欧洲（需要打败他的姐夫法兰西国王弗朗索瓦一世）；统一基督教世界（需要挫败马丁·路德的拥护者，实在不行就拉拢）；打败土耳其人，把基督教世界从水深火热之中解救出来。为了完成统一欧洲的宏愿，他必须得击败法兰西，暗潮汹涌的意大利半岛就是他跟法兰西交锋的第一个战场。

外交领域之于克雷芒七世，好比战士之于危机四伏的雷区。要想成

1　南意大利在这一时期官方称为西西里王国，实为那不勒斯王国。

功穿越雷区,不仅需要运气,还需要敏锐的判断力。可悲的是,他在还没有成为教皇的时候,运气便不再眷顾他,他的判断力也不再敏锐。根据一位威尼斯共和国的特使在1523年教皇选举会议期间的记载,还没成为教皇克雷芒七世的朱利奥为了顺利当选,私下同法兰西国王弗朗索瓦一世签订了一份协议,承诺自己一旦当选将在战争中保持中立,以及不排除彻底倒向法兰西的可能。这也就不难解释他上台以后的一系列动作了。他先是对外保持中立,不到一年的时间又秘密同法兰西缔结联盟。

选择倒向法兰西的并非只有他一人。截至1524年,面对野心勃勃的查理五世和他背后的庞大帝国,意大利半岛上的各封建邦国越来越惶惶不安,威尼斯共和国和米兰公国干脆也秘密同法兰西缔结联盟。但仅仅过了几周,也就是公元1525年1月,这4个国家秘密结盟的事就闹得天下皆知。查理五世知道自己被背叛后大发雷霆,尤其还是被自己一手扶植的克雷芒七世背叛,他实在咽不下这口气。他决意报复这个"懦夫一般的教皇",还说了一句惊人的谶语:"马丁·路德,大有可为。"新的反帝国联盟几乎在同一时间分崩离析。仅仅几周的时间,法兰西国王弗朗索瓦一世便在帕维亚战役中兵败被俘。一时间,意大利人同仇敌忾,爱国热情高涨,发誓要把外国侵略者赶出家园。几个意大利邦国又同法兰西缔结了一个新的联盟——科尼亚克同盟,但是他们很快便发现情况并不乐观。同盟军在意大利半岛北部深陷泥潭,查理五世的军队却捷报频传。同盟军彻底丢掉了反败为胜的机会。

公元1526年夏,查理五世开始招兵买马。他派遣5000名西班牙士兵前往意大利北部,这是当时欧洲最精锐的部队。值得一提的是,意大利北部的驻军将领是夏尔三世·德·波旁,夏尔三世原是法兰西的波旁公爵,法兰西国王弗朗索瓦一世要求从他手中收回波旁家族的产业,他愤而投奔查理五世。乔治·冯·福隆德斯伯格为国家鞠躬尽瘁,是难得的忠臣良将,查理五世对他十分器重。福隆德斯伯格带兵从德意志南部出发,翻越阿尔卑斯山,只为亲手绞死恩将仇报的克雷芒七世。为此,他不惜散尽家财招兵买马，自家的宅子、城堡、老婆的首饰都被他拿去典当换钱。他的苦心总算没白费，成功招募了1万名雇佣兵。这支帝国雇佣军有着极高的忠诚度，军官均由选举产生，败坏军纪令战友蒙羞者须接受军事法庭的审判，每支连队都配有一名刽子手。这支雇佣军也因此被称为共和联盟军。他们对天主教有自己的态度，大部分雇佣兵是马丁·路德的拥护者，路德对教会的抨击引起了他们的强烈共鸣，他们迫切地想手刃教士。被他们杀掉的教士级别越高，他们就越有替天行道的正义感。

查理五世的部队在北方虎视眈眈，蓬佩奥·科隆纳的部队在南方摩拳擦掌。克雷芒七世的处境不妙。蓬佩奥在罗马城南部有一大片片庄园和好几座城堡。本应属于他的教皇之位被克雷芒七世夺去，他实在是咽不下这口气，于是索性同那不勒斯王国结盟。值得一提的是，那不勒斯王国是查理五世的治下的王国。蓬佩奥先发制人，给了克雷芒七世一个措手不及。前者之所以能够得逞，完全是因为后者麻痹大意。公元1526年夏，蓬佩奥让堂弟韦斯帕夏诺给克雷芒七世传话，向他保证科隆纳家族只想同他和平相处。克雷芒七世本就对韦斯帕夏诺青眼有加，因此对后者的传话深信不疑。克雷芒七世被堂兄留下的财政亏空闹得焦头烂额。为了省钱，他决定撤掉为罗马城戍守南疆的部队。

公元1526年9月20日，蓬佩奥的军队占领罗马城的圣乔凡尼门和圣保罗门，杀入城中。克雷芒七世为自己的麻痹大意付出了惨痛的代价。不过蓬佩奥的军队跟我们前几章讲到的军队不太一样，他的军队更像是在罗马举办了一场阅兵式。克雷芒七世不断加税补亏空，罗马人苦不堪言，对他颇有微词。蓬佩奥的军队入城后，罗马人拒绝迎战，只是作壁上观。他们跟着蓬佩奥的军队穿过圣斯皮里托门，来到博尔戈。值得一提的是，博尔戈就是旧时的雷欧利内城。克雷芒七世让蓬佩奥扑了个空，前者顺着一条凸起的逃生通道逃到圣天使堡。克雷芒七世侥幸逃过一劫，但是侵略军入城这件事让他颜面扫地。更糟的是，他的软弱无能也暴露在罗马人的面前。蓬佩奥的军队不仅在教皇宫中大肆劫掠，还把教皇马厩里的马悉数牵走，而克雷芒七世只能眼睁睁地看着他们胡作非为。

几个月后，克雷芒七世就尝到了报复的快感。他一边招兵买马，一边召集盟友前来相助，一举摧毁了蓬佩奥在罗马城南部的城堡，并顺势占领了那不勒斯王国的一连串市镇，可是那不勒斯王国和科隆纳家族已经对他构不成威胁了。公元1527年2月，波旁率领5000名西班牙士兵与福隆德斯伯格率领的1万名德意志雇佣兵成功会师。波旁担任帝国联军的主帅，率军缓慢向南推进。值得一提的是，随军杂役和营妓的数量远远超过了士兵的人数。如此大动干戈的背后，查理五世的意图很明显：要是到时教皇克雷芒七世还没被福隆德斯伯格绞死，他就召开全体宗教会议罢黜教皇。

想要拿下克雷芒七世就得先拿下罗马城，但是拿下罗马城绝非易事。帝国联军里的5000名西班牙士兵是欧洲最精锐的部队，但是他们也有那个时代所有部队都有的一个致命的缺点：不稳定性。与其说他们是高效运转的国家机器，倒不如说他们是各自为政的流氓国家。3月初，帝国联军浩浩荡荡地进入教皇国的边界。士兵们难耐刺骨的倒春寒，只好临时将军队驻扎在博洛尼亚城外避寒。谁也没想到这个权宜之策竟然捅了一个大娄子。西班牙士兵发现到手的军饷居然没有德意志雇佣兵的多，愤而发动哗变。主帅波旁逃到德意志雇佣军的马厩里才侥幸捡回一条命。不久后，德意志雇佣军也发生哗变。福隆德斯伯格将军只好试着安抚他们，不料急火攻心导致中风，无奈之下只好先回德意志疗养。

帝国联军出师不利，但是眼睁睁地看着大军压境的克雷芒七世却如坐针毡。3月中，在未跟盟友商量的情况下，他放弃了在那不勒斯王国的大好战局，私下同那不勒斯王国的总督查理·德·拉诺瓦达成协议。克雷芒七世的盟友在听到消息后，顿时大发雷霆。不得不说，拉诺瓦开出的条件极为优厚，他同意所有帝国军立即撤出教皇国，处于风暴中心的米兰公国也会完璧归米兰公爵斯福尔扎。克雷芒七世不战而屈人之兵，保住了罗马城和佛罗伦萨。他开出的条件是从那不勒斯王国撤军，并同意支付给德意志雇佣军6万达克特[1]，好让他们拿钱后撤军。克雷芒七世为了省钱补亏空，不到一年的时间主动撤军两次。同拉诺瓦达成协议后，他喜不自胜，觉得自己终于可以高枕无忧了。

他不知道自己又中了敌人的圈套。在查理五世治下的庞大帝国里，官员之间常常出现权责不明的情况，这一点被查理五世和他手下的将领钻了空子。克雷芒七世同查理五世在那不勒斯的总督达成和平协议并不等于同查理五世在意大利北部的驻军将领达成和平协议。拉诺瓦可是出了名的两面派，他很可能从一开始就是假意示好，故意把克雷芒七世骗得团团转。拉诺瓦派遣一位使者前往波旁的部队驻地，把教皇的6万达克特转交给波旁，并下令让帝国联军撤离教皇国。此时波旁领导的帝国联军仍驻扎在博洛尼亚城外避寒，他根本不打算撤军。查理五世曾私下指示他尽最大努力拿下罗马城，再说教皇给的撤军费还不够帝国联军塞牙缝。他深知非拿下罗马城或佛罗伦萨不能满足帝国联军的胃口。于是他让手下士兵假意哗变，然后跟拉诺瓦的使者说军队根本不听他的指挥。

4月初，波旁开始精简部队，大幅缩减随军杂役，每支连队只保留3名营妓。精简后的帝国联军拔营起寨，继续向南推进。他们一路烧杀抢掠，沿途洗劫了好几座小城。天气依旧恶劣，时而大雪纷飞，时而大雨倾盆，大雨使河水暴涨，道路泥泞。波旁无奈之下只好把最重的三门重型火炮留在路上。4月15日，拉诺瓦带着另一笔撤军费来见波旁。这笔撤军费是佛罗伦萨人贡献的。他们把教堂里的金银制品熔化，铸成钱币，天真地认为破财消灾行得通。他们万万没想到此举是在引狼入室。波旁心安理得地收下钱，继续率大军向南进发。几千名意大利雇佣兵慕

1　旧时欧洲各种金币或银币名。

名加入帝国军，准备大干一场。

4月25日，克雷芒七世意识到自己被拉诺瓦要了，只好改变策略，重新加入科尼亚克同盟。他主动撤掉大部分军队，所幸并没有彻底陷入被动。科尼亚克同盟不但没有追究克雷芒七世的背叛的行为，还派出同盟军向南追击波旁的帝国军。乌尔比诺公爵担任同盟军的主帅。对克雷芒七世来说，有援军是好事，但是乌尔比诺公爵领导援军却不是什么好事。乌尔比诺公爵这个人性格暴躁，杀人不眨眼，21岁那年曾亲手杀死两个人，其中一人还是枢机主教。最要命的是，此人同克雷芒七世的堂兄利奥十世有过节，后者曾试图剥夺他的公爵头衔，但是没有得逞。总之，盟军主帅乌尔比诺公爵并不是美第奇家族的朋友。

乌尔比诺公爵的狐狸尾巴很快就显露出来了。4月末，反美第奇阵营的成员在佛罗伦萨近郊做好了迎接帝国军入城的准备。乌尔比诺公爵提前一步到达佛罗伦萨，反美第奇阵营彻底乱了阵脚，波旁的帝国军只好按兵不动。乌尔比诺公爵稳住了局面，但是他这么做并非为了克雷芒七世，而是为了自己。城中的美第奇阵营的成员为了讨好乌尔比诺公爵，把利奥十世强占他的一小块领地物归原主。乌尔比诺公爵虽是盟军主帅，但是他一切以自己的利益为做事的出发点。

佛罗伦萨得救了，罗马城却被置于极度危险的境地。波旁不想再次陷入被动，于是整理军队迅速撤离。他在锡耶纳这个地方暂时停下来，精简军队，再次大幅裁减随军杂役，并把军中所有的大炮都留在此地。值得一提的是，锡耶纳是神圣罗马帝国的盟友。轻装上阵的帝国军开始快马加鞭向南推进。天气依旧恶劣，帕利亚河河水暴涨。骑兵在渡河的过程中紧紧地抓住马匹的鬃毛，其余的士兵则肩并着肩渡河，防止被湍急的水流冲走。在如此恶劣的条件下，帝国军每天的行军里程仍能保持在30千米到50千米。

帝国军正在一步步接近罗马城。就在此时，波旁收到枢机主教蓬佩奥·科隆纳的口信，后者提议双方一起进攻罗马城。科隆纳的计划是这样的：5月9日晚，科隆纳会命人给他在罗马的亲信传信，让他们鼓动罗马人反抗克雷芒七世；第二天凌晨，他们会打开波波洛门迎波旁的帝国军进城。这个计划还是很有可行性的。不过波旁的战术早就过时了，这点挺不可思议的。毕竟在过去的30年里，欧洲人在意大利半岛上的作战方式已经发生了翻天覆地的变化。靠骑士和枪兵制胜的中世纪战术已经被淘汰，开始渐渐靠近拿破仑时代的战术。在拿破仑时代，炮兵和装备滑膛枪的步兵成为决定胜负的关键。围攻战常常决定着战役的走向。围攻战甚至衍生出一门新学科，讲述如何建造结构复杂的堡垒、如何挖战壕和对抗战壕，以及如何挖地道和对抗地道。在围攻战中，防御方的优势要远远大于进攻方。在这种情况下，想通过强攻的方式攻占城池无异于天方夜谭。

没有攻城的大炮，波旁也只有硬着头皮强攻这一条路可走。帝国军继续快速向南推进，途经维泰博、布拉恰诺湖和伊索拉法尔内塞，一路上饥寒交迫。前有富庶的罗马城，后有盟军的追兵，他们拼了命地往南冲。5月5日下午，帝国军到达罗马城外，比科隆纳的计划提前了4天。士兵们经过长途跋涉，一个个疲惫不堪，又冷又饿。但是，波旁想速战速决。他立即派出一队士兵跨越台伯河，随后又派出一队士兵向雷欧利内城的城墙进攻。两支队伍都吃了败仗，伤亡惨重。波旁只好命帝国军在马里奥山附近扎营，他自己则骑马外出侦查，企图找出雷欧利内城墙的薄弱点。没过多久，他就如愿以偿地找到了一个薄弱点。

Ⅱ

波旁面前的罗马城是一座怎样的城市呢？因为年代久远，所以资料有限，笔者苦于在前四章无法翔实地还原罗马城，但是在还原公元1527年的罗马城时却没有这样的烦恼，反而因为资料太多而眼花缭乱。在前四章，笔者的资料来源主要是考古发现、法律文书、书信和讽刺诗。而在本章，有数不清的绘画、地图和不同语言版本的城市导览摆在笔者面前。此外，这一时期的大部分建筑都得以相对完好地保存至今。这一时期还兴起了一种新的文体：自传。这种文体不仅在压制个人主体精神的中世纪绝难一见，就算在文化繁荣的古典时代也寥若晨星。随着绘画艺术在 15 世纪进入繁荣期以及识字率的显著提高，个人自传这种文体应运而生。这一时代的个人传记有时会给人一种人人都是重大历史事件中的主角的错觉，传主们不遗余力地美化自己，丑化敌人。

假设一个罗马人乘坐时光机从公元 1081 年的罗马城穿越到公元 1527 年的罗马城，他会惊讶地发现此时的罗马城已经移到了别处。到公元 1527 年，罗马城完成了一个 1000 多年的迁移过程，整座城市沿着台伯河和圣彼得陵墓缓慢西迁。罗马人在公元 16 世纪时毅然抛弃罗马七山，在疟疾肆虐的台伯河沿岸安顿下来。这样一来，公元 11 世纪那座遍布花园和绿植的罗马城被一分为二：非居住区和居住区。旧城墙内的大部分区域退化为乡村。莽莽的牧场，葱郁的葡萄园，间或有几处教堂、农舍和富人的乡间别墅，它们共同构成了非居住区的全部图景。古罗马广场在公元 11 世纪是弗兰吉帕尼家族的私产，此时被罗马人唤作"奶牛牧场"，而卡比托利欧山南边的塔尔皮亚崖石则被罗马人唤作"山羊山"。

相较于非居住区，居住区的面积要小得多。这位从公元 1081 年穿越而来的游客会发现居住区人满为患。街道上挤满了行人和商贩，罗马城此时的人口数达到了过去 1000 年中的峰值。公元 15 世纪 20 年代，教皇把教廷从阿维尼翁迁回罗马城，罗马城再度繁荣起来。我们可以确切地知道罗马城在公元 1527 年 5 月到底有多少人口，因为罗马城在几周前刚刚进行了有史以来第一次人口普查。罗马城在公元 1527 年初的人口总数是 5.4 万人，这一数字不包括婴儿。6 年前，也就是公元 1521 年，罗马城的人口总数很可能高达 8.5 万人，因为这一年的罗马城相对太平。当然，庞大的朝圣者群体也是一股不容小觑的力量，比与中世纪朝圣者的朝圣热情相比，他们的朝圣热情也并没有消退。每逢大赦年，前来朝圣的游客就会多于居民，他们蜂拥至博尔戈。城中数百家小旅馆是他们投宿的地方，他们跟从前的朝圣者一样，前往圣彼得广场上的摊贩那里买铺床用的稻草。彼时的圣彼得大教堂只是一处尚未竣工的建筑物，没有什么看头。但是复活节、耶稣升天节或圣诞节当天，朝圣者们会前往教堂观看教皇在入口处的柱廊上祝圣那幅著名的维洛尼卡布画。好在罗马还有不少宏伟的教堂可以逛，不少圣物可以瞻仰。圣乔凡尼教堂曾先后两次被烧毁，重建后的圣乔凡尼教堂里依旧陈列着圣彼得和圣约翰的头骨。

纵向比较的话，罗马城着实要比过去几百年大多了；横向比较的话，罗马城却要比同时代的其他城市落后得多。这个时期，机械钟在意大利半岛北部和欧洲北部的城市已经很常见，它赋予这些城市一种精确的时间感。相比之下，罗马城则给人一种很过时的感觉。与此同时，罗马城在经济上也远远落后于同时代其他的城市。欧洲和中东的大城市聚集着数不清的能工巧匠，罗马城里的能工巧匠却要少得多。大部分罗马人一门心思赚朝圣者的钱，要么开个杂货铺，要么开个小旅馆，还有一小部分罗马人从事银行业、珠宝业、绘画业、朝圣徽章制造业和银器业。可以毫不夸张地说，每一位罗马人都在直接或间接地给教会打工。

教会富得流油，替它打工的罗马人也个个赚得盆满钵满，很多外地人慕名前来，无形中壮大了罗马城的人口规模。土生土长的罗马人和教皇国人还不到总人口的四分之一。公元1527年的罗马城算得上整个欧洲最国际化的城市。约有一半的人口来自意大利半岛上的其他邦国，差不多有五分之一的人口来自半岛以外的国家。大部分罗马的建筑工人、建筑师、工匠和劳工都是伦巴德人。热那亚水手在罗马的河港上忙碌着。城中的银行家、珠宝商、杂货店掌柜、印刷匠、画家和雕塑家主要是托斯卡纳人，面包师和厨师则主要是德国人。旅馆老板主要是德国人和法国人。城中生活着许多西班牙教士和为他们服务的西班牙妓女，以其中一位妓女为原型的戏剧在西班牙大获成功。说来也奇怪，一个世纪前的罗马城中还生活着大量的英格兰人，现在却没有了他们的身影，仿佛他们此时已经打起了脱离罗马天主教的主意。

罗马城不仅是经济移民的新故乡，同时是难民躲避暴力的避难所。欧洲大陆的几大强国为争夺米兰公国大打出手，冲突和战乱不断，伦巴德人只好背井离乡，寄迹罗马城。土耳其人吞并了巴尔干半岛，不少阿尔巴尼亚人和斯拉夫人便逃到罗马城。葡萄牙、西班牙、西班牙占领的西西里岛和南意大利掀起了新一轮迫害犹太人的狂潮。犹太人来罗马城避难的一个很重要的原因是这是一个友好的地方。利奥十世和克雷芒七世这两位出身于美第奇家族的教皇有"海纳百川"的气派。公元1527年，罗马有一个约2000人的犹太人社区，他们从事的职业五花八门，有体面的医生、银行家、音乐家和拉比[1]，还有贫困的工匠和商贩。米开朗琪罗在绘制西斯廷礼拜堂的壁画和天顶画里的《旧约·圣经》人物时，参照的就是生活在罗马城的犹太人。复活节期间，罗马斗兽场内会上演耶稣受难剧，基督徒之间常常发生暴力事件。大斋期前的狂欢节期间也极易发生骚乱。罗马人还在科尔索大街上举行各种比赛，有为犹太人举办的带有侮辱性质的跑步比赛。围观的观众不时嘲笑，甚至会冲跑道上的犹太人扔垃圾。大部分观众都下了注。犹太人不是唯一的参赛选手，还有为青年基督徒和老年基督徒举办的比赛，也有为驴子和水牛举办的比赛，教皇亚历山大六世（公元1492年8月11日—1503年8月18日在位）本名罗德里哥·迪波吉亚，甚至发明了一项专门由罗马城的妓女参加的赛事。

当这个从公元1081年穿越而来的罗马人看到城中的移民居住区时，会有似曾相识的感觉。这些居住区还保留着中世纪的风貌，这里的居民也跟中世纪的居民一样拥挤地生活在一起，忍受着乌烟瘴气的环境。公

---

1 拉比是犹太人中的智者或学者。

元 1527 年，罗马的房屋依然矮小，依然没法跟古典时期的房屋相比。彼时的房屋大多只有两层高，四层的房子更是凤毛麟角。这些房子都有阳台、室外楼梯、悬壁和门廊，本就不宽敞的居住环境变得更加拥挤。阳台下的院子、拱道和蜿蜒的小巷就像一座挤满杂物和人的迷宫。迷宫里的人们忙忙碌碌，有的忙着浆洗衣服，有的忙着处理动物的尸体，有的忙着叫卖货物，有的忙着做饭。公元 1527 年的罗马城臭气熏天，城中堆满垃圾、动物杂碎、鱼骨，以及人和动物的大便，污水从鞣皮厂和染房里源源不断地流出来。罗马城的空气质量滑落到自罗马帝国的辉煌年代以来的最差水平。

彼时罗马的建筑和城堡也极具中世纪特色。从 11 世纪穿越而来的游客只需登上罗马的任意一座山，便会惊讶地发现整座城市活像一块针垫，上面"插"满了尖顶建筑。公元 1081 年的罗马只有十几座城堡，到了公元 1527 年城堡的数量已经达到几百座。城堡不仅可以彰显主人的地位，还可以防范邻人。在中世纪盛期（公元 1050 年到公元 1300 年），城堡是罗马人生活中不可或缺的一部分，连杂货店掌柜都建造了属于自己的城堡。有些人在古代的凯旋门的基础上建造城堡。教会也不甘落后，加入修建城堡的大军，一座座紧挨着教堂的细长钟楼拔地而起。教会甚至还在万神殿的柱廊上建造了一座钟楼。罗马城的天际线焕然一新。曾长时间占据着天际线制高点的朱庇特神庙而今已化为一座采石场。从公元 13 世纪 50 年代开始，矗立在卡比托利欧山北侧的天坛圣母堂成为罗马城天际线的新制高点。

城堡与中世纪风格的宫殿并立。宫殿围绕着庭院而建，通常装有带顶棚的室外楼梯，主要为避免住户在下雨时被淋湿。在中世纪盛期的罗马人看来，这些宫殿远胜于公元 11 世纪那些在废墟中临时搭建的庇护所。这些宫殿慢慢过时。到公元 1527 年，除了教皇的圣天使堡，皮耶尔莱昂尼家族在马塞勒斯剧院的基础上改建的城堡是唯一一座还有人在其中居住的古典时期建筑。这座城堡不久前刚被改建成一座宫殿，是葡萄牙大使的官邸。

到公元16世纪20年代，潮流再一次发生变化。许多罗马富人还居住在从祖上传下来的中世纪风格的宫殿里，这种宫殿以狭小的窗户和昏暗逼仄的房间著称，居住舒适度差，所以他们恨不得立马搬进明亮宽敞的文艺复兴式宫殿里。文艺复兴式宫殿在当时并不常见，所幸数量正在慢慢增加。这些新式宫殿在设计上透着令人耳目一新的理性，每一层都有不同的功用。底层易遭水灾，储藏室和马厩都建在这一层；二层是主楼层，温暖宜人，大厅、餐室、主人的卧室都在这一层；顶层常年受到太阳的炙烤，是仆人住的地方，古罗马豪宅的顶层也是给仆人住的。

圣马可宫始建于公元1455年，是罗马较早的文艺复兴建筑，它更为人熟知的名字是威尼斯宫。5个世纪后，法西斯独裁者墨索里尼（公元1883年7月29日—1945年4月28日）就是在这座宫殿的阳台上向聚集在威尼斯广场的支持者发表演说。20年后，教皇西克斯图斯四世（公元1471—1484年在位）颁布了一项新法规，首次允许高阶神职人员把私人房产留给亲属。这一新规直接点燃了罗马人的建房热情。而在此之前，高阶神职人员的房产在死后都收归教会所有。罗马人用来路不明的资金打造出美轮美奂的建筑，这不是第一次，也不是最后一次。宫殿和新式豪宅如雨后春笋，一座座拔地而起。枢机主教拉斐尔·里亚利奥的坎榭列利亚宫是受人瞩目的宏伟建筑。拉斐尔赢了教皇英诺森八世（公元1484—1492年在位）之子一大笔钱，随后立即命人将一座建于4世纪的教堂拆除，新建了这座宫殿。值得一提的是，他是西克斯图斯四世的侄子。公元1523年，朱利奥·德·美第奇为了拉拢科隆纳家族支持自己当选为教皇，曾暗中同蓬佩奥·科隆纳签订过一份协议，将坎榭列利亚宫赠送给后者很可能是协议的一部分。

罗马最宏伟的住宅建筑耸立在梵蒂冈。公元16世纪20年代，梵蒂冈宫正在成为欧洲最大的宫殿建筑群。当然，这个宫殿建筑群并不是一天建成的。13世纪初，罗马人在梵蒂冈建造了宫殿建筑群的第一座宫殿，这座宫殿渐渐取代拉特兰宫成为教皇的官邸。公元15世纪80年代，教皇英诺森八世命人在梵蒂冈山上修建了宫殿群的第二座宫殿，这座宫殿没有太华丽的装饰，但是胜在可以俯瞰美景，因此得名"观景台"。两座宫殿相距几百米远。20年后，教皇尤利乌斯二世（公元1503—1513年在位）命建筑师布拉曼特设计了两排翼楼，将两座宫殿连接起来。到公元1527年，其中的一排翼楼落成，留出一片开阔的空地，日后被建成一座庞大的庭院。庭院建在山坡上，坡度有三层楼高。值得一提的是，教皇尤利乌斯二世是前任教皇西克斯图斯四世的侄子，俗名朱利安诺·德拉·罗韦雷，被世人称为"战神教皇"。

在诸多文艺复兴宫殿的衬托下，罗马的大街也焕然一新，充满文艺复兴的气息。放眼望去，一条条大街笔直宽阔，干净整洁，大街两旁高楼林立，每栋高楼的轮廓都干净利落，仿佛古罗马时代的建筑复活了，那个从公元11世纪穿越而来的罗马人可没见过这样的光景。从某种意义上来说，古罗马建筑的确复活了。意大利的文艺复兴在公元1527年达到顶峰，古典美学在罗马受到追捧。这一时期，罗马的建筑风格与1500年前的古罗马的建筑风格一脉相承。

罗马城中新修的街就像是一本书，尤其是这些街的名字，像在诉说城中最近上演的故事。罗马皇帝热衷于兴建大型浴场或广场，以期名垂青史。文艺复兴时期的教皇的行事做派像极了罗马皇帝，只不过教皇名垂千古的方式更具实用性。这一切都源于一场事故。公元1450年是大赦年，一天夜里，朝圣者们从博尔戈回河对岸的旅馆的路上，经过圣天使桥，很多朝圣者挤在桥上，一头骡子突然狂躁起来。人们惊慌失措，发生踩踏事故，不少人掉到台伯河里，200多位朝圣者被踩死或淹死。后来，城中诸如此类的瓶颈路段被一一拆除后加宽。等到下一个大赦年，也就是公元1475年，教皇西克斯图斯四世命人修建了一座新桥，这是罗马城1000多年来新修的第一座桥，目的是缓解圣天使桥的压力。这座新桥自然也就被他命名为西克斯图斯桥。值得一提的是，这位教皇的侄子就是刺杀朱利亚诺·德·美第奇的凶手。

这座新桥落成后，罗马人又修建了好几条新街。公元1500年又是大赦年，教皇亚历山大六世俗名罗德里哥·迪波吉亚，命人修建了贯穿雷欧利内城的亚历山大大街。他的继任者教皇尤利乌斯二世是个不怒自威的狠角色，脾气火暴。他的叔父西克斯图斯四世命人修建了西克斯图斯桥，他则命人修建了尤利乌斯大街，将圣天使桥和西克斯图斯桥连接起来。随后，他又命人在河对岸修建了伦加拉大街，将梵蒂冈和台伯河岸区连接起来。这两个地方外围都有城墙，在修路之前，罗马人往返两地需要穿过罗马主城区，外加过两次台伯河。尤利乌斯二世的继任教皇利奥十世命人修建了雷欧利内大街，将城北的波波洛门与罗马市中心连接起来，几乎横穿了半个罗马城。

文艺复兴时期的教皇热衷于修街、造桥、建宫殿，却对建教堂兴趣不大。公元15世纪70年代，教皇西克斯图斯四世命人修建了人民圣母教堂，这是一座经典的文艺复兴教堂，外形呈八角形，顶部有一个半圆形的小拱顶。朝圣者对这座教堂和西克斯图斯桥印象深刻，因为大多数人一进罗马城的北门最先看到的就是它们。西克斯图斯四世还在纳沃纳广场命人修建了富丽堂皇的和平圣玛丽亚教堂。这一时期，大多数教堂由专业的外国行会所建。德国人修建了圣玛利亚灵魂之母堂，位于今纳沃纳广场以西，靠近和平圣玛丽亚教堂。西班牙人则在贾尼科洛山上修建了坦比哀多礼拜堂。

在公元15世纪20年代，罗马的绝大部分教堂还保持着中世纪的建筑风格，其中很多教堂始建于辉煌的12世纪和13世纪。在那个辉煌的年代，罗马城的经济蒸蒸日上，文化繁荣昌盛，汇集了整个意大利半岛顶尖的艺术家，例如彼得罗·卡瓦利尼和雅各布·托里蒂。他们创造了无数精美绝伦的马赛克画、湿壁画和雕像。罗马在中世纪盛期的教堂建筑却显得有些格格不入。在这一时期，以尖形拱门为特色的哥特式教堂建筑在欧洲大陆成为主流。但是罗马人拒绝向潮流低头，他们决定将传统的建筑风格贯彻到底。罗马式拱门和仿古的马赛克画是这一时期罗马教堂建筑的突出特点。这些马赛克画可以追溯到罗马最早的教堂装饰画，它们的主题主要包括牧羊人、海豚和田园风光，与基督教几乎没有关联。今天的游客走进罗马中世纪的教堂，会发现它们跟罗马的初代教堂没有差别，因为它们的装饰画非常逼真。

公元16世纪初期的教皇不再像从前的教皇那样热衷于修建教堂是有原因的：他们忙着改建圣彼得大教堂，这是自古典时代以来欧洲最大的建筑工程。圣彼得大教堂是罗马最大、最著名的教堂，在过去的1000多年里吸引着全欧洲的朝圣者前来祈祷。那位从公元1081年穿越而来的罗马人惊讶地发现圣彼得大教堂的半边已被拆除，只剩正面和中殿的东部还矗立在原地。其余的地方一片混乱，一处施工场地上新建了许多柱子。人们在这处施工场地的中间搭建了一间临时建筑，保护圣坛和下面的圣彼得墓。

圣彼得大教堂在某种程度上被其声名所累。300年前，教皇英诺森三世（公元1198年1月8日—1216年7月16日在位）命人在圣彼得大教堂中殿拱门上方镌刻"教堂之母"几个大字，这原是拉特兰大教堂的尊号。从此以后，圣彼得大教堂彻底取代拉特兰大教堂成为"教堂之母"。似乎是出于被夺去称号的愤怒，拉特兰教堂分别于公元1308年和公元1361年被人烧成一片灰烬。整座城市随之西迁，只为靠近保存着圣彼得遗骸的圣彼得大教堂。圣彼得的头骨原先保存在拉特兰大教堂里，教堂被烧毁后，圣彼得的头骨被放置在一个被大片空地包围的村庄里，这个村庄只有一座教堂和一座宫殿。文艺复兴时期的教皇都想在死后葬在圣彼得墓附近，倒也是顺理成章的事。不仅如此，他们还想把自己的陵墓修得华丽气派。"战神教皇"尤利乌斯二世声称圣彼得大教堂年久失修，存在安全隐患，下令重建。相当一部分罗马人认为此举是在暴殄天物。教堂中殿的一侧墙壁歪斜，着实引起了不少人的恐慌。然而，尤利乌斯二世重建教堂似乎是另有所图：他借着重建教堂的东风，给自己修一座华丽气派的陵墓。

罗马在16世纪初期的建筑设计大部分出自布拉曼特之手，新圣彼得大教堂的设计也不例外。布拉曼特声称新圣彼得大教堂建成后将会是马克森提乌斯和君士坦丁巴西利卡教堂和万神殿穹顶的结合体。值得一提的是，马克森提乌斯和君士坦丁巴西利卡教堂是罗马帝国晚期较大的建筑。哪知罗马人丝毫不领情，还给他起了个"破坏者布拉曼特"的绰号。重建圣彼得大教堂是自古典时代晚期以来最大规模的建筑项目，此举绝非偶然。布拉曼特采用的模制混凝土技术，这项建筑技术已经失传将近1000年，一说误传。维特鲁威曾在自己的著作中提到这些技术，他是一位生活在古典时期的建筑师和作家。文艺复兴时期的学者在几十年前成功将这些技术复原，使这些技术重新走入现实。

西斯廷礼拜堂也在这一时期建成，只不过它在当时并不是公共建筑，而是为教皇个人祈祷所用。这座礼拜堂建于公元1477年至公元1481年，建造过程十分仓促，桑德罗·波提切利、彼得罗·佩鲁吉诺和菲利普·利皮等著名画家为其创作壁画。要不是西斯廷礼拜堂的建筑质量堪忧，气势恢宏的天顶画可能也就没有创作的必要了。公元1504年，西斯廷礼拜堂圣坛上方的屋顶出现了一条巨大的裂隙。为了安全起见，尤利乌斯二世命人在屋顶和地板下都装上大型金属棒。他不忍看到叔父西克斯图斯四世呕心沥血修建的礼拜堂变得丑陋不堪，于是花重金聘请时年33岁的米开朗琪罗·博那罗蒂用画笔把修补的痕迹盖住。尤利乌斯二世起初建议米开朗琪罗以耶稣十二使徒为主题作画，但是米开朗琪罗认为那"没什么好画的"，于是尤利乌斯二世干脆让米开朗琪罗按照自己的喜好作画。米开朗琪罗用12年的时间创作出1200平方米的绘画，给西方艺术史带来了一场革命。

文艺复兴时期的教皇倾注巨大的人力、物力和财力为自己修建礼拜堂，倒也不足为奇。中世纪时期的教皇时常与平民肩并肩走在大街上，而文艺复兴时期的教皇与平民疏离，总是一副高高在上的姿态。在阿维尼翁成为教廷驻地的岁月里，浩浩荡荡的宗教游行已经基本绝迹，再也无法看到教皇赤足与普通信徒走在一起的场景了。到公元1527年，罗马教廷每年最多举行一到两次宗教游行，盛大的宴会是这类宗教游行的重头戏，基督圣体节和圣马可节期间的宗教游行就是其中的典型代表。每当新任教皇上任时，都要在罗马城举行游行，宣示他对罗马城至高无上的权力。对民众来说，这的确是千载难逢的大游行。教皇登基的大部分仪式都在室内举行，台下的观众主要由高阶神职人员和外国使者组成。中世纪时期的教皇常常忙于主持弥撒和布道，而文艺复兴时期的教皇却越来越喜欢保持缄默，布道渐渐变成了修道士的工作，宗教仪式也越来越被繁文缛节所占据，比如极为烦琐的教皇穿衣程序。

西斯廷礼拜堂造价高昂，但是与重建圣彼得大教堂的花费相比不值一提。公元1527年，这笔天价重建费让罗马人的生活陷入困境。尤利乌斯二世的继任者利奥十世挥金如土，热衷于举办奢华宴会和大象游行以及发动侵略战争。为了筹钱重建圣彼得大教堂，他想到了一个筹钱的法子。公元1517年，他派遣修道士约翰·特策尔前往德国兜售赎罪券（大赦证明书）。教会声称可以为过世的亲人购买赎罪券，好让死者的灵魂尽快脱离炼狱上天堂，最不济也可以缩短灵魂在炼狱受苦的时间。特策尔有句名言："银钱叮当落银库，灵魂立即出炼狱。"特策尔引起了另一位修道士马丁·路德的注意，得知真相后的路德愤然写下《九十五条论纲》。德国人约翰·古登堡发明了金属活字印刷机，《九十五条论纲》得以大量印刷，迅速传遍德国。我们在前文中曾提到，德意志雇佣军受路德的影响对罗马教廷深恶痛绝。路德预言说摧毁罗马城是上帝的旨意，这一预言赋予德意志雇佣军一种神圣的使命感。

特策尔兜售赎罪券并不是激怒路德的唯一导火索。公元1510年，路德怀着满腔热血去罗马游学，离开罗马时却大为心灰意懒，这也不足为奇。罗马人都是"雁过拔毛"的主儿，哪肯轻易放过任何一个去罗马的人，德国修道士也概莫能外。罗马教廷的行事做派早已与基督教所倡导的朴素清明的理念相去甚远，可是路德却一直将这一理念奉为圭臬。罗马城充斥着浮华与喧嚣，是潮流的集散地。要想平步青云，就得有溜须拍马的本事和出口成章的才艺。值得一提的是，这一时期即兴作诗的语言主要是拉丁语。教皇和高阶神职人员的生活极尽奢华。教皇的两个专属餐厅配有一名斟酒服务员、三名面包师、五名厨师长、六名膳务员和多名厨师助理。教皇和几十位高阶神职人员都居住在梵蒂冈宫里，每人家里都雇着一大堆仆从。

罗马教廷还把这种讲排场的作风发扬到了国外。教皇常常一掷万金，穿戴极尽奢华，跟那个时代手握实权的欧洲诸国的国王没有分别。罗马教廷编制了一张巨大的网，将教廷大使、教皇使节和教皇收税员连接起来。他们的脚步几乎遍布欧洲的每个角落，他们衣着光鲜、出手阔绰，所到之处无不令人侧目。罗马教廷拥有独立的邮政系统，在那个交通不便捷的年代，这套系统称得上高效便捷，罗马城因此荣膺欧洲通信中心。

这些排场自然花费不菲，教皇们只得想尽各种办法捞钱，其中就包括买卖圣职。以教皇格列高利七世为代表的改革派要是泉下有知，知道后世的教皇通过买卖圣职捞钱，大概会死不瞑目吧。在阿维尼翁教廷（公元1309—1378年）统治末期，形势开始恶化。天主教会大分裂（公元1378—1417年）期间，各方势力分别选出三位教皇，形成鼎足之势。三位教皇都囊中羞涩，无奈之下便打起了别的主意。到公元16世纪，很多下作的捞钱手段变得屡见不鲜。税收和银行贷款已经无法满足文艺复兴时期的教皇了，他们公然卖起了圣职。为了讨好银行家，教皇常常任命他们的亲属为枢机主教。文艺复兴时期的国王也公然售卖官职。这样一来，无论是教会的圣职还是政府的官职都沦为明码标价的商品。售卖主教圣职和枢机主教圣职已然成为一种惯例。修道院、主教座堂和普通教堂的收入也成为明码标价的商品，只要每年交一笔钱就可以分红，类似于现在的年金保险。得益于发达的邮政系统，哪怕是最偏远地区的主教去世的消息也能很快传到罗马教廷。教皇一得到主教去世的消息就会让亲信取而代之，或者将主教的职位放到市场上售卖。饶是如此，教皇还是常常缺钱，所以只好创造些新职位，然后把这些新职位以类似于出售现代年金保险的方式卖出：买主需要先交一大笔本金，到时每年都会拿到一笔收入。教皇还贴心地为小户提供了可供购买的低级职位，罗马的铁匠、面包师和理发师是购买教皇卫队职位的主力。

罗马教廷里的每一个人都有染指修道院、主教座堂和普通教堂的收入的权力，他们以此为生。一些位高权重的高阶神职人员甚至人均有20多笔这样的收入入账，收入极为可观。教皇的侍臣有权转卖购入的职位，甚至还可以遗赠给亲属。这就引出了另外一个问题，这个问题与中世纪的教会改革派最深恶痛绝的教士婚娶和蓄妾现象相关。在公元11世纪的基督教会，教士是生养私生子的主力军；然而，在文艺复兴时期，教皇变成了生养私生子的主力军。公元15世纪80年代，也就是教皇英诺森八世统治期间，教皇生养私生子这一现象，逐渐得到公众的接纳，教皇甚至公开承认和提拔自己的私生子。教皇亚历山大六世的俗名是罗德里哥·迪波吉亚，他赋予自己的私生子切萨雷·迪波吉亚合法权利，并任命切萨雷为枢机主教，甚至在后来协助切萨雷征服一个意大利邦国（谁承想亚历山大六世在关键时刻一命呜呼，切萨雷功败垂成，煮熟的鸭子就这么飞了）。亚历山大六世的女儿卢克雷齐娅·迪波吉亚先后三次下嫁意大利权贵子弟——乔瓦尼·斯福尔扎、比谢列公爵阿方索·阿拉贡（在梵蒂冈被切萨雷所杀）和菲拉拉公爵之子阿方索·埃斯泰。

相较之下，美第奇家族的两位教皇都无嗣而终。有谣言传说教皇克雷芒七世是他侄子亚历山德罗的生父，这种说法纯属无稽之谈。还有教皇利奥十世的性取向的不实谣传。膝下无子并不妨碍利奥十世任人唯亲，他曾提拔自己的四位亲属为枢机主教。我们在前文中曾提到，利奥十世为了帮另一位堂弟朱利亚诺争地盘，曾派教皇国军队讨伐乌尔比诺公爵。教皇克雷芒七世立志要当个得民心的教皇，上任后不再任命新的枢机主教。实际上他急需用钱，只需卖出一两个枢机主教的职位就可以大大缓解当前财务危机，但是他拒绝这么做。后来，他深陷泥潭，克己奉公的底线也随之动摇。

基督教会的行事作风一向如此，也没必要替他们辩解。再说，西欧的基督教在诞生之初就具有两面性。一面是全然忘我的苦修教士，另一面是追求感官享乐和肉体刺激的食色教士。这两面不是东风压倒西风，就是西风压倒东风。公元11世纪的基督教和公元16世纪的基督教最本质的差别在于是否掌权。在公元11世纪，神圣罗马皇帝亨利三世是坚定的改革派，在他的干预下，改革派顺利掌握了教会的统治权。然而，在公元16世纪20年代，以马丁·路德为首的新改革派却被排除在权力的大门之外。如果当初查理五世能够审时度势扶持马丁·路德成为教皇，后者很可能不会掀起宗教改革的浪潮。

罗马人对罗马教廷不抱任何幻想。罗马人中间流传着不少讽刺神职人员的笑话，这些笑话处处散发着浓浓的罗马式幽默。得益于翔实的历史资料，我们可以一窥罗马人的讽刺功力。公元16世纪20年代，罗马艺伎被罗马人戏谑地称为"坦荡的侍臣"。帕里奥内区的一尊破旧不堪的雕像上贴满了谩骂教皇和其他神职人员的脏话。罗马人给这尊雕像起名叫帕斯奎诺。关于这尊雕像有一个笑话，有一天，雕像帕斯奎诺愤愤地说："我又被人骂了，这次简直是奇耻大辱！"另一尊雕像问它："到底怎么回事？难不成他们骂你是骗子？小偷？奸夫？"雕像帕斯奎诺回道："这算什么奇耻大辱？他们骂得可比这些狠多了，他们居然骂我是枢机主教！"

当然，罗马人乐见教皇一掷千金，痛恨教皇克勤克俭。挥金如土的利奥十世深得民心，以至于在他去世以后，罗马人为他在卡比托利欧山上建造了一尊雕像，他是第一位获此殊荣的教皇。众所周知，卡比托利欧山作为古罗马共和政治的精神堡垒，与当时的教皇统治势不两立。阿德利安六世是利奥十世的继任教皇，他立志整顿教会，处处厉行节约，却落得个被罗马人诟病的下场。阿德利安六世去世后，一场经典的罗马式黑色幽默在城中上演。次日清晨，有人在阿德利安六世的私人医生的家门上贴了一张便条，大体意思是感谢他救教皇于水火。罗马人对阿德利安六世的态度不言自明。省吃俭用的教皇有助于为天主教会树立良好的形象，但是罗马人却不吃这一套。他在极短的任期内，叫停了罗马所有的建筑项目，学者和艺术家纷纷出走。相较而言，挥霍成性的亚历山大六世、尤利乌斯二世和利奥十世却让罗马蒸蒸日上。

克雷芒七世接替阿德利安六世成为新任教皇，同时是美第奇家族的第二位教皇。听到克雷芒七世当选的消息后，罗马人激动得喜极而泣。但是，克雷芒七世却好心办了坏事，让他们大失所望。克雷芒七世上任后发现他的堂兄利奥十世给自己留下的是国库亏空的烂摊子。无奈之下，他只好紧缩开支、课重税，甚至首次对神职人员征税。克雷芒七世和阿德利安六世一样运气不好，都得替利奥十世补财政亏空。屋漏偏逢连夜雨，他俩的霉运还在后头。利奥十世在位8年，其间风平浪静，没有出现任何大的变故。他尸骨未寒，罗马城中便风波迭起、险象环生。人文学者皮耶罗·瓦莱里亚诺曾半开玩笑半讥讽地说，是阿德利安六世在公元1522年8月把鼠疫带到罗马的。这话也不算冤枉他，鼠疫只是比他提前3个月来到罗马。两年后，鼠疫卷土重来，此时在位的是克雷芒七世。公元1525年9月，鼠疫又再次卷土重来，5个月后，这场瘟疫才逐渐平息下去。这几场瘟疫的杀伤力虽然无法跟那场从公元1347年至1353年席卷整个欧洲的腺鼠疫（黑死病）相提并论，但是无数人因此丧命，尤其是没有免疫力的儿童，死亡人数最多。除却瘟疫，罗马人还饱受战争和饥荒的折磨。克雷芒七世与查理五世开战，直接导致食品价格在公元1526年飞涨。同年，台伯河决堤，罗马城被淹。瘟疫、战争和饥荒这三位天启骑士[1]莅临罗马城，造成罗马人口锐减。到公元1527年，

1　《圣经新约》末篇《启示录》第6章提到天启四骑士，又称末日四骑士，四骑士分别代表瘟疫、战争、饥荒和死亡。

大约有三分之一的罗马人死于非命。

文艺复兴时期的罗马，天灾人祸不断，民不聊生。在那位从公元1081年穿越而来的罗马人看来，公元1527年的罗马人远没有公元11世纪的罗马人过得舒坦。诚然，公元11世纪的城市公共基础设施的运行状况要比公元16世纪的城市公共基础设施的运行状况好得多。罗马的下水道系统是古罗马时期重要的建筑成就。在文艺复兴时期，这些下水道大部分都被堵塞。为了避免火灾和水灾的侵扰，罗马人不断加高路面。这样一来，修理堵塞下水道的难度陡然增加。一条名为基亚维卡·迪·圣·西尔韦斯特罗的露天下水道从今天的特莱维喷泉一带一直延伸到台伯河，常年散发恶臭。罗马的高架渠系统也不容乐观。在公元16世纪20年代，罗马的人口数达到过去1000年来的顶峰，只有维尔吉内这一条高架渠还在运行，但是它的运水效率却低得可怜。罗马人似乎已经忘记维尔吉内高架渠的源头在哪里，所以维修计划一再搁置。

罗马的高架渠系统几近崩溃，罗马人的饮水习惯也随之发生了翻天覆地的变化。城中有几处泉眼的水供应雷欧利内城，极个别的罗马人家里有水井。在公元1527年，绝大部分罗马人用台伯河里的水洗澡、做饭，甚至还把河水当饮用水。把打上来的河水来回倾倒一个星期，清除其中自然沉淀的杂质，然后就得到了罗马人眼中的清洁饮用水。意大利半岛上其他地方的人们都觉得这种净水方式实在骇人，也的确骇人，因为罗马人常常把脏水、垃圾甚至尸体都倾倒在台伯河里。古典时代的罗马人做梦也想不到自己会喝台伯河里的水。然而，文艺复兴时期的罗马人不仅天天喝台伯河水，还觉得河水清冽爽口。公元1533年，克雷芒七世出访马赛，坚持要带上几桶台伯河水路上喝，他实在不想冒险喝别处的水。

然后我们来聊一聊罗马人的个人卫生问题。总而言之，一句话，文艺复兴时期的罗马人浑身散发着臭味。古典时代的罗马人肯定受不了这种臭味，他们家的奴隶闻起来都比文艺复兴时期的罗马人香得多。到公元1527年，大部分欧洲人只有完成人生大事的时候才会洗澡：出生时、新婚时和临终时，罗马人也概莫能外。其余的时候，他们最多只能用毛巾来擦拭身体。罗马人的衣服几乎不洗，外衣也只一年洗一次。纵然公元1527年的罗马人不一定经常挠痒，但是至少跟公元1081年的罗马人挠痒的次数差不多。

文艺复兴时期的罗马人的平均预期寿命远远短于公元11世纪的罗马人。公元16世纪初期的罗马人特别害怕得麻疹、斑疹伤寒、肺结核和鼠疫。罗马穷人还跟从前一样没钱在疟疾季出城躲避，只能在家等死。罗马人酷爱饮用台伯河水，为此很可能染上介水传染病。此外，这一时期还出现了一种新的传染病：法国病，又名大痘或法国痘。法国人叫它那不勒斯病，现代人叫它梅毒。梅毒很可能起源于美洲，在公元1495年的欧洲开始走入大众视野。在这一年，法国军队在围攻那不勒斯时染上这种疾病，短短几个月就让意大利人寝食难安。教皇尤利乌斯二世、切萨雷·迪波吉亚、菲拉拉公爵的三个儿子、查理五世的祖父马克西米利安一世，以及不少枢机主教都是梅毒患者。

如果说公元1527年的传染病要多于公元1081年，人们肯定希望医疗水平也能提高。不得不说，医疗水平的确取得了一些进步。公元1527年，患者既可以做祷告，也可以向街边的假药贩子、开药铺的药剂师或忙着处理伤口的外科医生求助。值得一提的是，这一时期的外科医生都由理发师兼任。要是患者不缺钱，也可以去看专业医师。这些医师往往出身富裕家庭，受过高等教育，对那些江湖郎中不屑一顾。

但是，人们不该对假药贩子、药剂师和外科医生心存鄙夷。意大利医学行业很可能在公元1527年已经初具规模，但是它的理论基础与公元1081年乃至公元408年的医学理论基础并无太大差别。文艺复兴时期的医生依旧将希波克拉底和盖伦的医学理念奉为圭臬，此外还吸收了一些阿拉伯医学的智慧，例如阿拉伯医学家阿维森纳的著作就被他们奉为医学经典。他们依旧认为疾病是由四种液体的不平衡引起的，甚至还有不少医生相信人得病是因为有罪或者中了魔鬼的诅咒。亚里士多德曾说"女人是不完整的男人",很多医生对此深信不疑。罗马城在公元1527年时的医院数要多于公元1081年,但是并不意味着公元1527年病人的治愈率就高于公元1081年。医院里住满了病人,稍有不慎就可能相互传染,相较之下,还是待在家中更安全。

对文艺复兴时期的罗马人来说,相比走上街头,还是待在家更安全。这一时期,意大利各座城市的谋杀率都居高不下,是纽约在20世纪80年代末谋杀率的4倍。当时的荣誉制度成为恶性犯罪的温床。不过,这一制度贯穿罗马历史发展的全过程,根本算不上新鲜事物,它甚至对整个地中海地区都产生了深远的影响,时至今日都余威犹在。公元1527年,罗马法官审讯嫌疑犯的整个过程都被详细记录在案,所幸这些卷宗得以完整地保存下来,这倒是一个前无古人的变化。因此,罗马的犯罪状况一目了然地摆在我们的面前。

诱奸妇女极易引发恶性荣誉犯罪。这套荣誉制度从来与男女平等无关,社会对风流成性的罗马男性普遍持宽容的态度,但是罗马未婚女性却被剥夺了享有鱼水之欢的权利。未婚女性偷食禁果一旦被发现,她的家族就会因此而抬不起头,除非女子的情夫事后肯娶她过门。要是他再识时务地给女方家送上一笔赔偿金,双方便会化干戈为玉帛。可是如果他一不娶二不赔,或者他的情妇是已婚女性,那么就极有可能给自己招来血光之灾。

所幸绝大多数荣誉犯罪都是小打小闹。罗马人时常互相叫骂,要是一个人天生一张巧嘴,骂人不带脏字,他必定能成为人堆里的焦点。当然,一个不小心,他就会惹上不少小麻烦。台伯河边的洗衣妇一言不合就会打作一团;嫖客不满妓女看不上自己,一怒之下把她家的门上涂满粪便。这套荣誉制度还间接引起了不少公牛伤人的诉讼案件。在文艺复兴时期,罗马男性追求心仪的女性须得遵循特定的风俗:先去屠宰场租一头公牛,再租一群经过特殊训练的狗。顺利的话,这群狗会伺机咬掉公牛的双耳，被咬掉双耳的公牛就像泄了气的皮球一样任由摆布，求爱的男性便会顺势牵着它去往心仪的女性家里。要是被求爱的女性也属意于他，就会站在自家窗边为他鼓掌。万一这群狗没有成功咬掉公牛的双耳，执法人员就得忙着处理纷至沓来的诉讼案，起诉人不是怒火中烧的店掌柜就是伤痕累累的路人。

罗马人并不惧怕执法人员。在他们眼里，警察都是腐败无能、欺软怕硬之辈。不客气地说，警察的形象在整个意大利半岛上都不甚光彩。就这些警察的所作所为而言，其实也不算冤枉他们。此外，罗马人也几乎无法把法官同"威严"这个词联系在一起。文艺复兴时期的法官也拷问嫌犯，但是其残忍程度没法跟古典时代的奴隶主相提并论。在古典时代，奴隶主用鞭子抽打奴隶直至对方皮开肉绽，或者把奴隶拖到拉肢刑架上施拉肢刑，抑或用烧红的烙铁烫在奴隶身上。在文艺复兴时期，男犯人常常受到坠落吊刑的折磨，行刑时犯人的双手被反绑在背后，然后整个人被吊起来拉到高处，再骤降；女犯人则常常受到夹指刑的折磨，行刑时要用夹棍夹她的手指或脚趾。犯人常常把受刑当成一种荣耀。在这一时期，罗马的监狱主要用来关押扰乱治安的小混混、身患绝症的病人、残疾人、流浪汉、酒鬼、精神病患者、癫痫病患者，而非作为一个刑罚地。大部分囚犯被关押在台伯河边的托尔·德·诺那监狱，这是一座在古典时代河港的废墟上建立起来的监狱。监狱的底层牢房安全系数很低，囚犯溺亡事件偶有发生。有头有脸的囚犯则被关押在圣天使堡，这是罗马安全系数最高的监狱。只有罪大恶极的犯人才会被处以绞刑，有大量证据证明绞刑架位于塔尔皮亚崖石上。在远古时代，罗马人会把犯盗窃罪的奴隶和叛国投敌的自由民从塔尔皮亚崖石上抛下去摔死，所以把绞刑架安置在塔尔皮亚崖石还挺应景的。

在大街上扔石子的男孩令罗马的执法人员最头疼。这种现象蔓延至意大利半岛上的很多城市，而罗马城尤甚。到公元15世纪80年代，这种现象已发展到极其严重的境地。男青年和男孩互投石子，为了避免被石头打伤，他们都心照不宣地穿上厚重的外套。为了解决区域性矛盾（台伯河岸区和对岸的蒙蒂区）、政治矛盾（法国派和帝国派）或宗教矛盾（基督徒和犹太人），罗马城里时而会上演几百人参战的"扔石头大战"。后来，互投石子已经无法满足这些暴戾的"投石男孩"，他们把目光投向乡下来的穷苦农民和外国人，因为这些人要么看起来软弱可欺，要么行为举止太过与众不同。在经济形势不好的时候，富人和妓女也会沦为他们的"靶子"。

"投石男孩们"无意中加速了妇女社会地位的倒退，这一倒退进程已经持续了几个世纪。那个从公元1081年穿越而来的罗马人会诧异地发现大街上几乎看不到妇女的影子，至少是良家妇女的影子。在文艺复兴时期，罗马的良家妇女就算抛头露面，也不过是在自家门廊的安全处远眺，或者趴在自家的窗户上看街上的行人。值得一提的是，在古典时代，罗马的妇女也很少上街。文艺复兴时期的妇女不上街的原因主要有两个：一是害怕成为"投石男孩"的"靶子"；二是害怕有损自己的清誉。这是因为在这一时期，只有臭名昭著的妓女才会在大街上招摇过市。

在这一时期，罗马社会还对良家妇女有诸多其他限制。文艺复兴时期的意大利没有涌现出像玛洛齐亚夫人和托斯卡纳藩侯玛蒂尔达那样的女性统治者。贵族妇女在婚后就会消失在众人的视线中，专心在家打理家事、相夫教子。充满欲望和野心的女人会遭到人们的奚落和嘲弄。教皇利奥十世的姐姐和妹妹为了丈夫和儿子的前途游说克雷芒七世，不料却成为财政亏空的替罪羊。要知道，罗马教廷的每个人都与这种游说制度脱不开干系。在过去的几个世纪里，欧洲女性的独立性逐渐被削弱。造成这种现象的部分原因是女性的继承权被嫁妆权所替代。不过，并不是所有女性都甘于这样的命运。莫杰斯塔·波佐和卢克雷齐娅·马里内拉合写了《女性的高贵与优雅和男性的缺点与邪恶》（1600年），有力地回击了过去的作家对女性的歧视。这两位来自威尼斯的女作家堪称世界上最早的女权主义作家。

在这一时期，不少罗马女性受生活所迫，不得不从事卖淫这种备受歧视的工作养活自己。公元1527年，罗马的妓女的数量在700人到1000人，而罗马城的总人口数也才5.5万人。那些妓女身着男装，站在街头，大声招揽过路的行人。值得一提的是，古典时代的妓女是身着男装揽客的。狂欢节期间，妓女们会把喷了香水的蛋扔给潜在客户。天主教推崇贞洁，而罗马作为天主教之都居然供养着一大批娼妓。这可能是因为罗马是一座单身汉之城，除了罗马教廷的男性神职人员都是单身汉，还有很多移民也是单身汉。罗马城的男女性别比是6∶4。在这一时期，基督教对卖淫采取一种极为宽容的态度。文艺复兴时期的教皇曾多次把妓女的活动范围限制在奥古斯都陵墓附近，但是从未打击过卖淫业。可是，无论怎样限制她们，她们总有办法逛到别处揽客，甚至明目张胆地在教堂里揽客。

只有极少数高级妓女能够自由出入高门贵府。她们跟日本艺伎类似，被称为罗马艺伎。她们精通房中术，为人风趣幽默、八面玲珑。当然，良家妇女要是也如此行事，多半会被人诟病不守妇道。罗马艺伎以其卧房中摆放着装饰有精美帐幔的圆形大床而著称，她们能声情并茂地吟咏意大利语和拉丁语诗歌。不少罗马艺伎成为那个时代响当当的人物，其中最著名的当属英佩里亚，她的仰慕者中不乏达官显贵，画家拉斐尔、托斯卡纳，银行家阿戈斯蒂诺·基吉，还有枢机主教朱利奥·德·美第奇，也就是未来的教皇克雷芒七世，都是她的裙下之臣。值得一提的是，银行家基吉后来收养她的女儿为义女。

与妖媚又不失风趣的罗马艺伎在圆形大床上共度良宵绝不是罗马人唯一的乐事。罗马的基础设施越来越差，但是这并不妨碍罗马人，尤其是罗马富人，过着蜜里调油的生活。公元16世纪初堪称罗马的黄金时代。罗马富人喝着几个世纪以来最污浊的水，却吃着最精致丰盛的食物。由图密善皇帝于公元86年建成的阿戈纳利斯竞技场在公元1527年已被辟为广场，取名纳沃纳广场。罗马人可以在纳沃纳广场买到各种食材。不久前，罗马人把卡比托利欧山山坡上的食材市场（只剩鱼市还摆在屋大维门廊下面）搬到了纳沃纳广场。不管是肉还是蔬菜水果，在市场上都应有尽有。此外，里科塔奶酪、马苏里拉奶酪、蘑菇、松露和洋蓟这些食材不仅受到时人追捧，还深受现代人的喜爱。在这一时期，意大利人已经发明出了干意面，干意面普遍比新鲜意面贵。这一时期，新鲜意面衍生出很多花样，例如通心粉、传统宽面、托特利馄饨意面和拉维利方饺意面，并一直延续到今天。

随着食材日渐丰富，菜肴花样也不断翻新。在公元11世纪，罗马人的饮食还算健康，但是菜肴过于简单，基本就是面包、烤肉或炖肉。相较之下，文艺复兴时期的盛大宴会连古罗马皇帝都会叹为观止。当然，他很可能会觉得菜肴偏甜。文艺复兴时期的珍馐佳肴离不开来自东方的调味品，例如姜、肉豆蔻、肉桂和糖。糖在文艺复兴时期传入罗马，罗马人于是开始在所有食物里都加上糖，连肉都不肯放过。牙医的生意骤然火爆起来。罗马穷人常常拿盐来保存食物，因此咸味食物也被认为是穷人的食物。古典时代和文艺复兴时期都是大厨辈出的时代。不少大厨成为家喻户晓的名人，其中最著名的当属巴尔托洛梅奥·斯卡比。公元1536年4月，巴尔托洛梅奥在枢机主教坎佩吉奥位于台伯河岸区的豪宅里举办了一场盛大的宴会，宴会上的200道菜品被悉数记载下来，他也因这次宴会一战成名。七鳃鳗馅饼、甜米汤、冷烤鲤鱼和黄芥末酱鳕鱼是其中的亮点菜。压轴菜最讲究观赏性，口感倒是退居其次。这次宴会的压轴菜是一张巨型馅饼，侍者先把它摆上桌，再用刀将它切开，只见一群鸟从里面飞了出来。

文艺复兴时期的罗马富人还能体会到智性的愉悦。宴会结束后，主人常常会带客人参观自家的藏品，例如古希腊花瓶、古典时代的雕像和古代手稿。这一时期既是人文主义的时代，也是古典文化重放光芒的时代。人文学者是印刷技术革命的产物。公元1450年，德国人古登堡发明铅活字印刷技术，使得越来越多的人能够买得起书、受得起教育。人文学者们自诩文人，他们痴迷于古典文明，执着于用规范的拉丁文写出传世之作。大部分人文学者出身于社会中下层，在经济上并不宽裕。要是他们生在今天，很可能会被人们称为长期就读生。

在公元16世纪初期，人文学者遍布整个欧洲，罗马以其璀璨的古典文化吸引了无数人文学者前来"朝圣"，其中最著名的人文学者当属伊拉兹马斯·鹿特丹。他们自发组成各种协会，在协会领袖的花园里品鉴古物、品读拉丁文古籍。他们还醉心于纠正中世纪神话和重现罗马古城的地形。他们为此经常出入各个修道院找寻那些早被人遗忘的文本，仔细研究罗马的各处古迹，破译古代碑文。人文学者波焦·布拉乔利尼指出圣保罗门旁边的古代金字塔并不像罗马人长期以来所认为的那样是雷穆斯（罗慕路斯的弟弟）的陵墓，而是古典时代官员塞斯提伍斯的陵墓。这座金字塔的一侧写着大字：塞斯提伍斯。所以人文学者们不需要下很大功夫就能找出它的真正主人。到公元1527年，经过人文学者们的不懈求索，罗马人终于知道拉特兰宫前广场上的那座骑马塑像描绘的人是马可·奥勒留皇帝，而非君士坦丁大帝；城中废弃的大型建筑物是浴场，而非宫殿；罗马斗兽场是一座圆形露天竞技场，而非供奉太阳的神庙。

有些人文学者幸运地端起了教会的"铁饭碗"，还有些人文学者受雇成为政治顾问或外交官。人文学者对古典时代赞颂皇帝的诗篇了然于胸，教皇亚历山大六世极看重这点，于是聘请他们为自己歌功颂德。每一个过着体面生活的人文学者背后都有一群吃了上顿没下顿的人文学者，后者的生活更能揭露罗马社会的运行法则。人文学者皮耶罗·瓦莱里亚诺从威尼斯来到罗马，过了4年吃不饱饭的日子后，才迎来人生的转机。利奥十世当选为新任教皇，瓦莱里亚诺的古希腊语家庭教师是新教皇的故交。他的老师通过游说利奥十世，成功为他谋得了有俸圣职，从此他就过上了舒适的生活。8年后，利奥十世去世，荷兰人阿德利安六世成为新任教皇，他是出了名的吝啬鬼。我们可以推测出，很多像瓦莱里亚诺这样的人文学者似乎就是在这时纷纷离开罗马的。瓦莱里亚诺曾语带讥讽地说，是阿德利安六世把鼠疫带到罗马的。不久，瓦莱里亚诺的好运再次降临，他被聘为教皇克雷芒七世的两位私生侄子亚历山德罗·德·美第奇和伊波利托·德·美第奇的家庭教师。瓦莱里亚诺的运气比很多人文学者都要好，他们在罗马大学领着微薄的薪俸，过着艰苦的日子。罗马大学常常因修理校舍和疟疾暴发而闭校。这样一来，他们的日子就更难了。

文艺复兴时期的艺术家，至少功成名就的艺术家，过着比大部分人都安逸舒适的日子。在文艺复兴时期的历任教皇中，最重要的艺术赞助人当属尤利乌斯二世和利奥十世，他们以出手阔绰著称。在他们的治下，著名的艺术家从社会底层一跃成为万众瞩目的上流人士。一些艺术家赚得盆满钵满，甚至为自己建造起了宫殿，拉斐尔就是其中的典型。公元16世纪初，罗马是意大利最大的艺术中心。教皇阿德利安六世上任后，大幅缩减开支，一些艺术家愤而离开罗马，但是包括塞巴斯蒂亚诺·德·皮翁博和帕米贾尼诺在内的大部分艺术家选择继续留在这里。公元1527年，本韦努托·切利尼也是选择留下来的艺术家之一，他出生于佛罗伦萨，是银匠和雕塑家，还曾写过一本自传，借此自吹自擂。罗马的艺术家组建了艺术社团。乔瓦尼·安东尼奥·巴兹是文艺复兴时期杰出的艺术家。

罗马是富人的乐园，却是穷人的苦海。他们的生活并没有比500年前和1200年前的穷人好多少。大多数穷人家里没有厨房，只能靠街边的小酒馆和路边摊解决吃饭问题。青菜糊、劣质的谷物和豆子是穷人常吃的食物，或许间或吃一点肥猪肉、猪肚和猪蹄。赤贫的罗马人住的房子只比罗慕路斯当年住的房子舒适那么一点。圣彼得大教堂旁边就有一座这样的房子。这一时期，走投无路的母亲可以把孩子匿名送到孤儿院，她们把孩子放进孤儿院墙上的一个圆柱形装置，按下铃铛，墙内的人就会应声把孩子抱走，公元11世纪就没有这样的便利。这种圆柱形装置发明于12世纪，人们叫它罗塔（ruota）。

无论是乐园里的罗马富人，还是苦海里的罗马穷人，都没有公元12世纪的罗马人的政治话语权大。此外，公元16世纪教皇的权力要比公元12世纪教皇大得多，中上层阶级陪同教皇骑马去泰斯塔西奥山嬉戏游玩的日子和赤脚绕城游行的日子都一去不复返了，与中世纪的教皇相比，公元1527年的教皇疏离、沉静、权势滔天。教廷驻地迁往阿维尼翁后，罗马变得萧条冷清，罗马人这才意识到罗马根本离不开教皇，没有教皇坐镇，罗马城就会像盛开的花儿一样迅速枯萎。自教皇格列高利十一世（公元1376—1378年在位）于公元1377年将教廷从阿维尼翁迁回罗马后，教皇的权力日渐膨胀。公元1511年，罗马贵族向教皇权威发起挑战，尤利乌斯二世不费吹灰之力就将他们挫败。此后，罗马贵族彻底失去了与教皇相抗衡的能力，被逐出罗马教廷。此时的教廷跟公元11世纪末的教廷一样，都被托斯卡纳人和德意志人把持着。当然，这并不意味着罗马城的权贵豪族都销声匿迹了，奥西尼家族和宿敌科隆纳家族就侥幸存活了下来，只不过势力已大不如前。科隆纳家族之所以还能对教皇克雷芒七世构成威胁，仅仅因为他们背后有查理五世的庞大帝国撑腰。

　　罗马市政府一直由旧权贵把持着，也日渐式微。市政官员也跟中世纪的市政官员一样竭力保护着罗马的古建筑，力图阻止教皇移用古建筑上的石材，却越来越觉得力不从心。在这一时期，罗马的古建筑遭到大规模破坏，古罗马斗兽场、各大广场、帕拉蒂尼宫和荒废已久的古代神庙等古建筑上的石材纷纷被偷去建造宫殿、西克斯图斯桥和新圣彼得大教堂。公元16世纪初，教皇对古建筑的破坏已经到了触目惊心的地步。圣彼得大教堂附近的几座建于古典时期的金字塔、戴克里先浴场附近的一处凯旋门、萨克拉大街上的克瑞斯神庙和特兰西图伦姆广场上的部分古迹都不幸被毁。值得一提的是，特兰西图伦姆广场上被毁的那部分古迹都被煅烧成石膏。建筑古迹的存亡都系于教皇的良心，而教皇的良心与建筑古迹的趣味性有着莫大的关系。

Ⅲ

公元1527年初春，教皇克雷芒七世需要罗马人的鼎力相助，他一定在恨自己当初没有对罗马人再好一些。波旁正率领军队急速前往罗马城，克雷芒七世终于按捺不住心中的恐慌，在卡比托利欧山上的圣玛丽亚教堂里召开协商会议，求助全体罗马人。他请求罗马人去战斗，并向他们保证，只要他们咬紧牙关死守三天，就能等来盟军的救兵。

公元1527年5月5日下午，罗马人看到一支大军向罗马城攻来。这支大军包括700名枪骑兵、800名轻骑兵、3000名意大利雇佣兵、5000名西班牙士兵和1万名德意志雇佣兵。这是许多个世纪以来，罗马城首次被如此庞大的军队围困。这支约2万人的围城部队是罗伯特·圭斯卡德的围城部队的5倍。但是，罗马人的处境却比预想中的好。仅在8个月前，蓬佩奥·科隆纳率军攻入罗马城，罗马人还抱着幸灾乐祸的心态。而现在，罗马人决定回应克雷芒七世的号召，一致对外。他们一致表态：将与教皇同生共死，要像战神玛尔斯之子一样战斗。罗马人思想的转变似乎与蓬佩奥的那次突袭有关。克雷芒七世无端受辱，罗马人对他生出同情之心。

罗马全城戒备。面对这支没有大炮的帝国军，斑驳陈旧的城墙称得上一道坚固的屏障。克雷芒七世曾先后两次撤军，好在守城的兵源还算充足。不少平民被富人偷偷借调去守卫自家的宫殿，剩下的平民则加入守城的队伍中。守城的士兵还包括4000名正规军士兵、2000名瑞士卫队士兵和2000名黑军战士。这支黑军军团是意大利最精锐的部队，是令敌人闻风丧胆的存在，曾由克雷芒七世的堂弟朱利亚诺统率，朱利亚诺已于几个月前去世，好在克雷芒七世手下还有伦佐·迪·切里这员猛将。三年前，波旁率领帝国军围困马赛长达一个月之久，伦佐重挫帝国军，令帝国军颜面扫地，波旁无奈之下只好下令撤退。种种迹象表明，伦佐这次能取得更大的胜利。帝国军一没足够的粮食，二没稳固的营帐，过不了多久他们就会知难而退。加之盟军的援军不日就要抵达，帝国军很可能落得个灰溜溜撤军去那不勒斯的下场。

留给守将伦佐布防的时间并不多，但是他娴熟地完成了布防任务。考虑到波旁的帝国军会从城北和城西发起攻击，科隆纳的军队会从城南发起攻击，他在奥勒良城墙的南段和东段部署了战斗力最弱的平民军，平民军里甚至还混杂着一些修道士和神父。他把最精锐的部队部署在博尔戈、台伯河岸区和奥勒良城墙北段，因为这三个地区直接受到帝国军的威胁。伦佐意识到博尔戈是罗马城的软肋，圣斯皮里托门周边的地区是博尔戈最大的部分，这一地区的城墙不仅比其他地区的城墙低矮很多，而且正对着高地。8个月前，蓬佩奥·科隆纳率军越过圣斯皮里托门旁的城墙，攻入罗马城。伦佐在城中部署了多门火炮，危险区域都在火炮的射程之内。他把重型火炮都部署在圣天使堡，他还计划把台伯河上的桥都炸掉，一旦博尔戈和台伯河岸区失守，这样做便可保河对岸无虞。罗马人不忍心看着好端端的罗马城一分为二，就阻止了伦佐的计划。用不了多久，他们就会为这个决定而追悔莫及。

公元1527年5月5日夜，近2万士兵组成的帝国军在马里奥山上生起营火，罗马守军看得一清二楚。卡比托利欧山是罗马城在古代的堡垒，有人敲响了卡比托利欧山上的大钟，向罗马人发出警报。"战斗！战斗！"罗马人的呼喊声从山下的大街小巷里传来。罗马人此刻最怕的是背叛。城中有大批科隆纳的支持者，罗马人的担忧不无道理。后来发生的事情证明，真正将罗马人推向危险境地的并不是蠢蠢欲动的科隆纳支持者，而是帝国军主帅波旁的意外殉国，这是罗马守军和帝国军都始料未及的。

凌晨时分，城墙之外，帝国军主帅波旁依惯例发表演说，鼓舞士气。他命令士兵用栅栏和一切能找到的木头造云梯。他想跟当年的罗伯特·圭斯卡德一样，出其不意地攻入罗马城。帝国军需要翻越城墙找到他在几个小时前发现的那处薄弱点。薄弱点在圣斯皮里托门附近，是雷欧利内城墙的一部分，这段城墙围绕一幢民宅而建。这幢民宅的一扇窗户被用作炮门，为了安全起见，这扇窗户造得比一般窗户大很多，明眼人一看就能看出这不是一幢普通的民宅。罗伯特·圭斯卡德当年最大的优势就是出其不意，波旁却没有这样的地利。守将伦佐已经预料到帝国军的进攻路线，早有防备。

果不其然，帝国军不久便陷入苦战。帝国军和罗马守军在激烈的枪战后，披着白色斗篷的波旁催促帝国军战士翻越城墙。在罗马守军的火绳枪和火炮的攻击下，帝国军伤亡惨重。罗马守军很快缴获了帝国军的五面军旗，得意扬扬地将这些军旗送回博尔戈。战场形势刚刚还朝着有利于罗马人的方向发展，随后却悄然转变。在这一时期，路易吉·圭恰迪尼（公元1478—1551年在世）替美第奇家族统治着佛罗伦萨，后来将1527年罗马之劫的始末记录下来。根据他的记载，"大约在这个时候，浓雾开始蔓延，罩住了大地，天渐渐放亮，雾却越来越浓。这种天气现象常见的发生时间是仲春。浓雾笼罩着大地，能见度不足一米八"。[2]

浓雾和着枪炮的烟雾使能见度进一步降低，城墙上和圣天使堡里的罗马守军根本无法瞄准目标，只好盲目射击。没过多久，帝国军的人数优势开始显现。守将伦佐本来坐镇奥勒良城墙，一看大事不妙，立即跑到博尔戈亲自指挥，并下令增援，却始终不见援军的身影。帝国军开始逐渐占上风，但是过不了多久他们就会迎来致命一击，这致命的一击将会给罗马人带来严重的后果。根据路易吉的记载，"人们看见波旁阁下正在前线为士兵加油打气……只见他用左手抓住一把斜靠在城墙上的梯子，右手挥舞着，催促士兵赶紧翻墙。突然，一枚子弹击中了他"。[3]

波旁的额头被击中，当场死亡。本韦努托·切利尼不仅是银匠和自传作者，还是一个爱编故事的主儿，他从他的角度描述了当天发生的事情。他在朋友的鼓动下去了现场，发现自己站在公墓旁的城墙上，身处一场大战的硝烟中。他的那位朋友惊恐万状，拔腿就想跑，切利尼却镇定自若：

> 我叫住他，冲他喊道："既然是你带我来的，那何不证明一下什
> 么是真男人？"我把枪口对准敌人最多的地方，并瞄准人群中最显
> 眼的那个人……我对他连射两枪，然后我就站在墙上小心翼翼地望
> 向敌军。敌军已经乱作一团，因为我们刚刚射杀了主帅波旁。后来
> 我才知道，人群中最显眼的那个人就是主帅波旁。[4]

波旁的死讯迅速传遍了整座城市。有那么一瞬间，罗马人误以为自
己得救了。帝国军的诸位将领开始重整溃兵，士兵们面对突如其来的死
讯先是感到震惊，继而这震惊就转化成了难以遏制的仇恨，他们向罗马
人发起了更为猛烈地攻击。罗马守军感到胜算不大，于是拼命向城墙外
投掷燃烧的瓶装液体，朝浓雾里开枪，但是无济于事。大约上午10点，
一小队西班牙士兵攻入罗马城。至于他们是从那个超大的炮门入城，还
是翻墙入城，我们不得而知。关于接下来发生的事情，史学界没有太大
争议。但是，关于罗马沦陷的最大责任人，史学界却存在较大争议。路
易吉·圭恰迪尼的弟弟弗朗切斯科·圭恰迪尼（公元1483年3月6日—
1540年5月22日在世）是盟军主帅乌尔比诺公爵麾下的将领，负责率领
教皇军，但是此人在军事指挥上无能至极，所以路易吉见不得别的教皇
军将领好，他把守将伦佐·迪·切里描绘成一个畏敌如虎的懦夫。比
如，他（伦佐）大喊道："敌军进城了！自救要紧！快撤退！撤去最安
全的地方！"[5]然而，在其他历史文献中，守将伦佐顽强抵抗，拼尽全
力杀敌。无论他怎样抵抗，都无济于事。罗马守军心中惶恐，直接溃
不成军。

BORBONE OCCISO, ROMANA IN MOENIA MILES
CAESAREVS RVIT, ET MISERANDAM DIRIPIT VRBEM, 1527.

▲ 这幅创作于16世纪的版画描绘了主帅波旁死亡的一瞬间，查理五世的帝国军蜂拥攻城的场景。

　　不久后，城门被打开，帝国军如潮水般涌入博尔戈，口里高喊着："西班牙！西班牙！杀呀！杀呀！"这一事件在5个世纪后的今天依然能引起巨大的震动，甚至被人们称为16世纪的"9·11事件"，这似乎是罗马城有史以来最惨的一次沦陷。当然，部分原因可能是人们对前面几次沦陷的细节了解得不够全面。1527年5月6日，罗马城内的情形是骇人听闻的，这是无可争辩的事实。帝国军个个被绝望和宗教热情驱使着，打起仗来不要命，再加上帝国军中没有独当一面的将领，部队陷入无纪律的放任状态。乔治·冯·福隆德斯伯格将军此刻正在德意志治疗中风，后来也没有好起来，而波旁元帅已经为国捐躯。就算他还活着，也未必能在帝国军入城之初的几个小时内控制住他们，当然，多给他一些时间，或许他能做到。没有他坐镇，帝国军更加胆大妄为，他的死激发了他们的复仇欲望。

　　不少罗马人认为，就算罗马城沦陷，也不过是跟8个月前科隆纳率军入城一样的一场闹剧。但不幸的是，博尔戈这一次变成了血腥的屠宰场。起初，几个罗马守军趁乱混入攻进来的帝国军，侥幸救了自己一命，但是大部分罗马守军没有这个运气。一部分罗马守军试图坐船过河逃命，但是很多人落水而亡，只有一小部分黑军战士侥幸活下来。瑞士卫队在圣彼得大教堂前的方尖碑旁浴血奋战，顽强抵抗，但终因寡不敌众而败下阵来。守军逃的逃、死的死，帝国军长驱直入，像一把锋利的镰刀，夺走了大量军人、平民，甚至伤员和孤儿的生命。瑞士卫队将领鲁斯特先前因身负重伤而被抬回到附近的营房里，帝国军闯进了他的营房，当着他妻子的面，将他残忍地杀死。圣萨尔瓦多修道院的一位修道士曾记载："除了几个成功逃跑的人，圣斯皮里托医院里的人都被帝国军杀害。"[6]许多人被活活扔进台伯河里。这位修道士还记载了圣殇孤儿院的惨状，所有的孤儿都惨遭杀害。大屠杀开始之初，不少罗马人逃到圣天使堡，教皇克雷芒七世也在其中。他先前还在圣彼得大教堂里做祷告和弥撒，后来跟蓬佩奥突袭罗马城那次一样，在众人的劝说下及时离开了。教皇和他的随从沿着逃生通道匆匆赶往圣天使堡，不料被西班牙军队发现，在下面冲他疯狂射击。军人、教士、商贩、贵族、侍臣、女人和孩子等一众人很快将圣天使堡团团围住，他们紧紧地挤在一起，不让大门关上。城堡吊门放下来的时候，不少人进入城堡。根据扎拉大主教佩扎罗的记载，在这性命攸关的时刻，克雷芒七世的残忍本性显露无遗，"有人向教皇报告，城堡里进来了很多人，大部分人都是手无寸铁的平民，而城堡内粮食储备不足，所以没有战斗力的平民几乎都被撵了出来"。[7]这些人生死未卜。当然，对教皇有用的人都留在了堡里。枢机主教普奇是一位老者，罗马守军和帝国军在城墙上激战正酣的时候，他冲着帝国军破口大骂。后来帝国军攻入罗马城，城中乱作一团，他被混乱的人群撞到并踩伤。城堡里的人从窗户里扔出绳索，合力把他救了上来，还用筐把另一位枢机主教阿尔梅利诺救到了城垛里。

▲ 这幅创作于 19 世纪的版画描绘了德意志雇佣军洗劫罗马的场景。

本韦努托·切利尼也成功逃到了圣天使堡里。根据他的自传记载，他一如既往地英勇无畏，他径直走向炮台，发现朱利亚诺将军正在用力撕扯着自己的脸，泣不成声。朱利亚诺不忍心下令开火，以免伤及自家房屋，他看到妻儿正遭到帝国军的突袭。所幸切利尼是个刚强果断的人：

> 我抓起一根导火索，招呼那些哭丧着脸的人来帮我把一部分重型火炮和鹰炮排列成行，他们在我的指挥下向敌人射击。就这样，一大部分敌人死在了我的炮口下。要是我没有及时向他们开炮，他们一定会像今天清晨攻陷罗马城那样攻陷圣天使堡，因为守军的大炮形同虚设……总而言之，是我在那天上午救了圣天使堡。[8]

起初帝国军只占领了博尔戈。圣天使桥连接着博尔戈，但是帝国军却不敢贸然前往，因为这座桥在圣天使堡上的大炮的射程之内。经过仓促的讨论后，帝国军诸位将领一致决定向台伯河岸区发起进攻。台伯河岸区周围有城墙保护，位于博尔戈以南800多米处。此时大雾已经散去，罗马守军已经心灰意懒，实在无力反抗。帝国军在贾尼科洛山上的圣潘克拉齐奥门附近的城墙上实现了突围，成功控制了该地区。他们还在这个地方找到了食物，于是狼吞虎咽地吃起来。

西克斯图斯桥是一座新桥，连接着台伯河岸区和罗马主城区。这座桥不在圣天使堡上的大炮的射程之内，帝国军小心翼翼地前行，结果发现这座桥根本无人防守。此时已是傍晚时分，罗马人早就逃回家了。帝国军穿过台伯河，分成两队，德意志雇佣军一队，西班牙军一队。德意志雇佣军包围鲜花广场，西班牙军包围纳沃纳广场。起初，这两支分遣队都保持着队形，随时准备迎战。不久后，他们发现无人出战，于是偷偷溜走。

对罗马城真正的考验开始了。一位目击者声称，这里已经沦为人间地狱。根据另一位目击者的叙述："帝国军任意凌辱妇女，杀害儿童……整座城市都能听见他们撕心裂肺的哀号声。"[9]第三位目击者声称："很多神父受到侮辱，街道上尸横遍野，惨不忍睹，帝国军缺乏睡眠，精疲力竭，被杀戮欲冲昏了头脑。"[10]路易吉·圭恰迪尼虽不是此次事件的亲历者，却把当时的情况记载得非常翔实。他对罗马城和罗马人没有一丝好感，所以以一种幸灾乐祸的语气来描写整个事件。街道上死人枕藉，不能埋葬。很多人躺在地上，已是气息奄奄，这些将死之人有时会看到孩子或男人从窗口一跃而下，或被迫或自愿。丧心病狂的帝国军像猛兽一样追捕他们，他们走投无路，只好跳窗自杀。[11]

至于帝国军的破坏活动持续了多久，我们不得而知。路易吉声称，帝国军诸位将领担心士兵开始自相残杀，于是三天后就将士兵控制起来，而洗劫一座城市的时间通常是三天。根据波拿巴的记载，三天后，奥兰治亲王菲利柏特（波旁死后，帝国军主帅则由奥兰治亲王菲利柏特暂代）下令停止劫掠，开始抓获俘虏，但是士兵并没有遵从，他们认为主帅波旁已死，军中再无主帅，于是更加疯狂地烧杀抢掠。鉴于波旁元帅和福隆德斯伯格将军都无力控制帝国军，波拿巴的记载似乎更有说服力。

神职人员在此次事件中也未能幸免于难。亚拉里克和托提拉都对神职人员尊敬有加，但现在这些人的遭遇却远比平民凄惨得多。科摩的枢机主教声称，帝国军士兵在教堂圣坛上处死修道士、修女和神父。德意志雇佣军要给一头骡子穿上法衣，一位神父因拒绝为这头骡子主持圣礼而惨遭杀害。加埃塔和波奇多的枢机主教已经80岁，几乎走不动路，却被逼穿上德意志雇佣军的制服，戴上德意志雇佣军帽子，游街示众。阿拉柯利的枢机主教正值壮年，一伙德意志雇佣军却把他放进一具棺材，并抬着这具棺材游街，嘴里还哼着挽歌。后来他们在一座教堂前停了下来，给他发表悼词，并在悼词中称他是怪物之父。

并不是所有人都会为神职人员的不幸遭遇而扼腕叹息。我们在前文中提到的路易吉·圭恰迪尼对罗马人没有一丝好感，他用幸灾乐祸的笔调描写了神职人员的受难群像：

　　　　有的衣服又脏又臭，破破烂烂，有的光着脚；有的被打得青一块紫一块，衬衫裂了口子，从里面透出血痕来；有的脸上长满胡须，满是油污；有的脸上被刺了字；有的被打掉了牙；有的则被割了鼻子或耳朵；还有的被割了其他部位。他们又害怕又沮丧，曾经的不可一世如今已荡然无存。[12]

　　神职人员生不如死，教会财产的情况也好不到哪里去。圣彼得大教堂的圣坛上，尸体堆积如山，这些被杀的人本来是跑进教堂避难的。教皇尤利乌斯二世的坟墓也被洗劫一空，他生前可是神圣罗马帝国的坚定

▲ 这幅版画描绘了德意志雇佣军戏弄教皇的场景，出自戈特弗里德于1619年创作的《历史纪事》。

盟友。几乎所有教堂里的银器、圣餐杯和法衣都被抢劫一空。根据路易吉·圭恰迪尼的记载,"赎罪券和圣物曾堆满枢机主教的华丽宫殿、教宗的雄伟宫殿、圣彼得和圣保罗的神圣教堂、圣座的私人礼拜堂、圣中圣礼拜堂以及其他圣所,现在却住满了德意志妓女和西班牙妓女",德意志雇佣兵"在教堂圣坛上犯下了可耻的罪行"。[13]包括圣彼得大教堂在内的大大小小的教堂被用作帝国骑兵的马厩。圣物的情况也不容乐观。圣彼得和圣约翰的头骨被帝国军扔到大街上。帝国军把施洗者圣约翰头骨上的银饰拆下来,然后把头骨扔到地上,那头骨后来被一位上了年纪的修女保存起来。几个世纪以来,维洛尼卡耶稣圣容布画一直是罗马的象征,数不清的朝圣者把这幅布画的复制品当成纪念品带回家乡。然而,这幅布画却在这次战乱中流散,不知所终。有人说被烧了,也有人说在一家小酒馆里被卖了。

经过五天五夜的屠杀和劫掠,一支新的军队出现在罗马城。这一天是5月10日,枢机主教蓬佩奥·科隆纳率领8000士兵如约而至,不久后就加入烧杀抢掠的队伍之中。克雷芒七世不久前曾摧毁蓬佩奥在罗马城南部的城堡,后者因此放火烧掉了前者在米尔维安大桥附近的葡萄园和马里奥山上的美第奇玛达玛庄园,作为报复。与帝国军相比,科隆纳和他的军队要温和得多。不久后,他就下令制止了军队。看到满目疮痍的罗马城,他心中五味杂陈。

几天后,士兵开始从打砸抢烧转为捞钱。相传西班牙士兵是始作俑者。德意志雇佣兵被描述成"为宗教信仰而战的军队",但是不久后他们就纷纷效仿西班牙士兵。然而,这种转变并没有给罗马人带来一丝好处。罗马人起先是被屠戮,侥幸活下来的就被关起来拷打。关押他们的士兵不仅逼他们上交高额赎金,还逼他们说出金银细软的埋藏地点。路易吉·圭恰迪尼用他一贯幸灾乐祸的笔调描写了罗马人的悲惨遭遇:

有的双臂被吊起,一吊就是几个小时;有的被绳子绑住,牵着游街；有的被绳子绑住一只脚，悬空吊在街上或河面上，并面临随时被割断绳子的威胁；有的被打得遍体鳞伤；有的被烧红的烙铁烫遍全身；有的被禁止喝水，渴得要命；有的被禁止睡觉；有的被拔掉后槽牙。有些酷刑实在太过骇人听闻，笔者只是想想就觉得喘不过气，更别说面面俱到地写出来了。[14]

根据波拿巴的记载，他们有的人手指或脚趾里被扎了刺，有的人则被灌了滚烫的铅水。据一些资料显示，当时腐刑似乎也被普遍使用。艺术家和人文学者也未能幸免。画家佩里诺·德尔·瓦加和朱利奥·克利维奥受尽酷刑折磨，所有财产都被掳走。吉安巴蒂斯塔·罗索的财产都被抢光，被迫成为帝国军的搬运工，为帝国军搬运赃物。帕尔米贾尼诺比他们幸运那么一点点。当帝国军破城而入时，他正在作画，画的是圣母与圣子。士兵们被他的画所折服，只让他给每人画一幅水彩肖像画作为赎金。但是很不幸，他后来又被一伙艺术品位欠佳的士兵俘虏，他们掳走了他的所有财产。

帕尔米贾尼诺的遭遇并不罕见。不少罗马人前脚刚被一伙士兵敲诈完，后脚就又被另一伙士兵敲诈。伯纳多·布拉奇本是佛罗伦萨人，被一伙骑兵押着前往德意志巴托洛梅奥银行（为了方便俘虏从银行借钱交赎金，帝国军在烧杀抢掠的时候，会刻意避开银行，尤其是德意志的银行）。就在他们即将过西克斯图斯桥的当口，被帝国军将领莫特侯爵拦下来。当莫特侯爵知道布拉奇是去银行借5000达克特交赎金时，他当众宣布："这点儿赎金算什么。倘若他不肯给我的账户上打5000达克特，我就命令你们立即把他扔到台伯河里。"[15]布拉奇就这样糊里糊涂地交了双倍赎金。

很多人被折磨得痛不欲生，差点要自杀。吉罗拉莫·达·卡梅里诺成为俘虏后，被关在一间屋子里。他缓缓地爬到窗口处，一跃而下。乔瓦尼·安萨尔迪被俘后，同意上交1000银达克特作为赎金。后来，俘虏他的士兵改主意了，要求他上交1000金达克特。他不同意，他们再次对他用刑。他趁他们不备，夺过一把匕首将其中的一位士兵杀死，然后自杀。

有的罗马人躲进了葡萄牙大使的官邸，自以为那是最安全的地方，不料那里却成为他们的葬身之地。当时的葡萄牙大使是葡萄牙国王的侄子，官邸的前身是马塞勒斯剧院，不少罗马人带着金银细软逃到这里。不幸的是，消息很快传到了帝国军的耳朵里。两位西班牙上尉立马找上门，表示愿意在官邸升起西班牙的旗帜保护他们，条件是交一大笔保护费。藏在官邸里的罗马人都愿意破财免灾，但是葡萄牙大使以悬挂他国旗帜有辱国王为由，将这两位西班牙上尉轰走了。藏身此处的罗马人知道大事不妙。没过多久，这两位西班牙上尉就带着一大队西班牙士兵和德意志雇佣兵再次找上门，这次他们还带来了大炮。葡萄牙大使将官邸的大门打开，几乎一眨眼的工夫，官邸就被捣毁了。躲在里面的罗马人全部沦为俘虏，大使本人被扒光衣服，拖着游街。帝国军最后从他家里抄出50万达克特。

城中的亲帝国派也未能幸免于难。蓬佩奥·科隆纳的一座宫殿被帝国军洗劫一空，起因是他的仆人忘记事先在宫殿外挂出科隆纳的旗帜。城中有4位枢机主教是查理五世的支持者，他们对查理五世的忠心可谓尽人皆知，所以一大批亲帝国派来到他们的宫殿里避难。为了避免遭遇跟那位葡萄牙大使相同的事件，他们干脆把西班牙军官请到家里来供着，可是最后也没捞到好处。因为时间一久，西班牙人发现栖身于此地的罗马人都是大富大贵之人，根本不缺钱，于是便向他们索要高额赎金。当然，西班牙人只把矛头对准藏在这里的罗马人，而暂时没有打枢机主教的主意。赎金到手后，西班牙人就假模假式地通知这4位枢机主教，德意志雇佣兵对他们的宫殿垂涎已久，要是想保全自己宫殿，他们就得再交一笔丰厚的赎金。

就在这当口，锡耶纳的枢机主教仗着自己跟德意志雇佣兵关系匪浅，直接向西班牙人摊牌，明确表示一个子也不会交。短短几个小时，他的宫殿就被洗劫一空。藏在这里的罗马人或被杀，或沦为俘虏。他本人先是被暴打一顿，后又被拖到博尔戈筹集5万达克特作为赎金。其余3位亲帝国派枢机主教见大事不妙，漏夜逃往蓬佩奥·科隆纳的宫殿。但是，根据科摩的枢机主教的记载，德拉瓦莱的枢机主教带着一群女眷逃到蓬佩奥·科隆纳的宫殿，女眷们刚要进门，就被逮个正着，她们呼喊着、哭叫着、乞求着。曼图亚侯爵夫人的儿子费兰特是帝国军中的一名军官，可是她也自身难保。约2000名罗马人藏在她的宫殿里，为了保全他们和自己，她向西班牙军交了5.2万达克特作为赎金。但是德意志雇佣兵仍对她不依不饶，她的儿子费兰特苦劝两次，他们才悻悻离去。曼图亚不相信他们会就这么算了，于是带着罗马人逃到了奥斯蒂亚。她前脚刚走，德意志雇佣军就把她的宫殿抢劫一空。

帝国军惨绝人寰的暴行几乎都被记在法律文书里，而非史书里，这点多少有些令人意外。根据相关公证文书的记载，帝国军侵占罗马，奸淫掳掠，恶行累累，饱受战乱折磨的罗马人又染上瘟疫，不久之后，瘟疫全面暴发。早在罗马沦陷之前，一位名叫彼得罗·保罗·阿玛迪斯的公证员就因为瘟疫痛失八子。根据另一份法律文书的记载，帕多瓦神父保罗·德·卡利加里斯去坎普验收新建造的圣塞西利亚德图瑞教堂，结果却发现许多因瘟疫而死去的人横陈在楼梯上，他根本无法上楼。

此外，根据一些公证文件的记载，战争阴影下的罗马平民活得惶恐不安，但是他们在交了赎金后，还跟往常一样同收他们钱的人签订合同，作为收据。同意跟他们的签合同的大部分是西班牙士兵，德意志雇佣兵可受不了这些繁文缛节。有的罗马人还拟定过抗议书。一对夫妇对亲帝国派枢机主教奥伊肯沃伊特和帝国军上尉奥尔多安提出指控。夫妇俩把自己的三个孩子藏在奥伊肯沃伊特的宫殿里。但是不久后，他们的孩子连同藏在这里的其他罗马人都被奥尔多安上尉当作俘虏抓走。根据帝国军军法，士兵不得抓捕14岁以下的孩童。这对夫妇已经向帝国军交了赎金，但是奥伊肯沃伊特还是把他们的三个孩子移交给了奥尔多安上尉。至于他们有没有救出孩子，我们不得而知。

教皇克雷芒七世站在圣天使堡上，俯视着这噩梦一般的人间惨剧。他知道这一切都是拜自己所赐，于是蓄起胡须，以示对罗马的哀悼，其他神职人员纷纷效仿。不久后，蓄胡须在意大利成为时尚。随着时间的推移，克雷芒七世仅剩的一点希望也破灭了。盟军不但没有在三天后赶来支援，而且压根就没来过。如前所述，盟军主帅乌尔比诺公爵一直对美第奇家族心怀不满，巴不得克雷芒七世倒大霉。他没有按计划直奔罗马城，而是绕道去了佩鲁贾。他在佩鲁贾废黜了教皇封的公爵金泰尔·巴廖内，因为巴廖内对他的邦国构成了威胁。随后乌尔比诺才领军向罗马进发，为了拖延救教皇的时间，他编造了一大堆借口，其中一个借口是他没有瑞士卫队的统治权。5月27日，圣天使堡被西班牙军团团围住，教皇克雷芒七世插翅难飞，乌尔比诺公爵终于不用费心找借口了。

▲ 这幅创作于 16 世纪的版画描绘了德意志雇佣军围困圣天使堡的场景。

一个个坏消息源源不断地传入圣天使堡。教皇国几近分崩离析：除了佩鲁贾，里米尼也落入敌手；菲拉拉公爵趁机占领摩德纳；克雷芒七世所谓的盟友威尼斯也趁机占领拉韦纳和切维亚。最坏的消息是从托斯卡纳传来的。听到罗马城沦陷的消息，佛罗伦萨人民发动起义，推翻了美第奇家族的统治，把克雷芒七世的两个私生侄子——亚历山德罗·德·美第奇和伊波利托·德·美第奇赶出了佛罗伦萨。克雷芒七世8岁的侄女凯瑟琳·德·美第奇被留在佛罗伦萨当人质。美第奇家族失去了心脏地带。

坏消息接二连三地传来，但是人们在圣天使堡里的日子还说得过去。大约有1000人藏在堡里，有士兵、枢机主教、高级教士、各国使节、商人、银行家、已婚妇女、孩童和艺伎。帝国军第一次闯进博尔戈时，不少人冲进附近的商店采购食品。根据扎拉大主教佩扎罗的记载，他们的努力总算没有白费：

> 城堡里屯的粮食和酒足够我们吃喝上一个月，我们还屯了一些腌肉和奶酪，以及四十头小公牛。不到八天时间，这些牛就全被吃掉了。后来，我们开始就着米饭吃腌肉、火腿和奶酪，还吃到了美味的面包，尝到了美酒，这些面包和酒都产自希腊。

大主教似乎很享受这里的生活：

> 我的身体状况一向很好，不会过分忧心时局，也不会感到疲劳，从来没有做过噩梦。感谢主。我每日都需朗诵祷文，夜以继日地诵读《圣经·诗篇》，一篇不落。教皇时常主持弥撒，并大赦众人，我还把一张大赦证明书（赎罪券）带到这里……城堡里挤满了人，所以这些宗教仪式看起来像模像样，而且枢机主教和高级教士也主持圣餐。[16]

要问城堡里的人，谁活得最痛快，当属本韦努托·切利尼。他坦承："在枪林弹雨里，我把我的画作、我的研究、我的音乐都抛诸脑后。我在这人间地狱里做过许多壮举，要是它们都能被公之于世，那么我定能震惊整个世界。"[17]他曾记载自己一枪射死西班牙军官的经过，军官中枪后被自己胸前挂的剑劈成了两半。教皇因此对切利尼青睐有加，单独为他祈祷，并以教会的名义赦免他过去、现在以及将来犯下的所有杀人罪。不久后，教皇就命切利尼把金三重冕和其他金银珠宝上的宝石拆下来，缝进他外衣的内衬里，这件事倒是有一定的真实性。后来，切利尼制作了一台临时炉子，用来熔化剩下的金子。在休息的空当，他发现圣天使堡下面有人骑着一头骡子，就冲此人射了一枪，"他的脸被我一枪打中。我又用枪打中了他的骡子，那骡子当场倒地死亡……我打伤的这个人是奥兰治亲王。"[18]这么说，帝国军的两位主帅都没能逃过切利尼的子弹，至少他是这么记载的。

奥兰治亲王的确被圣天使堡里射出的子弹打伤过脸部，但那只是皮外伤。幸亏他枪口逃生，梵蒂冈博物馆的主体部分才得以保存下来。为了护住梵蒂冈博物馆，他征用此馆来存放衣服。他不是唯一这么做的帝国军将领。根据相关法律文书的记载，也有个别心存良知的士兵尽己所能帮助罗马人。有两位西班牙军官给坎皮泰利的修女们送去30达克特，让她们为一个11岁的孤女置办嫁妆，还有一位西班牙军官抢了无数珍宝，后因良心不安，把赃物退还给了圣彼得大教堂的教士，只求灵魂可以得救。不过，良心发现的人似乎寥寥无几。

切利尼所说的枪林弹雨不可能永无休止。眼看就要弹尽粮绝，再加上瘟疫暴发，躲在城堡里的强硬派清楚地意识到签订协议势在必行。帝国军诸位将领也正有此意，他们想尽快结束这场战争，免得军队彻底失控。双方谈判陷入僵局。西班牙军官开出停战条件——教皇克雷芒七世离开罗马，去海边的加埃塔过囚徒生活。值得一提的是，此镇在当时是西班牙的地盘。教皇克雷芒七世圆滑地搪塞过去。不出所料，蓬佩奥·科隆纳最后出面打破了这场僵局。6月1日，克雷芒七世邀请蓬佩奥会面。两人相见不胜唏嘘，看着残破的罗马城，抱头痛哭。不到一周的时间，双方就达成协议。克雷芒七世可以免受牢狱之灾，但是他得分期向帝国军缴纳40万达克特赎金，以赎出城堡里的所有人。帝国军还要求他交出7位亲信做人质，他的亲信自然都不想蹚这趟浑水。6月7日，卫戍部队列队走出圣天使堡的大门，旗帜飘扬，藏身于城堡里的教士、艺术家、银行家、已婚妇女、孩童和艺伎也纷纷走出城堡，重见天日。克雷芒七世和几个同僚被帝国军看押着。

　　经过漫长而煎熬的一个月，此次事件似乎终于迎来了尾声。但是，克雷芒七世根本拿不出40万达克特，而帝国军拿不到钱是决计不肯离开的。帝国军自成军以来，哗变如同家常便饭，根本不受控制。双方再次陷入僵局。克雷芒七世巴不得帝国军赶紧撤军，帝国军诸位将领也不想在此久留，于是他们联名上书查理五世，要求他支付军队官兵的薪俸。而查理五世的意思是让他们自给自足，最后只拨给他们10万达克特军饷，还是以汇票的形式。

　　城中瘟疫肆虐，粮食短缺。7月10日，帝国军只留下几千士兵看押教皇，其余的士兵去洗劫附近的村镇。他们给这些村镇造成了毁灭性的破坏，以致在后来的几年该地区沦为荒原。9月，留在罗马的德意志雇佣兵建造了一座绞刑架，打算绞死那7位人质，在罗马人苦劝之下，才决定放他们一马。11月初，出城的士兵回到罗马城，再次索要赎金。但是教皇和诸位将领都没钱，于是他们再次哗变。帝国军士兵死的死、逃的逃，人数缩水近一半。天气转冷，剩下的士兵对罗马城展开新一轮蹂躏，他们把门、门框、镶板和房子里的木材全都拆下来，当柴火烧。

　　深秋时节，克雷芒七世收到一份意外的申请书。英格兰国王亨利八世（公元1509年4月22日—1547年1月28日在位）派遣大臣威廉·奈特前往罗马，申请与王后阿拉贡的凯瑟琳（英格兰王后，公元1509年6

月11日—1533年1月在位）离婚。奈特忍受着恶劣天气的煎熬，从英格兰来到罗马城，一路上受尽折磨，快到罗马时，又差点被当地的饥民杀死。亨利八世的离婚申请提交得真不是时候，因为阿拉贡的凯瑟琳是查理五世的姨母。帝国军攻陷罗马城11天后，亨利八世才开始申请离婚。要是他提早一到两年提出离婚申请，克雷芒七世一定会毫不犹豫地批准，因为当时教皇正与他联手对付查理五世。奈特费尽周折，才通过威尼斯枢机主教的管家把这封离婚申请书递进圣天使堡。关于教皇诏书的内容，奈特向克雷芒七世提出了两个方案。方案一：允许亨利八世迎娶安妮·博林（英格兰王后，公元1532年11月14日—1536年5月19日在位）为王后；方案二：亨利纳安妮·博林为姜。不得不说，折中的方案二着实令人意外。这一时期，路德宗迅速崛起，基督教世界里暗流涌动，一夫多妻制有死灰复燃之势，《圣经》里多次提及一位丈夫同时拥有多位妻子的情况。克雷芒七世是推诿扯皮的高手，他让奈特耐心等一等，理由是他需要一点时间完成撰写文书的工作。

　　不久后，奈特便可以相对自由地出入圣天使堡，觐见教皇。12月初，圣天使堡里的僵局终于被打破。帝国军诸位将领无法有效节制手下的士兵，这令他们大为头痛，于是干脆跟教皇克雷芒七世合谋，答应偷偷送他出城。双方又签订了一份新协议。克雷芒七世在6月交出的那7名人质，差点被德意志雇佣军用私刑绞死，其中的两名人质把看守灌醉，趁机逃走了。克雷芒七世表示愿意用两个侄子伊波利托和亚历山德罗来代替逃跑的两个人质。众所周知，伊波利托和亚历山德罗是美第奇家族的继承人，但是他们此刻都不在罗马，克雷芒七世便提出把他身边仅剩的3位亲信留下当人质，其中有两位是枢机主教。克雷芒七世根本就没打算把侄子交出来当人质，他只不过是说说而已。当然，这并不妨碍双方达成新协议。公元1527年12月6日，圣天使堡外的看守被撤离。凌晨时分，教皇换上管家的衣服，帝国军将领偷偷将他送出城外，帝国军士兵都蒙在鼓里。

克雷芒七世成功逃离了罗马，但是罗马城的苦难并没有因此而结束。在接下来的两个月里，剩下的帝国军士兵还跟从前一样，动辄哗变，四处抢劫，强拆城中的建筑当柴烧。公元1528年2月，奥兰治亲王和帝国军的另一位将领德尔·瓜斯图终于从那不勒斯总督手里弄来10万达克特，可是这笔钱只够发两个月的薪俸，根本打发不了帝国军的士兵。但是这一次，他们没有据理力争，因为他们需要仰仗诸位将领。盟军同一支法国军队成功会师，开始向那不勒斯推进。帝国军诸位将领一个不小心，西班牙军和德意志雇佣军就会退无可退、逃无可逃。

2月15日，意大利雇佣军和西班牙军撤出罗马。翌日清晨，德意志雇佣军撤出罗马。撤军过程出乎意料地有秩序。几个小时后，奥西尼家族的成员冲进罗马城，找亲帝国派报仇。当然，只有不识时务的亲帝国派才会继续留在城中。一些罗马人成功从帝国军手中要回财物。根据当时法律文书的记载，一个名叫贝尔纳迪诺·德尔·布法罗的人曾同几位看管圣斯皮里托医院的西班牙军官签订一份合同，合同规定只要他们把抢来的赃物全交还给他，他就将他们毫发无损地送出城。经过长达8个月的占领后，罗马终于重获自由。这期间，建筑被毁，瘟疫肆虐，无数人命丧黄泉。一位西班牙士兵声称他曾亲手将2000具尸体扔进台伯河，亲眼看见另外1000具尸体被埋。

克雷芒七世还跟从前一样小心翼翼，不敢轻举妄动，直到1529年10月才在一场大暴雨中重回罗马城。3个月后，也就是1530年1月，教皇克雷芒七世跌入生涯最低谷，他似乎失去了他珍视的一切。教皇国的一系列城市相继沦陷，罗马城沦为废墟，教皇权力受到新的挑战。英、法两国敦促枢机主教在阿维尼翁召开会议，准备选举出一位新的敌对教皇。美第奇家族失去了佛罗伦萨。最要命的是，克雷芒七世已经奄奄一息，这已经是公开的秘密。有谣言说他是被人下毒所害。然而，实际情况很可能是他染上了疟疾，或者是装作得了重感冒。四面楚歌的克雷芒七世没能守住自己的底线，任命了两个侄子亚历山德罗和伊波利托为枢机主教。

令人惊异的是，克雷芒七世没有死，他在接下来的5年里否极泰来。他放下身段，同查理五世结盟。这是明智之举，要是他早在几年前就这么做，说不定就不会受那么多苦。查理五世同美第奇家族联姻，把自己的私生女玛格利特嫁给了克雷芒七世的私生侄子亚历山德罗。结盟后的双方都收益颇多，查理五世可谓名利双收。克雷芒七世以教堂税的名义向那不勒斯王国征收的税收，查理五世也能分一杯羹。罗马城沦陷的消息传遍整个欧洲。公元1530年2月24日，克雷芒七世加冕查理五世为神圣罗马皇帝，把双方的友好合作关系进一步推向高潮。那时，神圣罗马帝国和法兰西重修旧好，查理五世成为最后的赢家，他的帝国最终夺得了意大利的控制权。

作为回报，查理五世把克雷芒七世失去的所有东西都还给了他。在查理五世的帮助下，克雷芒七世通过军事和外交手段重建教皇国，并收复被邻国吞并的各座城市。公元1529年12月，克雷芒七世亲眼看着奥兰治亲王率军向佛罗伦萨进发，他朝思暮想的一幕终于实现了。米开朗琪罗曾为佛罗伦萨设计过防御工事，堪称精巧。饶是如此，经过11个月的艰苦围城后，帝国军才攻陷佛罗伦萨。来年夏天，克雷芒七世的侄子亚历山德罗·德·美第奇（公元1510年7月22日—1537年1月6日）回到佛罗伦萨，受封为佛罗伦萨公爵，成为佛罗伦萨第一位得到公开承认的世袭公爵。美第奇家族收复了心脏地带。

亚历山德罗跟伊波利托一样，没有治国理政的才能。不久后，佛罗伦萨的统治权就落到美第奇家族的旁支手里，科西莫一世·德·美第奇成为新任佛罗伦萨公爵（公元1519年6月12日—1574年4月21日）。克雷芒七世还给侄女凯瑟琳·德·美第奇寻了个佳婿。公元1533年9月，克雷芒七世前往马赛。因为怕喝不惯马赛当地的水，他随身携带了好几桶台伯河水，跟他一起的还有正值豆蔻年华的凯瑟琳。我们曾在上文提到，她曾被佛罗伦萨的共和派抓为人质。1533年10月28日，克雷芒七世亲手把凯瑟琳嫁给法兰西国王弗朗索瓦一世的次子亨利二世，从而达到了跟法国重修旧好的目的。克雷芒七世深知君王们如何通过联姻为自己的后代铺平道路。据说，他有意亲眼见证这桩显赫的婚事。14年后，因法国王太子弗朗索瓦意外离世，凯瑟琳的丈夫亨利二世（公元1547—1559年在位）加冕为法兰西国王，凯瑟琳·德·美第奇（公元1547—1559年在位）为法兰西王后。

侄女凯瑟琳嫁入法国王室不到一年的时间，克雷芒七世就撒手人寰。他至死都蓄着胡须，以示对罗马城的哀悼。在后人看来，他任教皇期间给罗马人民带来了深重的灾难，但是他竭力进行补救，赢回了他珍视的一切。教皇国、佛罗伦萨、美第奇家族都否极泰来。毋庸置疑，罗马城已沦为废墟，路德的教义仍然在广泛传播，英王亨利八世与罗马教廷决裂，可是克雷芒七世并没有把远在天边的英格兰放在心上。

那么罗马城呢？弗朗西斯科·贡扎加在帝国军撤出罗马城不久后，曾造访罗马城，他把罗马城描述成"一座没有门窗、阁楼和屋顶的荒城"。他曾在罗马有很多故交，而现在城中到处是陌生的面孔。他向人打听他们，结果得知他们几乎都不在人世了，他们中的很多人都是感染瘟疫死的。罗马城一连闹了两年饥荒，大量乡下的饥民涌进城里，以盗窃为生。罗马城已然千疮百孔。不久后，罗马又遭遇了有史以来最大的洪水，洪水漫过头顶，几乎淹没了整个市中心区，冲毁了数百幢房屋，淹死了几千人，引发了新一轮饥荒。舆论界甚至一度认为罗马城的末日已经来临。

但是，罗马城挺过来了，罗马人对房屋和教堂进行了修缮。公元1636年春，查理五世率军向罗马城进发，引得罗马人一阵惊慌。此时，查理五世终于把目光转向他人生的第三个目标：向阿拉伯国家宣战。此外，他成功挫败北非海盗，占领突尼斯。查理五世和他的军队此时正驻扎在那不勒斯，下一个目的地是罗马。罗马人准备出逃，所幸查理五世并没有恶意。克雷芒七世死后，保罗三世（公元1534—1549年在位）继任教皇，他决定举办一场盛大的展览，希望这能给查理五世留下深刻的印象。他命人拆除了部分教堂和几百幢房子，街景焕然一新，古建筑"鹤立鸡群"。

保罗三世的苦心没有白费。一些罗马人从查理五世的帝国军中认出许多熟悉的面孔，这些人曾在9年前把他们折磨得死去活来，不能不叫他们心惊胆战。但是这一次，帝国军却不敢越雷池一步。查理五世骑马沿着萨卡拉大道而行，穿过古今交映的凯旋门。一路参观下来，查理五世赞叹不已。帝国军攻陷罗马城，无意中遏制了偷盗古建筑石材的现象。可以说，查理五世在一定程度上保护了他看到的这些古建筑。至于帝国军当年对罗马城和罗马人犯下的滔天罪行，教皇保罗三世不仅假装什么都没有发生过，还举办盛大的宴会款待查理五世。保罗三世为查理五世在台伯河岸区举办了一场极具文艺复兴特色的宴会，共有200道菜，主厨请的是大名鼎鼎的巴尔托洛梅奥·斯卡比。查理五世很受用，决定在罗马城多待一些时日。品尝过罗马的美食，参观过罗马城的古迹，查理五世是第一批来罗马城进行人文旅游的游客。

罗马城的经济渐渐复苏。资金从教皇摇摇欲坠的财政系统流入罗马城，罗马城得以重建。这里的木质建筑被帝国军拆毁了，而不合时宜的建筑被教皇保罗三世命人拆除，这些都加速了罗马城从中世纪风格向文艺复兴风格的蜕变。公元1527年罗马之劫期间，大部分艺术家和人文学者或死或逃亡。但是一部分侥幸活下来的艺术家和人文学者后来又回到了罗马城。公元1534年，克雷芒七世委托米开朗琪罗为西斯廷礼拜堂祭坛作壁画，后者创作出了《最后的审判》，此时他的画风已与从前大不相同。他从前创作的天顶画洋溢着自信和乐观的气息，而《最后的审判》却透着阴郁和不安，这幅画在一定程度上反映了罗马沦陷时的社会情绪。公元1542年，新圣彼得大教堂的建设终于走上正轨。保罗三世希望圣彼得大教堂能在公元1550年大赦年完工。在这一点上，他过于乐观了，实际上圣彼得大教堂在100多年后才完工。

罗马城重新焕发活力，但是它的发展方向却与美第奇教皇治下的那个博大包容的罗马城渐行渐远。罗马教廷和北欧新教徒之间的对抗愈演愈烈，天主教会内部掀起了教会改革运动，又称教会纯洁运动，它比11世纪的克吕尼改革更为苛刻。枢机主教季安·皮埃德罗·卡拉法是这次改革最狂热的支持者，他堪称文艺复兴时期的麦卡锡，决意肃清教会内部的异端。公元1542年，他在罗马支持建立新的宗教裁判所[1]。为了宗教裁判所早日完工发挥作用，他自掏腰包购买了新监狱的铁链和锁。13年后，也就是公元1555年，卡拉法当选为新任教皇，称保罗四世（公元1555—1559年在位）。登基后，他发起"猎巫运动"，肆意迫害疑似异端分子和出售圣职者。罗马城里人人自危，城民终日活在被检举、逮捕、审问和拷打的恐惧中。保罗四世还公布了新的《禁书目录》，其中包括1555年被他判为异端的人文主义泰斗德西德里乌斯·伊拉斯谟（公元1466年10月27日—1536年7月12日在世）的著作。

保罗四世似乎决意挑起战事，眼看上一代人的惨剧即将重演，罗马人更加提心吊胆。保罗四世是一位深爱自己的国家的教皇，他铭记1527年罗马之劫的耻辱。为了一雪前耻，他同法兰西结盟，共同对抗神圣罗马帝国，可是这个联盟像当年克雷芒七世时期的联盟一样发生了变故。公元1557年，阿尔瓦公爵率领一支西班牙军队向罗马城挺进。幸运的是，阿尔瓦公爵并不想重蹈30年前的覆辙，而保罗四世也及时意识到了自己的错误。9月14日，保罗四世罕见地做出正确的判断，签订完全投降书，阿尔瓦公爵因此放过了罗马城。但是罗马人还是在这个月倒了大霉。翌日，也就是9月15日晚，台伯河暴发1530年以来最大洪水。

罗马人举目四望，发现罗马城再次被毁，瘟疫暴发，强敌环伺，保罗四世还不断制造着恐惧和冤案，说罗马被诅咒了也不为过。两年

1　1232—1820年天主教镇压异端邪说的宗教法庭。

后，新教皇登基，在罗马开创了一个持久和平的新时代，罗马城蒸蒸日上，达到了自古典时代以来未有的高度，这是此时的罗马人不敢想的事情。

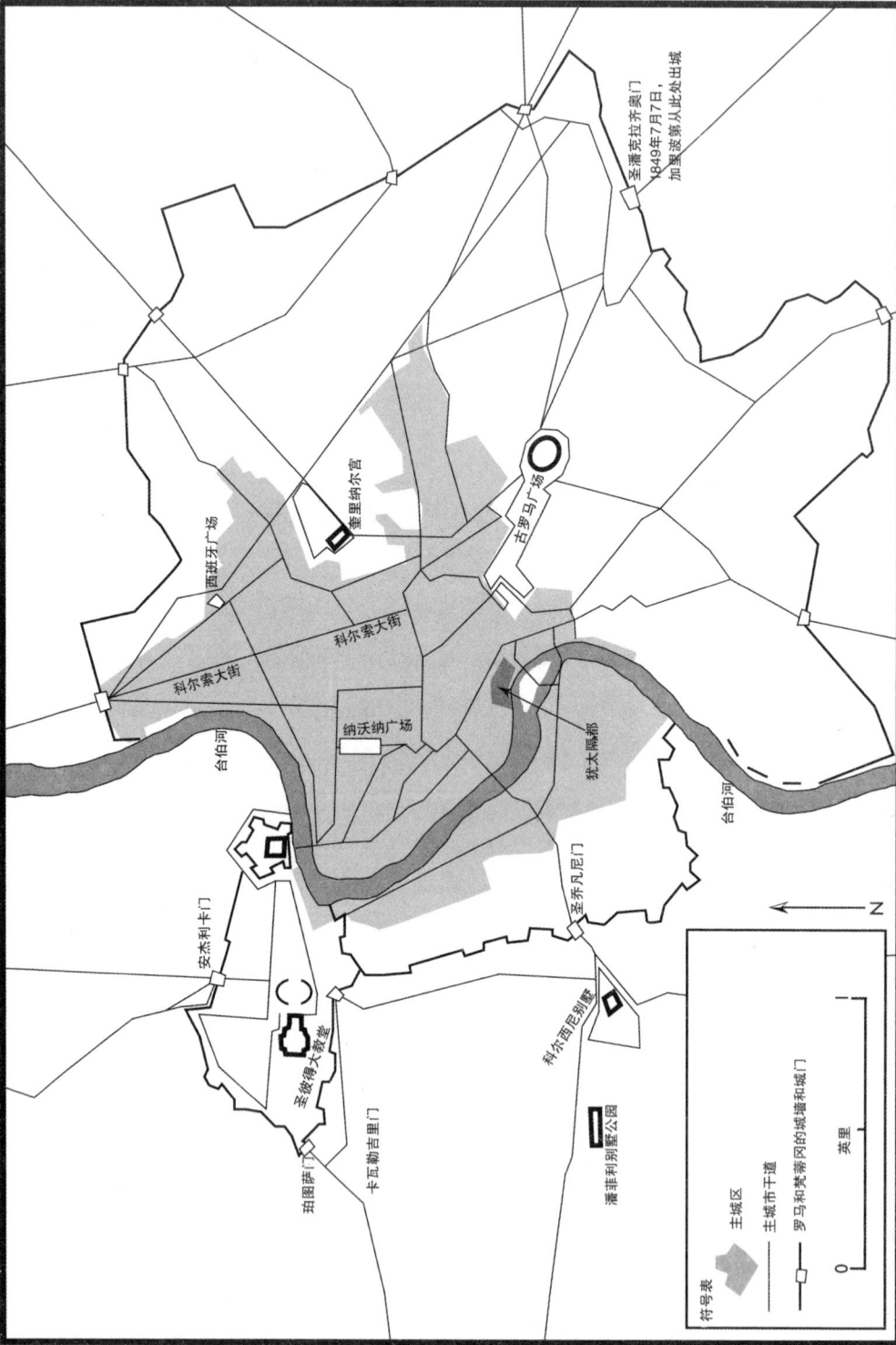

公元1849年的罗马城

符号表

主城区

主城市干道

罗马和梵蒂冈的城墙和城门

N

0　　　　英里

圣潘克拉齐奥门，1849年7月7日，加里波第从此处出城

塞里纳尔宫

西班牙广场

古罗马广场

科尔索大街

科尔索大街

纳沃纳广场

台伯河

犹太隔都

台伯河

圣乔凡尼门

安杰利卡门

圣彼得大教堂

科尔西尼别墅

珀图萨门

卡瓦勒吉里门

潘菲利别墅公园

第六章

法国人

Chapter Six   French

I

今天，位于罗马市中心的奎里纳尔宫里熙熙攘攘。意大利共和国总统卫队的作用是总统的贴身保镖，卫队士兵个个身材高大魁梧，着统一制服。总统卫队负责游客和学校团体的安检工作，并引领他们参观各个国事厅、花园、赛马训练场，观赏五彩斑斓的绘画作品、各式各样的枝形吊灯和来自世界各地的珍贵古董。运气好的话，游客们还能闻到饭菜的香味，那香味来自为外国政要准备的国宴，或者碰上总统坐在公务车里穿过宫院，由此得以一睹总统的风采。

公元1848年11月24日，法国大使哈考特公爵乘马车前往奎里纳尔宫，彼时的奎里纳尔宫还不是总统府，而是教皇的官邸。11月15日，罗马爆发大规模起义，彼时奎里纳尔宫的大门被烟熏得漆黑，窗户被打碎。哈考特公爵从马车上走下来，向国民卫队的士兵表明自己的身份，空气中弥漫着紧张的气息。要是他早几天造访奎里纳尔宫，负责核查他身份的就是瑞士卫队的士兵。国民卫队由身穿制服的罗马市民组成，他们守在奎里纳尔宫外并不是为了保护教皇，而是为了软禁他。也就是说，他们是看押教皇的狱卒。哈考特公爵是教皇的故交，士兵在核查他身份时，说不定会用怀疑的眼神看着他。

但是，他们还是放他进了奎里纳尔宫。在一大队国民卫队士兵的护送下，他沿着宽敞华丽的楼梯走向教皇庇护九世（公元1846—1878年在位）的寝殿，教皇正在房间里等待着他的到来。卫队士兵允许两人关上门说体己话，此举甚为体贴，却不明智。两人的谈话很诡异。起初，门外的人能隐约听见两人在交谈，后来就只能隐约听见哈考特公爵一个人在说。这时，教皇已经悄悄溜进隔壁房间，迅速脱下教皇法袍，换上普通神父的法袍，戴上一副深色的眼镜，和一个名叫贝内德托·菲利普帕尼的仆人离开房间，只留下哈考特一人自言自语。菲利普帕尼拿着一支小蜡烛照亮前行的路，蜡烛忽明忽暗，他和教皇快速穿过黑漆漆的宫殿走廊。几年后，约翰·弗朗西斯·马奎尔将接下来发生的事情记载了下来：

> 他们（教皇和菲利普帕尼）穿过一间内殿，蜡烛突然灭了，两人被困在黑暗中。没有蜡烛照明，两人寸步难行，菲利普帕尼决定折返法国大使哈考特公爵所在的那个房间，重新点亮蜡烛。哈考特公爵看到菲利普帕尼回来，又惊又怕，以为教皇遭遇不测，导致蜡烛被扑灭，整个逃跑计划流产。[1]

哈考特公爵的担心是多余的。菲利普帕尼重新点亮蜡烛，匆匆回到教皇身边，带他逃到宫殿另一边的椭圆形楼梯处。宫殿外的院子里，停着一辆出租马车，一位仆人认出了教皇，双膝下跪，祈求祝福，教皇再次受到惊吓。但幸运的是，当晚值夜的国民卫队士兵警觉性不高，没有发现他们。教皇爬上马车，马车咯咯嗒嗒地驶出宫外。为了不被发现，马车绕道而行，教皇随后换乘了巴伐利亚大使的马车，巴伐利亚大使也参与了此次的出逃计划，并把自己私家医生的护照给了教皇。当天午夜，教皇庇护九世穿过边境线，来到两西西里王国（公元1816年12月12日—1861年12月12日），脱逃成功。5个月后，一支集现代化和专业化于一身的法国军队向罗马进逼，准备把教皇送回罗马。这支军队有8000到1万人。

19世纪中叶，对欧洲大陆来说，是变革的时代。旧的秩序突然瓦解成碎片，欧洲人既满怀期待，又害怕至极。他们对新秩序的期待和畏惧要追溯到半个世纪前的法国大革命。在法国军队的帮助之下，法国大革命取得胜利，欧洲大地上也随之掀起了革命的浪潮。公元1796年，法国的军界新星拿破仑·波拿巴（公元1769年8月15日—1821年5月5日）将新思想带到罗马，准备打造一个精英治国的、先进又理性的世界。拿破仑把罗马人从旧贵族的统治下解救出来，在古罗马广场上种下一棵"自由树"，废黜了教皇庇护六世（公元1775—1799年在位），后者在流亡期间死去。10年后，拿破仑成为法兰西第一帝国皇帝（公元1804—1815年），他宣称罗马是法兰西帝国的第二大城市，是意大利王国（公元1805—1814年）的首都。意大利虽然沦为殖民地，但是意大利人却比1000年前更团结。

罗马被法国占领期间，大多数罗马人对法国人没有好感，还跟从前一样忠于教皇。公元1798年，台伯河岸区的穷人发动起义，遭到暴力镇压。法国在1814年退出意大利半岛，不少意大利人居然生出怀念之情。当然，他们并非怀念被异族殖民的日子，而是怀念法国给意大利带来的一些积极变化。受过良好教育的新兴意大利资产阶级受到旧贵族的反对和打击，而法国的革命者们十分痛恨这些旧贵族。整个意大利半岛还在政治上开倒车。法国大革命失败后，君主制复辟，严格的审查制度死灰复燃，异见人士遭到残酷打压。罗马教廷成为意大利半岛上最保守的政权，教皇国的监狱里挤满了政治犯。19世纪30年代至40年代，教皇格列高利十六世（公元1831—1846年在位）反对科技进步，禁止人们使用电报、煤气灯和铁路。他声称铁路会给罗马带来污秽之物，并称铁路为"地狱之路"。此外，意大利人民的民族自尊心受到挫伤。哈布斯堡王朝统治下的奥地利帝国（公元1804—1918年）接替法国，继续殖民意大利。1815年后，意大利各邦国成为哈布斯堡家族的领地，威尼斯共和国（公元697—1797年）成为奥地利帝国的一部分，米兰公国（公元1395—1797年）的领土划归奥地利帝国控制的伦巴第·威尼斯王国。意大利人驱逐外国侵略者和争取民族独立的愿望再次被点燃。我们在上一章里讲过，意大利人的民族独立意识曾在公元1525年有过短暂的萌芽。

意大利人民的反侵略斗争首先在文艺领域表现出来。他们迷上了浪漫主义小说、历史、绘画、戏剧和歌剧，这些作品都有一个共同的主题：爱国者们为了守住妻子和女儿的清白，同残暴的外国侵略者浴血奋战。后来，意大利人民的反侵略斗争由文艺领域转到暴力革命。公元1820年，意大利北部多地爆发起义。19世纪30年代初，起义卷土重来。所有的起义均以失败告终，但是到了1847年，人们能隐隐感觉到意大利的革命形势已经处于"山雨欲来风满楼"的时期。你可能想不到，正是连夜逃出教皇国的庇护九世最先激发了意大利人民的革命意识。

起初，教皇庇护九世是个不折不扣的激进派。他出身玛斯泰家族，这个贵族家族支持意大利人民的民族解放运动。以保守著称的格列高利十六世是庇护九世的前任教皇，前者甚至抱怨称玛斯泰枢机家的猫都是共济会成员（共济会起源于1717年6月24日，支持民主改革）。玛斯泰成为教皇前的职业生涯都在罗马城以外度过，对梵蒂冈错综复杂的政治局势知之甚少，所以他仍然保有一份天真，待人随和，不拘小节，对天主教十分虔诚。公元1846年6月，玛斯泰打败两位备受关注的枢机主教，作为折中候选人当选为教皇，称庇护九世。登基不久后，他就开始推行自己的政治主张，释放政治犯，允许流亡海外的政治犯回国，废除审查制度，建立民选理事会，甚至效仿法国军队，组建了一支由罗马市民组成的国民卫队。他还宣布引进电报、煤气灯和铁路，旨在推动教皇国的现代化进程。

渴求改革的罗马人欣喜若狂。庇护九世释放政治犯,人们喜极而泣,纷纷涌入奎里纳尔宫向他致谢。从那以后,每当庇护九世穿过罗马城,阳台上的人就会扔下鲜花,路边的人就会下跪致意,有人甚至把教皇马车的马牵走,凭肉身为教皇拉马车。人们举办各种纪念活动,管乐队奏响革命的赞歌,教堂挂起了意大利三色旗,整座城市都洋溢着爱国主义的激情。教皇的一系列民主化改革令罗马人激动不已,到了公元1847年,这些改革措施还点燃了整个欧洲的革命意志。公元1848年初,欧洲人民把革命的意志付诸行动,巴勒莫、那不勒斯和两西西里王国相继爆发人民起义。两西西里国王费迪南多二世(公元1830—1859年在位)是极端保守派,他被迫同意了颁布宪法。同年2月和3月,革命席卷整个欧洲大陆。各邦君主纷纷逃离自己的宫殿,被迫颁布宪法,巴黎、维也纳、柏林、德意志和意大利全境的旧政权都摇摇欲坠。经过5天的巷战,米兰人民把多达1.9万人的奥地利驻军赶出了米兰,萨丁岛·皮埃蒙特国王卡洛·阿尔贝托特(公元1831—1849年在位)对奥宣战。在罗马民众看来,教皇庇护九世成为意大利总统只是时间的问题。

教皇本人却不这么认为。他喜欢受人爱戴的感觉,但不想拿教皇国冒险,更无意当什么意大利的总统。他还极害怕惹恼哈布斯堡王朝,担心奥地利帝国与罗马教廷决裂,成为第二个英格兰。罗马人开始质疑他的革命决心。面对内忧外患,教皇压力重重。公元1848年4月29日,教皇不顾内阁成员的反对,宣布退出反奥战争。内阁宣布集体辞职,以示抗议,罗马人对教皇的反常行为震惊不已。

更大的失望接踵而来。在接下来的几个月里,意大利人因没有统一的军队和骁勇善战的将领,眼睁睁地看着独立统一的愿望化为泡影。在7月末的库斯托扎战役中,卡洛·阿尔贝托特国王的皮埃蒙特军被一小队奥地利军引开,米兰人落入奥军主力部队的虎口,真是耻辱!革命浪潮在欧洲大陆走向低谷,保守派找回了信心。费迪南多二世在那不勒斯炮轰起义军，起义军投降，他因此得到了"炸弹国王"的绰号。罗马似乎注定要走其他邦国的老路。教皇庇护九世背叛了民族统一大业，遭到万人唾弃。在这种情况下，他开始加强统治，任命保守派的佩雷里诺·罗西为首相。罗西将罗马国民卫队中的激进分子清洗出去，将两位起义军首领流放，并恢复了审查制度。同年秋天，人民普遍认为罗西会发动政变，废除教皇庇护九世不久前颁布的宪法。

罗马人不甘任人摆布的命运。同年11月15日午后不久，罗西出发前往坎榭列利亚宫，参加教皇国的立法会议。美国作家玛格丽特·富勒（公元1810—1850年）此时正好生活在罗马，将即将发生的事情记录下来。罗西的"马车渐渐驶向坎榭列利亚宫，到处都是抗议的人群，人们怒吼着、悲鸣着。他微微一笑，假装不在意。马车驶进坎榭列利亚宫的庭院，他暗暗松了一口气，做梦也没想到这里就是他的刑场。马车停了，他从马车上下来；周围挤满了人，推推搡搡，像是故意让他难堪似的；只见他突然转身，被人一击致命"。[2]

罗西被人割喉，没过多久，当场死亡。他不得人心，教皇军眼睁睁地看着他被刺身亡，无动于衷，一言不发。罗西的妻子刚刚丧夫，一大群人就跑到她的房外唱起"手刃暴君，为民除害"，教皇军也参与其中。对他的妻子来说，这是一件多么残忍的事啊。

翌日，教皇发现自己的权力彻底被架空。奎里纳尔宫前的广场上聚集着游行的人，他们要求实行社会改革、指定民主政府，以及对奥地利宣战。宫中一小撮瑞士卫队士兵冲外面开了火，持续造成人员伤亡。广场上挤满了教皇的军队，其中包括教皇骑兵团和新成立的国民卫队。他们冲宫殿的窗户射击，一位教士被射杀，教皇宣布投降，任命革命派组建新政府。国民卫队代替瑞士卫队担负起保护教皇的职责，实际上教皇已沦为阶下囚。一周后，他逃到"炸弹国王"的地盘那不勒斯。公元1849年1月6日，教皇将全体罗马人革出教门，给予绝罚处分，给出的理由是"忤逆犯上，罪行昭昭，骇人听闻"[3]，双方矛盾彻底激化。

▲ 这幅创作于当代的版画，描绘了奎里纳尔宫被围的场景。

　　教皇出逃后，教皇国沿着民主化道路继续前进。同年2月9日，教皇国举行制宪会议选举，宣布成立罗马共和国（公元1849年2月—6月）。意大利三色旗在卡比托利欧山的元老宫上方高高飘扬，马可·奥勒留皇帝骑马的塑像上戴上了三色花环，礼炮轰鸣，就连乞丐也戴上了红色的自由帽（liberty cap，一种代表自由的软帽，古罗马时代给予获得自由的奴隶，法国革命时戴此帽以示自由）。一年前，起义接连失利，罗马的革命事业给意大利共和党人和爱国志士带来了新希望，他们纷纷来到罗马。

　　那么我们不得不提朱塞佩·加里波第（1807年7月4日—1882年6月2日，意大利爱国志士及军人）和朱塞佩·马志尼（公元1805年6月22日—1872年3月10日，意大利革命家、民族解放运动领袖）这两位杰出代表，他们为意大利的统一做出了卓越的贡献，可谓居功至伟。从表面上看，两人有诸多共同点，比如两人都来自意大利半岛西北部。马志尼生于热那亚，从小熟读浪漫主义爱国小说，立志成为文学评论家；加里波第出生在尼策，也就是今天法国的尼斯，当时属于萨伏依公国（公元1416—1859年），青少年时代，他在去黑海贸易的两桅帆船上实习。19世纪30年代，两人发动的起义均以失败告终，双双被捕。加里波第曾被判处死刑，后来成功逃脱。不得不说，他的人生经历要比马志尼跌宕起伏得多。

从两人的流亡生活中，我们不难看出他们有着截然不同的性格。马志尼很快就适应了典型的革命生活——深居简出。他藏在马赛的一栋公寓里，几乎从不出门，但最后敌人还是发现了他。无奈之下，他逃到瑞士。1837年，他又辗转来到伦敦。他在伦敦过着苦行僧式的生活，渐渐习惯了这座城市里的污垢、臭虫和酒鬼。他夜以继日地工作，困了就靠喝咖啡和抽雪茄提神。最拮据的时候，他不得已拿了手表去典当，步行省下车费，只为攒钱买寄密信的邮票。他逐渐建立起一个名叫"青年意大利党"的革命组织，并在欧洲编织了一张情报网。马志尼成了意大利民族解放运动的代言人。他还广泛结交英格兰的改革派人士，发表了大量文章宣传革命思想。奥地利帝国首相梅特涅（公元1773年5月15日—1859年6月11日）是当时欧洲保守主义的巨擘，他认为马志尼是欧洲最危险的人。对马志尼来说，这何尝不是一种成功。

相较之下，加里波第的流亡生活则充斥着酣畅淋漓的痛快。他逃亡到刚刚获得独立的南美洲，很快加入里奥格兰德共和国的起义军，跟当地人民一起反对巴西帝国（公元1822—1889年）的统治。因敌众我寡，起义以失败告终。加里波第所在的战舰被炸毁，沦为敌军的俘虏，受到拷打，所幸几乎没有受伤。他跟自由自在的加乌乔牧民学会了骑马和打游击战，学着当地人戴上了毡帽，穿上了南美披风，这在日后成为他的标示性装扮。他还在南美洲找到了他的挚爱——妻子阿妮塔。阿妮塔原先的丈夫是个沉闷乏味的男人，英勇善战的加里波第很快赢得了她的芳心。阿妮塔英勇无畏，丝毫不逊色于加里波第。

▲ 1849 年 2 月 9 日，罗马人在卡比托利欧山的元老宫阳台上宣布成立罗马共和国。

　　眼看着里奥格兰德共和国一天天式微，加里波第和阿妮塔来到蒙得维的亚，此地也不太平，当地人民正在反抗阿根廷独裁者胡安·曼纽尔·德·罗萨斯的入侵。加里波第于是跟志同道合的流亡者们组建了一支意大利军团，他把一批原本为屠宰场工人定做的红色制服拿来当作军团的制服。1846 年初，意大利军团在圣安东尼奥德的萨尔托击败罗萨斯的军队。他和他的军团谢绝了乌拉圭政府的犒赏，他们的义举赢得了当地人民的尊敬。萨尔托战役是加里波第军旅生涯的转折点。得益于马志尼孜孜不倦的宣传，加里波第在欧洲变得家喻户晓。加里波第的公众形象简直就是为新闻宣传量身打造的，他一直以英勇无畏和克己爱国的形象示人，就像浪漫主义小说里走出来的主人公。几十年来，意大利人民一直都是浪漫主义小说的忠实读者。

　　听到意大利爆发自由主义革命的消息，加里波第和马志尼匆匆返回祖国。1848 年夏，两个惺惺相惜的人携手合作，但最终不欢而散。那时，意大利的民族解放事业已经举步维艰。皮埃蒙特军在库斯托扎战役中不敌奥地利军。此后，马志尼加入加里波第的志愿军，在马焦雷湖附近不断侵袭哈布斯堡王朝的军队。深居简出的马志尼不适应紧张艰苦的军旅生活，被强迫行军几天后，他就匆匆越过边境，来到瑞士。加里波第的志愿军击败了一支奥地利军，这是意大利人在1848年夏天不可多得的一场胜利。但是没过多久，他就步马志尼的后尘，被迫来到瑞士。在瑞士，两人在战略问题上发生了激烈的争执。

教皇庇护九世连夜逃跑，罗马共和国在礼炮声中宣告诞生，马志尼和加里波第携手南下，分别在新政权中担任要职。公元1849年3月，马志尼因组织革命党而名声大振，成为罗马共和国的实际掌权人，三人执政团（卡洛·阿尔梅里尼、马蒂亚·蒙特切奇和奥雷里奥·萨雷塞梯）唯马志尼马首是瞻。加里波第负责率领志愿军团保卫罗马共和国。马志尼和加里波第都深知罗马共和国难以长久。公元1849年4月初，除了罗马、威尼斯和匈牙利，其他地方纷纷失守，欧洲革命陷入低潮。奥地利、西班牙、那不勒斯和法兰西宣布联手，制订瓦解罗马共和国的计划，旨在把教皇安全护送回国，并重新扶上圣座。奥地利逐步蚕食教皇国北部，"炸弹国王"费迪南多二世虎视眈眈。

罗马共和国难掩颓势，但是加里波第和马志尼都认为罗马共和国的建立为民族解放事业注入了新的活力，为世人树立了榜样，因此有着重大的意义。至于为世人树立了什么样的榜样，双方各执一词，争执不下。加里波第希望树立英勇无畏的形象，向世人证明意大利人准备一雪前一年的耻辱，为祖国的统一浴血奋战。作为意大利民族解放运动的代言人，马志尼则希望罗马人能以谦逊的姿态投入民族解放运动，从而拉拢外国支持者。为达到这一目的，他立即下令禁止袭击教士和富人，禁止侵吞教会财产。尽管马志尼并非传统天主教徒，他的信仰有种神秘主义倾向，但是他小心翼翼地向外界传递了一个信息：他并不想同天主教交恶，他的矛头只对准教皇。1849年复活节期间，教皇不在城中，于是马志尼选了一位革命派教士在圣彼得大教堂的阳台上为众人祈福，而马志尼就站在他的身旁。

马志尼还试图通过清贫的生活方式赢得民心。他还跟从前一样住单间，没有守卫，与平民保持零距离，饿了就到附近的餐馆简单对付一下。不过，他的所作所为并未在欧洲各强国中引起很大的反响，倒是在外国作家圈里有着诸多拥趸，美国作家玛格丽特·富勒就是其中之一。此外，他还得到了罗马人的爱戴，葡萄酒商安吉洛·布鲁内蒂成为他的支持者。众所周知，布鲁内蒂是当地的风云人物，人称西塞罗奇奥，他的儿子路易吉曾刺杀过首相罗西。在西塞罗奇奥的鼎力支持下，马志尼终于打消了罗马人对他的疑虑。风雨飘摇的新政权终于有了一些群众基础。

马志尼把加里波第看作累赘。加里波第很有人望，但是他有时让人捉摸不透，政治观点也颇为激进。他对神父深恶痛绝，甚至干脆宣布自己是无神论者。然而，在那个时代，绝大多数欧洲人都无法接受无神论。他对婚姻的态度也极易引起人们的诟病。他勾引有夫之妇阿妮塔是众人皆知的事，两人未婚就生下孩子。因此，马志尼拒绝任命加里波第为共和国最高统帅，而把橄榄枝抛向了有些呆板却正派的罗马人彼得罗·罗塞利。加里波第被发配到一个名叫列蒂的山边小镇，负责在当地训练他的志愿军团，守卫共和国的东部边境，时刻提防那不勒斯人的入侵。加里波第知道自己得不到重用的原因，加上又犯了严重的风湿病，整日郁郁寡欢。他一会儿暴怒，一会儿又低声嘟囔说他的志愿军里外不是人。

然而，敌人并没有从东部攻来。4月25日，乌迪诺（公元1791年11月3日—1863年6月7日？）中将率领一支装备精良的法国军队在奇维塔韦基亚登陆，那里距离罗马城以西只有64千米。虽然这个消息令人沮丧，但是马志尼仍然保持积极的态度，他相信凭借自己的三寸不烂之舌就可以让罗马化险为夷。在对罗马共和国宣战的四大敌国中，法兰西第二共和国（公元1848年11月4日—1852年12月2日）是最容易被拉拢的。总统路易·拿破仑（公元1808年4月20日—1873年1月9日）是革命派人士，他跟马志尼一样曾多次发动起义，密谋政变，也尝过阶下囚的滋味。青年时代，他支持过意大利的民族解放运动，马志尼在伦敦跟他打过照面，两人当时都是流放犯。此外，路易·拿破仑似乎也并不喜欢穷兵黩武。霍顿斯·考纽是一位与路易·拿破仑关系匪浅的女性，但不是他的情妇，实属罕见。考纽剖析过路易·拿破仑的性格，令人印象深刻。在她眼里，路易·拿破仑为人谦和忠厚，但是疏懒成性。她写道："他是个很没有耐心的人，一天到晚都在不耐烦中度过。"[4]

马志尼还希望能赢得法国舆论界的支持。一年之前，法兰西是革命的灯塔，尽管此后这个国家逐渐右倾化，不过好在此时它还是共和国政体，新的议会选举即将举行。马志尼命人印制了许多海报，海报上用法文写着《法兰西第二共和国宪法》（公元1848年11月4日由法国制宪会议通过）的第五条："法兰西共和国绝不武力干涉其他民族的解放事业。"从奇维塔韦基亚到罗马的路边墙上贴满了写有这句话的海报。

可是马志尼的希望十分不合时宜。不只革命氛围浓郁的巴黎，整个法国都对教皇心怀敬意。教皇在流放地加埃塔宣称罗马是"一座奸佞之城，外国人、叛教者、异教徒以及革命党头目遍地"（教皇口中的外国人指的是马志尼、加里波第和两位的拥趸）。乌迪诺将军麾下的将领都不是共和派，大部分士兵都是农民出身，来自保守的法国农村。他们对马志尼的海报视而不见，径直杀向了罗马。

II

法国人面前的罗马城是一座怎样的城市呢？相较于公元1527年，这座城市有一个明显的变化：乌迪诺将军和麾下的将士正在朝一道长垣前进。公元16世纪初，罗马人还没建造这道长垣。西班牙人和路德宗信徒把罗马城洗劫一空后，罗马人用了几十年的时间修筑成这道长垣，用来保护易受攻击的城区西侧。所谓亡羊补牢，犹未晚也。此垣起自圣天使堡，环绕梵蒂冈和不堪一击的雷欧利内城墙，行经贾尼科洛山之巅，环绕台伯河岸区，最后延伸至台伯河。以19世纪的建筑标准，这道长垣已然不合时宜。这道由厚厚的土层筑成的长垣上建有多个火炮堡垒，因此要比河对岸的奥勒良城墙高级不少。奥勒良城墙自亚拉里克时代以来几乎没有变过。法军的脚步渐渐逼近这道长垣，等待着他们的是一场恶战。

　　这一次，城墙之内的罗马既没有膨胀，也没有缩水，更没有迁移。居住区有所扩大，非居住区相应缩小。绿化面积至少占城市总面积的50％。城市的面积与16世纪初相比没有太大变化，但是城市的外观发生了翻天覆地的变化。从16世纪初穿越而来的游客一定会被眼前的情景所震撼。罗马城的发展可谓突飞猛进。

　　此时的罗马是名副其实的泉城，到处都能听到泉水的叮咚声。水从街头的数百个水龙头和几十个大型喷泉里喷涌而出，其中四河喷泉和特莱维喷泉（又名许愿池）巧夺天工，堪称艺术瑰宝。公元19世纪40年代，罗马民众都能喝上干净的淡水。富丽堂皇的建筑遍布整座城市。罗马城诸多宫殿楼台中，最宏伟壮观的当属奎里纳尔宫。奎里纳尔宫坐落在奎里纳尔山上，可以俯瞰全城。博尔戈常年疟疾肆虐，教皇不得不迁出此地，来到地势高峻的奎里纳尔山上，奎里纳尔宫在过去的250年里一直是教皇的官邸。奎里纳尔宫建筑规模宏大，精致的花园错落地分布于此。即使梵蒂冈宫珠玉在前，奎里纳尔宫却并不相形见绌。此外，内外装饰华丽的教堂鳞次栉比，充满巴洛克神韵，天顶要么饰以金箔，要么饰以宗教画，画中的圣徒正在天堂上看着人间。中世纪的教堂被翻新得富丽堂皇，古旧的石柱被五彩斑斓的大理石包裹起来。城中还散落着形形色色的广场，有的精致小巧，有的舒适宜人，有的华丽庄严。圣彼得广场便是其中的典范，两侧由两组半圆形大理石柱廊环抱，更添恢宏气势。

从16世纪初穿越而来的游客只需登上罗马城的任意一座山，回望这座城市的天际线，便会惊讶地发现曾经的尖顶建筑几乎全部变成了圆顶建筑。到公元19世纪40年代，城中有大大小小70多座圆顶建筑，其中规模最大的当属圣彼得大教堂。公元1527年，圣彼得大教堂只是一栋尚未竣工的建筑，直到公元1626年才正式宣告落成，比原定计划晚了一个世纪。到公元19世纪40年代，罗马城中不乏秀美的街景，笔直的街道尽头耸立着古埃及方尖碑（这些方尖碑并不全都是真品）。这些气派的美景都经过精心地雕琢，其中最为上乘的，当属人民广场。广场上南端有两座对称的教堂（这两座教堂并不完全对称，建造者巧妙地运用了视错觉，才得以瞒天过海），是科尔索大街的起点，这条1000米长的大街一直通向卡比托利欧山。

饱览过罗马城秀美壮丽的景色之后，这位穿越而来的游客说不定会把这一切归功于风生水起的天主教会。但实际情况恰恰相反，正是天主教会的积弊催生了今天的罗马。公元16世纪50年代，特利腾大公会议把天主教引向恪守传统和苛刻死板的道路。教皇庇护四世（公元1559—1565年在位）和庇护五世（公元1566—1572年在位）试图复兴天主教和罗马城，从而应对早已风起云涌的新教宗教改革运动。一再被推迟的下水道疏浚工作终于提上日程，建于古典时代的维尔吉内高架渠也得到了修缮。在过去的数个世纪里，它的运水效率低得可怜。公元1570年，维尔吉内高架渠里的水终于由涓涓细流变成滚滚洪流，这些水主要用来供应战神广场上的喷泉。罗马人随后又建造了多座喷泉，于是菲利斯高架渠于公元1587年重新投入使用。台伯河对岸的达马斯安那高架渠得到修缮。不久后，也就是公元1612年，帕奥拉高架渠重新投入使用，为台伯河岸区和博尔戈运来了大量淡水。罗马人不必再饮用台伯河的水，但是一部分罗马人似乎对台伯河的水念念不忘，继续从台伯河里打水喝。

地表的建筑也实现了升级改造。米开朗琪罗负责卡比托利欧山上建筑群的重建工作，耸立在不规则四边形广场的元老宫、保守宫和新宫都是他的手笔。公元17世纪，两位建筑巨匠加速了这一进程：弗朗切斯科·博罗米尼（公元1599—1667年）和乔凡尼·洛伦佐·贝尼尼（公元1598年12月7日—1680年11月28日）。圣依华堂的螺旋形尖顶和四喷泉圣卡罗教堂的穹顶是博罗米尼的作品。他的对手贝尼尼还是一位多产的艺术家，人鱼海神喷泉、纳沃纳广场上的四河喷泉和圣彼得大教堂穹顶之下的青铜华盖都是贝尼尼的作品。

罗马的实质性改观与天主教会栽的一个大跟头有着脱不开的干系。这位穿越而来的游客一定想不到，城中很多新景观都是由教皇亚历山大七世（公元1655年4月7日—1667年5月22日在位）兴建的。在当选为教皇之前，亚历山大七世是枢机主教法比奥·基吉。他曾作为谈判代表参加在明斯特举行的和平谈判，成功结束了30年战争（公元1618—1648年欧洲爆发的大规模国际战争）。最终签订的《威斯特伐利亚和约》首次承认新教的合法地位。新教宗教改革运动曾令天主教失去大部分教区居民，是天主教最大的"拦路虎"，如今已取得了合法地位。面对这样的结果，基吉痛心疾首，立志重振天主教会声威。在他登基之初，瑞典女王克里斯蒂娜（公元1626年12月18日—1689年4月19日在世，公元1632年11月6日—1654年6月6日在位）宣布放弃王位，改信天主教，并来到罗马。为了吸引更多贵族显要改信天主教，亚历山大七世试图恢复罗马城往日的荣光，从而使它成为展示天主教的窗口。

在教皇亚历山大七世的治下，城中著名的历史遗迹都焕然一新。万神殿里的几根柱子曾在中世纪的暴乱中被毁，如今被重新修复。为了凸显万神殿的气派，圆形广场被重新规划设计。他修整了街道和广场，迫使房主修建统一的房屋立面；修复了旧教堂，兴建了新教堂；创造了新的街景，重构了已有的街景，比如人民广场上的双子教堂衬托着科尔索大街；重建了包括罗马学院广场、威尼斯广场和位于台伯河岸区的玛利亚广场在内的诸多广场。罗马几个受欢迎的景点的落成都离不开他的功劳，例如弥涅尔瓦广场上的雕塑《象和方尖碑》。这尊雕塑就是他委托贝尼尼雕刻的。此外，他还委托贝尼尼操刀设计了圣彼得广场上的半圆形大理石柱廊。

就连非居住区也实现了升级改造。公元1527年，这里是一片乡野，极目远眺，尽是莽莽的牧场和葱郁的葡萄园，间或有几处教堂和农舍。到公元19世纪40年代，这里已经成为富人的天下，所到之处皆是他们的乡村度假别墅，周边环绕着景观绿地。博尔盖塞别墅公园便是其中的佼佼者，公园内有一个湖泊。多里亚·潘菲利别墅公园位于罗马古城墙之外，距离梵蒂冈外新建的防御工事不远，乌迪诺将军就是从此处进罗马城的。这座公园内有两个湖泊，每个湖泊上都挂着一帘小小的瀑布。

教皇亚历山大七世若泉下有知，将来发生的事情一定会令他大失所望。改造升级后的罗马城并没有吸引更多贵族显要改信天主教，欧洲北部依旧顽固地信仰新教。然而，面貌一新的罗马城意外地成了天主教徒和新教徒心中的旅游胜地，真是无心插柳柳成荫。这就不得不提罗马的另一个重大变化。在公元19世纪40年代，城中挤满了一类新游客，这批人与朝圣者（当然，城中也不乏朝圣者）不同，他们是实实在在的游客。"大旅行"时代已然到来。

这股热潮已经流行过一段时间。我们在上一章中曾提到，神圣罗马皇帝查理五世可谓首批来罗马人文旅游的游客，后来，更多此类的游客接踵而至。在欧洲北部的富人群体中，"大旅行"越来越受到青睐。在他们看来，"大旅行"可以为自己的学业画上圆满的句号。当然，这期间也出现过一些小插曲，比如教皇庇护五世绝罚伊丽莎白一世（英格兰及爱尔兰女王，公元1558年11月17日—1603年3月24日在位）和法国革命军入侵意大利。拿破仑撤出罗马后，热衷于"大旅行"的游客蜂拥至南方，拜伦勋爵（公元1788—1824年，英国19世纪初期伟大的浪漫主义诗人）大为光火。他抱怨说，欧洲大陆"都被英格兰人玷污了，他们可真是一帮冒着傻气的呆子。打着哈欠，四处招摇，心比天高，奈何命比纸薄。这帮呆子赶快卷铺盖回家吧,好把法国和意大利还给脑袋灵光的人"。[5]

他们是不会轻易卷铺盖回家的。公元1846年,罗马的游客人数多达30万,是罗马人口的两倍。朝圣者通常只会在罗马待一到两个星期,"大旅行"游客则通常从当年10月待到来年春天,这段时间城中恰好没有疟疾。"大旅行"游客可谓罗马街头最惹眼的异域元素。他们有的是为感受当地的文化风情,有的是为沐浴南欧的艳阳,有的则是为了省钱。什鲁斯伯里伯爵曾夸口说,在罗马避暑每年可以省下2000英镑。他肯定没有考虑到夏季是疟疾的高发时节。罗马成了这些游客的第二个家,除了游山玩水、访客交友、作画写文,他们还不忘让画家为自己画一幅肖像画,这些画家基本都来自欧洲北部,跟他们是老乡。

罗马对作家似乎有着别样的吸引力。查尔斯·狄更斯(公元1812年2月7日—1870年6月9日)、乔治·戈登·拜伦、约翰·拉斯金(公元1819—1900年)、爱德华·利尔(公元1812—1888年)、华盛顿·欧文(公元1783年4月3日—1859年11月28日)、詹姆斯·费尼莫尔·库柏(公元1789—1851年9月14日)、拉尔夫·沃尔多·爱默生(公元1803年5月25日—1882年4月27日)、纳撒尼尔·霍桑(公元1804—1864年)都曾在这里生活。伊丽莎白·盖斯凯尔(公元1810年9月29日—1865年11月12日)曾声称,在罗马的时光是"我们人生的巅峰。女孩子们的人生会有更多幸福的可能,而我的人生就这样了"。[6]威廉·韦特莫尔·斯托里(公元1819—1895年)是美国著名雕刻家、艺术评论家和诗人,一生绝大部分时间是在罗马度过的。英国诗人约翰·济慈(公元1795年10月31日—1821年2月23日)只在罗马待过几个月,却因为病逝于此而成了名义上的罗马人。他不是个例。在公元1849年,塞斯提伍斯金字塔正下方的非天主教教徒公墓里埋着众多外国名人的尸骨,这些人要么死于疾病,例如伤寒、肺结核和疟疾,要么死于骑马事故。

所幸"大旅行"的游客们性命无虞,他们在游乐之余还会做一些严肃的事。除了古典时代的文物古迹、宫宇楼台和教堂不可辜负，绘画也不能错过，尤其不能错过比阿特丽丝·森西（公元1577—1599年）的雕像。比阿特丽丝的父亲无恶不作，甚至虐待欺辱她，她忍无可忍，联合兄弟将其杀死，她本人也因弑父而被斩首，观者无不为她的悲惨命运感到惋惜。介绍罗马的旅行指南图书多如牛毛，约翰·莫里所著的《罗马指南》于公元1843年首次出版，一经面市，便受到广大英语读者的追捧，以至于威廉·韦特莫尔·斯托里曾这样评价道："英格兰人人手一本莫里的《罗马指南》和拜伦的诗集，一边按图索骥，一边触景感怀。"[7]

莫里详细记述了名胜古迹，食住游览，以及如何避免被敲竹杠。他的大部分建议是围绕西班牙广场展开的。西班牙广场是一处相对较新的街区，广场上的西班牙台阶和特莱维喷泉建于18世纪，房屋之间的距离也比其他街区大一些，街道笔直宽阔，容得下马车通过。到了公元19世纪40年代，西班牙广场已成为外国人，尤其是英格兰人的聚居区，以至于罗马人把此地称为"英格兰人聚居区"。为顾及教皇的情绪，英国圣公会教堂只能建在城外。除此之外，英格兰游客需要的所有服务都能在西班牙广场上找到，而为他们提供服务的人通常也是英格兰人。广场上有专门面向英格兰人的马房、阅读室、流动图书馆和俱乐部。莫里对英国商人十分推崇，"他们诚信守时、童叟无欺，比当地人更值得信赖"，他们不会"为了争取回头客，就私下贿赂客人的仆从"。[8]男装裁缝、酒贩、面包师、帽匠、鞋匠、鞍匠、女装裁缝、理发师、书贩和菜贩等商贩群体中，都有英格兰人的身影。西班牙广场的台阶上，时常有英格兰人和侨居罗马的其他外国人漫步于此。多里亚·潘菲利别墅公园里，英格兰人成群结队地在花园里打着板球。为了去城外狩猎，英格兰人甚至集资豢养了一群猎狗。

旅游业的繁荣催生出一大批纪念品商店。威廉·韦特莫尔·斯托里对这些商店并无好感，他抱怨说，"图画被反复临摹，雕像被反复仿造，它们背后的故事被反复讲解，没有丝毫新意，全都千篇一律"，从

《垂死的角斗士》到《比阿特丽丝·森西》都难逃这样的命运，"比阿特丽丝·森西的白色头巾和发红的眼睛不会轻易放过任何一位游客"。[9]繁荣的旅游业还吸引来大量游客，尤其在圣周（复活节前的一周）期间，旅店爆满，马车的出租费翻了两至三倍。狄更斯曾亲眼见过教皇在西斯廷礼拜堂和保禄小堂内主持圣餐礼。他发现，在观看这一沉闷的天主教仪式的人群中，有四分之三的人是来自英格兰的新教徒。

我们都欠"大旅行"游客一句感谢。他们写的游记把罗马栩栩如生地呈现在我们眼前，详细程度远超之前任何一个时代。无论是在公元19世纪40年代，还是在今天，一千个人眼中有一千个罗马。不少人弃之如敝屣。纳撒尼尔·霍桑对罗马的种种抱怨不止，"馊掉的面包……高昂的物价、贫穷的生活、乞丐、扒手、古代神庙基座上的污物"以及"衣衫褴褛的人嘴里叼着的劣质雪茄"。[10]青年时代的约翰·拉斯金时而弃之如敝屣，时而珍之如美玉。他对古时候的罗马嗤之以鼻，认为这一时期的罗马"……是个乌烟瘴气的鬼地方，真是不招人喜欢"，但是他对罗马的风物情有独钟并宣称，"只要做个有心人，就会发现街道的每个角落都绽放着绝对的美感。"随后，他再次指摘罗马，称罗马是"人间最阴森的地方。住在这里的人个个儿都像吸血鬼，地面透着寒气，教堂里堆满累累白骨，空气中弥漫着令人窒息的味道，水污浊不堪，太阳异常毒辣，房屋的灰泥显示着凶兆，仿佛《圣经·利未记》中记载的所有灾病都在房屋中发散"。[11]威廉·韦特莫尔·斯托里珍之如美玉。即使罗马臭气熏天，也丝毫不影响他对这座城市的热爱之情，"罗马称不上纤尘不染，但毕竟是罗马。对于长期生活在这座城市的人来说，这里的每一粒尘埃都有其独特的魅力，那些以整洁著称的城市只能望尘莫及"。[12]

流逝的时间和昔日的荣光交相掩映，"大旅行"游客对这种时空交错感分外着迷。大部分堪称伟绩的古代建筑已化为乌有，他们似乎很难再感受到罗马昔日的荣光。那位从公元1527年穿越而来的游客看到城中的古迹大批量消失，定会痛心疾首。古建筑上的石头被挪作他用，古建筑

227

上的大理石则被加工成灰泥。新圣彼得大教堂是造成这些古迹消失的罪魁祸首，罗马斗兽场坍塌的石料构成了新圣彼得大教堂的主体，没有坍塌的那部分显得更加鹤立鸡群。拿破仑一世时期，拿破仑将罗马定为法兰西帝国的第二首都（未能如愿），统治着罗马的帝国官员为定都事宜做足了准备工作，派人清理了古罗马广场上积攒了几个世纪的污物，拆除了万神殿周边的建筑和摊位。

城中的古迹是比以往少了些，城外却比以往多了更多可能性。伊特鲁里亚城邦和墓地成为热衷于猎奇探险的"大旅行"游客的新目标。在过去的一个世纪里，伊特鲁里亚城邦和墓地令欧洲北部的人如痴如醉，以至于英格兰的贵族纷纷在自家的乡村度假别墅里建造具有伊特鲁里亚风格的房间，乔赛亚·韦奇伍德（公元 1730 年 7 月 12 日—1795 年 1 月 3 日）推出的伊特鲁里亚风格的陶制品（实际上大部分陶制品都是希腊风格的）受到人们的广泛推崇。公元 1769 年，韦奇伍德干脆将新工厂命名为伊特鲁里亚。在这股风潮的引领下，一项令人瞩目的发现浮出水面。公元 1839 年，伊丽莎白·格雷来到罗马北部一座废弃的古城，她发现这座古城的城墙正在被逐渐蚕食，"当地农民为了建羊圈、玉米地围墙和圆锥形棚屋，随意从古城里搬石头，甚至不惜毁掉城墙和建筑的遗迹以及挖出古时候的交通要道……"[13] 这座正在消失的古城正是罗马古代的宿敌维爱。作为罗马的第一个手下败将，维爱重新成为人们关注的焦点。

"大旅行"游客对罗马的文化景点赞不绝口，却对罗马的生活抱怨连连。相较于公元 1527 年的罗马，公元 19 世纪的罗马发生了天翻地覆的变化。但是相较于同时代的其他欧洲城市，罗马就显得有些因循守旧了。这种因循守旧的做派甚至会弄得人一头雾水。过时的官僚体制和邮政总局令游客大为不快。游客取信件都要去邮政总局，但邮政总局总是毫无缘由地停业，让人摸不着头脑。天主教节日多如牛毛，咖啡馆和餐馆在节日期间只供应清淡的食物。咖啡馆和餐馆有时会对新教徒网开一面，但是他们仍然牢骚满腹。罗马的时钟也让他们云里雾里，表盘上只有数字1到6和一根时针，没有分针，时针一天转四圈。罗马的计时系统更让他们像丈二和尚摸不着头脑，《圣母颂》在日落后半小时响起，这标志着一天的开始。当然，确切时间由官方决定，教廷每隔几周就会在教会历书《罗马日历》上公布时间调整通知。

"大旅行"游客中的新教徒还时常抱怨天主教的一些奇怪习俗。在他们看来，这些习俗都带有迷信色彩。在查理五世的德意志雇佣军的铁蹄下，不少习俗已失传，但是也有不少习俗顽强地流传下来。朗基奴斯枪的残片、圣安德鲁的头骨和维洛尼卡耶稣圣容布画平时都珍藏在圣彼得大教堂的库房里，只有在特殊的节日里才会拿出来供游人观瞻。值得一提的是，朗基奴斯枪是一支曾经刺穿耶稣侧腹的枪。至于那幅维洛尼卡耶稣圣容布画，在1527年的战乱中流散，有人说被烧了，也有人说在一家小酒馆里被卖了。后来，褵褓耶稣像横空出世，令其余三者黯然失色。这是一尊木质雕像，雕像身披绸缎，饰以金线饰带和珍稀珠宝，收藏于天坛圣母堂。相传，这尊雕像可以治愈疾病，医生看诊时，人们会把它放在病人的身旁。好在这些医生真有治病救人的本领，病人们真该感到庆幸。每当雕像"坐在"马车里穿过大街，街上的男人都要单膝跪地，并在胸前画十字，女人则要用头巾盖住自己的头。狄更斯曾这样描述这尊雕像："（它）就是个小木偶，长得活像拇指将军汤姆，就是那个美国侏儒。"[14]

罗马的住宿问题是最令"大旅行"游客头疼的一件事。初来乍到的他们通常先在旅馆里住上一两天，随后再搬到宽敞又便宜的公寓楼里。可是，像罗马人一样生活并不是一件值得夸耀的事。乔治·黑德爵士将脏兮兮的楼梯、错位的门、劣质的锁和透风的窗户一一记载下来，并指出很多房子"都有这样或者那样的问题，在罗马以外的地方，没人会住这种房子"。[15]这些房子有专门为抵挡夏日的酷暑而设计的系统，但是对秋冬时节住在罗马的"大旅行"游客来说，这种系统没有任何助益。纳撒尼尔·霍桑坐在冒着烟的火炉边取暖，炉火总是不旺，衣服加了一层又一层，他这辈子第一次穿这么多衣服过冬。此外，无论多好的出租屋，里面都有跳蚤。

罗马的噪声问题也着实令"大旅行"游客头疼。公寓楼的天花板根本没有隔音功能，再加上公寓楼有多个入口，就像是迷宫一般。这样一来，"楼下的租户只能瞪着眼睛听着楼上的租户蹦蹦跳跳，直到这位租户在几个周或几个月后搬走才消停"，因为楼下的租户根本找不到楼上租户的门，所以无法当面要求他消停点儿。"铜质容器通过圆环吊在一根铁丝上，铁丝是斜的，地面上的人把水装进铜质容器，通过铁丝拉进楼上的窗户，楼上的人再顺着铁丝把铜质容器滑到地面上，取水过程中产生的噪声非常大"，这种向楼上运水的装置在罗马比比皆是，令"大旅行"游客不胜其烦。这种铜质容器精致小巧，所以住户往往需要多次取水。每个广场上都有六七根这样的铁丝，"取水过程中产生的噪声不绝于耳，水溅得到处都是，叫人不知如何是好"。[16]

罗马的空气问题也时刻困扰着"大旅行"游客。有一种匾额在城中俯拾皆是，匾额上都写着禁止乱倒垃圾，否则绝不姑息的标语。然而，罗马人对此视而不见，把垃圾扔得到处都是。垃圾腐烂后，散发出难闻的味道。罗马的空气难闻是所有"大旅行"游客的共识。至于哪座城市的空气最难闻，他们则各抒己见。奥古斯特·冯·科策布的答案是那不勒斯，詹姆斯·约翰逊的答案是里斯本，而约翰·拉斯金的答案则是爱丁堡。摩根夫人宣称罗马的一切都无关完美。在她看来，通往圣彼得大教堂的街是罗马最肮脏的地方。她傲慢地断言："欧洲最肮脏的城市是罗马，罗马最肮脏的街道是通往圣彼得大教堂的街道。"[17]霍桑还不忘好心地提醒去古罗马广场的人"注意脚下的路，以免踩到脏东西"。[18]

肮脏不是罗马街道唯一的缺点。大部分街道都没有铺设石砖，所以一些街道的路面上有不少椭圆形的大洞口，下面就是排水沟。一个不小心，随身携带的金银细软就会顺着洞口掉到排水沟里去。丢失财物的人不必惊慌，乔治·黑德爵士曾详述补救之法："一些精瘦的小骨架男孩苦练钻洞术，能自如地进出这些洞口，找他们帮忙打捞失物易如反掌。"[19]酷暑时节，下水道成为猫群的避难所，小家伙们时常凑到洞口处探头探脑。

最要命的是，到了晚上，街上一片漆黑，行人的人身和财产安全堪忧。这一切，都是拜教皇格列高利十六世所赐，他本人对煤气灯深恶痛绝，街道上连一盏煤气灯都没有。劫匪的惯用伎俩是佯装没带火柴，请求路人帮忙点雪茄，趁着路人热情地帮他点雪茄的空当，用匕首抵住对方的胸膛。奥多·拉塞尔（公元1870年5月3日—1951年12月23日，英国外交官）是英国派往梵蒂冈的非正式代表（教皇不可能接受新教国家的正式代表），他的罗马仆人曾给他忠告："万一我被劫匪劫持，我不但不会挣扎，还会把身上的财物全都给他，因为他向我保证明天就能把我的钱从警察那里要回来。劫匪曾警告我，要是我抵死反抗，就别怪他的刀子不长眼，杀了人就跑。"[20]

在外国游客看来，罗马民风彪悍，但是无关宏旨。那位从公元1527年穿越而来的游客眼睁睁地看着罗马沦为世界上无足轻重的城市，定会心如刀割。公元16世纪初，罗马不仅是欧洲的宗教中心，而且是一个二流军事强国的首都，罗马在欧洲乃至世界上的地位不言而喻。公元19世纪40年代，罗马是一座古色古香的城市，风光旖旎，但是与整个世界格格不入。自布伦努斯的高卢劲旅攻破罗马城以后，真的很难想象罗马城会再次沦为与世隔绝的穷乡僻壤。整个世界都在扶摇直上，却把罗马远远甩在后面。罗马的人口数从1520年的约8万人增长到1849年的15万人，增长不到两倍。然而，同一阶段伦敦的人口数猛增40余倍，1849年的伦敦是一座拥有超200万人口的大城市。在过去的一个世纪里，罗马没有建成一座地标建筑。在长达千年的时间里，罗马故步自封。这一点，可以从好些地方看出端倪，例如水磨依旧停在台伯岛的岸边。罗马在艺术方面也裹足不前。公元19世纪40年代的罗马只能吸引来二流的画家，他们靠给"大旅行"游客画肖像画来维持生计。19世纪的米开朗琪罗在法兰西、在西班牙、在德意志、在英格兰,却唯独不在罗马。

与三个世纪前相比,19世纪前半叶的罗马经济也陷入停滞。就在同一时期,工业革命在欧洲北方的各个城市如火如荼地进行着。法国政治经济学家让·夏尔·德·西斯蒙第(公元1773—1842年)直接给罗马的生产力水平判了死刑,他说:"在罗马,除了画家、旅馆经营者、马车夫和杂货店掌柜衣食无忧,其他人都一贫如洗。除了乞讨业,所有的项目和行业都因资金短缺陷入了瘫痪。"[21]

罗马贵族也跟罗马城一样,处在江河日下的境地。公元19世纪40年代,罗马城中像潘菲利家族那样坐拥大片地产、别墅、宫殿和艺术收藏品的豪门不过十几家而已,他们在欧洲北部的富人面前也毫不露怯。然而,其余的罗马贵族早已名存实亡,空有一个头衔,住在一栋勉强与身份相称的房子里。为了维持生计,他们不得不将手上的一两处公寓租给"大旅行"游客。约翰·莫里曾提醒读者:"就算房东再有排场也千万别忘记跟他签租房合同。"[22]

绝大多数贵族的日子大不如前,但是他们的家庭生活却比从前的贵族温馨得多。从前的意大利贵族都生活在人口众多的大家庭里,这种家庭又被称为扩展家庭。自公元18世纪末开始,出身贵族的新婚夫妇开始效仿资产阶级,纷纷建立起自己的小家庭。家庭成员之间的关系也比从前紧密得多,贵族母亲不再把孩子交给乳母抚养,而是凡事亲力亲为。此外,夫妻关系和亲子关系也比从前和谐得多。意大利人的家庭生活可谓一枝独秀。至少用现代人的眼光来看(那位从公元1527年穿越而来的游客兴许会觉得这一时期的饮食美味不足,清淡有余),罗马贵族的饮食要比从前好得多。自公元17世纪开始,来自东方的调味品失去了欧洲富人的青睐,部分原因是这些调味品的价格变得亲民,已经无法彰显他们的尊贵身份。酸酸甜甜的酱不再被人们追捧,糖曾经是罗马人的万能调味料,如今也被降格为甜点。公元19世纪40年代,佐以白酱的豆子、洋蓟、西蓝花、意大利面、土豆、鱼和小牛肉等清淡可口的当地菜肴受到了罗马富人的追捧。佐以番茄酱的意大利面和肉也深受他们的喜爱。现代人所熟知的罗马菜终于在此时登上历史舞台。

诸如此类的罗马菜同样受到罗马穷人的追捧，这一点毋庸置疑，只不过穷人只能把番茄酱淋在低品质的肉上。中上品质的肉只有富人能吃得起，穷人只能吃得起百叶和肝等动物杂碎，不少经典罗马菜就是在这些不值钱的杂碎的基础上演化而来的。罗马穷人的日子并没有比从前好过多少，大部分穷人靠打零工或街头卖艺维持生活。公元19世纪，意大利的私生子数量剧增，使用罗塔的意大利人数量达到顶峰。值得一提的是，罗塔是安装在孤儿院墙上的圆柱形装置，母亲们可以通过这个装置把孩子匿名送进孤儿院。弃婴数量连年暴增，乳母却十分紧缺。可以想见，等待弃婴们的将是何其悲惨的命运。意大利弃婴医院在19世纪的婴儿死亡率远高于中世纪。

"大旅行"游客是一群成日游山玩水、吊古寻幽的富贵闲人，根本没有心思关心罗马穷人的生活，唯独威廉·韦特莫尔·斯托里是个例外。古典时代，最穷的罗马人蜗居在公寓楼顶层，但是此时公寓楼底层成了他们的栖身之所，他们不得不终日忍受着街上传来的噪声和臭气。斯托里发现穷人们喜欢蹲在小煤炉旁取暖，煤炉是陶制的，房间由劣质的砖块堆砌而成，四面墙上满是灰尘污垢，破旧不堪的家具摇摇欲坠，"屋内连个底部装有洋葱形小灯的俗艳圣母像都没有，真是太简陋了"。[23]

罗马经济不景气，对移民的吸引力下降。教皇国农村地区的经济前景更为暗淡，所以罗马对这些地区的农民依旧有着不小的吸引力。随着移民的减少，性别比也随之缩小，生活在城中的男性移民比从前更容易娶到妻子。公元1600年，罗马的男女性别比是3∶2。到了公元19世纪40年代，这一比例缩小到了原先的二十分之一。要不了多久，那些来罗马谋生的乡下人便会融入当地的环境，变得和当地人一样，以至于"大旅行"游客常常分不清谁才是土生土长的罗马人，于是干脆把他们都说成是古罗马人的直系后裔。事实并非如此。在过去的1800年里，整个地中海地区的移民纷纷涌入罗马。很多"大旅行"游客声称自己看到过长得像古典时代雕像的罗马人。台伯河岸区的居民有一种赏心悦目的自然美,令"大旅行"游客如痴如醉。斯托里这样描述他们:"回家的路上,(他们)把短褂子搭在一边肩上。女人们身着粗糙的羊毛长袍,站在门口处,透过阳台上的窗户向外张望,头上没有任何饰品,黑发在灯光下泛着光泽。"[24]

在"大旅行"游客眼中,罗马穷人间的暴力也体现着古人遗风。斗殴如家常便饭,多数是因为女人和荣誉,少数时候是为了一点芝麻大的小事。例如,公元1866年发生了一起斗殴事件,有人通过窗户从楼上抛下一枚硬币,打赏一位正在街头卖艺的乐师,一个围观的路人却顺势将这枚硬币踩在脚下。乐师气得破口大骂,企图用蛮力挪开那个人的脚,却被另一个围观的路人拿刀刺伤了脖子。诸如此类的事件为"大旅行"游客所喜闻乐见,因为在他们眼里,这是提图斯·李维笔下罗马共和国英雄战斗精神的延续。然而,这些事件背后的真正原因与气吞山河的英雄遗风没有丝毫关系。穷人们是被环境所迫,不得已而为之,而非天性如此。他们对罗马教廷失去了信心,只能靠自己的双手争取正义。凶手神不知鬼不觉地消失在人群中,亲朋好友和邻居会不约而同地包庇他,所以落网的凶手寥寥无几。

不过话说回来,教廷当局不太关心这类犯罪。相较之下,他们更加关心通奸罪。公元19世纪40年代的社会风气远没有公元16世纪初开化,公元19世纪40年代的罗马有一套严格的道德审查制度。这套制度的根源可以追溯到特利腾大公会议,但是直到法国大革命之后,保守派教皇登基,罗马教廷才将这套制度彻底贯彻落实。在这一时期,装饰华丽的耶稣像、圣母像和飞翔天使像遍布罗马的街角,以至于罗马的方言诗人朱塞佩·焦阿基诺·贝利这样写道:"SPQR是'Solo Preti Qui Regnano, e

Ssilenzio'（司铎[1]在这片土地上说一不二，人们只能选择沉默）的首字母缩写。"

在教皇利奥十二世（公元1823—1829年在位）的治下，保守思想发展到顶峰。利奥十二世恢复锤刑，这是一种古老的刑罚，行刑过程极为残忍，刽子手用特制的大锤敲击死刑犯的头部，再用利刃将他的喉咙割断。他还下令禁止接种疫苗，理由是疫苗会造成人兽杂交，后果不堪设想。此外，他还下令关闭酒馆，除正餐外禁止饮酒和打扑克、喝咖啡、跳华尔兹。公元1825年是大赦年（前来朝圣的人寥寥无几，罗马人觉得很扫兴），利奥十二世下令每天举行宗教游行，只允许演奏圣乐。通奸犯是利奥十二世的眼中钉、肉中刺，所以他命令瑞士卫队走上街头，搜罗身着紧身衣的妖冶女子。有时他干脆脱去教皇法衣，穿上便装，亲自走上街头搜罗穿着不符合要求的女子。

这样一来，罗马人的性生活不可避免地受到巨大的影响。众所周知，自公元18世纪末至19世纪初这段时间，罗马人的性观念极为开放，至少对富人来说是如此。法国的马尔蒙元帅（公元1774年7月20日—1852年3月2日）曾在公元1790年去过罗马，他这样写道："罗马女人的性开放程度匪夷所思，丈夫不仅默认妻子出轨，还兴致勃勃地品评妻子的情人，丝毫不觉得尴尬。"[25]婚外情自有一套约定俗成的规矩：白天妻子只管跟情人花前月下，但不要忘记晚上与丈夫举案齐眉。据说，丈夫们也乐得清闲，因为这意味着他们也可以在白天跟自己的情人耳鬓厮磨。

教皇利奥十二世登基后，这样的快活日子一去不复返了。罗马的性工作者也感觉日子越来越难过。出入教皇宫殿的罗马艺伎和复活节期间冲人群扔香水蛋的妓女都已成为历史。公元18世纪，罗马教廷出台了大量政策限制娼妓业的发展；公元19世纪，教皇庇护九世认为卖淫是罪

1　司铎是天主教神父的正式品级职称，也称司祭。

过，是不法行为，下令全面取缔娼妓业。但是这并不意味着娼妓从此销声匿迹。庇护九世统治中期，法军的首席医疗官雅可博士这样写道：娼妓面临监禁、罚款、严刑拷打以及各种形式的骚扰，但是罗马依旧是"欧洲最有名的卖淫基地。罗马妓女公然揽客，街头、漆黑的角落里、妓院里、废弃的门廊下，以及偏僻的大道上，都有她们的身影"。[26]

在这一时期，教廷当局更关心形迹可疑的市民有没有犯淫戒，而不是娼妓是否仍在招揽生意。神父、宪兵和教皇密探每晚都在街上巡逻，密切关注着形迹可疑的人，防止他们做出出格的举动。神父绘制了各个教区的犯罪地图，定期向上级机构汇报工作。以下是一则写于公元1823年5月23日的报告：

> 晚上，我亲自去了玛丽亚·格特鲁德·阿米扎尼的家，去察看她有没有严格遵守戒令，独自一人待在家中。她反锁了门，正在跟一个年轻的男人共进晚餐。我再次警告她，她试图找各种理由搪塞过去，但是她慌张的表情已经出卖了她。[27]

教会尤其关注非法同居者，"他们往往像合法夫妻一样住在一起。"[28]神父的文书工作不允许有疏漏，教廷当局要求神父"对来路不明的人多加留意，如果对方是外国人，则要出示证明婚姻状态的证件……"关于斗殴的人都有谁，教廷当局还蒙在鼓里，却对通奸者和妓女的行动洞若观火，因为有大把人愿意配合当局揪出他们。罗马人热衷于秘密地监视邻居，妻子们乐此不疲地告发妓女和当地所有可能引诱自己丈夫的妖娆女人。非法同居危险重重，但是仍有不少罗马人无视法律，婚外同居。有的是因为没钱结婚，有的是因为没有合法证件，有的只是单纯不想结婚，有的则是因为对教会心怀不满。作为教区神父的主要追踪目标，非法同居者为了瞒天过海，像已婚夫妇一样一起进餐，一起出门散步，可谓费尽心机。可是只要有神父敲门，他们就忙不迭地搬家。

教会近乎痴狂地抓捕非法同居者，甚至波及了外国游客，不过外国游客大都懂得入乡随俗，所以被牵连其中的外国游客并不多。一位来自英格兰的年轻未婚女性丢下陪护自己的年长女伴，独自在科尔索大街上租了一间公寓，一个罗马男人经常来这里看她，因此英国在梵蒂冈的非正式代表奥多·拉塞尔不得不出面与她交涉。拉塞尔决定把她交给教廷当局，一支教皇宪兵队冲进了她的公寓，她吓得惊慌失措，连忙逃回年长女伴的住处。教廷当局通常不会为难外国游客。此外，教皇国司法制度的怪异之处在于教廷当局也不会为难罗马人，这跟其他国家的司法制度所遵循的原则大相径庭。教皇国司法制度更注重认罪和宽恕，而非单纯的惩罚。未婚同居的情侣一旦被抓，教廷当局一般不会对他们用刑，而是强迫他们立即完婚，因此他们的结婚地点通常是监狱。已婚夫妇跟各自情人同居一旦被抓，所面临的局面要复杂一些，但是教廷当局也不会苛待他们。教廷当局通常会对他们略施小惩，要求他们忏悔认罪，并警告他们不要再跟彼此说一句话，违者将面临监禁处罚。

就连死囚也会获得宽待。乔瓦尼·布加迪从公元1796年开始担任教皇国的刽子手，直到85岁退休。死囚被布加迪处死的前夜，圣乔瓦尼·德克拉特教堂的兄弟会会派遣两位教友拿着圣母像和耶稣受难像前去宽慰他，试图让他振作起来。翌日清晨，死囚便会被带到希腊圣母堂附近的断头台，断头台傍河而建，是当年法国革命军的手笔。行刑之前，另一帮教友会来宽慰死囚。直到死囚忏悔完，刽子手才能行刑，所以最终的行刑时间通常比预定的行刑时间晚几个小时。运气好的死囚甚至能死里逃生，要么在监狱中度过一生，要么被调去在教皇的帆船上划桨。这些死里逃生的死囚犯最终的归宿便是在城中的某一座公园里当个忙碌的园丁。乔治·黑德爵士曾在平乔山上看到一位卫兵看押着一群死囚，他们悠然自得的神态令他惊讶不已，不由得感叹道："要问教皇国最无忧无虑、最生龙活虎的臣民是谁，非这些划桨的死囚莫属。"那位卫兵"跟他们有说有笑，相谈甚欢"。[29]

在其他地方受尽冷眼的人，在罗马能获得宽待。在罗马，沿街乞讨并不是一件丢人的事，所以乞讨者众，竞争颇为激烈，但是他们的日子却比伦敦和巴黎的同行过得舒适。教会将周济贫弱的古老传统承袭了下来，修道院会为城里的乞丐发放食物。要是病了，也不会被城中的医院拒之门外，所以就不难理解为什么城中到处都是乞丐了，威廉·韦特莫尔·斯托里用生动的笔触描绘了乞丐们的百态："他们挥舞着残臂断肢和不堪入目的假肢，用猩红的眼睛恶狠狠地瞪着你。"但是当他们面对30岁以上的外国女游客时，便会收起凶狠的眼神，谄媚地称她们是"秀外慧中的姑娘"。乞丐们最爱向外国游客乞讨，一边追着他们跑，一边反复喊着："爷，您就行行好，可怜可怜我，给点钱吧。"在斯托里看来，"留一头黑发，蓄着浓密的胡须，在街上抽烟……乞丐围上来时，举起右手食指指着他们"[30]是唯一能够甩掉他们的方法，换句话说，就是乔装打扮成意大利人。不过，他补充说："施舍乞丐的时候，意大利人要比游客大方得多。"

"大旅行"游客对罗马的乞丐又爱又恨。这帮乞丐有着讨不到钱誓不罢休之势。"大旅行"游客去距离罗马城几千米的集市上闲逛，逛着逛着猛然发现几个面熟的乞丐埋伏在附近。一位来自英格兰的女游客为躲避罗马城中肆虐的疟疾，不得已搬去托斯卡纳，却发现有个乞丐一路跟她来到卢卡[1]。此人就是罗马城名头最响的乞丐，人称贝波大王，曾多次出现在与罗马城中相关的记载中。他虽然双腿残疾，但是体格强壮，平时靠一个木制的盘形装置出行，有时也骑在驴背上乞讨。在没有外人的帮助下，他自己就可以靠着一根绳子爬上驴背。他幽默风趣，风度翩翩，像皇帝一样统治着全罗马的乞丐。据说，他富得流油，乞丐都找他借钱。教会并不总是对乞丐如此优容。公元17世纪晚期，小冰河期达到巅峰，庄稼收成不好，教会不堪重负，无奈之下，只好成立专门机构，培

---

1 意大利中部托斯卡纳大区城市。

训乞丐成为对社会有用的人。直到公元19世纪40年代，这个名叫圣米歇尔收容所的庞大机构还在照常运转。圣米歇尔收容所集济贫院、监狱和学校于一体，位于台伯河岸区，耸立在台伯河岸边。这座收容所深受17世纪法国思想的影响，因此在很多方面走在时代前列。英国监狱改革家约翰·霍华德（公元1726—1790年）曾在18世纪90年代造访过圣米歇尔收容所，对其赞不绝口。这座收容所的门槛很高。老年申请人必须在罗马居住5年以上，且无人赡养；儿童申请人的年龄必须在7到11岁之间，且父亲亡故，母亲需抚养至少3个孩子。圣米歇尔收容所的名额有限，竞争十分激烈，所以设置门槛势在必行。收容所会对里面的年轻人进行一系列的谋生技能培训，包括木工、制鞋、印刷、织挂毯、金属加工、印染、奖章制造、制衣、建筑艺术和绘画。前途无量的年轻画家师从罗马顶尖的画家。公元1835年，圣米歇尔收容所举办了一次公共展览，旨在展示这些年轻人的作品。这座收容所因此一炮而红，受到富裕阶层的青睐，他们不惜花重金把孩子送进这里，不过他们的孩子得跟这里的孤儿一样过苦日子。

教廷当局虽然对穷人、孤儿甚至罪犯心怀仁慈之心，但是对待敌人和异己不会心慈手软。除非庇护九世下令释放政治犯，否则他们会一直被监禁在罗马城北64千米以外的奇维塔卡斯泰拉纳堡。值得一提的是，此堡是为历任教皇服务的古拉格（劳动改造营）。这一时期的女子被要求足不出户，谦逊自持，清心寡欲，只能将心思用在绵延后嗣上，否则下场悲惨。强奸罪包括诱奸罪和通奸罪，在法律上的界定十分模糊。女性被性侵后，不但无法得到公正的审判，而且会被人告诫说要洁身自好，而真正的罪犯却可以逍遥法外。

生活在罗马的犹太人也概莫能外。公元19世纪40年代，犹太人依然只能居住在隔都（在欧洲和中东地区市区中因社会、政治或经济等因素而被划分出来作为犹太人居住的地区）。那位从公元1527年穿越而来的游客看到隔都一定会一头雾水，因为在他/她生活的那个年代，设立隔都的想法简直异想天开。公元16世纪初，教皇们曾采取措施保护犹太人免遭西班牙人的迫害，西斯廷礼拜堂的壁画和天顶画里的《旧约·圣经》人物都是米开朗琪罗以生活在罗马城的犹太人为原型创作的。

罗马城之所以出现隔都，教皇保罗四世是始作俑者。我们曾在上一章末尾提到，这位教皇是一个麦卡锡式的人物。他在公元1555年当选教皇以后，立即采取措施限制城中的犹太居民。犹太人的房产全部被没收充公，只能花钱租赁隔都里的房子。这处新建的隔都位于台伯岛以北的一处洼地，极易遭受洪水侵袭。隔都四周筑起了高墙，犹太人只被允许在白天离开。城中的10座犹太教堂被关闭，只留下一座供犹太人做礼拜。犹太人必须依照中世纪的行为准则穿特殊的衣服标示身份，犹太男人需戴圆顶帽，犹太女人需穿披肩。不得不说，这些行为准则极具羞辱性。犹太人被禁止雇用信仰基督教的用人和乳母，禁止与基督徒有商业往来。城中医术高超的医生有很多是犹太人，但是他们被禁止为基督徒看病。犹太人原本做着体面的工作，如今只能靠倒卖二手货和废品维持生计。保罗四世登基后不久，生活在罗马的所有犹太人每周都要去圣格雷戈里奥神圣慈悲教堂聆听神父讲述犹太教犯下的累累罪行。

教皇制定这些限制犹太人的政策，从表面上看是因为对犹太人心怀偏见，深层原因则是为了毁掉犹太人社区。1000年前，教宗格列高利一世规定不得强迫犹太人改宗，所以后世的教皇为了让他们就范，只能千方百计地限制他们，让他们过得生不如死。隔都是教皇的一种尝试，只不过隔都完全没有达到让犹太人改宗的目的。在中世纪，罗马城的犹太人曾是欧洲最有学问的犹太人族群，到了公元19世纪40年代，罗马城的犹太人有半数是文盲，这种现象在西欧极其不寻常，但是他们并没有被打垮，不仅顽强地生存了下来，而且不断发展壮大。大斋节前的狂欢节期间，罗马教廷会举行仪式表彰改宗的犹太人，让新改宗的犹太人绕城游行。公元19世纪40年代，罗马城只有一位犹太人改宗基督教，所以教廷当局只好年年让他绕城游行，"大旅行"游客一想起这事就忍俊不禁。

　　不过，建立隔都的初衷虽然没有实现，但是教皇并没有气馁。隔都总共存续了250年，在此期间，教皇时而放松、时而收紧限制，但是没有任何一位教皇站出来对犹太人被隔离、被侮辱的现状提出质疑。法国大革命期间，拿破仑的军队占领罗马，终于让生活在罗马的犹太人看到了一丝自由的曙光。但是从公元1815年开始，教皇再次实施旧有的限制政策。到了公元19世纪30年代，生活在欧洲的犹太人陆续获得公民权，罗马的隔都显得越发野蛮和落后。公元1836年，法兰西、奥地利和罗斯柴尔德家族一起敦促教皇改革针对犹太人的限制政策。教皇格列高利十六世是个食古不化的人，勉强答应把钦契宫划入隔都，然后就不再做任何让步。

　　公元19世纪40年代，隔都成为广受欢迎的旅游景点。"大旅行"游客大都喜欢猎奇探险，所以隔都里昏暗的小道和窄小的院子是他们的必访之地。不少作家曾在自己的作品中提到隔都是个又脏又挤的地方。狄更斯这样描述隔都：这里是个"悲惨的地方，人口密度大，空气中弥漫着浓烈的怪味"。[31]在斯托里看来，把隔都建在受洪水侵袭的台伯岛以北，对犹太人来说是幸事，他给出的理由是"台伯河身为父亲河，能将此地的污秽之物通通冲走"。[32]

　　隔都里的生活并非一无是处。隔都之外的风刀霜剑迫使隔都里的犹太人紧紧地团结在一起。虽说他们的文化不复从前，文盲率居高不下，却也顽强地发展壮大起来。生活在罗马的犹太人发展出一套自成体系的意大利语，对罗马的方言产生了重要的影响。这套意大利语吸收了大量的希伯来语词汇，在表情达意方面往往能够产生跃然纸上的效果，例如："一宗黑色的买卖（亏本生意）""一条长蛇（长队伍）""一面镜子（欺软怕硬、窝里横）"和"宁做寒舍之主，不做贵府之仆"。他们在饮食上也自成一家，盐渍鳕鱼、小胡瓜花包马苏里拉奶酪凤尾鱼和油炸洋蓟等是他们的代表菜品，这些在后来都成了罗马的经典菜式。

相对来说，隔都是比较适合居住的地方，这一点让人十分意外。犹太教认为保持洁净是一种宗教义务，所以"大旅行"游客说隔都很脏其实有言过其实的嫌疑。公元19世纪30年代，罗马城暴发霍乱，而隔都里的犹太人几乎没有受到疫情的影响。虽然隔都位于台伯河岸边的低洼地带，但是没有受到疟疾的侵扰。这件事让不少外国游客百思不得其解。"大旅行"游客猜测疟疾是由土地散发的致病物造成的，因此他们声称，在阳光充足的地区驻足的游客不要立即前往凉爽、潮湿的地方（春日里，阳光和煦，游客们在参观教堂的地下室或地下墓穴时，时常这么做），否则就会有染上疟疾的危险。因此，一些人声称，隔都之所以能够免遭疟疾的侵扰，是因为正如威廉·韦特莫尔·斯托里所说的那样："隔都里到处都是人，这里的土地无法散发致病物。"[33]虽说他给出的原因是错误的，却也并非一点道理也没有。隔都之所以能够免遭疟疾的侵扰，是因为里面根本没有多余的地方建花园。也就是说，隔都内不可能出现积水或水洼，无法为蚊子的滋生提供环境。

"大旅行"游客异口同声地表示隔都是个脏乱的地方，那么罗马城中的基督徒就一定比隔都里的犹太人更干净吗？公元19世纪40年代，罗马城中仅有几座公共浴室。在斯托里看来，这仅有的几座公共浴室的洗浴条件也要比其他城市的公共浴室差得多。他声称：生活在罗马的普通人"都不爱泡澡，盎格鲁·撒克逊人每天清晨洗冷水澡的习惯让他们不寒而栗"，就算是罗马富人也只是"简单冲洗一下身体，压根不会泡澡"[34]，就跟半个世纪以前的盎格鲁·撒克逊富人一样。他们对浴盆和淋浴敬而远之，只肯用洗手盆冲洗身体。

相比文艺复兴时期的罗马人，公元19世纪40年代的罗马人在医疗方面占据一些优势。外科手术获得了长足的进步。随着听诊器的发明和推广，医生对疾病的诊断能力大大提高。疫苗接种运动（尽管教皇利奥十二世曾下令禁止接种疫苗）大大降低了天花疫情暴发的风险，下水道系统的改进大大降低了伤寒疫情暴发的风险，高架渠和喷泉大大降低了介水传染病疫情暴发的风险。对于需要在罗马消夏的非犹太人来说，感染疟疾的风险依然很大，好在此时已经有了治疗疟疾的药物，只是这种药物价格不菲。自17世纪初以来，罗马富人便开始服用一种由金鸡纳树的树皮制成的药物，这种药物能有效地治疗疟疾。

公元19世纪40年代的医学理念并没有比公元16世纪20年代先进多少，甚至也没有比罗马帝国时代先进多少。这一时期的医生依旧将希波克拉底和盖伦的医学理念奉为圭臬，认为疾病是由四种液体的不平衡引起的。公元16世纪20年代的医生对法国病束手无策，公元19世纪初的医生对霍乱同样束手无策。这一时期的医生普遍认为霍乱产生的原因是污浊的空气，他们连霍乱的发病机理都没搞明白，更别提治疗了。这一时期的罗马人的预期寿命之所以长于他们的先人，主要是因为运气好。自公元17世纪末以来，腺鼠疫在欧洲大地上神秘地消失了，一如公元1347年至1353年席卷整个欧洲的那场腺鼠疫。

除了疟疾季，罗马城的健康问题并没有让"大旅行"游客望而却步。他们虽然表面上抱怨不止，但是心底里却十分喜欢这座城市。城中的古迹和绘画让他们流连忘返。此外，漫步其中，触目所及皆是视觉盛宴。不少"大旅行"游客曾提到万神殿周边的小吃摊和商店。每当大斋节接近尾声之时，这些小摊小店就会摆满各式各样的珍馐佳肴。不久之后就是复活节，罗马人还可以再次一饱口福。大斋节最后一天的傍晚，圣彼得大教堂内挂起一盏盏纸灯笼，把教堂照亮，为罗马增添了一道亮丽的风景。斯托里这样描述这道风景："仿佛有人不紧不慢地扇着一块硕大无比的煤球，圣彼得大教堂幻化成一团炉火，看上去红彤彤的，并不算明亮，火光虽微弱，却不会被轻易扑灭。"[35]复活节期间，朝圣者汇聚罗马，进行复活节朝圣，大部分朝圣者都是罗马附近的乡下人，他们身着当地特色服装，一边走一边吟咏《圣经·诗篇》里的诗句。当然，浩荡的朝圣大军中也不乏身着传统服装的朝圣者，他们身披油布，手持手杖，随身带着念珠和扇贝朝圣徽章，"不时伸出脏兮兮的手'索要施舍'。"[36]然而，斯托里解释称，绝大多数朝圣者都是乞丐伪装的，这是他们想出来的行乞新花招。

罗马的街头生活于游客而言有着无穷的魅力。漫步其中，到处都是玩球的罗马人。值得一提的是，这项运动始于古典时代。喷泉边忙着浣衣的女人个个口齿伶俐，骂起人来句句押韵。对她们来说，互相叫骂就是为了打发时间，路过的路人也休想逃过她们的巧嘴。查尔斯·狄更斯曾在街上遇到一支古怪的队伍，他的记载是这样的："……走在队伍最前面的是三个人，第一个人背着大十字架，第二个人手中举着火把，第三个人边走边吟咏，这第三个人是位神父。"[37]这支队伍正在护送一辆装满穷人尸体的车，他们打算把尸体扔进城外的一个坑里。斯托里曾目睹一场海盗的葬礼，黑色的旗帜插满葬礼现场，"旗帜上都画着一个骷髅加两根交叉骨头"，还有一队修士出席，"白色的寿衣把他们从头到脚裹得严严实实，只露着一双眼睛"。[38]

到了晚上，游客也可以学着罗马人去城里的剧场看演出。每当有新剧上演，剧院里就会变得拥挤不堪，观众们总是忍不住为戏台上的英雄喝彩。当然，看到败类时，他们也会忍不住喝倒彩。尽管剧情有时可能会晦涩难懂，但是至少作者的本意如此。教皇庇护九世登基后，指派审查官员审查戏剧，一幕都不放过，要删掉对教廷当局不利的词句，不少戏剧的剧情被删减得支离破碎，导致很多观众看得云里雾里，甚至连歌剧都未能幸免，凡是以宗教、反叛和丑化教皇为题材的歌剧一律禁演。观看歌剧演出时，观众不得起哄，摩根夫人曾将一位观众因喝倒彩被抓的过程记载下来："剧院里挤满了士兵（罗马教廷是当时欧洲最为军事化的政府），士兵将他抓去纳沃纳广场，戴上足枷进行鞭挞。行刑结束后，又把他带回剧院，让他坐到原来的位置上，观看余下的部分，全然不管他有没有兴趣继续看下去。"[39]

当然，罗马这座城市最不缺的就是宗教奇观。老练的"大旅行"游客能够根据修士长袍的颜色轻而易举地辨认出他们所属的修道会。斯托里跟大多数罗马人一样，最喜欢方济各会和嘉布遣会的修士，修士们托钵行乞，挨家挨户募捐。斯托里这样描述他们："他们性情敦厚，过着清贫的生活，不注重个人卫生，似乎对水有着莫名的恐惧。"萨科内会的修士几乎都是富家子弟，他们甘愿过清贫禁欲的生活，身着纯白色的袍子挨家挨户募捐。"他们时常故意吓唬外国游客，并以此为乐……成群结队的英格兰女孩在母亲的陪同下出神地凝视着一幅马赛克画或一家卖饰品的小店，一袭白袍的修士冷不丁地摇起手里的匣子，吓得她们惊声尖叫。"[40]

人们总是希望能够一窥教皇的真容，实在不行一窥身着鲜红袍的枢机主教的真容也行。公元19世纪40年代，教皇和枢机主教们都是乘坐马车出行。和公元16世纪20年代的教皇相比，公元19世纪40年代的教皇让人感到冷漠疏离，可望而不可即。根据传统，每个新教皇登基后，都要骑马绕城一周，向人群中扔金币和银币。如今，就连这项传统活动也已渐渐式微，不复往日盛景。自公元1769年的一场事故后，教皇出行都靠安全性更高的马车。教皇会在奎里纳尔宫的阳台上为众人祈福，主持圣诞夜弥撒，弥撒仪式的举行地点通常在大圣母教堂。在公元19世纪40年代，教皇只会在每年6月末的基督圣体圣血节举行游行，这对于当时的人来说是一件盛事。参与游行的人包括教会学者、慈善学校和慈善医院的成员、罗马城各修会的修士（修士们需要一边举着蜡烛，一边唱着圣歌）、罗马七大教堂的全体教士、咏礼司铎、唱诗班、高级教士、主教、枢机主教和教皇，人们最后会将教皇抬到一处华丽的讲台上。不过，这一时期的游行只需绕圣彼得广场一圈，根本无法与中世纪的马拉松式游行相提并论。

罗马的宗教游行的确有些乏味，这座城市因其大众假日而闻名遐迩，这不无道理。在"泰斯塔西奥山"上举行的十月节是唯一流传下来的中世纪节日，罗马市民通过舞蹈和嬉戏来庆祝这个节日。为庆祝这个节日，罗马的贫家女孩会穿上自己最好的衣服，租一辆马车，有时候多达14个女孩挤在一辆马车里，"她们像一群狂野的印第安人，一边大声叫喊着，一边拍打着手鼓"。[41]圣诞节前，大批来自阿布鲁佐山区的皮费拉里（通常两人一组）涌入罗马城，一位皮费拉里负责吹奏皮费里[1]，另一位则负责吹奏风笛。圣诞节当天，罗马市民参加完弥撒后，会在城中漫步，品尝一种由李子、柠檬和杏仁制成的圣诞糕点。1月初，圣欧斯塔修教堂周边挤满了卖发声玩具的小摊和父母陪同下的孩子，孩子们吹着哨子和小号，打着铃鼓，不停地制造着噪声，乐在其中。

罗马城最盛大的节日是狂欢节，在它面前甚至连圣周都黯然失色。人们通常会在大斋节前的最后两周举行狂欢节，罗马人将放飞自我的潜能发挥得淋漓尽致，就连平时一本正经的北方人也满腔热情地加入狂欢的人流。狂欢节期间，人们纷纷赶往科尔索大街。上午10时左右，街上就挤满了马车和行人，人们都穿着精心制作的服装，小男孩们不仅打扮成老头子的模样，还学着老头子的样子走路，留着络腮胡子的罗马市民身着纯白的裙子，头戴稻草帽子，大步走在街上。乔治·黑德爵士曾在自己的书中提到过一个自称是音乐教授的人，他可以教猫唱歌。此人的肩上扛着一只大木盒子，盒子里有六只猫。他时不时地唱起歌，拉扯着那六只猫的尾巴，直到它们发出刺耳的尖叫才肯罢休。

不少人的狂欢节服装精致考究，但是要不了多久就会面目全非。科尔索大街上到处是售卖花束和糖果的小摊。花束由野花制成，每束花上都绑着一根细绳。糖果其实是由巴黎的石灰或石膏制成的弹丸，只有豌豆大小。人们互相投掷花束，糖果在人们身上炸开，衣服上沾满了白色的粉末，科尔索大街变成狂欢的战场。行人、马车里的人和阳台上的人都是战场上冲锋陷阵的战士，没有人是安全的。有的马车里挤满了年轻气盛的人，他们向周围的人不断"开火"，这时马车宛如木头堡垒。此时要是迎面驶来一辆同样满载年轻人的马车，那么一场恶斗在所难免。偶

1　一种类似于双簧管的乐器。

尔也会有人惹出祸端，比如一个英格兰女孩在阳台上抓起一把弹丸朝一位教皇宪兵扔过去。被砸中的教皇宪兵登时勃然大怒，疾步走上阳台，女孩见大事不妙，赶紧溜走。好在他"脾气还算温厚，愿意喝杯玫瑰露酒，为教皇的健康干杯，放那女孩一马"。[42]

狂欢节期间，每天都以一场比赛收尾。人们把14匹赛马拉到人民广场上，在赛马身上绑上彩色的缎带和迎风飘动的大片锡纸，等待着它们的将是惨烈的比赛。赛马两侧的胁腹上分别粘了两大块沥青布，每块布上都挂着一个梨形的重型马刺，上面的锐刺足足有2.54厘米长。赛马被释放后，因为没有骑手操控，再加上受了围观人群的尖叫声和刺进皮肉的锐刺的惊吓，所以在科尔索大街上争先恐后地飞驰着。围观的人群也随着马群开开合合，所有人都想一睹赛马奔腾的盛景（有人误以为所有的马都跑走了，所以大步走上前去，结果被奔驰而来的马撞到，不过这是小概率事件）。直到这14匹赛马奔跑到威尼斯广场，被逼进广场边上的一个小巷，撞上提前放置在那里的毛毡栅栏，围观的人群才会消停下来。

狂欢节的最后一晚以蜡烛节收尾。科尔索大街上挤满了拿着小蜡烛的男女老少，他们都是来参加吹蜡烛游戏的，游戏规则是吹灭别人的蜡烛的同时保证自己的蜡烛是亮的。成功吹灭别人蜡烛的玩家会以胜利者的口吻大喊一声："灯灭了！"有些玩家为了提高胜算，把多支蜡烛捆在一起，甚至干脆用火把代替。游戏进入白热化阶段，行人会纵身跳上马车，企图扑灭乘客手里的蜡烛。楼上阳台上的人冲楼下阳台上的蜡烛扔湿透了手帕，或者干脆用带着长柄的钢丝套圈割断楼下阳台上的蜡烛，阳台也随之沦为战场。混战中女士们的软帽被挤压得变了形，人们还能看到一些平时很难见到的场景，比如乔治·黑德爵士就看到了这样一幕——一位意大利神父、一位英格兰牧师和一位不伦瑞克王朝的公主出现在一个阳台上，猛烈地互相攻击，"像玩捉迷藏的孩子一样投入。"[43]以旁观者的姿态看这场蜡烛狂欢，科尔索大街就变成了一处别致的景色，一片星光的海洋，"灯灭了"的呼声此起彼伏，"汇成一个难以名状的声音，一种只属于尘世之风的呼啸声，恰似飓风中船上飘摇的侧支索聆听到的风的呼啸声。"[44]

公元1847年春，整个罗马都弥漫着令人陶醉的氛围，人们为庆祝新教皇登基，举行了各种各样的庆祝活动。教皇庇护九世的红衣主教秘书长宣布举行理事会选举，大批举着火把的民众在人民广场上集合，沿着科尔索大街缓缓走向奎里纳尔宫，用手里的火把点燃奎里纳尔宫前的烟花。教皇出现在奎里纳尔宫的阳台上，民众高呼"教皇万岁！"并纷纷单膝跪地，接受教皇的祝福。几天后，罗马教廷在提图斯浴场的废墟上举办面向民众的露天晚宴，晚宴现场的宾客可以俯瞰罗马斗兽场，现场还临时建起一尊罗慕路斯和母狼的雕像。乐师奏响悠扬的音乐，不少人发表演讲，一位小说家在演讲中回顾罗马历史上的重大事件，还特别提到在轰动一时的卡诺萨觐见，德意志国王亨利四世被迫服软，乞求教皇格列高利七世网开一面（后来奥地利人对此颇有微词）。

公元1848年7月，牧牛人和一部分犹太人发生冲突后，人们也在城中举行了一场同等隆重的庆祝活动。居住在雷戈拉和台伯河岸区的居民历来与城中的犹太人不和，他们本想打着替牧牛人报仇的旗号，趁机收拾犹太人。好在经过平民领袖西塞罗奇奥一番苦口婆心地劝说，他们决定化干戈为玉帛。当天晚上，2000名罗马人走进了隔都，他们唱着欢快的歌谣，举着火红的火把，与犹太人握手言和，这一刻在所有人眼里都堪称伟大。

公元1848年8月，罗马的政治局势陷入一场拉锯战。同年10月，首相罗西采取了一系列措施收紧教皇的权力，社会气氛骤变，教皇密探袭击隔都，在隔都进行了为期三天的烧杀抢掠。短短几个星期后，罗西被当街刺杀，教皇连夜逃走。公元1849年2月，罗马人纷纷走上街头，庆祝新共和国的诞生。两个月后，也就是公元1849年4月30日，乌迪诺将军率领近万名法国士兵杀向罗马城，改朝换代似乎又在所难免。

Ⅲ

法军并没有打持久战的打算。路易·拿破仑一直密切关注着教皇在加埃塔发布的一系列声明，他认为罗马人已经迫不及待地要摆脱以加里波第和马志尼为首的外国革命分子的残暴统治，罗马人会把法国军队当成救星来欢迎。路易·拿破仑并不想和法国的激进派撕破脸，所以他在给乌迪诺将军下达命令时，除了对时局估计过于乐观，态度也很暧昧。他希望神不知鬼不觉地安插一位保守派的旧贵族，又不想让外界误以为他在偏袒保守派。乌迪诺将军不打算承认罗马共和国三人执政团和罗马共和国制宪会议的合法地位，不过这并不妨碍他对他们以礼相待。法军此行的目的是促成罗马人和教皇和解，扶持教皇重登大宝，宣布之前颁布的宪法无效。罗马人拒绝配合的话，乌迪诺将军再考虑诉诸武力。

乌迪诺和路易·拿破仑都认为可以速战速决。乌迪诺觉得出其不意，攻其不备是上策。他在奇维塔韦基亚以最快的速度整顿好兵马后，便率领大军东进，杀向罗马。根据情报部门得到的信息，他在博尔戈的神职人员中拥有众多支持者。他还在罗马城的地图上发现梵蒂冈山的最高处有一扇叫珀图萨门的城门，此处易攻难守，是与城内支持者会合的绝佳地。万一此地攻不下来，他就率军前往卡瓦勒吉里门，因为根据获得的情报，支持他的神职人员会守着卡瓦勒吉里门，为他开门。他没带攻城的云梯和重型攻城大炮，只带了轻型野战炮，为的是提高行军速度和攻破珀图萨门。他懒得花时间停下来检查罗马的城防，径直杀向了梵蒂冈。他还派遣了一支纵队保护右翼的安全，这么做只是出于军人的职业习惯，并没有做打持久战的准备。在乌迪诺看来，解放罗马城也就几个小时的事，他还打算当晚在城里吃晚餐呢。

同一天清晨漫步于罗马城中的美国著名雕刻家、艺术评论家兼诗人威廉·韦特莫尔·斯托里想必会同意乌迪诺将军的判断。他在笔记中这样写道："大街小巷都空空如也，整座城市笼罩着一种压抑的气氛，天空异常灰暗，像极了暴风雨来临前的样子。"女人们都躲在家里，不敢上街，街边的店铺全都闭门谢客，"到处是半掩着的门，士兵模样的人探出半个身子张望着"。斯托里听到传言说国民卫队的官兵"几乎都支持教皇回归，支持废除三人执政团和罗马共和国，所以他们根本不打算战斗"。[45]

　　罗马人此时的处境不妙，他们觉得懊悔也在情理之中。守军虽然在人数上略胜一筹，但是作为一支杂牌军，它们根本不是法国军队的对手。法国军队是一支纪律严明、训练有素的正规军，而守军中的多数士兵都没有实战经验。守军中只有1400名罗马志愿军曾在一年前上过战场，与奥地利人厮杀过，但是他们几乎没有打过胜仗。其余的守军则压根就没上过战场，其中包括2500名教皇军士兵和教皇宪兵、1000名国民卫队士兵、300名学生和几百名台伯河岸区居民。学生和居民的武器只有匕首和猎枪。贾科莫·美第奇率领着一支由伦巴德人组成的军队，尽管他们骁勇善战，但还是在奇维塔韦基亚败给了法国军队，为了活命，只能以名誉担保眼下绝不插手帮助罗马守军。

▲ 加里波第和他的助手兼保镖阿古亚。

好在加里波第率领志愿军赶来驰援，比法国军队早三天到达罗马城，否则罗马守军真是毫无胜算可言。与马志尼对加里波第的不信任相比，罗马共和国战争部部长朱塞佩·阿韦扎诺视加里波第为心腹。阿韦扎诺一听到法国军队登陆奇维塔韦基亚的消息，就立即派人给身在列蒂的加里波第送信。加里波第和1300名志愿军仅用了两天时间就赶到了罗马城。志愿军士兵都留长发、蓄胡须，头戴一顶小毡帽，穿着打扮与普通士兵截然不同，所到之处都会引起轰动。一部分志愿军军官身穿红衫，骑在美洲式的马鞍上，他们从蒙得维的亚一路追随加里波第来到罗马城。身穿南美披风的加里波第无疑是这支志愿军的焦点，一位身材高大的巴西人紧紧跟在他的身旁，此人名叫阿古亚，以前是个奴隶，现在是加里波第的助手兼保镖。尽管加里波第的志愿军振奋了守军的士气，但是大部分志愿军士兵跟守军一样没有实战经验。这支志愿军中有好几百人是学生和艺术家。

好在幸运女神站在罗马人这边。乌迪诺将军搬起石头砸了自己的脚。法国军队的侦察兵摸索到博尔戈城墙，接下来发生的事情令他们始料不及。城内响起了一阵急促的枪声，这才意识到罗马人压根没把他们当救星。紧接着，他们发现珀图萨门早已被砌成墙，轻型野战炮根本轰不开眼前这堵墙。乌迪诺的攻城计划成了明日黄花。

饶是如此，乌迪诺将军也并没有懊丧。根据情报部门得到的消息，支持他的神职人员会守着卡瓦勒吉里门，为他开门，所以他派出一支纵队，朝山下的卡瓦勒吉里门进发。此外，他还派出了一支纵队向圣天使堡方向进发，将城墙北侧团团围住。然而，这些决策都不够明智。春末夏初，骄阳似火，法国士兵穿着厚重的军装走了整整一个上午，早已筋疲力尽。此时此刻，他们正在崎岖的山路上小心翼翼地扛着野战炮前行，埋伏在附近城墙里的守军不断冲他们扫射。一部分法军士兵突破防守，终于来到卡瓦勒吉里门下，却发现城门紧闭，根本没有所谓的神职人员。慌乱之中，他们闯进了一个凹坑，凹坑周围都是城墙，埋伏在东城墙和北城墙的守军继续冲他们扫射。因为没带云梯，几个法军士兵试图用长钉翻墙。然而就在此时，他们突然收到了乌迪诺将军的撤军命令。这一轮进攻持续了不到一个小时。

战斗还远远没有结束。位于梵蒂冈山以南的多里亚·潘菲利别墅公园正对着城墙，埋伏在这里的加里波第得知乌迪诺败退的消息，决定乘胜追击。没有丝毫实战经验的300位学生和艺术家翻过公园外墙，来到墙外的一条深巷子。他们在翻墙的过程中，突然看到一支法军纵队。这支纵队由1000名法军士兵组成，就是之前乌迪诺派出去掩护右翼的那支纵队。这群学生和艺术家向法国军队发起进攻，暂时将他们击退，随后便被赶出巷子，不得不逃回公园。

一场恶战在所难免。其余的志愿军士兵也加入其中，但是被打得节节败退。学生和艺术家分散在花园各处的外屋里避难，苦苦支撑，拒绝投降。加里波第意识到情况不妙，立刻传令给加莱蒂上校请求支援。加

▲ 这幅版画描绘了查尔斯·乌迪诺中将率领法军士兵在安杰利卡门附近对罗马发起首次进攻，出自 1849 年 5 月 19 日的《伦敦新闻画报》。

莱蒂上校指挥着一支800人的军队，是加里波第志愿军的后方部队，此时正驻扎在贾尼科洛城墙。这800人是去年与奥地利人在战场上厮杀过的罗马志愿军，他们义无反顾地加入战斗，迫切地想要一雪前耻，他们个个士气高昂，没过多久，就把法国军队打得落花流水。加里波第的出现，极大地鼓舞了士气。他亲自带兵冲锋，穿过花园里的树林和灌木丛，法军被迫退到巷子另一边的一片葡萄园里。双方僵持了一段时间后，罗马守军冒着枪林弹雨逃进巷子，奋不顾身地冲向葡萄园，最终打破僵局。双方展开激烈的白刃战，最终法国军队不敌，落荒而逃，数百名法军士兵被生擒。

战役结束后，守军内部出现分歧。加里波第在战场上被一颗子弹打中肋部，但是不妨碍他有乘胜追击的决心，他打算一口气把乌迪诺赶出意大利半岛。然而，他的计划被马志尼一口否决。马志尼仍然对法国人抱有幻想，根本不愿意激怒他们，他还想着有朝一日跟他们签订和平协议呢。加里波第愤懑不平。当然，罗马共和国在加里波第的率领下大捷，这是谁也无法否认的事实。杂牌军打败了正规军，暂时保住了罗马城。欣喜若狂的罗马市民竟有点不敢相信这是真的。大捷当晚，人们纷纷点起蜡烛，整个城市灯火通明，大街被欢呼的人群挤得水泄不通。他们有理由为自己感到自豪。虽然教皇声称外国独裁者正统治着罗马共和国，但是打败法国人的绝大多数是罗马人。

马志尼领导下的罗马共和国似乎一度转危为安。炸弹国王费迪南多二世率领1万名那不勒斯士兵向罗马城推进，摆平那不勒斯人成了罗马人的当务之急。加里波第先后两次率军打败那不勒斯军，炸弹国王带着败军灰溜溜地逃回南方。5月中旬，罗马共和国迎来新的希望。乌迪诺将军提出休战谈判，法方的谈判代表费迪南·德·雷赛布抵达罗马城，准备与三人执政团进行谈判。雷赛布本以为自己要面对的是一群激进的反圣职分子，没想到却被马志尼的雅量深深打动了。马志尼善待了上次战役中俘虏的法国士兵，准许他们游览罗马城，并无条件释放他们。教会财产完好无损，神职人员安然无恙，甚至连那些密谋反对罗马共和国的人也得到了马志尼的宽恕，获得自由。经过两个星期的谈判，雷赛布和三人执政团达成协议。迎回教皇的事宜被暂时搁置，但是双方一致同意法方驻扎在罗马城周边，保护罗马城免遭奥地利人的侵袭。

可惜，这次的谈判只是个幌子。路易·拿破仑向来将法国军事行动的正当性视为国家的骄傲，雷赛布与罗马方的谈判实际上只是为拖延时间等待援军的缓兵之计，而雷赛布本人却一直被蒙在鼓里。雷赛布与罗马方签订协议后的第二天，乌迪诺将军便宣布休战期结束。现在，法军的兵力已经翻了一番，由1万人增至2万人，大量援军还在路上。值得一提的是，这次的援军还带来了工程兵和攻城炮。

吸取上次失败的教训，乌迪诺决定再施一计。他注意到突破贾尼科洛防线的关键在于能否攻占一栋名叫科尔西尼的四层别墅，这栋别墅位于潘菲利别墅公园，坐落在一个高高的圆丘上，站在上面可以俯瞰几百米以外的城墙。值得一提的是，加里波第也注意到这栋别墅的地理位置不一般。然而，罗塞利元帅并没有在4月30日取得大捷后下令加固科尔西尼别墅的防御工事，增设炮台。乌迪诺将军在宣布休战期结束的同时还承诺6月4日前法国军队不会攻击"那个地方"，这样城中的法国人就有足够的时间出城。至于到底是哪个地方，他故意含糊其词。6月2日，星期六，罗塞利元帅在当晚前往科尔西尼别墅，视察别墅周边的卫戍部队，告诉他们敌人在今晚不会发动进攻，他们可以睡个好觉。这支只有400人的卫戍部队既没有壕沟，也没有大炮。

仅仅几个小时后，大批法国士兵涌入潘菲利别墅公园。乌迪诺将军玩的这个文字游戏让罗马人吃尽了苦头。他声称科尔西尼别墅不属于"那个地方"，因此自己并没有违反诺言。罗马守军奋勇抵抗，终因寡不敌众败下阵来，科尔西尼别墅不久后便落入敌手。加里波第率军打败了"炸弹国王"，刚回罗马城不久，肋部的枪伤也渐渐好转起来。听到法军攻入潘菲利别墅公园的消息后，他立即赶往贾尼科洛山，组织反击，第二次守城战役爆发。不过，法国军队占尽先机，罗马守军打一开始就败局已定。为了袭击法军，罗马守军须得穿过潘菲利别墅公园外墙的一扇小门。进门后，他们猛然发现自己站在一个漏斗形空地的边缘，周围没有任何藏身的地方。埋伏在科尔西尼别墅的法国士兵疯狂地冲着他们扫射，那块漏斗形空地瞬间变成了屠宰场。

加里波第擅长打游击战，不擅长打这种白刃战，所以他也回天乏力。在这种情况下，等待是最明智的做法。然而，加里波第并没有等到时机成熟后再用大炮把科尔西尼别墅炸成废墟，而是发动了一波又一波的进攻，像极了自杀式袭击，士兵们没有丝毫退缩。伦巴德狙击兵因与法国军队有约在先，不好插手上次的战役，而这次他们终于如愿以偿，加入了战斗。他们跪倒在地，冲着那栋别墅盲目地扫射，他们死死地守住阵地，直到指挥官马纳拉发现损失惨重，下令撤退。守军曾几次将法国军队赶出科尔西尼别墅，但是他们所占据的位置易攻难守，科尔西尼别墅最终落入敌手。经过一天的激战后，精锐尽失，科尔西尼别墅彻底失守。

从这一刻起，但凡有点军事常识的人都知道罗马城必败无疑。法国军队占领罗马城只是时间问题，而罗马共和国孤立无援，只能坐以待毙。法兰西、奥地利和那不勒斯早就公开宣布与罗马共和国为敌，而今托斯卡纳也加入敌方阵营，西班牙更是陈兵于罗马城南部。英国和美国对马志尼领导下的罗马共和国心存戒备，不想被牵扯进去，就连《泰晤士报》也站在了罗马共和国的对立面。《泰晤士报》派出的海外记者从奇维塔韦基亚开始就一直跟随乌迪诺将军的军队，于是便理所当然地站在法国军队的角度来看待这次的攻城战。在这位记者的笔下，马志尼统治下的罗马完全被外国独裁者掌控，"外国独裁者以自由的名义烧杀抢掠，三四个神父在开放参观日鼓起勇气出现在公众场合，结果在当天被残忍屠杀，他们支离破碎的尸体被扔进台伯河里。"[46]

罗马人虽然知道局势已无法挽回，但是他们选择战斗下去。泰斯塔西奥山上的罗马守军和贾尼科洛山上的法国军队展开了激烈炮击。一支乐队在圣潘克拉齐奥门附近的一座堡垒里演奏《马赛曲》，企图以此羞辱法国军队，但是他们并没有受到影响。法国军队从奥勒良城墙的南面和北面向城内发射炮弹，目的是转移罗马人的注意力。幸好城中的建筑没有遭到严重破坏，不过这次炮击的最大受害者居然是教皇庇护九世。罗马人把两枚击中圣彼得大教堂的炮弹送去给身在加埃塔的庇护九世，在接下来的许多年里他一直对此耿耿于怀。每当有炮弹落下来的时候，罗马人就会高呼："庇护九世又来了！"罗马人用水把噼啪作响的炮弹浇灭，随后把它们扔进台伯河里。

作为罗马共和国坚定的支持者，美国作家玛格丽特·富勒这段时间一直在奎里纳尔宫帮罗马人照顾伤员，奎里纳尔宫此时已被征用为医院。罗马城危在旦夕，在这个悲伤的时刻，富勒将她在夜晚看到炮弹落下的情景记录下来："……炮弹从地平线升腾而起，像流星一样发着光，划过夜空，前仆后继地完成它们的邪恶使命。它们本是恐惧的使者，却是如此绚烂，我多想死在这绚烂的炮火里……"[47]

玛格丽特·富勒指出罗马被外国独裁者掌控纯属无稽之谈，庇护九世是在混淆视听。她写到，自己时常独自走在街上，从未遇到暴力事件，可见罗马的治安已明显改善。罗马人顶多用嘘声表达不满，城中的法国人也过着平静安宁的日子。罗马人还跟从前一样喜欢借雕像帕斯奎诺之口嘲讽敌人，只不过现在雕像帕斯奎诺挖苦敌人的阵地变成了讽刺杂志《毕尔洛内先生》。

法国军队一步步向罗马城逼近。如果他们能够顺利拿下贾尼科洛城墙，就意味着罗马城被攻破。但是事与愿违，他们遭到了伦巴德残部的抵死反抗。他们冒着密集炮火，顶着一波又一波的进攻，死死守住圣潘克拉齐奥门附近的巴斯切洛别墅。这栋别墅虽然不大，但是极具战略意义。所以，无奈之下，法军只好改为攻击圣潘克拉齐奥门以南的一处堡垒，这在一定程度上拖慢了法国军队的进攻速度。然而，法国军队有的是时间跟守军耗。他们的攻城炮把城墙一点点炸成碎石，他们挖的"之"

字形壕沟一步步向城内延伸，他们在攻陷科尔西尼别墅约三个星期后，再次攻陷今夏拉别墅公园附近的一段城墙，但是他们发现自己的前路被堵死了。加里波第早就在几百米以外的地方修建了一道新的防线，新防线还借用了一段奥勒良古城墙。

罗马守军的兵力和武器装备远远不及法国军队，却在接下来的9天里死死地守住了新防线。提图斯·李维如果还活着，也不能不为他们一往无前的勇气而击节。双方激战正酣时，加里波第的孕妻阿妮塔从尼斯赶来，决心与丈夫共进退。此时的加里波第不仅要对付法军，还要对付马志尼。两人因为战略问题再次闹翻。作为游击斗士，加里波第希望率领剩下的共和国军前往意大利中部的山区发动起义和开展游击战；作为民意代言人，马志尼则希望共和国军抵抗到最后一分钟。这样一来，就算最后败了，也虽败犹荣。6月30日，守军再次被法国军队打败后，这件事尘埃落定。加里波第出现在罗马议会上，身上沾满血迹和灰尘，手里的剑已经成了废铁，弯曲得无法完全插进剑鞘里。他刚得知自己的保镖阿古亚被一枚炮弹击中身亡。议会给了他三个选择：缴械投降、守卫罗马到最后一刻、转战山区。加里波第理所当然地选择了转战山区，他宣称："我们走到哪里，哪里就是罗马。"

两天后，加里波第的军队在圣彼得广场上集合。加里波第被前来送行的热心市民团团围住，差点把他和军队冲散。他深受触动，即兴发表了这篇著名的演讲：

> 今天，我们虽然时运不济。明天，我们必将否极泰来。我就要离开罗马，转战他方。你们愿不愿意随我继续同外国侵略者战斗？我没钱给你们发军饷，也没钱给你们提供食宿，我只能带给你们饥饿、干渴、强行军、战斗甚至死亡。只有嘴上功夫的人不来也罢，真正爱国的人不妨跟我走！[48]

经过罗马守军两个月的顽强抵抗和将近一个月的连续作战，罗马守城战宣告结束。同一天晚些时候，加里波第和约4000名志愿军在圣乔凡尼教堂附近集合，这支志愿军主要由守军残兵组成。西塞罗奇奥和他的两个儿子以及身穿标志性红衫的阿妮塔也站在这支即将行军的队伍之中。志愿军慢慢走出城门，只留下身后的罗马城。没想到，加里波第那天上午的演讲竟然一语成谶。志愿军在山区的起义接连失败，不久后便走上逃亡之路，一路损兵折将。西塞罗奇奥和他的两个儿子（小儿子只有13岁）被奥地利人俘虏，随后被击毙。正在孕期的阿妮塔在疲惫和疾病中死去。只有加里波第顽强地活了下来，准备继续战斗下去。

加里波第和志愿军撤出罗马城的第二天，法国军队便入驻罗马城。本书着重讲述了罗马历史上遭遇的七次围城战，此次破城后，攻城军并没有像其余六支攻城军一样在罗马城中烧杀抢掠，所以罗马城几乎没有受到实质性的伤害，但是攻城军的杀伤力体现在别的方面。法国军队凭刺刀解散了罗马的民选议会，解除了市民武装，拆掉了罗马共和政府所有的标志和徽章，驱逐了在共和政府任职的外籍官员，开始全城搜捕在马志尼政府担任要职的官员。英国政府和美国政府对罗马共和国采取袖手旁观的态度，不过英国和美国的驻罗马领事通过大量发放签证的方式挽救了许多罗马共和国的前任官员。马志尼是举世闻名的大人物，法国军队并不打算招惹他。罗马沦陷后，马志尼又在城中逗留了好几天，匆忙建立了地下抵抗组织。

罗马人对法国军队的态度很可能与马志尼脱不开干系。法国军队入驻罗马城的第二天，玛格丽特·富勒就看到了一本宣传抗敌的小册子，它号召罗马人共同抵制法军，拒绝同法国军人交谈，拒绝同法国军人在同一家咖啡馆或餐厅用餐，法国军人路过时，必须立即关上窗户，同法国人交好的罗马人将被视为过街老鼠，尤其是罗马女人。这本抗敌小册子宣称："法军是侍奉神父和国王的奴才，是葬送自由的罪人，只配在孤独和蔑视中赎罪。"[49]

▲ 这幅版画描绘了一位法国游客遭到罗马爱国市民和狗的围攻，出自1849年10月6日的《伦敦新闻画报》。

　　但是不久后，罗马人就会发现他们最需要反抗的不是法国人，而是罗马教廷的神职人员。法军占领罗马一个月后，就把治理权交给了三位枢机主教。罗马人称他们为"红衣三人执政团"，这个名称与政治无关，只与枢机主教的标志性红色法衣有关。随后法军与罗马教廷展开了一场旷日持久的斗争。法军为了维护自己的声誉，试图说服罗马教廷采取温和的统治政策，而罗马教廷一直在伺机报复罗马人，时刻准备恢复革命以前的专制主义统治。在这场斗争中，罗马教廷占据上风的时候居多。红衣三人执政团一上任就宣布大赦，罗马共和国政府的前任官员和高级将领、罗马议会的前任议员以及庇护九世在1846年的登基大赦中赦免的人都被排除在此次的大赦名单之外。所以，这次大赦更像是一条禁令。玛格丽特·富勒这样评论道："看来除非废除他（教皇庇护九世）从前颁布的所有进步政策，否则他和他的顾问是不打算休息了。"[50]罗马共和国灭亡后的头8个月中，估计有2万罗马人离开了罗马城，这一数字占了罗马城总人口的八分之一，其中的1万人是被官方驱逐出城的。

庇护九世的确兑现了一项他在登基之初许下的诺言。在接下来的数年里，电报和铁路把罗马城同欧洲连接起来，煤气灯照亮了罗马城的大街小巷。一座冒着浓烟的煤气厂建在马克西穆斯竞技场战车比赛的赛道上，为城内的煤气灯提供燃料。不过除此之外，罗马全面倒退回了教皇格列高利十六世统治下的保守时代。教皇国再次成为一个充斥着告密者、监视者、告发信和政治犯的国度。截至公元1853年，教皇国有1000多名在押政治犯，绝大多数政治犯被关押在台伯河岸区圣米歇尔劳教所的一栋专用翼楼里。罗马教廷还恢复了死刑和审查制度。戏剧演出和歌剧演出遭到严格控制，《禁书目录》上的书被当众焚毁。

生活在罗马城的犹太人会有一种似曾相识的感觉。公元1849年10月，教皇密探对外宣称隔都里堆满了来路不明的巨额财宝，意在诱使法军随他们一同搜查隔都，整个搜查行动持续了三天。然而，他们并没有找到所谓的巨额财宝，于是趁机抢劫和搞破坏，甚至随意抓捕隔都里的犹太人。曾被庇护九世废除的限制政策再次被执行，犹太人被禁止从事几乎所有的职业。犹太人在理论上可以搬出隔都，但是罗马教廷设置了层层障碍，加之各级官僚办事拖延，所以犹太人几乎不可能在罗马城的其他地方安家。许多罗马犹太人不得不用脚投票，像外邦人一样离开罗马城。截至公元1853年，四分之一的犹太人选择离开教皇国。截至公元1860年，过半数罗马犹太人没有任何财产，只能靠乞讨为生。

罗马人、基督徒和犹太人怀着满腔怒火，决心一同反抗罗马教廷。威廉·韦特莫尔·斯托里这样写道：这座城市"陷入了沉默，弥漫着一种阴郁的气氛"[51]。讽刺漫画是那个昙花一现的革命时代的产物，如今的罗马人只能秘密地传阅那些讽刺漫画。他们决心抓住一切机会进行抗议。公元1849年11月，玛格丽特·富勒在圣伊尼亚齐奥教堂参加一年一度的亡灵祷告，就在此时，"……一个低沉的声音突然从人群中传来，'愿为国捐躯的烈士在天国安息！'他话音未落，有人便在灵柩台上撒满了玫瑰花和桃金娘，人群突然沸腾起来，齐声高喊，'安息吧！安息吧！阿门！'"[52]教廷当局极力想找出幕后主使，但是人们都守口如瓶。罗马教廷制订的不忠分子清除计划多次流产，最后不得不搁置，因为谁都不愿意检举自己的同僚，这让教廷当局时常感到挫败。

教皇庇护九世不知道罗马人会以怎样的态度迎接他的归来。公元1850年4月的一天，庇护九世终于从那不勒斯回到罗马城。就在同一天，有人试图放火烧毁奎里纳尔宫。不久之后，他就搬去了相对安全的梵蒂冈宫，因为梵蒂冈宫有一条连接圣天使堡的逃生通道。他在梵蒂冈宫内接见各国政要，其中就包括英国在梵蒂冈的非正式代表奥多·拉塞尔。在拉塞尔眼中，庇护九世是个被仇恨蒙蔽了双眼的老人，嗜血成性，越来越不切实际。在一次会议上，庇护九世信誓旦旦地向拉塞尔宣称，意大利人只是一时被外国的革命分子迷惑，误入歧途，"等他们尝尽苦头，定会迷途知返。"[53]庇护九世还坚称英国即将取消新教的国教地位，重新确立天主教为国教。

罗马人有理由相信他们的苦日子总有一天会结束。罗马人能最终迎来曙光，部分要归功于他们自己。他们在罗马守城战中的英勇行为，很快引起了世人的注意，被世人奉为英勇护国的典范，马志尼和加里波第终于得偿所愿了。讲述罗马守城战的文章层出不穷，其中的一篇被威廉·尤尔特·格莱斯顿（公元1809年12月29日—1898年5月19日，英国政治家，曾四次出任首相）译成英文。马志尼经过多年的苦心经营终于得到回报，意大利的统一派人士突然发现自己的阵营里多了一些强大的盟友。路易·拿破仑曾一力颠覆罗马共和国，如今却十分意外地跟统一派人士站在一起。公元1859年初，此时的路易·拿破仑已经是法兰西第二帝国（公元1852年12月2日—1870年9月4日）的皇帝，称拿破仑三世，皮埃蒙特在他的支援下一举将奥地利人赶出了意大利。拿破仑三世之所以这么做，并不是因为良心发现，而是出于对死亡的恐惧。公元19世纪50年代末期，意大利爱国人士一心为罗马共和国复仇，三次暗杀拿破仑三世，但是都被他侥幸逃脱。其中第三次暗杀发生于公元1859年1月，是最惊心动魄的一次暗杀。这次暗杀的组织者叫菲利斯·奥尔西尼，曾经追随过马志尼。等拿破仑三世和欧仁妮皇后（公元1826年5月5日—1920年7月11日）一到达歌剧院，菲利斯就将三枚炸弹扔到街上，煤气灯全都被炸毁，整条街陷入了黑暗和混乱。拿破仑三世的马车被毁，不少人受了伤，但是皇帝夫妇毫发无损。仅仅两个月后，拿破仑三世便派官员与皮埃蒙特方密谈，商讨联手对抗奥地利。

乌迪诺将军的部队撤出罗马城后，马志尼曾出面阻止加里波第继续与法国军队缠斗。现在看来，这似乎是一个非常正确的决定。倘若法国军队惨败在加里波第的手下，那么他们将更难找到正当理由支持意大利的统一事业。拿破仑三世转而支持意大利统一派，成为意大利统一进程的转折点。不出几个月，奥地利人就被赶出了伦巴德，首相加富尔（公元1810年8月10日—1861年6月6日）在托斯卡纳和其他意大利邦国组织公投。参与公投的各邦国选择加入北部的撒丁王国，这标志着新意大利王国（公元1861—1946年）的诞生。加里波第不久后又将新王国的版图翻了一番。他率领1000名装备简陋的志愿军士兵登陆西西里岛，凭借灵活的战术和满腔的热情打败了装备精良的那不勒斯正规军。加里波第一战成名，成为19世纪炙手可热的军事明星。几年后，他前往伦敦进行参观访问，他的到来在伦敦掀起了维多利亚时代的"披头士狂热"。加里波第所到之处都会被团团围住，英国女士"飞快地扑向他，紧紧地抓住他的手，抚摩他的胡须、他的披风以及任何她们能摸到的地方"，实在是"有伤风化"。[54]

新意大利王国的版图不断扩大，教皇国的大部分领土宣布脱离教皇国，加入新王国，教皇庇护九世只能眼睁睁地看着，而罗马人心中又燃起了希望。罗马人手中高举着加里波第的画像，不断冲教皇的宪兵发出嘘声，反复喊着"威尔第万岁"，弄得教皇宪兵一头雾水。罗马人口中的"威尔第"并不是意大利作曲家朱塞佩·威尔第（公元1813—1901年），而是意大利国王维克托·伊曼纽尔二世（公元1820年3月14日—1878年1月9日）。教皇派龙骑兵驱散集会的罗马人，罗马人愤而发起联合抵制，集体戒烟，停止购买教皇奖券，甚至不再参加狂欢节。科尔索大街变得冷冷清清，民众宁愿在皮亚门附近的城墙外集会。教皇庇护九世派杀人无数的刽子手朱塞佩·布加迪骑马巡视集会的人群，企图通过这种方式逼迫他们屈服。

教皇庇护九世至少此时还是世俗君主。法皇拿破仑三世虽然支持意大利民族主义者统一意大利，但是无意推翻教皇，法国的卫戍部队依旧驻守在罗马城。饶是如此，庇护九世也深知教皇国气数已尽。他开始远离俗务，一心沉浸在宗教事务中，好在他在宗教世界有着不可撼动的地位。公元1864年，他宣布《谬论要录》，要求教会不得认同新思想，例如泛神论、自然主义、唯物主义、理性主义、社会主义、共产主义、秘密社团、圣经公会、自由主义和共济会的各个派系。尽管庇护九世将理性主义和科学视为洪水猛兽，但是事实证明科学对他大有裨益。得益于电报、铁路和蒸汽动力的交通运输工具的普及，庇护九世在公元19世纪60年代末成功召开梵蒂冈第一届大公会议，各国主教纷纷抵达罗马。这次会议是自16世纪以来教皇举行的第一次大公会议，庇护九世在会上确立了"教皇永无谬误论"的新教义，他主张教皇权力神授，高于宗教会议，享有普遍而最高的宗教司法权。

就在庇护九世忙着确立自己在教会内部的权威的时候，他治下的教皇国已然分崩离析。公元1870年7月，会议正式宣布"教皇永无谬误论"是天主教会内部的公认信条。几天后，普法战争（公元1870年7月19日—1871年5月10日）爆发。短短几个星期内，拿破仑三世就将驻扎在罗马的法国军队撤回国内。同年9月，法国在色当战役中惨败，法皇拿破仑三世沦为阶下囚。意大利国王维克托·伊曼纽尔二世不必再顾忌法国的威胁，将罗马城纳入意大利版图的时机已经到来。庇护九世拒绝了伊曼纽尔二世提出的和谈条件，各国政要这次都没有站出来支援他，只有200名罗马人响应他的号召，愿意为他而战。他终于亦尝到了腹背受敌，孤立无援的滋味。所以，庇护九世只好另谋出路。他拖着老迈又肥胖的身体来到拉特兰圣乔凡尼大教堂附近的圣阶教堂，他像无数普通的朝圣者一样以跪拜的方式爬上圣阶，嘴里念念有词地祷告着。

但是无济于事。公元1870年9月20日，距离皮亚门不远处的奥勒良古城墙一隅在炮声中轰然倒塌，意大利军队乘机登城，蜂拥而入。罗马城曾多次被入侵的外敌攻陷，但无疑这次入侵造成的人员伤亡最少。部分罗马人的伤亡是因为被流弹击中。一位意大利军官一时忘乎所以，冲市中心发射了几枚炮弹，也造成了一些人员伤亡。教皇军在短短几个小时内便投降了，他们被意大利军队护送到梵蒂冈，为的是保护他们免遭愤怒民众的围攻。

意大利当局曾提出过一个解决方案：允许教皇庇护九世保留包括梵蒂冈、博尔戈和贾尼科洛城墙边上的绿地在内的一小片领土。但是，就连这个方案也在民众的强烈反对下化为泡影。博尔戈的居民受够了教皇的统治，愤而发动示威，庇护九世只好放下身段请求意大利当局派兵保护他。罗马城以公投的方式加入意大利王国。罗马主城区以40785∶46的压倒性票数加入意大利王国，博尔戈地区的居民单独进行公投，最终以1566∶0全票通过加入意大利王国。作为反击，庇护九世在一个月后将所有参与分裂教皇国的教徒革出了教门。

公元1881年6月13日凌晨，罗马人终于找到机会发泄对教皇庇护九世的不满情绪，这也是他们最后一次机会。庇护九世在人生的最后几年一直避居梵蒂冈，密谋复国。公元1878年2月7日，也就是三年前，他在梵蒂冈离世，给意大利当局留下了一个棘手的问题。他在生前曾明确表示死后不要葬在梵蒂冈，而要葬在位于罗马城西部的圣洛伦佐教堂。此事一拖就是三年，时任首相阿戈斯蒂诺·德普雷蒂斯终于下定决心，在公元1881年6月13日将庇护九世的尸体从梵蒂冈转移到圣洛伦佐教堂。为了不打草惊蛇，德普雷蒂斯决定在午夜时分转移庇护九世的尸体。

　　然而事实证明，他大错特错。转移尸体的消息不胫而走。到了午夜时分，10万人如潮水般涌进了圣彼得广场。送葬队伍里不乏虔诚的天主教徒，他们一边举着蜡烛，一边唱着圣歌。罗马人没有忘记庇护九世给他们带来的炮火，也没有原谅他的打算，他们拦住送葬队伍的去路，冲送葬队伍猛掷石子，送葬之路瞬间变成了一个移动的战场。送葬队伍正要抬着庇护九世的尸体过圣天使桥，在场的民众见状齐声高喊："把他扔进河里去！"虽然庇护九世的尸体最终被安葬在圣洛伦佐教堂，却颜面尽失——为了摆脱蜂拥赶来的民众，送葬队伍不得不加快脚步，一路小跑着穿过罗马城。

　　这是庇护九世11年来第一次离开梵蒂冈。他如果能睁开眼看一看此时的罗马城，一定会发现罗马城早已物是人非，不少地方已经不是当年的模样。罗马城的身份也发生了翻天覆地的变化：此时的罗马城已是意大利王国的首都。

公元20世纪30年代的罗马城

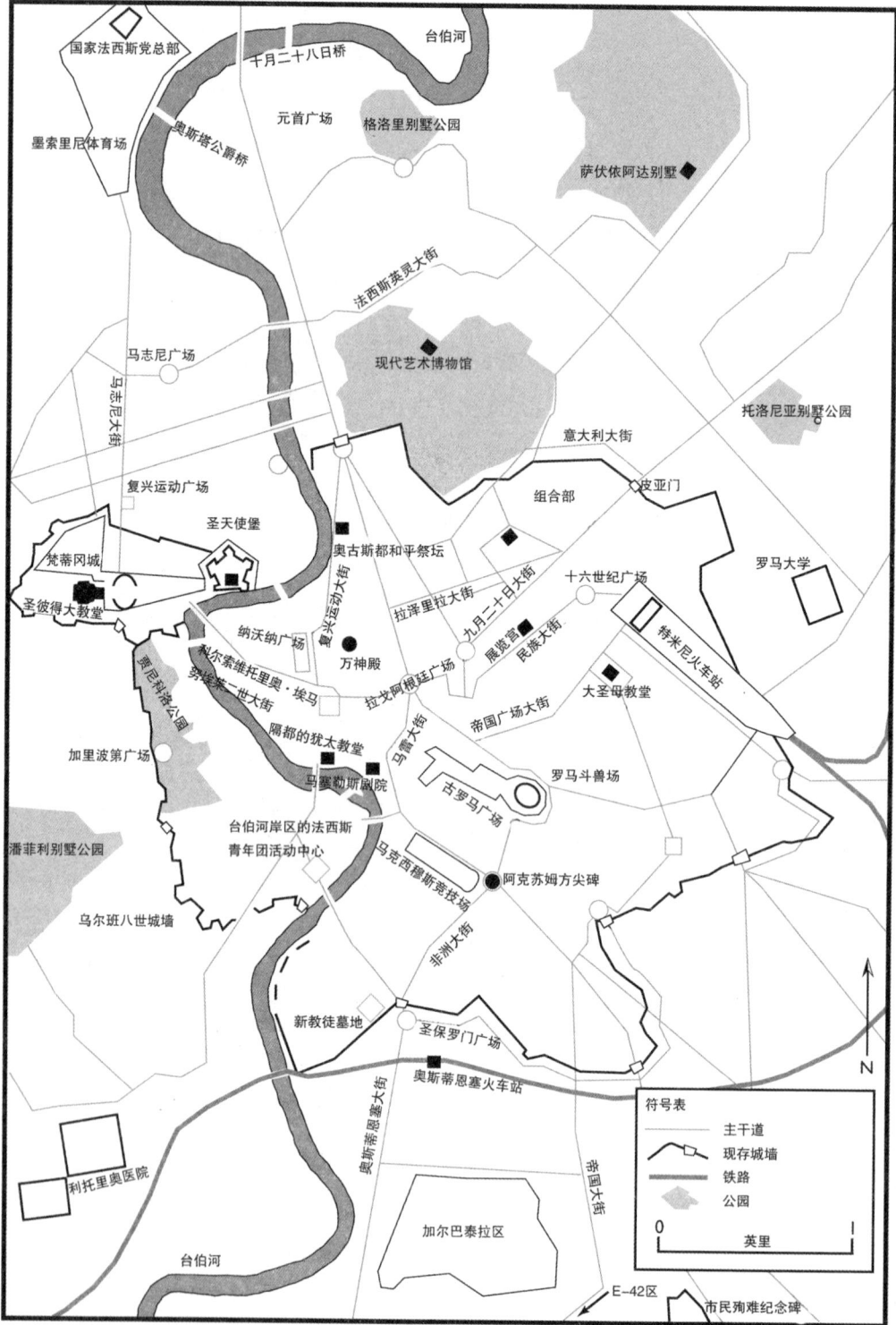

国家法西斯党总部

十月二十八日桥

台伯河

元首广场

格洛里别墅公园

墨索里尼体育场

奥斯塔公爵桥

萨伏依阿达别墅

法西斯英灵大街

马志尼广场

现代艺术博物馆

托洛尼亚别墅公园

马志尼大街

意大利大街

复兴运动广场

组合部

皮亚门

圣天使堡

奥古斯都和平祭坛

拉泽里拉大街

十六世纪广场

罗马大学

梵蒂冈城

复兴运动大街

九月二十日大街

展览宫

民族大街

特米尼火车站

圣彼得大教堂

纳沃纳广场

万神殿

拉戈阿根廷广场

帝国广场大街

大圣母教堂

潘尼科洛公园

科尔索维托里奥·埃马

努埃莱二世大街

乌霸大街

古罗马广场

罗马斗兽场

隔都的犹太教堂

加里波第广场

马塞勒斯剧院

潘菲利别墅公园

台伯河岸区的法西斯
青年团活动中心

乌尔班八世城墙

马克西穆斯竞技场

阿克苏姆方尖碑

非洲大街

新教徒墓地

圣保罗门广场

利托里奥医院

奥斯蒂恩塞大街

奥斯蒂恩塞火车站

符号表

主干道

现存城墙

铁路

公园

台伯河

加尔巴泰拉区

0

英里

E-42区

市民殉难纪念碑

N

第七章

纳粹分子
Chapter Seven　Nazis

I

　　萨伏依阿达别墅位于罗马东北郊，是块膏腴之地。你可能想象不到，这里曾发生过一件非同小可的事。今天，这里是阿拉伯埃及共和国大使馆的所在地，几个满脸倦容的卫兵驻守在门口。此地位于阿达别墅公园的边缘地带，而阿达别墅公园是罗马较大的公园。每逢周日，当地人就会来这里野餐和遛狗，宠物狗出门前都会被主人精心打扮一番。萨伏依阿达别墅始建于19世纪末，所以外观看起来并不陈旧，当然也并不富丽堂皇。整栋建筑呈正方形，旁边立着一座仿中世纪堡垒。这栋尽显托斯卡纳风格的建筑，很可能是一位电视竞赛节目主持人的度假别墅。环顾四周，你很快就会意识到这栋别墅曾经的主人身份不一般。别墅后面有一个废弃的马厩，昔日曾挤满纯种马，现在被一条栅栏围住，马厩的墙上涂满了涂鸦。别墅不远处有一座植物园、一个小型的露天剧场、一座可以俯瞰这座露天剧场的破败凉亭和一个大型的地下防空洞，防空洞暗示着主人不同寻常的身份。如果你还猜不出这栋别墅的主人是谁，仿中世纪堡垒上的盾形纹章会让你恍然大悟，盾形纹章上写着：萨伏依皇家徽章。公元1943年夏，这栋别墅是时任意大利国王维托里奥·埃马努埃莱三世（公元1900年7月29日—1946年5月9日在位）的居所。

公元1943年7月25日下午5时许，他在这里接待了一位访客：贝尼托·墨索里尼（公元1883年7月29日—1945年4月28日，意大利国家法西斯党党魁、法西斯独裁者，第二次世界大战的元凶之一，法西斯主义的创始人）。三辆满载着卫兵和副官的护卫车驶向别墅，随后又返回公园的入口处，只留下墨索里尼和秘书尼古拉·德·恺撒的车。两人从车里爬下来，秘书手里提着一个公文包，里面装满了文件。国王站在别墅门口欢迎他们，并称墨索里尼为元首（公元1922—1943年法西斯意大利首领墨索里尼用作头衔），语气中透着些许的热情。在墨索里尼当政的过去20年里，国王一直对元首这个称呼讳莫如深。墨索里尼和秘书走进别墅，他们身后的大门随即被关上，门外的卡宾枪骑兵让墨索里尼的司机把车停到庭院的僻静角落。司机在去停车的路上说不定已经注意到停在隐秘处的那辆救护车。

当天下午，墨索里尼看上去一脸疲惫。有消息称，他一反常态，下巴上长满了胡须。那时他刚熬过一个漫长的夜晚。在这个夜晚，他主持召开了第一届法西斯大委员会会议，会议持续了将近10个小时，法西斯党的领导人在会上互相指责，继而演变成一场激烈的争吵，最后他们都将矛头指向墨索里尼，指责他把意大利拖入了战争的深渊。几天后，瑞士记者德·怀斯根据一些与会者提供的信息，拼凑出事情的始末。墨索里尼下台的这段时间，德·怀斯恰好居住在罗马，她将当晚发生的事情记载下来：

> （与会者）怒不可遏，破口大骂，甚至上升到人身攻击。例如德·韦基冲福莱特塔里嚷道："你就是个狗腿子！"德·韦基骂得这么难听是因为墨索里尼的情妇克拉拉·贝塔西（公元1912年2月28日—1945年4月28日）是福莱特塔的后台。所有人都崩溃地大叫起

来，有的用拳头猛捶桌子，有的放声痛哭，部长帕雷斯希甚至一度昏厥。[1]

　　翌日凌晨三点，会议终于结束。委员会投票表决，最终决定剥夺墨索里尼的一切权利，并特别要求他把军队的指挥权交还给国王。墨索里尼就这样被赶下台。但是一觉过后，墨索里尼就不打算认账了。毕竟在他眼里，法西斯大委员会不过个橡皮图章，只要神不知鬼不觉地处置了那几个背叛他的党徒，他还可以继续手握国柄。上午9时，他像往常一样来到设在威尼斯宫的办公室。午后不久，他回到家中，就是在这栋位于罗马东北部的别墅里，他得知国王召他前往萨伏依阿达别墅觐见。国王还要求他不必像从前一样穿军装觐见，着便服即可，这个要求有些古怪。墨索里尼的妻子雷切尔·墨索里尼（公元1890年4月11日—1979年1月30日）起了疑心，劝他不要去，但是他没当回事。他穿上蓝色西装，搭配了一顶黑色的帽子，顶着烈日匆匆赶往萨伏依阿达别墅。

　　关于墨索里尼觐见国王的始末，德·怀斯提供了一个充满火药味的版本，她声称两人彻底翻脸，互相指责对方。给她提供信息的人似乎在刻意夸大事实。几个月后，当时在现场的人讲述了当时的情形，证明当时双方态度都很平和。国王向墨索里尼表示自己已经知道法西斯大委员会会议的决议。墨索里尼早就料到国王会提及此事，连忙翻找秘书拿来的那一摞文件，从里面找出一份文件，上面写着法西斯大委员会只是个咨询机关。国王却表示支持会议的决议，坚持要他辞职，并任命陆军元帅巴多格里奥（公元1871—1956年）为新政府首脑。国王担心墨索里尼一时接受不了现实，丧失理智，采取报复行为，于是提前令一位副官拿枪埋伏在隔壁房间，伺机而动。事实证明，国王这么做完全是多此一举。国王表态后，墨索里尼霎时六神无主。

　　会面结束后，国王起身送墨索里尼和秘书出门，并冲着外面大声喊道："元首的车呢？"那辆原本停在隐蔽处的救护车出现了。国王悄无声息地走进别墅，一个名叫维涅里的卡宾枪骑兵队队长挡住了墨索里尼的去路，并告诉他："为了你的人身安全，你必须得跟我走。"就在此时，救护车的后门齐刷刷地打开，几个全副武装的卡宾枪骑兵坐在里面。墨索里尼下意识地往后退了一步，轻轻嘟囔了一句："我不需要保护。"但是维涅里紧紧地抓住他的手臂，把他带上了救护车。据记载，墨索里尼爬进救护车的时候，吓得尿了裤子。

发动政变罢免独裁者，完全不符合国王维托里奥·埃马努埃莱三世一贯的行事作风。他是出了名的五短身材，连身高只有150厘米的维多利亚女王（公元1819年5月24日—1901年1月22日）都说："他真是太矮了。"[2]他不想当国王，年轻时甚至试图说服父亲翁贝托一世（公元1844年1月9日—1900年7月29日）让英俊潇洒的表哥奥斯塔公爵继承大统。公元1900年，父亲翁贝托一世被刺身亡，他在无奈之下继位。相比处理政务，他更喜欢养马、打猎和收藏硬币。第一次世界大战（公元1914年7月28日—1918年11月11日）期间，他甚至同意大利军队一起上过前线。他生性节俭，甚至有些"抠门"，只在奎里纳尔宫处理国事，其余的时间都住在萨伏依阿达别墅里。萨伏依阿达别墅要比奎里纳尔宫小得多。公元1922年，墨索里尼夺取政权，维托里奥·埃马努埃莱三世认为是墨索里尼救了意大利和君主制，因此对他心存感激。在接下来的20年里，维托里奥·埃马努埃莱三世把决策权全权交给了墨索里尼，自己则退居二线。

眼睁睁地看着墨索里尼把意大利拖入战争的泥潭，退居幕后多年的国王不得不站出来主持大局。到公元1943年，意大利败局已现。早在1月，谋臣纷纷建议国王罢黜墨索里尼，向同盟国（主要国家：英国、美国、苏联）求和。国王生性谨慎小心，习惯听天由命，当时并没有下定决心。公元1943年7月19日，罗马首次遭到空袭。美军出动600余架轰炸机，意大利军队缺乏准备，疏于防守，伤亡惨重。国王站在萨伏依阿达别墅里望着天空，没有看到一架意大利军队的战斗机，而他们的防空炮则因射程太短，根本无法射中美军的轰炸机。美军的轰炸机如入无人之境，以整齐的队形长驱直入。轰炸过后，尘埃散去，更多令人心碎的场景出现在人们眼前。很多人没找到避难的地方，也没有救援队解救被埋的幸存者。美军集中轰炸圣洛伦佐区，造成约1500人丧生。

通过这次空袭，我们可以从中窥见罗马人对王室的态度。教宗庇护十二世（公元1939—1958年在位）在空袭后慰问圣洛伦佐区的百姓，分发钱财，所到之处无不百姓欢腾，感激涕零。国王维托里奥·埃马努埃莱三世和妻子埃琳娜王后紧随教宗之后，当地百姓却对两人嗤之以鼻，并出言辱骂他们是奸夫淫妇，一位妇女甚至想冲王后吐口水。国王也效仿教宗向百姓分发钱财，百姓却把他给的钱撕得粉碎，扔还给他。

6天后，国王逮捕墨索里尼，任命陆军元帅巴多格里奥为新首相。听闻墨索里尼垮台的消息后，罗马人不顾酷暑，冲上街头庆祝，不少人穿着睡衣冲到街上去。商店和政府机关把墨索里尼的照片全部扔到街上，消防员把法西斯党徽摘下来，法西斯党总部遭到袭击，负责编辑法西斯报刊《台伯河》的办公点被付之一炬，关在里贾纳监狱里的犯人重获自由。警察袖手旁观，开怀大笑。几名法西斯分子被当街抓住，遭到暴打，有一两个法西斯分子被打死。据说，台伯河岸区的法西斯头目被人剁成了碎肉。然而，根据德·怀斯的记载，"过往的一切都历历在目，经过22年的倒行逆施，任谁也想不到法西斯的专制独裁统治会以如此平和的方式土崩瓦解。"[3]

新任首相巴多格里奥通过广播宣布继续配合德国的作战行动，但是没几个人拿他的话当真，罗马人都想赶紧过上太平日子。然而，过太平日子并不是想想那么容易。

不得不说，巴多格里奥是一员福将。在"一战"的卡波雷托战役（公元1917年10月24日—11月9日）中，意军惨败，巴多格里奥作为意大利军队将领横遭指责，被认为对此役的战败负有不可推卸的责任，但是他顽强地挺过了"一战"。紧接着，他又经历了墨索里尼掌权后的腥风血雨。巴多格里奥曾明确表示不支持意大利的法西斯运动，但是墨索里尼为了防止他背叛自己，处心积虑地把他拖下水，任命他为北非意军总司令，进攻埃塞俄比亚[1]。现在，意大利法西斯垮台，巴多格里奥及时从法西斯这艘沉船上跳下来，再次化险为夷。此外，他在国王发动的这次政变中起到了举足轻重的作用。但是他已过古稀之年，且跟国王一样生性谨慎。起初，巴多格里奥有意倒向同盟国，但是与盟军的谈判却一拖再拖。

阿道夫·希特勒（公元1889年4月20日—1945年4月30日，纳粹德国元首、总理，纳粹党党魁，第二次世界大战的发动者）对巴多格里奥的忠诚始终持怀疑态度，所以一直源源不断地向意大利派驻部队。45天后，意大利宣布与同盟国签署停战协议。仅仅几个小时之内，希特勒便召集军队，剑指罗马城。

II

德军面前的罗马城是一座怎样的城市呢？公元1943年的罗马城正值战时，我们不妨往前推几年，看一看和平时代的罗马城是怎样的光景。假如一位罗马人从公元19世纪40年代穿越到公元20世纪30年代，他会惊讶地发现罗马城比以前大得多。公元1939年，罗马的总人口高达150万，是1849年的10倍，并最终超过古典时代。

罗马城变得日益喧嚣繁忙。死气沉沉的出租马车已经退出历史的舞台，取而代之的是公共汽车、有轨电车和汽车。公元19世纪40年代，街上的出租马车屈指可数。公元20世纪30年代，不下3万辆汽车奔驰在拥挤不堪的大街上。在古典时代，罗马城架有桥梁8座。公元20世纪30年代，罗马城又新建了两座，现在总共架有桥梁10座。罗马城区开始延

---

1 原名阿比西尼亚。

伸至奥勒良古城墙之外，非居住区几近消失，这是自古典时代以来罗马城的空地首次大幅减少。大批巴洛克式园林和别墅因此消失，只剩下为数不多的几座园林和别墅，其中就包括博尔盖塞别墅公园、潘菲利别墅公园和阿达别墅公园。公元1849年春，加里波第曾率领志愿军在潘菲利别墅公园内英勇抗击法军，而阿达别墅公园是国王维托里奥·埃马努埃莱三世的居所。公元19世纪70年代至80年代，非居住区内掀起一股建设狂潮，新晋为首都的罗马城俨然是一个大型的建筑工地。城市建筑的翻新计划屡屡遭到无视，湮灭在建设狂潮中的古迹不计其数。

所幸罗马人并没有对文物古迹"赶尽杀绝"。塞纳区行政长官乔治·欧仁·奥斯曼男爵（公元1809年3月27日—1891年1月11日）几乎在同一时期对巴黎进行了改造，拆掉了大部分中世纪旧建筑。罗马城又是另外一番景象，一些骇人听闻的改造计划被否决。例如拆除某一段奥勒良城墙、拆毁特米尼火车站附近的塞维安城墙、把亚壁古道改建成电车轨道。拆旧建新并非有百害而无一利。在考古学家鲁道夫·兰奇安尼（公元1845年1月2日—1929年5月22日）的指导下，罗马人再次对古罗马斗兽场进行大扫除，再次拆掉在万神殿基础上扩建的建筑，其中包括两座被罗马人称为"驴耳朵"的钟楼，这两座钟楼建于17世纪。失之东隅，收之桑榆。到公元19世纪80年代末，罗马人在施工建设的过程中，挖掘出192尊大理石雕像、266尊半身像和人头像、1000块古碑和超3.6万枚硬币。"一战"前夕，罗马城的文物古迹终于得到妥善保护，罗马市长埃内斯托·内森（公元1907—1913年在任）命人用围栅将马塞勒斯剧院、戴克里先浴场和奥克塔维亚门廊围起来，并将古罗马广场、帕拉蒂尼山及附近区域辟为考古遗址公园。值得一提的是，内森市长是社会党人。

从19世纪40年代穿越而来的游客除了会惊讶于罗马城庞大的城市规模，还会惊讶于其浓厚的政治氛围。19世纪初，罗马城依旧在教皇统治之下，城中遍布教堂、天主教机构、教皇徽章，以及圣母像和飞翔天使像。20世纪30年代末，新符号涌现街头，与旧有的宗教符号并行不悖，宣扬着昔日教会所憎恶的一切。自1870年开始，罗马城成为意大利王国的首都。自由派政府为与教皇庇护九世冷战，将罗马变成政治宣传的舞台。当局政府为了庆祝意大利的统一，在城中修建了多条横贯城市的大街，包括民族大街（从威尼斯广场延伸至特米尼火车站）、九月二十日大街（从意大利王国军在1970年9月20日攻破城墙的地点延伸至奎里纳尔宫）和科尔索维托里奥·埃马努埃莱二世大街。科尔索维托里奥·埃马努埃莱二世大街笔直地穿过一大片狭窄蜿蜒的小巷，横贯台伯河，将梵蒂冈连接起来，最终将台伯河和科尔索的起点连接起来，完成了历任教皇和拿破仑时期占领者的夙愿。尽管遭到了毁灭性的破坏，得益于其蜿蜒曲折的特点，这一地区的精美建筑得以保存下来。

罗马市中心如今已是非天主教堂的天下，包括巴布伊诺大街上英国圣公会万圣教堂、民族大街上的美国新教圣公会教堂和威尼斯广场附近的韦尔登派教堂，教皇一定气得七窍生烟。值得一提的是，韦尔登派信徒曾被判为"异端"活活烧死。数不清的雕像拔地而起，罗马城仿佛回到了古典时代。雕像描绘的人物都是教皇昔日的仇敌，除了自由派政治家，还有活跃在19世纪初期的罗马方言诗人朱塞佩·焦阿基诺·贝利。贝利的雕像耸立在台伯河岸区，他生前以挖苦讽刺司铎为乐。卡比托利欧山罗马民众反抗教皇统治的旧址上耸立着科拉·迪·里恩佐（公元1313—1354年10月8日）的雕像。在风雨飘摇的14世纪，这位曾立志建立新罗马共和国的革命者如今已被尊为民族英雄。鲜花广场上耸立着乔尔丹诺·布鲁诺（公元1548—1600年，文艺复兴时期意大利哲学家和数学家）的雕像。公元1600年，布鲁诺就是在此地被教皇克雷芒八世（公元1592—1605年在位）下令烧死。雕像的基座上刻着约翰·威克里夫（公元1328—1384年，英国经院神学家）和扬·胡斯（公元1369—1415年，捷克哲学家、改革家）等人的名字，他们以反抗教廷的腐朽统治而留名于世。

贾尼科洛山是加里波第和志愿军浴血奋战过的地方，如今已经变成了纪念 1849 年罗马之战的圣地。贾尼科洛山周围的街道以意大利统一过程中涌现出的爱国者命名，包括埃米利奥·丹多罗、埃米利奥·莫罗西尼和奥雷利奥·萨菲。毫无疑问，加里波第大街处在最显眼的位置，顺着山坡一路蜿蜒而上。加里波第广场位于贾尼科洛山顶，广场四周陈列着为意大利统一做出贡献的英雄的半身像，广场中央耸立着一座巨大的加里波第骑马雕像。头戴标志性毡帽，身披标志性南美披风，这尊雕像正俯视着罗马城。不远处是一座装饰性灯塔，灯塔闪烁着绿色、白色和红色的光，那是意大利国旗的颜色。每天中午，一名士兵便会冲天空鸣枪示警，警醒罗马人勿忘来之不易的统一。透过梵蒂冈宫的窗户，加里波第骑马雕像的背面清晰可见，像是在故意挑衅教皇。

纪念意大利王国统一胜利最重要的圣地并非贾尼科洛山。顺着加里波第骑马雕像向东望去，一座白色的巍峨建筑便会映入眼帘，这就是著名的祖国祭坛，又称科尔索维托里奥·埃马努埃莱二世纪念堂。祖国祭坛位于卡比托利欧山北坡，俯瞰威尼斯广场。不少罗马人对祖国祭坛没有好感，有人将其称为"结婚蛋糕"或"打字机"，甚至还有更难听的称呼。为了建造祖国祭坛，大量建筑被拆毁，包括保罗三世塔和天坛圣母堂的回廊。经过 26 年的规划和建造，祖国祭坛于公元 1911 年落成，宽 135 米、高 70 米。16 个大型雕像代表着意大利王国 16 个省，前方是科尔索维托里奥·埃马努埃莱二世的巨大青铜骑马雕像，21 个负责制作这尊雕像的雕塑家曾在青铜马的肚子里摆桌喝苦艾酒，这著名的一幕被人拍下。祖国祭坛与河对岸的圣彼得大教堂遥遥相对，自由派政府当局得偿所愿。

被拆掉的建筑物见证着自由派政府当局对教皇的反抗。从 19 世纪 40 年代穿越而来的游客会惊讶地发现，杂乱无章的中世纪建筑和隔都里的幽静小院难觅踪影。只有隔都内的一小块居住区是例外，这片建于 19 世纪初的居住区在 19 世纪 80 年代被拆掉，取而代之的是一片公寓大楼和一座高耸的犹太教堂，这是绝大部分罗马犹太人所乐见的。出于习惯，很多罗马犹太人仍然选择继续住在这里或者住在附近。意大利王国解放了犹太人，而绝大部分犹太人也是意大利王国的坚定支持者。在意大利王国的治下，犹太人口迅速增长，甚至开始有犹太人在政界和军界占据高位，在此之前犹太人被禁止进入政界和军界。公元1910年，罗马市长埃内斯托·内森就是一位犹太人，内森市长的家人曾在马志尼流亡伦敦时对他施以援手，他本人在年轻的时候移居意大利。同一年，路易吉·鲁萨蒂（公元1910—1911年在任）接替西德尼·桑尼诺（公元1906年和公元1909—1910年在任）担任意大利王国首相，两人都是犹太人。5年后，意大利参加第一次世界大战，军中有3位犹太海军上将和15位陆军上将。到了公元19世纪30年代末，罗马犹太人的生活发生了翻天覆地的变化。

罗马河畔的美景也难觅踪影。这并不是为了反抗教皇，而是为了防洪。1870年新年前夕，罗马城暴发洪水，教皇庇护九世幸灾乐祸地说，洪水是上帝对罗马人推翻教皇国的惩罚。加里波第担任参议院议员期间，曾参与讨论防洪事宜，他建议修建运河疏导台伯河的洪水。在他看来，修建运河是个大工程，可以帮助意大利人改掉好吃懒做的习性。他还建议在台伯河两岸铺路，政府可以在新铺的路上举行盛大的阅兵，庆祝意大利王国的诞生。他的两个建议都没有被采纳，尽管开凿运河或许是一个正确的选择。最后，当局决定效仿伦敦和巴黎，在台伯河两岸修建高耸的河堤。罗马城从此免受洪水的侵袭，但是代价巨大，奥勒良城墙台伯河段被拆除，此外还有三座教堂、一座剧院和四座宫殿被拆除。临水而建的房屋全部拆掉，如梦似幻的河岸美景化为乌有，才是修建河堤最大的代价。

新罗马在废墟中浴火重生。自由派政府在统治意大利45年（公元1870—1915年）的时间里，将罗马城打造成了一座货真价实的欧洲都城，新建了一座宏伟的法院、一座国家银行、一座军事学院和各部委的办公楼。自由派当局还在旧城墙外的奥斯蒂恩塞大街上兴建了一座发电厂，周围新建了15座堡垒和3座炮台。多个体育协会陆续成立，新建了一条赛马道和一座自行车赛车场。尤其值得一提的是，新住宅遍地开花。到19世纪80年代末，罗马城中有3000座公寓大楼拔地而起，一系列新的街区应运而生，各个街区广场均是为了纪念意大利王国的诞生而命名，例如加富尔广场、马志尼广场和复兴运动广场。就连街道建设计划也弥漫着政治气息。普拉蒂是一片新建的居民区，距离梵蒂冈城不远，住在这里的人都说根本看不到梵蒂冈城。他们声称，开发商匠心独运，大部分街道都会刻意绕过圣彼得大教堂和梵蒂冈城，只有在顶楼替雇主洗衣服的用人才会偶然瞥见梵蒂冈城。

在20世纪30年代的罗马城，这些政治宣传手段只是冰山一角。城中充斥着另一种形式的政治宣传手段，从19世纪40年代穿越而来的游客恐怕对这种政治宣传手段闻所未闻。自由派政府当权时期，建筑与历史达到了水乳交融的程度。但是，下一任政府当局不愿意在建筑上做这种妥协。这种风格的建筑以朴实无华的立柱、冰冷生硬的立面以及缺乏华丽装饰的窗户为特点，有些像军队里的营房。这种风格建筑的诞生源于"一战"退伍军人发动的一场政治运动：法西斯主义。

罗马城还与一个名叫贝尼托·墨索里尼的人有着千丝万缕的联系。通过上文，我们对墨索里尼其人其事也算略知一二。墨索里尼出生于意大利东北部艾米利亚·罗马涅大区普雷达皮奥小镇不远处的一个小村庄，母亲是一名小学教师，也是一个虔诚的天主教徒，父亲是一名铁匠，但是酗酒、玩弄女性、游手好闲，政治思想极为激进。贝尼托与他父亲如出一辙，但是比他父亲走得更远。他固执好斗、野心勃勃，据说曾因刺伤同学两度遭学校开除。凭借过硬的写作能力和极具煽动性的口才，他加入了意大利社会党[1]，并担任社会党机关报《前进报》的编辑。然而，第一次世界大战彻底改变了他的政治方向。"一战"爆发之初，他倡

1　成立于公元 1892 年，是意大利历史最悠久的政党。

导和平，但几个星期后，他便在《前进报》发表社论，鼓吹放弃绝对中立，加入盟军，对抗奥地利和德意志，彻底背弃和平主义和社会主义。这种180度的大转变，有人解释为他收受了英国特务机关的贿赂。1915年3月意大利参战，他本人于8月应征入伍。1917年2月负伤退役后，他敏锐地觉察到一股难以遏制的政治势力正在形成：心怀不满的"一战"退伍军人。他们从前线归来后，发现家人时常捉襟见肘，自己的工作也丢了。墨索里尼趁机煽动他们以"新生政治精英"的姿态夺取政权，即"战壕政治"。墨索里尼鼓动他们反对曾经的社会党同事。带领"一战"退伍军人组成的冲锋队破坏左派的示威游行与罢工后，墨索里尼成为意大利富人阶层的宠儿，并将他视为抵制进步革命的最强大武器。在意大利富人阶层的支持下，墨索里尼于公元1922年10月28日指挥法西斯党准军事组织"黑衫军"（MSVN，有时被称为"国家安全志愿军"）进军罗马，发动暴乱，夺取政权，出任内阁总理。

▲ 贝尼托·墨索里尼的讽刺漫画，出自一本名为《不容置喙》（1924—1926年）的反法西斯周刊。

社会党时期的墨索里尼对罗马兴致缺缺。在他眼里，彼时的罗马城是"一座寄生的城市，是女房东、擦鞋童、娼妓和官老爷的天下"。[4]罗马则用对法西斯主义的漠然态度回敬墨索里尼，直到他占领罗马，这种情况才被迫改变。自1922年起，罗马成为墨索里尼的首都和驻地，开始时刻牵动着他的注意力。他有意效仿前任皇帝和教皇，立志将罗马打造成法西斯化罗马帝国的"全新"首都，希图法西斯时代的扭曲文化能够永恒存在。不难想象，罗马的改造计划伴随着大量建筑的湮灭。但墨索里尼对中世纪、文艺复兴时期和古典时代这三个时期的建筑很感兴趣，因为这三个时期是意大利最强盛的时期，所以也就不难理解他为何对巴洛克建筑兴致缺缺：巴洛克时期的意大利国力已经开始走下坡路。值得一提的是，墨索里尼对自由主义时代的意大利不屑一顾。在他看来，法西斯主义就是自由主义的对立面，自由时期的意大利混乱、自私、懒惰、是非不分、消极颓废。对他来说，19世纪是个人主义盛行的时代，20世纪必将是法西斯主义的时代。如果说罗马城彼时是自由派攻击教皇的宣传武器，那么罗马城此时就是墨索里尼攻击自由主义的武器。为此，墨索里尼甚至打起住宅的主意。为了政治斗争和个人喜好，墨索里尼大规模拆除自由时代的旧房子和街道，大兴土木建造新公寓和街道，美其名曰"缓解交通问题和重塑民族精神"。公元1926年4月21日是罗马城第2679个生日，拆旧建新工程自这一天正式开始。墨索里尼从来不会错过任何一个上镜的机会，只见他出现在开工仪式上，宣布开工。在接下来的几年里，这一幕时常上演。墨索里尼此次的改造目标是蒙塔纳拉广场一带，位于马塞勒斯剧院不远处，是19世纪热衷于吊古寻幽的"大旅行"游客最爱光顾的地方。20世纪20年代，这种古色古香的地方在罗马已经不多见。打零工为生的乡下人时常聚集于此找活计，商贩在此地买卖旧币，抄写员在此地替文盲代写书信。作为古老的意大利的缩影，墨索里尼对此地的一切都深恶痛绝。外国游客总是喜欢品评此地，法西斯党员则指责他们将意大利变成一个满是服务人员的地方。

蒙塔纳拉广场的改造工作并非只是为了面子工程。墨索里尼开展的所有宏大计划都有另一个目的：缓解严重的失业问题。为了增加工作岗位，雇用人力而非机械进行拆除工作。一条名为马雷大街的林荫大道从被拆毁的这片区域延伸出来，穿过罗马市中心，最终延伸至海边。除了所谓"缓解交通拥堵"，墨索里尼修建这条道路的目的还在于促使罗马人去到海边，激发他们再次成为世界的征服者。马雷大街完工后，罗马人便可以随时走到沙滩上，除了吹拂海风、享受阳光、运动健身，还可以接受过去辉煌历史的鼓舞。古典时代的马塞勒斯剧院、雅努斯拱门和数座神庙以及中世纪的维拉布洛圣乔治教堂得以时常出现在人们面前。

不少街区也落得同蒙塔纳拉广场一样的下场，无论这些街区有多么宝贵的价值。值得一提的是，法西斯当局更愿意称它们为贫民区。1932年，蒙蒂大街开始动工，这是法西斯当局修建的第二条干道。蒙蒂大街完工后，罗马市区可以直通山林。法西斯当局修建的第一条干道是无比奢华的帝国广场大街。帝国广场大街两旁耸立着旗杆和皇帝雕像，贯穿古典时代的遗址广场，横穿低矮的山脊。为了修建此道，墨索里尼甚至派人铲平了整个街区。马克西姆斯大教堂重新映入人们的眼帘，每当墨索里尼站在威尼斯宫的阳台上时，都能目睹古罗马斗兽场的风貌，但代价是无数教堂和宫殿被铲平，拥有6000个卧室的住房化为乌有。

1933年，约有10万罗马人因拆旧建新工程而流离失所。然而，墨索里尼并不打算停下拆建的步伐。1934年，墨索里尼将兴趣转移到了奥古斯都陵墓上，他将奥古斯都视为法西斯意大利人的榜样。作为一个推翻宪政、建立独裁统治的人，墨索里尼推崇奥古斯都是在意料之中的事。已在地下沉睡上千年的奥古斯都陵墓重见天日，它低矮破败，远没有人们想象中壮观。在被开掘之前，奥古斯都陵墓上先后建有中世纪的堡垒、悬空的花园、斗牛场、打造科尔索维托里奥·埃马努埃莱二世青铜骑马雕像的艺术工作室，以及罗马主音乐厅。

1936年10月，墨索里尼开始改造博尔戈。圣彼得大教堂和斯皮纳河之间有数条蜿蜒窄巷，墨索里尼拿着那把尖嘴镐站在附近的一处屋顶上，俯瞰着这些窄巷。为解决"罗马问题"，意大利王国与圣座于1929年2月11日在罗马拉特兰宫签订《拉特兰条约》，结束了圣座与意大利长达45年的对峙。墨索里尼改造博尔戈就是为了庆祝此事，宣扬法西斯党的"丰功伟绩"。为了庆祝双方对峙的结束，墨索里尼派人修建协和大街。这样一来，人们站在远处，便可一睹圣彼得大教堂的风采。修建协和大街的计划并不新鲜。拿破仑时期占领者为了迎接拿破仑的到来，也曾计划修建一条这样的街道；巴洛克时期最著名的建筑大师贝尼尼也曾提议修建一条这样的街道。然而，即使在墨索里尼时代，协和大街也遭受过不少质疑和批评。枢机主教帕洛塔批评称，圣彼得大教堂在笔直宽阔的大街的映衬下，失却了震撼人心的力量。他的话不无道理。走在蜿蜒的小巷中，猛然抬头看见高耸入云的圣彼得大教堂，会生出一种震撼的感觉。如今，这种震撼的感觉不复存在。然而，墨索里尼一直不厌其烦地重复着这种改造模式。在法国作家安德烈·纪德（公元1869年11月22日—1951年2月19日）看来，在法西斯当局的改造下，罗马城表面上越发气派，却失去了古雅的韵致。从前，游客在峰回路转间发现意外之喜；现在，罗马城明晃晃地躺在你面前。墨索里尼的城市改造计划中确实有一些不幸中的万幸。他对古典时代的罗马非常崇拜，因此相关文物才免遭毁灭。例如他曾将四座罗马共和国时期的神庙遗址划入保护范围。如今，这四座神庙遗址位于拉戈阿根廷广场。倘若没有墨索里尼的"特赦"，这四座神庙遗址只怕会湮灭在建设狂潮中。建在马克西穆斯竞技场旧址之上的一座煤气厂、一个废铁堆和一家面食厂陆续被拆除。奥古斯都和平祭坛被重建，也是墨索里尼的指令。祭坛四周遍布古典时代最精美的浮雕。游客可以更真切地感受到古代建筑的美感。相比之下，法西斯建筑则透着一股冷峻之意。然而，罗马城原有的城市结构在轰轰烈烈的城市改造中遭到破坏，已经不复往日的错落有序。此外，罗马的城市布局越发支离破碎。为了最大限度地凸显他偏爱的古代建筑瑰宝，墨索里尼将周围的建筑全数铲平，被铲平的地方像一块块补丁，光秃秃的，了无生气地散落在狭窄、拥挤的街道上。

新建筑在废墟中拔地而起。20世纪30年代末，罗马城中新增了数座法西斯风格的桥梁、一座大学、四座邮局和多座部委办公楼，例如威尼托大街上的组合部（办公楼）。值得一提的是，法西斯党设立组合部竟然是为了解决资本主义的剥削和阶级仇恨。意大利侵占埃塞俄比亚后，非洲部的建设开始提上日程，选址紧靠马克西穆斯竞技场，前方耸立着从阿克苏姆搬运而来的古埃塞俄比亚方尖碑。十层高的公寓楼遍布罗马城，罗马人被集中迁入公寓楼中居住。罗马的未成年人在学校里集中学习意大利在"一战"期间的"赫赫战功"和法西斯主义的"重大成就"。阿文提诺山上的一座学校以墨索里尼的母亲命名。此时，她被包装成全意大利人的榜样。

法西斯青年团（GIL）有了新的活动中心。台伯河岸区，波特塞门附近，耸立着一座格外华丽的建筑群，内部设有电影院，墙上写着醒目的标语：战斗为先，力争胜利。每周六下午，法西斯青年团的年轻人都会身着制服，在学校或者这里聚会，与其他法西斯国家的童军运动几乎没有分别。法西斯青年团就是以德国童军为榜样，高喊狂热口号，宣誓效忠于元首墨索里尼，集体做健身操。此外，法西斯青年团的男性成员还需接受军事训练。当然，法西斯青年团的成员也有一定的人身自由，他们可以在业余时间滑雪、骑马。到了夏季，还可以参加海边夏令营或深山夏令营。当然，他们集会的时候一定要唱起团歌《巴利拉赞歌》[1]：

> 我们像飞奔的狼崽
> 我们像翱翔的雏鹰

---

1 巴利拉是一名热那亚男孩，本名乔瓦尼·巴蒂斯塔·佩拉萨，1746年热那亚被奥地利占领后，巴利拉拿起石块，愤然扔向一位奥地利官员。

我们像撒丁岛的鼓手

斗志昂扬

正直无私

意大利国旗随风飘扬

我们是吹动国旗的风

自豪的目光

轻快的脚步

　　每年5月，成千上万的法西斯青年团成员从意大利各地赶到元首营。元首营是米尔维安大桥附近的一块巨大的运动场，法西斯青年团成员需在此集训一周。在此期间，他们需要参加比赛，学习忘我赴死的精神，沉浸在法西斯主义的团体氛围里。集训结束后，其中的2.5万名法西斯青年团成员将列队经过古罗马斗兽场，并有幸接受墨索里尼的检阅。马里奥山下的体育场是成年人锻炼身体的好去处，那是一个庞大的复合建筑群，包括奥林匹克网球馆、意大利奥林匹克委员会总部和日光浴疗营。值得一提的是，日光浴疗营坐落在马里奥山的山坡上。大理石体育场是体育场的主场馆，四周环绕着64尊运动员雕像，每尊雕像都产自一个特定的意大利城市，并代表这座城市。一座高20米、重300吨的大理石方尖碑耸立在体育场的边缘，大理石产自卡拉拉20世纪30年代末，随着"二战"的爆发，体育场跟其他建设工程一样，不得不停滞下来。然而，整个工程尚处于起步阶段，工人们正在打造一尊高耸的雕像，雕像的高度是对面大理石方尖碑的2.5倍。雕像是法西斯主义的象征，雕像的头部业已完成，长相酷似墨索里尼。

　　在法西斯当局的统治下，罗马变成了一座满是法西斯主义展览会的城市。法西斯运动展览会于1932年10月开幕，旨在庆祝墨索里尼进军罗马10周年，是法西斯当局在罗马举办的第一个法西斯展览会。从某种意义上讲，这个展览会是一座神庙，而法西斯主义就是它宣扬的一种新宗教，展览会的设计宗旨就是要把所有参观者变成法西斯主义的忠实信徒。展览会设在民族大街上的展览宫（Palazzo delle Esposizione，1883年开幕，设计者是皮奥·皮亚琴蒂尼），而展览宫建于墨索里尼不屑一顾的自由主义时代。为了避免难堪，墨索里尼将展览宫原先的正面掩盖起来，新的正面装饰有四个巨大的金属柱，金属柱酷似束棒（fasces）。展览会主要向参观者展示法西斯简史，灯光昏暗的"英灵厅"是最后一个展厅，厅内有一个7米高的十字架，墙上挂着上千盏电灯。

约有500万名参观者来过这个展览会，其中的一部分参观者的动机与其说是出于对法西斯主义的认同，不如说是为了享受一次廉价的罗马之旅。参观结束后，参观者会获得一枚奖券，奖券可以抵扣70%的火车票花费。就连法国左翼作家西蒙娜·德·波伏娃（公元1908年1月9日—1986年4月14日）和让-保罗·萨特（公元1905年6月21日—1980年4月15日）也拿了这部分折扣。要知道，他们在1932年专程前往意大利是为了批判法西斯主义。

法西斯运动展览会从1932年一直持续到1934年。此后，法西斯当局掀起了举办展览的热潮。煤气厂和面食厂被铲平后，马克西穆斯竞技场就变成了一系列法西斯展览会的展柜：法西斯妇女运动展、法西斯健康育儿展、意大利国家矿产展、意大利纺织工业展、法西斯休息日休闲组织展。1937年9月23日，奥古斯都大帝诞辰2000周年，墨索里尼在展览宫举办奥古斯都和罗马人主题展览会。此次展览会的开幕式经过精心彩排，具有军国主义色彩，墨索里尼带着活鹰出现在开幕式现场。同一天，第二届法西斯革命展览会在罗马城的现代艺术博物馆开幕。然而，规模更大的展览会却还在筹备中。20世纪30年代末，罗马城以南数千米处，一处被命名为E-42的区域开始动工，这个庞大的法西斯展览工程将在1942年法西斯运动20周年庆时开幕。

除了展览，法西斯当局还热衷于大型公众集会，游行的队伍在罗马随处可见。接受检阅的士兵列队穿过罗马城，尤其是古罗马斗兽场和威尼斯宫之间的帝国广场大街。大批群众聚集在威尼斯宫前，为墨索里尼发起的一次次大规模运动鼓掌喝彩：旨在提高意大利生育率的婴儿战；旨在增加意大利小麦产量的粮食战；旨在重塑货币价值的里拉战；旨在排干桥梁污泥和消除疟疾的卫生战；入侵埃塞俄比亚，建立新意大利帝国，国际联盟（League of Nations，简称国联，公元1920年1月10日—1946年4月）制裁意大利，因此发起旨在实现自给自足的经济战。

法西斯主义渗透在罗马的各个角落。法西斯主义存在于建筑物上的束棒和雄鹰中，法西斯主义也存在于海报上的口号中：墨索里尼永远正确！法西斯人不坐电梯！最重要的是，法西斯主义还存在于墨索里尼的肖像中。到20世纪30年代，对墨索里尼的个人崇拜不亚于宗教崇拜，他的个人形象介于圣人、电影明星和超级英雄之间。每当墨索里尼出现在电影屏幕上时，观众便会齐刷刷起立。墨索里尼声称，自己几乎不睡觉，像机器一样守望着意大利，他的肖像挂在办公室、商店、理发店、烟草店和火车候车室的墙上。摆出各种姿势的墨索里尼像被印在明信片上售卖：演说家墨索里尼、身着礼服的政治家墨索里尼、身着制服的士兵墨索里尼、帆船比赛选手墨索里尼、飞行员墨索里尼、马术师墨索里尼、开着跑车的"时髦"墨索里尼、跳过障碍物的"矫健"墨索里尼、在卡拉布里亚收割小麦或种树的"农民"墨索里尼、抚摩野兽的"无畏"墨索里尼、拉小提琴的"高雅"墨索里尼、进军罗马"创造历史"的墨索里尼，以及行罗马致敬礼的法西斯墨索里尼。法国小说家兼记者亨利·贝罗（公元1885年9月21日—1958年10月24日）这样写道："无论你去哪里，无论你在干什么，他的目光一直追随着你……墨索里尼在罗马简直无处不在。"[6]

法西斯甚至渗透进罗马的计时系统。新建的纪念堂上都写着两个日期：一个是人们熟悉的天主教日期，另一个短的时期则是法西斯日期。1922年，墨索里尼成功夺权，因此这一年被定为"法西斯新时代"元年。法西斯也渗透进罗马的教会节日表。狂欢节作为罗马最盛大的节日已被取缔，在公共场所身着花哨服装被视为非法行为。大斋节前的几天，科尔索大街会变得稍微热闹一点，这是狂欢节留下的唯一一点痕迹。1930年9月20日，这一天原本是意大利复兴运动纪念日，是自由主义时代的重大节日，而今却被悄悄取缔。公民被迫庆祝的新节日包括：3月23日（1919年墨索里尼在米兰发起法西斯运动），4月21日（罗马的生日），11月4日（第一次世界大战维托里奥·维内托战役意大利胜利纪念日）以及最重要的10月28日（进军罗马周年纪念日）。不过，法西斯分子并不能为所欲为。1925年，教宗庇护十一世（公元1857年5月31日—1939年2月10日）统治下的教会不仅庆祝圣诞节和复活节，还筹划庆祝耶稣基督君王节（the Feast of Christus Rex[1]）。耶稣基督君王节是一个新兴的节日，庆祝日期在每年10月的最后一个周日，直接与10月28日的进军罗马周年纪念日和11月4日的维托里奥·维内托战役意大利胜利纪念日相冲突。1933年复活节，法西斯运动展览会进入高潮，教宗庇护十一世特别宣布本年为大赦年，庆祝耶稣升天1900周年，吸引了大量的人前往朝圣。庇护十一世还在法西斯当局新开辟的城区修建高大巍峨的新教堂，誓与法西斯当局一争高下。"极权主义"这个词很可能源于法西斯时代的意大利。不过，意大利从未达到法西斯分子所期望的极权程度。从墨索里尼攫取政权的那一天开始，他的权力便受到另外两个领导人的牵制：国王和教宗。国王本人在政治上或许甘于退居二线，但是他在军方和警方有着不可撼动的势力。如果说是因为墨索里尼向圣座妥协，大大提高了法西斯主义在意大利人心中的影响力，那么也就意味着天主教会在人们心中的地位更高。圣座与意大利和解后，曾以加里波第骑马雕像太过碍眼为由，要求墨索里尼将其撤掉。然而，墨索里尼为了告诉世人谁才是老大，断然拒绝了圣座的请求，甚至还为加里波第的妻子阿妮塔

1　Christus Rex 译为"耶稣基督君王论"，认为耶稣基督应当成为普世唯一的君主，统治万民和天下，这个思想来自教宗庇护十一世在 1922 年和 1925 年发布的通谕。

打造了一尊骑马雕像：阿妮塔以英勇的姿势骑在一匹奔驰的马上，一只手拿着手枪，另一只手抱着婴孩。

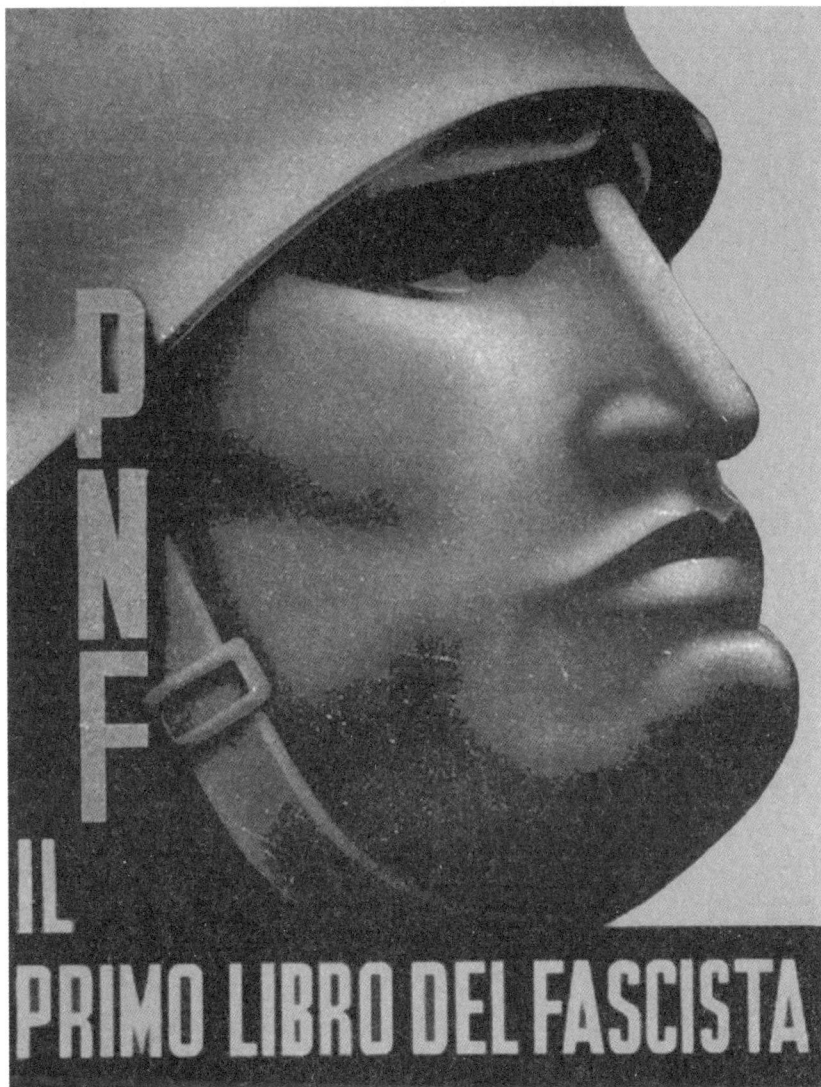

▲ 印有墨索里尼像的宣传海报。

在墨索里尼眼里，罗马城是一个由砖块和石头砌成的大型机器，承担着两个很大的作用：向全世界宣传法西斯主义和促进意大利人重塑尚武好战的国民性。至于他在多大程度上改变了意大利人，我们会在下文详述。至于法西斯罗马给外国人留下了怎样的印象，恐怕只有少数外国人能有机会说一下。20世纪30年代，城中的外国人并不多。此时的罗马城，远没有我们先前讲过的大多数年代里那样国际化。生活在罗马城的绝大部分移民都是意大利人，其中大部分来自罗马周边的省。1931年，一百万罗马人中只有五千人是外国人，其中以美国人和德国人居多。如今的英格兰人聚居区早已不复19世纪40年代的荣光，只剩下零散的几片。英国圣公会教堂依旧耸立在巴布伊诺大街旁，西班牙广场上依然有俱乐部、英国人开的药店、威尔逊夫人书店（可外借的）和公共图书馆。此时，以英语为母语的居民不得不前往罗马人经营的店铺购买大部分生活必需品。英格兰人聚居区里也不再有豪华酒店。20世纪30年代，城中最豪华的酒店全都位于威尼托大街，包括安巴夏特利宫酒店、埃克塞尔西奥酒店和格兰德酒店，这些酒店在19世纪初都还没有建成。

在外国作家、诗人和艺术家眼中，罗马城已经失去了吸引力，这一切都源于它在1870年被定为意大利王国的首都。我们在前文中曾提到，成为首都后的罗马城俨然是一个大型的建筑工地，熙熙攘攘，车水马龙。不久后，罗马城便失去了教皇国时代的独特魅力。1929年华尔街股市大崩盘后，欧洲北部的富人和美国富人已经支付不起在外国游玩半年的费用，尤其是意大利。墨索里尼发起了重塑货币价值的里拉战，不惜一切代价提高里拉币值，因此意大利作为旅游目的地不再像从前那般实惠。

短期旅游业也在苦苦挣扎。除却这里高昂的消费，法西斯分子的言论也令一些游客望而却步。他们对热衷于吊古寻幽、赏风吟月的外国游客极为排斥，只欢迎前来"瞻仰""新法西斯意大利"的游客。一部分激进的法西斯分子竭力主张禁止携带（德国人卡尔·贝迪克出版的）旅行指南和柯达相机的游客入境。20世纪30年代，意大利人饥肠辘辘，政府试图振兴旅游业，法西斯当局更欢迎那些对法西斯运动表现出兴趣的游客，法西斯运动的确吸引了一部分游客。这些游客在前往意大利后，深受法西斯主义的影响，英国徒步旅行者罗兰·安德鲁便是一个典型，他们会像安德鲁一样，将自己的旅行见闻记录下来，为的是将法西斯主义传播出去。

施工场地遍布法西斯，罗马城的交通状况令人头疼不已。饶是如此，罗马城还是有一些值得肯定的地方。罗马城的环境在一定程度上得到了改善，这是无可辩驳的事实。交通状况虽然不容乐观，但是司机至少对靠哪边行驶有了定论。第一次世界大战之前，罗马人随心所欲地开车。高档酒店的入住价格虽然不菲，但是比较干净、有人管理、价格也很明确，欺客宰客现象少了很多。同时，给小费被视为非法行为（尽管1930年版的贝迪克旅行指南声称，游客仍需给行李搬运工和出租车司机小费）。罗马城也干净整洁多了，城中新建了上百间厕所，不再有罗马人随地大小便。罗马城的治安状况比从前好得多，火车、有轨电车和火车站里都有黑衫军巡逻，游客再也不用担心行李被抢。妓女被赶到持有合法牌照的妓院，不再当街揽客。值得特别注意的是，罗马现在是一座没有乞丐的城市。徒步旅行者罗兰·安德鲁在城中待了整整一周，一个乞丐都没看见。

此外，去罗马比从前容易得多。意大利的公路系统以前是出了名的差。在法西斯当局的要求下，公路系统经过改建，已经好了很多。铁路网也被大规模修整，多座火车站拔地而起，新修了一些铁路，铁路运输速度有所提高，电气设备得到了维护和保养，火车也很少误点了。因有急事需赶往罗马的人甚至可以搭乘飞机。奥斯蒂亚水上航空港落成以来，帝国航空公司旗下从伦敦到罗马的航班飞行时间只有27个小时。根据1930年版的贝迪克旅行指南，免费托运行李的重量最多为100公斤。按照今天的标准，限重100公斤听上去很大方。不过，这里的100公斤包含乘客的体重。

　　20世纪30年代，罗马人的健康状况也有所改善。诚然，肺结核、颗粒性结膜炎和斑疹伤寒仍困扰着罗马人，但是疟疾作为罗马人的头号杀手终于被消除。这得益于大张旗鼓地拆建运动，大型巴洛克公园被拆除，公园里的池塘、水洼和满是积水的花盆也随之消失。到19世纪末，疟疾在罗马城中绝迹。到了19世纪30年代末，得益于排干桥梁污泥计划，疟疾在意大利境内已基本绝迹。在过去的几个世纪里，意大利人的平均预期寿命几乎没有变化。自19世纪40年代开始，随着人口死亡率减半，意大利人的平均预期寿命和其他欧洲人一样迅速上升。

　　这个时期，罗马人的教育普及程度也在提升，甚至远远超过文化繁荣的古典时代，只有少数罗马人是文盲。在法西斯当局的不断推行下，一些生活方式成为热门。罗马的未成年人热衷于参加运动会和每周六下午的狂热集会，这种集会相当于其他法西斯国家的童军集会。得益于休息日的休闲运动，成年罗马人可以有一些时间心无旁骛地享受生活。正因为休息日休闲运动没有成为洗脑工具，比较激进的法西斯领导人对此颇有微词。他们可以在休息日体育俱乐部里玩飞镖、打牌、踢足球，可以听广播，可以在内设的饮食店里喝葡萄酒或葡萄果渣白兰地，可以看电影，甚至还可以以业余演员的身份排演戏剧。休息日假期的行程安排包括巴士文化观光、海上游轮观光兼交谊舞会和里乔内短途观光。里乔内市位于意大利东海岸，临亚得里亚海，相当于英格兰黑潭市或者美国新泽西州大西洋城。受过良好教育的罗马中产阶层或许对这类旅游项目不屑一顾，但是它们极受休息日休闲运动成员的欢迎。到1939年，成员数已经接近400万。

　　法西斯主义甚至还能给人一种虚幻的满足感。严苛的新闻管制政策给法西斯主义的追随者，尤其是受益最大的罗马中产阶层制造出一个很安全的舆论环境。新闻记者出身的墨索里尼深知新闻对民众的影响力，为了审查新闻，他甚至不惜搁置亟待解决的政治问题。除了梵蒂冈的半官方喉舌《罗马观察报》，其余外国报纸一律禁止在意大利发行。有时候，就连《罗马观察报》也得偷偷摸摸地卖。大部分报社并不直接受当局管控，但是墨索里尼在上台头几年就通过恐吓的方式逼迫所有报社向自己低头，并规定所有记者均需加入法西斯党。一旦发生意外事件，报社便会收到一连串的审查命令，里面详细地列出了不能写的内容。

因此，对于只阅读本国报纸的意大利人来说，他们的世界看上去很梦幻。在他们看来，意大利是一片没有政治抗议运动、没有犯罪、没有腐败、没有贪污以及没有严重交通事故的天堂。他们对20世纪30年代大萧条的惨状一无所知。墨索里尼害怕在外交事务中陷入被动，一直坚称尊重非法西斯政权，所以此时意大利的国际环境相对温和。布尔什维克俄国作为法西斯意大利的假想敌并没有受到法西斯当局的公开攻讦，直到墨索里尼在1936年与希特勒结盟。收音机里广播的新闻和在罗马城60多家影院里上映的新闻影片都在蓄意营造祥和的假象，上映的绝大部分新闻影片都经过了墨索里尼的亲自审查。一部典型的新闻影片的内容通常包括一则国外新闻、一到两则体育新闻和一则国内新闻。国内新闻的内容通常是一位皇室成员、法西斯党高层或者绝大部分情况下由墨索里尼本人宣布发起新运动或出席新船出厂、桥梁竣工或建筑落成典礼。新闻影片的最后一则新闻要么报道娱乐界名人的奇闻，要么报道孩子或宠物的趣事，为的是不让民众有任何不良情绪。暴力、犯罪、性以及穿着暴露的女人绝不会出现在新闻影片里。意大利发动或参与的战争，意大利媒体几乎没有报道。然而，意大利对埃塞俄比亚的侵略战争是个例外，只不过这次战争被意大利媒体描述成一起激动人心的现代化军事行动，新闻中几乎看不到埃塞俄比亚人的面孔。相比之下，意大利广泛卷入西班牙内战的报道则少得可怜。

故事片也被要求表现祥和的景象。罗马人看得最多的是浪漫喜剧片，又称白色电话片，通常以布达佩斯为背景，专事展现资产阶级生活方式，因富有的家庭使用白色电话机而得名。被这类影片包围的罗马人日渐与现实世界脱节。值得一提的是，法西斯当局从1939年才开始严格审查进口影片。有人可能会想当然地认为，罗马人会不甘于生活在这种炮制出来的假象里，然而答案是否定的。20世纪30年代，很多罗马人家里都有收音机，可以轻而易举地收听外国频道，其中的一些频道甚至用意大利语播报，但是几乎没有人收听这些外国频道。

虽然新闻影片里处处祥和，但是有些罗马人的生活却并不如此，尤其是那些不符合法西斯理想标准（刚强、狂热、听话、富有、绝对效忠以及最好是男性）的人。文艺界人士通常很难做到绝对效忠，所以总是引得当局忌惮。相较于纳粹德国的文艺界人士，意大利的文艺界人士受到的迫害要轻一些，但是他们的眼界还是因此变得越来越封闭、狭隘。有一部分意大利文艺界人士受到了残酷地迫害。意大利的阿尔图罗·托斯卡尼尼（公元1867年3月25日—1957年1月16日）是当时伟大的指挥家，曾经是法西斯主义的支持者，但是不久后就看清了法西斯当局的嘴脸，不再对其抱有幻想，后因拒绝在一次音乐会开始前演奏法西斯党歌《青年》而遭黑衫军毒打。

在法西斯当局的统治下，罗马城乃至整个意大利的穷人是过得最悲惨的群体。虽然法西斯主义不承认当前社会存在阶级仇恨，但是现实是另一码事。组合制度是在参照中世纪行会的基础上建立起来的，被当局视为第三条道路（介乎两种极端立场之间的行动方案或政策）。在这种制度下，雇主和雇工在法西斯行会的指导下一起给政权卖力。然而，组合制度根本就是个幌子，雇主可以为所欲为地剥削雇工。法西斯行会领导不仅不会为雇工争取权益，反而会像小墨索里尼一样欺侮他们。行会会议彻底沦为一言堂，提出反对意见的人会被警察以造反的名义带走。烜赫一时的法西斯福利制度也名不副实。雇工为医疗、养老和失业保险支付了高额费用，但是这些钱时常被国家拿去支付军费或兴建大型工程，例如墨索里尼的新罗马社区。

法西斯主义代表富人和权贵的利益，就连罗马的旧贵族也混得风生水起。20世纪20年代到30年代，除了一位罗马市长是平民出身，其余全部出身贵族，包括克雷莫内西家族、波滕齐亚尼家族和卢多维西家族。1936年的罗马市长出身科隆纳家族。20世纪30年代末，只有六分之一的意大利人念完小学，他们当中大部分人的父母都来自受过良好教育的富裕阶层。带有雅致阳台和大理石大厅的新公寓是罗马最豪华的住房。从理论上说，所有罗马人都有资格住进去，但是最后住进去的人不是法西斯当局的官员，就是有法西斯背景的罗马富人。罗马穷人只能栖身于郊区的大众公寓。大众公寓有十层高，普遍拥挤狭窄。每周六，孩子们都会参加法西斯青年团的集会，高喊狂热口号，所以父母们只有在这一天才能为婴儿战贡献自己的一份力量。毫不夸张地说，大众公寓里的生活单调乏味。人们在烧煤或木头的炉子上做饭。1931年，90%的罗马公寓没有厕所，居民共用室外走廊的厕所。大部分厕所都很简陋，水泥地上有一个坑，墙上的钩子上挂着碎报纸。儿童和老年人晚上用夜壶，第二天再将排泄物倒入公共厕所。

20世纪30年代的罗马人或许比19世纪40年代的罗马人干净一些，但是很多公寓都没有自来水，需要用水桶取水。大部分罗马男人做不到每天刮胡子，就算刮胡子，也是在晚上，蘸着做饭剩下的温水刮。他们在厨房水槽里用洗衣皂洗脸，所以脸上和衣服上都有洗衣皂的味道。大部分罗马女人都是家庭主妇，我们会在下文中讲到，法西斯当局并不鼓励女人外出工作。罗马女人在早晨用圆柱形暖床器里留有余温的水洗脸，她们用来洗脸的铁架子看着很特别，架子顶部装有一面镜子，底部装有两个碗状的槽，一个用来装洗衣皂水，另一个则用来装清水，她们就站在架子旁洗脸。电费高昂，普通人压根用不起自来热水，就连罗马中产阶层也得等天气暖和的时候，才能好好洗一次澡。

大众公寓的生活环境要比博格特区（罗马的新郊区）强得多。到20世纪30年代末，一小部分博格特区成了罗马城功能区的一部分，例如位于罗马城以东的提布尔提那。提布尔提那建有一座露天学校（冬天很冷，但是总比没有强）、一个体育馆、一栋办公楼和一个游泳池。博格特区的大部分地区都是没有排水系统和道路的贫民区。这是罗马不为游客所知的一面。法国作家莫里斯·拉金曾在1935年游玩过博格特区的加尔巴泰拉和塞特基耶塞，在那里，一家人挤在狭小的房间里是常态，还有一部分人住在当局指定的洞穴里。博格特区是法西斯当局的垃圾倾倒场。此地远离市中心，被送到这里的"垃圾"插翅难逃。很多罗马人因墨索里尼的拆建工程无家可归，只好委身于此。这里还住着失业者、罪犯、乞丐和没有许可证的妓女，这些人都是当局眼中的垃圾，眼不见，心不烦。此外，这里还住着反法西斯人士，当局把他们软禁在这里主要是便于监视。

博格特区并非罗马唯一的贫民区，其他贫民区的居民大都是无家可归的人，大部分是来自农村赤贫地区的难民。这类贫民区大都是自发形成的，没有经过当局的批准。他们的家就是棚屋，罗马人称为巴鲁撒，埃塞俄比亚人的棚屋也叫这个名字。1933年，特米尼火车站周边的一片贫民区里居然有6000个这样的棚屋。棚屋里没有水、没有电、没有排水系统，住在里面的贫民并不比2500年前的棚屋居民舒服多少。

在法西斯当局的统治下，并非所有罗马富人都过得风生水起，尤其是渴望有所作为的罗马女人。从某种意义上说，11世纪的罗马妇女比这个时期的罗马妇女拥有更多职业选择。墨索里尼早在1920年就宣称："女人就是温柔乡，只要有时间，男人不妨流连……但是绝不能太拿她们当回事。"[7]他的这个观念一直没有变。上台之初，墨索里尼就取缔了所有女权组织。当局只承认一个名为"法西斯妇女"的妇女组织，其目的是向妇女发放法西斯宣传材料，而非发动她们解放自我。在当局看来，待在家里相夫（劳动力）教子（法西斯主义的接班人）是妇女对国家的义务。

法西斯当局的妇女观与教会不谋而合，不过双方的出发点全然不同。前者是想让妇女帮他们打赢婴儿战，后者则认为限制生育有违上帝意志，是罪过。双方均坚决禁止堕胎。法西斯当局明令禁止医生和助产士为妇女堕胎，涉嫌堕胎的医生和助产士将被送到国内的一个监狱岛上流放。在法西斯当局和教会心目中，女性具备明智、善良、节俭、朴素、顾家这几点，才是最理想的形象。更有甚者，双方都认为理想的女性不能性感。法西斯当局对短发女人尤其反感，他们嘲笑穿着时髦、爱交际或涂口红的女人是神经病。法西斯当局认为，女人应该把所有的爱都倾注在孩子（法西斯主义的接班人）身上，所以严禁报纸刊登女人怀抱小狗的照片。法西斯当局还会表彰生养后代多的女人，并把每年的12月24日定为母亲和儿童节。在这一天，他们会给生养了7个，最好是11个子女的母亲分发奖品。养育子女多的父亲将得到升迁，全家享受免费医疗、免费校餐、免费有轨电车票。相比之下，单身男人则需要缴纳单身税。

法西斯当局坚决反对罗马妇女外出工作。1934年，墨索里尼曾警告她们，外出工作不仅危险重重，还可能导致不孕。早在1923年，当局就禁止女性担任中学校长以及教授历史课或哲学课。1939年，当局采取更加严厉的措施，宣布从此以后女性不得担任任何管理职务，女性专业工作者的比例必须被限制在10%以内。然而，法西斯时期的罗马城中有几十家妓院。法西斯当局的领导人都怀念战争时代的风流岁月，一致赞成保留妓院。当局给出的官方理由是，嫖妓可以增强男人的阳刚之气，已婚男人去妓院寻欢好过在外偷情，前者至少不会影响婚姻稳定。

如果有从公元19世纪40年代穿越而来的游客，他们一定会对罗马城内这一时期的社会生活产生似曾相识的感觉。19世纪40年代的罗马城处在保守派教皇格列高利十六世的统治之下，严格的道德审查制度处处限制着罗马人的生活。公元20世纪30年代的罗马人同样处处受到道德审查制度的限制。19世纪40年代，神父每晚都会在街上巡逻，防止人们做出出格举动。公元20世纪30年代，巡逻的人变成了黑衫军士兵。通过观察，莫里斯·拉金发现罗马城是一座容不下恋人的城市："真诚相爱和与爱人结伴同行都有风险……与女人结伴穿街走巷实非明智之举，到处都是搜查的士兵，狂热的政府特工动不动就会给人安上莫须有的罪名。"[8]更有甚者，跟女人攀谈几句也会遭到黑衫军士兵的盘问。他们在自己负责的片区里从早巡逻到晚。女性需要在陪护人的陪同下才能出入电影院或舞厅，酒吧直接将女人拒之门外。休息日体育俱乐部基本是男人的天下。公共场所禁止拥抱和接吻，在公共场所独自逗留太久的女人时常会遭到盘问。就算她的证件齐全且合法，也有可能被罚去监狱岛一日游。关于未婚女人和失婚女人不检点的流言满天飞，一个不小心就会被抓起来送到监狱岛上。

20世纪30年代，罗马城里不仅毫无浪漫可言，还几乎没有夜生活。1932年，西蒙娜·德·波伏娃和让–保罗·萨特造访罗马城。两人发现，到了夜间，街上空空如也，于是决定尝一尝反叛的滋味：在街上徘徊到天亮。午夜时分，两人正坐在纳沃纳广场上的一座喷泉旁谈天说地，猛然发现两个黑衫军士兵冲他们走来。"（两位士兵）看在我们是游客的分上，决定网开一面，但是坚决要求我俩回酒店睡觉，"波伏娃写道。两人并没有被眼前的阵仗给吓到，而是结伴前往古罗马斗兽场。凌晨三点，两人再次被黑衫军士兵盯上："他们拿灯照着我们，责问我们究竟在干什么。我俩这次好像有些出格了，游客的身份也没法拿来做挡箭牌了。不由得想起马德里的漫漫长夜，只能叹息着返回酒店。"[9]此时的罗马城简直就是墨索里尼的家乡普雷达皮奥小镇的放大版，同样地寂寥冷清、单调乏味。

单调乏味就罢了，罗马城居然还是一个暗藏杀机的地方。作为游客，西蒙娜·德·波伏娃深知自己被当局盯上的可能性微乎其微，但是罗马人就没有这份自信。20世纪30年代，很多人猜想自己很可能已经被当局盯上了，他们的猜想基本没错。自1926年至1943年，约有4万名意大利人处在情报机关的监视下。此时的意大利境内共有三个情报机关，彼此之间是死对头。有上百号线人直接替这三个情报机构卖命，然后这些线人再通过发展下线的方式织就一张张告密网。邮件被拆开检查，私宅被搜查，电话被窃听，400位速记员负责把监听到的谈话内容敲成文字。法律规定酒店经营者必须上报住客的信息，医生必须上报酒瘾患者和精神病患者的信息，酒吧老板必须配合监视自己的顾客，否则将被吊销营业执照。就连建筑也是为了方便监视而设计的：大众公寓的出口少得可怜，这是为了便于警察监视住在里面的居民。

无孔不入的法西斯情报机关在极短的时间内就将监视目标赶尽杀绝。到20世纪30年代初，反法西斯组织作为法西斯情报机关的主要监视目标已经基本被瓦解。因此，不支持法西斯的人或者不符合法西斯理想标准的人都有可能成为法西斯情报机关的监视目标。法西斯当局不承认同性恋的存在，将同性恋定为非法行为，监视抓捕同性恋男子。此外，精神病患者、酒瘾患者、皮条客、放高利贷者、虐童者、毒贩和"耶和华见证人"教派信徒也在被监视抓捕之列。20世纪30年代，城中人心惶惶，居民活得谨小慎微。然而，惶恐面前，并非人人平等。有法西斯背景的罗马富人就过着比其他人从容得多的日子，这倒也符合法西斯当局的一贯作风。1936年，乔治·莫斯是一个刚从德国逃亡到意大利的犹太难民，有一次坐火车，同行的乘客都是些衣着光鲜的有钱人。没过多久，这些人就开始讲墨索里尼的笑话，全然不顾坐在不远处的一位卡宾枪骑兵，吓了他一身冷汗。果然，那位卡宾枪骑兵冲他们走了过来，莫斯害怕到了极点，结果发现他也加入了讲墨索里尼笑话的队伍。要是讲这些笑话的人是穷人、醉汉、精神病患者、懒汉、长舌妇或老左翼分子，那事态就真的严重了。换句话说，像墨索里尼的父亲一样有明显无政府主义倾向的人和像年轻时的墨索里尼一样的左翼分子都不能讲这类笑话，否则就会招来大麻烦。

对这类人来说，哪怕芝麻粒大的事情，也能招来大麻烦。1937年，一个炎热的夏日夜晚，一位中年锡匠和一位名叫鲁杰里·莱吉的前无政府主义者跟朋友在科罗纳里广场上骑旋转木马，玩得正尽兴，一个公务员带着一队黑衫军关停了旋转木马。莱吉喝得醉醺醺的，冲黑衫军士兵抱怨道："我是自由的，我想干什么就干什么，我才不在乎法律呢。"莱吉后来被当局流放国内三年。意大利北部，有人被当局流放国内一年，只因他将自己的宠物兔放在一家餐馆的桌子上，然后对着宠物兔说："墨索里尼，麻利点儿。"

1938年10月，罗马犹太人开始感受到法西斯当局的不信任。在此之前，尽管法西斯官员中不乏激烈反犹人士，但是当局仍对犹太居民实行宽待政策。因此，法西斯主义的支持者中不乏犹太人。罗马的副警察局局长就是一位出身于罗马犹太社区的犹太人。后来，墨索里尼急于向盟友希特勒看齐，在1938年批准了《种族法》，一切都变了。不久后，意大利的《种族法》就青出于蓝，变得比德国的《纽伦堡法令》严苛得多。次年，《种族法》更加严苛。犹太人被禁止在军中任职，被禁止担任警察或各类学校的老师。有些法条十分狭隘刻薄，比如禁止犹太人在海边度假和乘坐有轨电车。有些法条跟前几个世纪教廷当局出台的限制措施如出一辙，所以给人一种似曾相识的感觉，犹太人被禁止从事体面的职业和经营商店。法西斯当局只允许犹太人摆摊卖些杂货。后来，就连摆摊也被禁止了。当局出台的绝大部分政策都体现着墨索里尼的个人意志，所以总会赦免某些群体，此次针对犹太人的政策也不例外，比如参加过"一战"的犹太伤兵就被特别赦免。意大利王国曾救犹太人于水火之中，他们深爱着这个国家，所以有不少犹太士兵曾在"一战"期间为国出战。

法西斯当局总是吹嘘自己仁慈，不会动辄处死站在当局对立面的人。不可否认，对待政治犯法西斯当局很少动用死刑。自1926年至1943年之间，意大利有25名政治犯被判处死刑。尽管法西斯当局不取人性命，却热衷于摧残人的身心。在同一时期，1万名意大利人被流放国内，绝大部分流放犯都是男性，是家里的顶梁柱。一旦被流放，他们的妻儿就得忍饥受饿。无数出自流放犯之手的信件得以保存至今，其中很多信是写给墨索里尼的。在信中，他们要么极尽奉承之能事讨好当局，要么请求当局对自己网开一面，再要么就是请求当局接济自己的家人。

▲ 这则公告描绘了犹太人被禁止参加活动的种类，出自一本名为《捍卫种族》的法西斯杂志，这期杂志发行于 1938 年 11 月 5 日。

　　即使是相对轻微的处罚，也会给当事人带来毁灭性的打击。暴力是法西斯当局的底色，"一战"退伍军人组成的法西斯准军事组织总是对政敌大打出手。尽管墨索里尼曾试图推动法西斯主义往温和的方向发展，但是暴力早已刻在了法西斯主义的基因里。20世纪30年代末，黑衫军队伍经过时，如果有人没有脱帽致敬，他们就会对这人大打出手。值得一提的是，黑衫军是由"一战"退伍军人组成的法西斯准军事组织直接演化而来的。黑衫军时常突袭罗马城的各个地区，工人聚居的圣洛伦佐区是他们最常打劫的地方。1938年后，他们便时常闯入隔都，捣毁店铺和酒吧。被他们带回黑衫军总部的人，要么再挨一顿毒打，要么被迫灌下蓖麻油或汽油。有的被活活折磨死，有的留下终身残疾。罗马是一个对身份地位的追求近乎偏执的地方，在众目睽睽之下被灌下蓖麻油，无异于死亡，荣誉的死亡。

　　在法西斯当局的统治下，仅仅通过排挤的方式，就足以让一个人的生活陷入困顿。拒绝让自己的子女加入法西斯青年团，开了不该开的玩笑，都会开罪于当局。一旦如此，就会被开除法西斯党籍，吊销工作证或法西斯工会证，然后失业，失去生活来源，失去社会保险。在法西斯当局的统治下，罗马人的生活乐趣荡然无存。罗马人素以喧闹闻名于世，如今却个个噤若寒蝉，算得上法西斯当局的一大"成就"。法国小说家贝罗忍不住为沉默的罗马城感到悲哀，在这里，就连唱歌也可能开罪于当局，例如歌词中带有"人生苦短，切勿动怒"的歌会被归类为反法西斯歌曲。到19世纪30年代末，政府安插在民间的间谍都忍不住抱怨称，人们在公共场合都默不作声。倘若有人在乘坐火车或者有轨电车的时候非议当局，其余人会立即喝止他，生怕自己被牵连。当然，胆敢在公共场合非议政府的人要么是醉鬼，要么是疯子，正常人绝不会如此莽撞。

法西斯当局作茧自缚，自食恶果。无视法律和质疑，大大小小的法西斯官员一门心思捞钱。黑衫军士兵打砸偷抢，坑蒙拐骗，甚至不惜杀人越货。出身寒微的法西斯高官一夜之间神秘暴富。地方法西斯官员时常进出高档餐厅吃霸王餐，出入奢华的景点度假。他们的妻子开着公车购置最新款时装。普通人去政府办事，要排长龙似的队，有法西斯背景的人却可以在众目睽睽之下插队。职位越低的官员，官威越大。法西斯当局的告密措施有时会被别有用心的人利用。告发邻居的人各怀鬼胎，有的是为了讨好当局，有的则是为了挟私报复。

这种模式是自上而下形成的，墨索里尼本人是罪魁祸首。他不介意同僚贪腐，因为一旦事情败露，他的手上就多了牵制他们的把柄。法西斯官员还热衷于互相泼脏水。地方法西斯官员为了抢乌纱帽，不惜公开指责对方乱搞性关系，牵连出来的人包括妓女、情妇、其他法西斯官员的妻子甚至男人。到了20世纪30年代，就连那些最刚正不阿的法西斯官员，人们也无法相信他能做到两袖清风。

尽管法西斯当局吹得天花乱坠，一部分罗马人却看得真切：法西斯当局不仅腐败，而且无能。除了排干桥梁污泥计划，其余计划基本以失败告终。婴儿战并没有逆转日渐下降的生育率。粮食战的确提高了小麦产量，却对整个农业造成了负面影响。里拉战降低了对外贸易和旅游业的竞争力，甚至逐步酿成严重的经济危机，意大利的经济危机甚至比1929年华尔街股市大崩盘还早两年。虽然墨索里尼对民选的自由派政府向来不屑一顾，但是在自由派政府的统治下，意大利一跃成为欧洲经济发展较快的经济体，甚至超过了德国。然而，在法西斯当局的统治下，意大利变成欧洲经济发展最慢的经济体之一。到20世纪30年代末，就连意大利控制的非洲帝国也危机四伏，当地此起彼伏的游击队逐渐把埃塞俄比亚变成意大利的战争泥沼。

最后，法西斯当局的宣传工作一败涂地。到20世纪30年代末，没几个意大利人相信当局宣传的那一套。在过去的十几年里，当局出台了一系列政策，威逼利诱妇女多生孩子。饶是如此，到1937年，大部分意大利青年女性认为生一到两个孩子足矣，根本不愿意生11个孩子。她们也不愿意整天围着灶台转，大部分女性想外出工作，最好能谋一份体面的差事。1938年10月，法西斯当局将矛头对准犹太居民，罗马人都愤愤不平。到1939年，一份间谍报告不情愿地承认：罗马人"对犹太人的同情与日俱增"，[10]都认为犹太人无可指摘。神父猛烈抨击《种族法》，罗马人偶尔会说起犹太人的优点：有经商头脑、诚实守信、乐善好施，还说犹太人的人品比很多基督徒都好。另一份间谍报告声称："所有人都说政府是错的，所有人都说这种难熬的日子就要到头了。"[11]就连法西斯高官也坚持认为犹太人是无辜的，一些高官甚至为逃难而来的外国犹太人提供庇护。

重塑意大利人尚武好战的国民性是墨索里尼倾注心血最多的计划。然而，这项计划可以说是法西斯当局最大的失败。20世纪30年代，法西斯党委书记阿希尔·斯塔拉切开始负责这项计划，他是个行事迂腐的人。在他的领导下，这项计划不但没有激发人们的斗志，反而惹了众怒。他发起的反资产阶级运动明确禁止意大利人穿拖鞋，为的是让他们保持谦逊。政府官员必须购买和穿着统一的法西斯制服，这些制服价格高昂，但是面料很差。斯塔拉切声称握手礼不卫生，所以罗马人见面打招呼只能高高抬起右手行罗马致敬礼。此外，罗马人应该用voi（你们）称呼对方，不能再用lei（你），因为voi听起来更有气势，也更正式。间谍报告承认：几乎没有人用voi（你们）称呼对方，就算有人用，也带着调笑的语气。

到了20世纪30年代，明眼人都可以看出法西斯当局已经积重难返。然而，报纸上的法西斯当局却更上一层楼：当局是说一不二的存在，自1931年至1938年，法西斯党员人数从80万猛增至500万。意大利人站在拥挤的人群里参加日渐增多的法西斯集会和游行。不过，法西斯当局已经江河日下。当局收到的间谍报告警告称：人们对法西斯主义的热情已经耗尽。法西斯当局对意大利人的管控不但没有激发他们的热情，反而使他们越发冷漠。加入法西斯党以及参加集会和游行并非出自他们的本心。墨索里尼在威尼斯广场的阳台上向公众发表了诸多著名演说，黑衫军在威尼斯广场的各个入口处支起桌子收集人们的党证，目的是找出缺席的人。1935年10月，墨索里尼宣布意大利人侵埃塞俄比亚，当局组织庆祝游行，赶到的游行者发现黑衫军不在现场后，顿时惊慌失措。

到1938年末，咖啡越发短缺，意大利人的态度由冷漠变成了厌烦。国际联盟对意大利侵略埃塞俄比亚进行制裁，当局因此发起了名为"自给自足"的新运动，造成了严重的经济危机。物价飞涨，政府财政匮乏，变得越发贪婪，不惜提高行会会费。出口陷入低迷，进口商品价格高昂，普通人望而却步。石油、糖以及意大利人最离不开的咖啡等商品日渐短缺。早晨酒吧里已经不供应咖啡，为了买到咖啡，罗马人得排数个小时的队。他们一边排队，一边低声抱怨。此时，斯塔拉切等法西斯高层领导如过街老鼠，但是几乎没有人敢公开非议墨索里尼。1939年5月，政府安插在民间的间谍注意到：私下里关于墨索里尼的笑话正以惊人的速度变多，例如"M代表什么？ Misery（痛苦）"。

当然，这并不意味着法西斯当局已经处于摇摇欲坠的境地。尽管法西斯当局不得人心，但是国家机器完好如初，替当局卖命的人深知靠着大树好乘凉的道理，并不希望当局倒台。如果照这样发展下去，这个独裁政权很可能不会如此短命。那么墨索里尼政权为什么会如此快地倒台呢？答案就在奥勒良古城墙的东南角。1938年春，为了迎接阿道夫·希特勒的到来，当局刚刚在此地新建了一座火车站。观赏完佛罗伦萨的精美艺术品后，希特勒在5月3日晚抵达罗马城，受到了热烈欢迎。法西斯当局组织了成千上万的罗马市民站在铁路两旁冲希特勒欢呼招手。奥斯蒂恩塞火车站里挂满了巨大的法西斯鹰徽和纳粹党旗，还有两幅巨大的壁画，一幅描绘墨索里尼和法西斯主义，另一幅则描绘希特勒和纳粹主义。就连街道的名字也在欢迎希特勒的到来。圣保罗门到奥斯蒂恩塞火车站之间的那段路被命名为阿道夫·希特勒大街，附近的广场被命名为阿道夫·希特勒广场，广场上耸立着他的雕像。希特勒的车队经过古罗马斗兽场，随后沿着帝国广场大街来到威尼斯广场，最后前往奎里纳尔宫。希特勒在罗马城逗留数日，其间他和墨索里尼前往墨索里尼体育场观看了法西斯青年团成员排成的方阵，他们先后摆出M和卐字样造型。

　　事实上，意大利人从未喜欢过这位新盟友。德意志，尤其是奥地利，都是意大利的宿敌。意大利统一路上的最大拦路虎就是奥地利。更糟的是，到了1938年，墨索里尼完全唯希特勒马首是瞻。罗马之行不久前，希特勒在没有任何事先提醒的情况下侵吞意大利的附属国奥地利，简直是为所欲为。相反，墨索里尼命令意大利人以德式正步行军，行罗马致敬礼[1]以及针对犹太人，处处都在效仿和讨好希特勒。

　　意大利人无心战争。只账单和咖啡这两项就够让他们烦恼了。然而，1940年6月10日，墨索里尼对法国和英国宣战。9个月前，英国和

1　纳粹礼就是由古罗马敬礼手势演变而来的。

法国对德宣战。墨索里尼的宣战动机就一个字：怕。法国已经走到了失败的边缘，而意大利绝不能失去这样一个趁火打劫的机会，他怕自己没有机会以战胜者的身份坐到谈判桌前。美军陆军上校汉利曾亲眼看到大批群众聚集在威尼斯广场上，墨索里尼站在阳台上宣布参战，并接受群众的欢呼。汉利发现，人们的士气似乎有些低落。后来，他听说意大利新闻影片在报道此事时额外配上了体育赛事的欢呼声。根据政府的监视报告，一部分意大利人认为倒向胜利的一方本无可厚非，但是在背后捅昔日盟友法国的刀子绝非君子所为。只有一小撮学生和狂热的法西斯分子满腔热忱。

威尼斯广场上群众的直觉是对的。罗马人决绝地拉上窗帘。黑衫军只要看到一丝胜利的希望，就会高喊元首。然而，墨索里尼从未以战胜者的身份坐到谈判桌前。三年后，意大利深陷战争的泥潭，不仅要对付"自由法国"[1]和英国，还要对付巴西、苏联和美国。到1943年初，意大利败局初现。至于这期间究竟发生了什么，这里不做细究，因为本书的主题是罗马城，而非第二次世界大战时期的意大利。但是有一点必须澄清：意大利人战斗力差。"一战"期间，意大利人面对装备比自己先进得多的敌人，英勇作战，并取得了不错的战绩。"二战"期间，意大利闪电伞兵师在北非战场对阵英军，丝毫不落下风，甚至赢得了对手的尊敬。但是，这支伞兵师曾接受过德军的培训。

意大利人在"二战"中表现差的原因主要有二个：厌战情绪严重和对领导层心灰意懒。尽管法西斯当局将大量资金投入军工业，但是真正投入生产的资金微乎其微。由于监管不力，出产的军工产品大都不合格：潜水艇安全系数极低；轰炸机引擎时常失灵（引擎的实验数据都是伪造的）；战斗机在欧洲属末流；坦克体积小、车身装甲过薄，因此被意大利人称为沙丁鱼罐头。军事部门人浮于事，好大喜功。1939年，空军部号

1　第二次世界大战期间戴高乐领导的法国反纳粹德国侵略的抵抗组织。

称目前有8500架飞机可以投入战斗，实际数量不足十分之一。墨索里尼也好不到哪里去。参战前，他号称整个意大利有150个装备精良的师，共配备了1200万把刺刀，实际是只有10个师，且大部分都缺编、装备极差。一部分士兵手里的枪还是1918年从奥地利士兵手里缴获的。意大利在1915年参加"一战"时的备战工作要比1940年参加"二战"时好得多。尽管墨索里尼对民选的自由派政府向来不屑一顾，但是现在自由派政府再次将法西斯当局比了下去。

最后，意大利人在"二战"中表现差，墨索里尼也难辞其咎。他在军中是说一不二的领导者，这点至今为人诟病。墨索里尼任海陆空三军部长于一身，他麾下的军官甚至连参加战略会议的资格都没有。身为战争领袖，墨索里尼既懦弱，又好斗，并且高估了意大利的战斗实力。最要命的是，他总是出尔反尔。1940年秋，英军惨败，一时间变得不堪一击，墨索里尼派轰炸机前往比利时，准备趁火打劫突袭伦敦（结果发现轰炸范围根本达不到伦敦）。同年秋，墨索里尼派卡车前往里雅斯特，为进攻克罗地亚做准备，然后又临时决定放弃克罗地亚，转而进攻英属埃及。没有卡车代步，没有飞机掩护，意大利士兵只能在不堪一击的坦克的掩护下徒步穿越茫茫沙漠，最后被只有自己十分之一兵力的英军打得落花流水。

战败的消息接踵而至，法西斯政权已经摇摇欲坠。到1943年春，当局对民众的威慑力已荡然无存。当局安插在民间的间谍不无绝望地写道：戏院里、影院里、有轨电车上、火车上乃至防空洞里，人们公然批评当局和墨索里尼。既然政府已经靠不住了，意大利人便把希望寄托在教宗身上。不像意大利其他未被轰炸的城市，罗马城的人口已经暴增至200万。不少人逃到这里，希望教宗庇护十二世能保他们平安。与此同时，申请圣职的人数猛增，因为一旦成为神职人员，就可免服兵役。

人们在罗马城感受不到战争的气氛，不像英国和俄国这种进行过全国战争动员的地方。德·怀斯在参观奥斯蒂亚水上航空港的时候，发现罗马的海岸线上只有两个士兵站岗，两人只能共用一双水靴。墨索里尼发起的所有建筑项目全部陷入停滞，E-42展览区的开幕时间无限延期。但是当局仍不遗余力地开展宣传工作，为庆祝墨索里尼进军罗马20周年，第三届（最后一届）法西斯运动展览会在现代艺术博物馆开幕。此次展览会的核心目的是宣传当局为战争付出的努力以及推行种族运动。电影展厅里陈列着精心挑选的电影海报，海报上画着由知名演员扮演的军事人物：美军和英军要么一脸惊恐，要么呆头呆脑，而意军则生龙活虎。一些展品和漫画则描绘着非洲人和犹太人的种种恶行。古典时代雕像的照片和现代意大利人的照片并排放在一起，显示着种族的纯洁性。1943年5月10日，帝国日的庆祝活动跟去年一样如期举行，张贴的海报上画着戴殖民军头盔的意大利人。然而事实上，意大利的非洲帝国早已土崩瓦解。海报上特意写着：我们必归！（Torneremo！）不过有些已经被罗马人改写成：我们必败！（Perderemo！）

III

公元1943年9月8日晚，巴多格里奥宣布意大利无条件投降。罗马人的预言成真，他们纷纷涌上街头庆祝，但是比6周前墨索里尼下台时多了一丝隐忧。他们希望同盟国迅速出兵对抗德军，结束战争。

翌日清晨，德·怀斯像往常一样醒来，她对意大利的时局并不十分乐观。周围的一切似乎跟往常没有什么区别。行至市中心，她看到一个男孩手里拿着网球拍，正大步流星地赶往网球聚会的集合点。的确，德·怀斯对时局的判断绝非空穴来风，从当天凌晨开始，她就隐隐约约听见枪炮声，后来枪炮声变得越来越大。她并不清楚制造这些枪炮声的人究竟是何方神圣。当地的报纸也无法帮她解开这个疑团。《停战协议》白纸黑字地印在报纸上，但是语气十分暧昧，做派犹如一个打定主意要离婚却又奢望对方能够心平气和结束婚姻的妻子。一部分报纸还刊载了卡拉布里亚前线的战事报道，以动人心弦的笔触描述了德意联军如何在战场上合力打退盟军。明眼人虽然一看就知道是假新闻，但是这种前后矛盾的行为令人十分不解。意大利当局呼吁罗马民众保持镇静，宣称当局正在说服德军北撤。德·怀斯向来消息灵通，她知道罗马城有重兵把守，其中还包括一个装备精良的摩托化步兵师，所以她认为意军有能力拖住德军，等来盟军。

德国高层跟德·怀斯的想法一致。盟军正在意大利西海岸的萨莱诺登陆，希特勒认为驻扎在南意大利的德军最好马上撤退，否则盟军很可能会切断他们的物资供给。德军驻南意大利司令官是阿尔贝特·凯塞林（公元1885年11月30日—1960年7月16日），他的司令部设在罗马城以南的弗拉斯卡蒂。美军对弗拉斯卡蒂进行轰炸，使得此地遭受了毁灭性地破坏，一片狼藉，所以凯塞林也跟德·怀斯的想法一致。凯塞林预计盟军会将部队空投到罗马城，甚至很可能在罗马城附近进一步发起渡海登陆。凯塞林的兵力远远少于驻守在罗马城的意军的兵力，他猜想巴多格里奥说不定已经将矛头指向他。凯塞林命令驻扎在罗马城附近的德军向罗马城推进，并发动试探性进攻。位于罗马市中心的德国外交人员烧毁机密文件，送走自己的家人。德·怀斯和凯塞林对真相一无所知，这个真相简直是罗马城的耻辱。在本书的前六个章节中，笔者曾多次提及罗马守军在面临外敌入侵时的表现，尽管他们有时表现得很无能，无力挡住敌军的进攻，但是他们至少为罗马城战斗过。公元1943年9月初，罗马城正处于前法西斯头目和乘着法西斯主义的东风一路高升的人的统治下，这帮人压根不关心罗马城的存亡。

公元1943年9月3日，意方代表和同盟国代表在西西里岛的卡西比莱秘密签署停战协议，并打算5天后向外界公布。地中海战场盟军司令德怀特·戴维·艾森豪威尔（公元1890年10月14日—1969年3月28日）试图充分利用这段时间进行战略部署。正如凯塞林所预料的那样，艾森豪威尔计划派遣2000名空降兵于9月8日晚空降罗马城，目的是封锁罗马城的飞机场以及协同意军对抗德军的进攻，并计划在次日率盟军登陆萨莱诺。9月7日晚，美军将领泰勒和加德纳偷偷进入罗马，打算为第二天的空降行动做准备。两人比预计时间晚了一些到达罗马城，没过多久，他们就变得忧心忡忡。他们被带到战争部附近的卡普拉拉宫，服务人员从不远处的大酒店为他们送来了一顿丰盛的大餐，包括清炖肉汤、蔬菜炖牛肉、火烧可丽饼和高档葡萄酒。但是，他们一直没有等来负责罗马城防务的关键人物。他们终于等不及了，强烈要求面见巴多格里奥，于是卡普拉拉宫的人开车把他们送到巴多格里奥的豪宅。这次会面让他们感到十分沮丧。美军曾猜测，为了部署次日的防务，巴多格里奥此时一定忙得不可开交。然而事实是，巴多格里奥正在熟睡，需要人叫醒。他们在等候巴多格里奥的时候，他的侄子向他们解释说：意方根本没有做好准备，所以公布《停战协议》的日期需要推迟几天；德军带走了所有燃料，所以空降行动只能取消。巴多格里奥终于露面了，脸上露出畏惧的神色。他对这两位美国将领说："老夫忝居帅位，这辈子就打过两次胜仗。求你们别把我留给德国人，要是被他们抓到……"[12]他做了一个割喉的手势。

宣布意大利投降之前，首相巴多格里奥和国王维托里奥·埃马努埃莱三世有5天的时间做准备。然而，两人用这5天只做了一件事：为自己和家人铺后路。埃马努埃莱三世把儿媳妇送到了瑞士，巴多格里奥则把自己的亲属送到了瑞士和丹吉尔。9月8日下午，眼见着公布《停战协议》的时刻就要到了，埃马努埃莱三世终于召集各部部长和军事统帅，在奎里纳尔宫举行了一次会议，商议应对策略。战争部部长安东尼奥·索里切（公元1897年11月3日—1971年1月14日）和卡尔博尼将军认为意大利单方面投降会惹怒德国，一直惴惴不安，于是他俩建议意大利人装作没有投降的样子。陆军少校马尔凯西是行政部部长安布罗夏诺的助手，意大利方代表在西西里岛签署停战协议的时候，他就在现场。他指出索里切和卡尔博尼的建议不切实际，因为美方已将签署仪式的全过程录制下来。然后，会议讨论的话题就变成了一些不相干的事情。而就在此时，艾森豪威尔通过广播宣布意大利无条件投降的消息传来。埃马努埃莱三世决绝地说："认命吧。"[13]巴多格里奥匆匆赶往阿夏戈大街上的罗马广播中心，宣读《停战宣言》，宣布意大利无条件投降。

从这一刻起，这群人根本不像手握国柄的统治者，倒像是一群在剧院里观剧的观众，焦急地等待着接下来的剧情。首相巴多格里奥、国王埃马努埃莱三世和一众部长在战争部集合。情报表明德军正在北撤。巴多格里奥和皇室成员都是习惯早睡的人，他们简单吃了一顿晚餐后就睡下了。国王和王后和衣而睡，以防万一。天就要亮了，他们不约而同地起了床，然后就听说了德军截断罗马城道路的消息，只剩下一条通往亚平宁山脉和亚得里亚海的向东道路。

至于接下来该怎么部署罗马城，他们根本没有心情讨论。国王埃马努埃莱三世早就预料到有这一天，从罢免墨索里尼的那一天开始，他就在奇维塔韦基亚备好了一艘海军舰艇，以备不时之需。清晨5点多，他、他的家人、巴多格里奥以及他们的助手提着行李在战争部的一个院子里集合，随后分别上了车。七辆车载着他们穿过那不勒斯大街，来到民族大街，途经特米尼火车站和圣洛伦佐教堂，最后驶出了城。意大利的皇室成员和政府首脑就这样逃之夭夭了。王储翁贝托王子（公元1904年9月15日—1983年3月18日）心有不甘，他哀怨地说："哎！我们也太狼狈了。"他的母亲埃琳娜王后用法语厉声回道："贝波（翁贝托王子的昵称），回去是不可能的，他们会杀了你的。"巴多格里奥脸色苍白，神情紧张，嘴里不住地自言自语："万一被他们给抓住，我们都得被割喉。"[14]

不久之后，有70多辆车紧随其后出了城。奥尔托纳是亚得里亚海沿岸的一个小港口，9月9日下午，这里挤满了皇室成员、政府要员和高级将领，焦急地等待着搭救他们的那条船。不过，政府要员并没有倾巢而出。罗马城中，一群反法西斯游击队员来到贸易和工业部，发现贸易和工业部大楼的正门大开，里面一片狼藉，各种迹象表明有人刚刚仓皇离开。他们在主会议厅内找到了贸易和工业部部长莱奥波尔多·皮卡迪，他将脸掩埋在双手之中。看到他们后，他绝望地说："都跑了，就剩我了。"[15]

国王埃马努埃莱三世和政府要员在9月9日做的最没有良心的一件事不是逃离罗马和抛弃罗马人，而是他们发布了两条命令。第一条命令要求海军派出希皮奥内号巡洋舰和两艘轻型护卫舰接走"要人"（国王和政府要员），并护送他们一路向南，直至同盟国的控制区；第二条命令要求陆军参谋长罗阿塔将驻扎在罗马城外的装甲师派往罗马城以东的蒂沃利，开辟防御东线。值得一提的是，这支装甲师是意大利战斗力最强的部队。鉴于这条防线背对正在杀向罗马城的德军，罗阿塔的意图不言自明。这支装甲师真正的目的是掩护意大利的统治者们出逃。这支战斗力最强的部队没有用来守卫罗马城，反而被派去掩护领导人逃跑。

在交战过程中改变阵营并不是说说那么简单，但是这并不代表意大利人没有考虑过。少数狂热的法西斯党徒对德国人心存好感，但是绝大部分意大利军人对德国人没有多少好感。一旦接到明确的命令，他们一定会毫不犹豫地为意大利而战。然而，他们接到的命令十分模棱两可。巴多格里奥甚至在宣读投降声明时故意含糊其词，他命令意大利军人"停止一切针对英美的敌对行动"以及"反击一切敌对武装的进攻"[16]。9月8日晚上，国王躺在战争部大楼里，和衣而睡，行政部部长安布罗夏诺发布命令，禁止意大利军队对德国人采取敌对行动，并明确指示：如果德军没有做出侵略行为，那么意军不得阻拦。很明显，安布罗夏诺此举是想息事宁人。盟军在萨莱诺的登陆行动陷入困境，凯塞林曾想过放弃罗马城，不过现在他改变主意了。凯塞林的命令简单明确，跟安布罗夏诺表现出的意愿正相反。他命令德军解除意大利人的武装，一旦双方交战，他补充说："不必对这帮叛徒心慈手软。希特勒万岁！"[17]

一部分意大利军人英勇战斗。德军手持一面白旗向撒丁第一掷弹兵团驻守的一处阵地逼近，此地位于罗马城南部的马利亚那桥，处在墨索里尼E-42展览区未完工建筑群的下方。意军在此地的指挥官前去与德军会面，不料被机关枪击中身亡。意军怒火中烧，奋起反抗，与德军激战了整整一夜，双方僵持不下。此外，德军在罗马城北部靠近蒙特罗顿多的一处阵地挣扎，一支德军的空降兵部队被意军和当地的猎人完全压制住了。截至9月9日晚，德军死伤300人，不得不主动寻求停战谈判。

然而，德军在其他地方几乎没有遭到意军的反抗。不久后，他们便得知了意军收到的命令，于是举着白旗继续向意军的阵地进发，然后将枪口对准意军，解除他们武装，反抗者一律被杀死。不少意大利军人在很久之前就对当局和战争彻底失去了信心，所以他们干脆扔掉武器，脱掉军装，换上平民的衣服，溜之大吉。整个皮亚琴察师就这样消失得无影无踪。此外，士兵也对军官失望透顶，不少士兵干脆抛弃战友，当了逃兵。一名军官暂时离开军营，只为前去马棚确认自己的获奖赛马是否安然无恙。三个小时后，他从马棚回到军营，却发现麾下的士兵全都不见了。极少数部队选择加入德军，其中就包括两支黑衫军。

9月10日上午，德军开始向罗马市中心挺进。街上空无一人，家家户户门窗紧闭，公共汽车和有轨电车停在半路，乘客都不见了。眼前的这番情景让德军倍感困惑。平民手里拿着武器（逃兵扔在街上的武器被一部分平民捡到），负责维持治安的卡宾枪骑兵试图阻止他们。玛利亚·卢克是一名美国修女，德军攻占罗马城的这段时间，她恰好居住在这里，她将自己的所见所闻记载下来，并以简·斯克里夫纳为笔名发表。当天，她看到一群意大利看守押着一队德国囚犯走在街上，以为意军打败了德军。上午11点，她听说德意双方已达成协议，德军同意撤军。中午时分，炮弹接二连三地落入罗马城，意军开炮反击。德军士兵通过欧陆酒店的窗户向外射击，开着装甲车里的意军掷弹兵和电车工人拼命向德军投掷手榴弹。两军交战的地方就在特米尼火车站前面。

傍午时分，德军逼近圣保罗门和奥斯蒂恩塞火车站。早在5年前，希特勒就是在这里受到了罗马人的热烈欢迎。一支由天主教共产主义者、狙击兵和平民组成的志愿军火速赶来支援。狙击兵是从台伯河岸区附近的营房赶来的，那群平民是一个名叫卡洛·尼基的演员带来的。大部分志愿军士兵没有武器。下午1点，德军和意大利守军在圣保罗门前的阿道夫·希特勒广场周围展开激烈战斗，但是守军毫无胜算。尽管守军在人数和气势上占据优势，但是丝毫没有组织性，全靠个人勇武。不少守军士兵只剩下几发子弹，守军的坦克在德军的装甲车面前束手无策。国王和高官出逃的消息在城中传播开来，更是火上浇油。下午，德军攻破圣保罗门，沿着非洲大街来到古罗马斗兽场，随后沿着帝国广场大街来到威尼斯广场，跟5年前希特勒的车队走的是同一条路线。

德军和守军的决战发生在特米尼火车站。100名军官和士兵坐着一列被扣押的火车从蒙特罗顿多赶来支援罗马人，他们在火车头上安装了一门小型火炮，在站台上架设机枪，铁路工人跟他们并肩作战。5个小时后，他们被德军彻底击溃。德军将铁路工人全部处决。傍晚6点，玛利亚·卢克发现四周一片沉寂。她在女修道院里看到德军的汽车在街道上疾驰而去，罗马市民三五成群，议论纷纷，看起来十分不安。她打开收音机，发现罗马广播电台正在用德语和带有浓重德语口音的意大利语播送新闻，这个电台以前只播送音乐。

罗马城沦陷。

在接下来的几天里，德军洗劫了罗马城。后来，店铺重新开张，饥肠辘辘的罗马市民在大街上寻找食物。德国士兵趁机持枪抢劫店铺，抢夺行人的贵重物品，抢走汽车和自行车。几个罗马女人被德国士兵侮辱。罗马市民安慰自己说盟军就要来了，最悲观的预测是两周以内。然而事实证明，两周是最乐观的估计。

▲ 盟军的宣传海报："他们已经被踢出了西西里岛，我们何不联手把他们踢出意大利半岛。"这则海报旨在敦促意大利人加入反纳粹德军的队伍。

▲ 盟军的宣传海报讽刺意大利社会共和国。墨索里尼被国王软禁在亚平宁山脉的一处滑雪度假村，德军随后用滑翔机成功将他救出。他随后宣布成立意大利社会共和国，标志着法西斯主义死灰复燃。

9月18日晚，第一个坏消息传来，罗马人被迫重温旧时的噩梦。他们在广播里听到了墨索里尼的声音，他在广播里歌颂希特勒，痛斥国王，号召意大利人支持他。他的语调有气无力，有些人甚至怀疑这个人不是墨索里尼，但的确是他。墨索里尼被软禁在亚平宁山脉的一处滑雪度假村。几天前，德军大胆使用滑翔机救出了他。听到这个消息后，罗马人倍感失望。墨索里尼宣布成立意大利社会共和国[1]，自己担任总理。实际上，他只不过是一个任由希特勒操纵的傀儡。饶是如此，法西斯主义的忠实信徒和没有退路的法西斯分子纷纷站出来响应他。法西斯主义死灰复燃。意大利的法西斯分子起死回生，他们纷纷效仿身边的纳粹德军，变得比从前更加残暴。10月初，科隆纳广场上的韦德金德宫成为法西斯分子在罗马的总部，手持机枪、开着坦克的士兵将此地团团围住。

德军安顿下来后，便开始蠢蠢欲动。达到兵役年龄的罗马男子须向当局报备，服兵役和劳役。但是几乎没人前来报到，德军只好亲自上街抓人。围捕行动开始了。1000名被释放的英国战俘、众多反法西斯人士和意大利官兵在德军破城后就藏匿起来。现在，为了躲避德军的围捕行动，越来越多的罗马男人不得不藏起来。这一时期，罗马城流传着这样一个笑话。一群游客问导游："摩西像[2]呢？"导游答道："他在朋友家躲好些天了。"罗马男人藏匿在女修道院和医院里，甚至精神病院里。德·怀斯不由得感叹道："罗马城从未有过这么多男疯子。"大部分罗马男人躲在私宅里，不夸张地说，罗马男人都藏起来了。德军重金悬赏英国战俘，并规定任何人不得藏匿战俘，违者一经发现，格杀勿论。然而，几乎没有人供出他们。一位上了年纪的罗马妇人藏匿了多名英国战

---

1 成立于公元1943年9月23日，1945年4月25日灭亡，由于其政府所在地于萨罗，亦称萨罗共和国，是第二次世界大战末期贝尼托·墨索里尼在阿道夫·希特勒的扶植下于意大利北部创建的法西斯傀儡政权。

2 米开朗琪罗创作于公元1513—1516年，而摩西是以色列人的民族领袖，史学界认为他是犹太教创始者。

俘，她告诉德·怀斯：她知道一旦被发现，自身性命难保，但是一想到每个战俘身后都有一个为他牵肠挂肚的母亲，就觉得于心不忍，于是下定决心保护他们。

10月6日，国王的胸甲骑兵成为德军围捕行动的下一个目标。德军闯入萨伏依阿达别墅，把别墅里的家具、绘画、雕像、挂毯洗劫一空，此举明显是为了报复国王埃马努埃莱三世曾在此地逮捕墨索里尼。据玛利亚·卢克记载，德军甚至连别墅里的被单和枕套都拿走了。"(萨伏依阿达别墅）被洗劫一空，就连墙上的钉子也被拆下来带走了。"[18]10月8日，德军把魔爪伸向卡宾枪骑兵队，这是一支效忠于国王的精锐警察部队，在墨索里尼的逮捕行动中扮演重要角色。1500名卡宾枪骑兵队官兵被送到德国，许多人一去不归。德军逮捕卡宾枪骑兵队官兵的消息迅速传播开来，另外5000名卡宾枪骑兵队官兵闻讯逃跑，幸运地躲过了一劫。

最惨绝人寰的围捕行动即将上演，德军的下一个目标是罗马犹太人。公元1938年11月11日，墨索里尼政府批准《种族法》，一小部分犹太人已经幸运地离开了意大利，剩下的犹太人要么无处可逃，要么囊中羞涩，没钱出逃。德军杀向罗马城的消息传播开来，一部分犹太人连忙躲起来。随着时间的推移，大部分躲起来的犹太人发现德军没有采取任何过激行动，于是纷纷现身，只有一少部分犹太人十分明智地继续躲着。现身的犹太人是有苦衷的，他们一是需要外出打工维持生计，二是不想给好心收留自己的天主教徒惹麻烦。此外，罗马犹太社区是世界上最古老的犹太社区，已有2000年的历史。教皇曾多次试图让犹太人改宗，但均以失败告终。

警告传来。英国广播公司报道了犹太人被大屠杀和抓进建有毒气室的集中营。罗马犹太社区的首席拉比（精神领袖）伊斯雷尔·佐利在东欧出生长大，他深知大屠杀意味着什么，于是敦促关闭犹太教堂，告知城中的犹太人要么赶紧躲起来，要么赶紧离开这个是非之地。伦佐·利瓦伊和塞蒂米奥·索拉尼是犹太难民援助委员会罗马分支机构的负责人，两人都是土生土长的罗马犹太人，他们对犹太人在集中营的悲惨遭遇了如指掌，于是敦促犹太人逃去南方的同盟国控制区。德国驻梵蒂冈大使恩斯特·冯·魏兹泽克男爵和他的秘书阿尔布雷希特·冯·克塞尔也向城中的犹太人提出警告，十分令人意外。作为德国的外交人员，两人都对纳粹深恶痛绝。克塞尔直言不讳地抨击纳粹分子，魏兹泽克男爵是老派贵族，对纳粹党的所作所为心存鄙夷。这两个德国人跟利瓦伊和索拉尼一样，对欧洲犹太人的命运洞若观火。魏兹泽克男爵本人曾看过万湖会议（召开时间是公元1942年1月20日）的记录，会议提出的"最终解决"计划成为纳粹德国的官方政策。克塞尔委托瑞士联络人阿尔佛雷德·法伦纳告知与梵蒂冈有联系的罗马犹太人向外界放出消息：罗马犹太社区危矣。

可惜的是，几乎所有罗马犹太人都没把这些警告当回事。在他们眼里，出于宣传的目的，英国广播公司的报道有夸大之嫌，而伊斯雷尔·佐利是个彻头彻尾的外人，并不招他们喜欢。况且，德军并无出格行为。乌戈·福阿是罗马犹太社区的主管人，他向他们保证德军绝对不会轻举妄动，大部分罗马犹太人对此深信不疑。总共有1.2万名犹太人生活在这个社区，社区的规模相对较小。福阿认为，只要罗马犹太人安分守己，德军抓不到把柄，就奈何不了他们。他告诫罗马犹太人凡事要低调。他们除了将犹太教堂里的家具陈设搬到别处藏起来，没有再采取其他应对措施。

9月26日，星期日，德军开始对罗马犹太人采取行动。党卫军中校兼盖世太保罗马最高指挥官赫伯特·卡普勒召集罗马犹太社区的两位领导人乌戈·福阿和但丁·阿尔曼西前往他在德国大使馆主楼的办公室，此地位于沃尔孔斯基别墅公园内。他命令罗马全体犹太人48小时内必须交出50千克黄金，否则200名犹太人将被驱逐。卡普勒承诺拿到黄金后，绝不会伤犹太人一根汗毛。一小部分犹太人半信半疑，但是大部分犹太人选择相信他。这些犹太人未免太天真了，生活在罗马的犹太作家贾科莫·德韦内德蒂（公元1901年至1967年）解释了背后的原因："在过去的几个世纪里，犹太人饱受侮辱和压迫，生出一种悲观的宿命感，内心特别渴望得到他人的同情。总是摆出一副做小伏低的姿态，只为博取他人的同情。犹太人会对德国人乞求怜悯吗？遗憾的是，答案是肯定的。"[19]此外，德韦内德蒂还认为，出于宗教信仰的原因，犹太人骨子里追求正义。相比之下，纳粹分子要简单粗暴得多。就算犹太人把姿态放得再低，也改变不了德国人把犹太人视为死敌这一现实。

次日，也就是9月27日，卡普勒一早就派人在犹太教堂二楼的一个房间里设置了收款点。起初只有零星几个人前来交赎金，与此同时首席拉比佐利派人前去梵蒂冈求救。晌午刚过，犹太教堂外就排起了长龙，教宗庇护十二世提供的无息贷款并没有派上用场。他们多数是住在隔都里的穷苦犹太人，拿不出太多钱，好在积少成多，也是一笔不小的数目。不过也有为数不多的富人慷慨解囊，其中就包括基督徒。交齐赎金后，犹太人如释重负，心想总算转危为安，脱离了危险。实在是大错特错。其实，卡普勒在命令犹太人交赎金的前一天就收到了柏林发来的命令：围捕城中犹太人，并将他们驱逐出境。有证据证明赎金一事纯属卡普勒的个人意志，因为围捕犹太人并不是一朝一夕的事，所以他便设法转移犹太人的注意力，防止他们藏匿起来。卡普勒奸计得逞。德军接下来的一系列行动让犹太人错愕不已。犹太社区的所有文献、两座图书馆里的书均被德军掳走，其中包括价值连城的犹太教古籍珍本，这些古籍要么没来得及编目，要么没来得及研读（这些文献和古籍在北运的过程中遭到盟军轰炸，不知去向，也有一部分罗马犹太人认为德军将这些文献和古籍秘密藏在了德国某处。总之，犹太人永远失去了这些堪称瑰宝的文献和古籍）。然而，错愕之余，却没几个罗马犹太人选择藏匿起来。

向罗马犹太人伸出援助之手的德国人除了魏兹泽克男爵和克塞尔，

还有德国驻意大利王国代理大使艾特尔·弗里德里希·莫尔豪森。党卫军中校卡普勒一收到围捕犹太人的命令,莫尔豪森就听说了此事。他立即驱车前往弗拉斯卡蒂面见凯塞林,试图说服凯塞林放弃围捕行动,并建议通过强制劳动取而代之。凯塞林曾把突尼斯犹太人送去工厂进行强制劳动,加之眼下没有多余兵力进行围捕行动,于是采纳了莫尔豪森的建议。柏林党卫军总部发现驻守罗马的德国官员阻挠围捕行动,就派遣党卫军上尉特奥多尔·丹勒克尔率领一支党卫军和一支特遣部队进驻罗马,并刻意绕过了当地的德国官员。值得一提的是,丹勒克尔上尉曾在前一年主持针对巴黎犹太人的围捕行动。这样一来,莫尔豪森前功尽弃。

10 月 16 日拂晓,隔都里的犹太人被手榴弹的爆炸声和枪声惊醒。也就是说,丹勒克尔上尉已经率军抵达罗马城。为了把犹太人全都困在家中,丹勒克尔上尉命手下士兵对隔都发起了持续几个小时的进攻。隔都的犹太人全都闭门不出,正中丹勒克尔上尉下怀。5 点 30 分,秋雨滂沱,倾盆而下,士兵封锁了隔都,开始挨家挨户敲门。

隔都里犹太人的命运可想而知。《1943 年 10 月 16 日》是犹太作家贾科莫·德韦内蒂的不朽名著,虽然只有短短四十页的篇幅,但是入木三分地刻画了罗马犹太人在当天的悲惨处境。作者怀着悲愤的心情,真实记录了当天的所见所闻,其中包括参与围捕行动的纳粹党卫军。他笔下的党卫军士兵行色匆匆,举止粗鲁,满脑子只想着完成上级交代下来的任务,他们不住地大喊,"(他们)这么做或许只是为了给自己壮胆,震慑住犹太人,逼迫犹太人乖乖就范,自己也好赶紧交差"。[20]根据《种族法》,墨索里尼政府将犹太人登记在册,而此时纳粹党卫军手里的名单大都来自这本登记册。他们拿着名单挨家挨户敲门,敲开门后,放下卡片,卡片上写着准备时间只有 20 分钟,并列出需要带走的物品。德韦内蒂想象了一下拿到卡片后犹太人的心理活动:"这些杯子太精致了,还是放在家里吧。至于手提箱,现在去买恐怕来不及了,孩子们凑合着用一个吧。"[21]

　　并非所有的德国士兵都唯命是从，不能通融。德韦内德蒂曾在书中提到一位S夫人，这位S夫人听到一位邻居在街上大声叫自己的名字，意识到自己即将被捕。她的一条腿在不久前的一次事故中受伤，直到现在还打着石膏。她一瘸一拐地走下楼梯，来到街上，看见两个德国士兵正在站岗，走上前去给两人分别递上一支烟，这两人居然没有拒绝。不久后，当地人纷纷议论称这两人其实是奥地利人。

　　"抓走所有犹太人。"两人中年龄较大的那个答道。她轻轻拍了下腿上的石膏绷带。

　　"可是我的腿不太方便，得跟家人一起去医院。"

　　"走吧，走吧。"奥地利士兵一边点头，一边用手示意她赶紧逃。S夫人在等家人前来会合的时候，灵机一动，决定凭借和两位士兵的交情救出更多邻居，于是也在街上大声呼喊起来。

　　"施特里娜！施特里娜！"

　　"怎么了？"

　　"快跑，否则都得被他们抓走。"

　　"好好好。我先给孩子穿上衣服，马上，马上。"

　　不过是为了给孩子穿件衣服，谁承想连命都搭进去了。施特里娜夫人和她的家人都被士兵带走了。[22]

　　S夫人安顿好家人后，又回到了隔都，举手投足间犹如"疫情期间巡查病房的护士，对预防措施不屑一顾，总是我行我素，不怎么招人喜欢，反而恰恰是这帮护士没有染上疫病"。[23]S夫人用虚张声势的方式让其余的党卫军士兵相信她并非犹太人，以此成功救出了邻居家的4个孩子。

　　然而，绝大多数犹太人并没有这么好的运气。一部分犹太人把自己反锁在家里，要是他们能在第一时间逃跑，说不定就能躲过这场浩劫。党卫军破门而入，屋里的人顿时呆住了，个个瞠目结舌，就像被催眠了一般，再加上僵硬呆板的面部表情，活脱脱一幅惊悚的超现实主义全家福画像。党卫军士兵一路押着他们穿过屋大维门廊大街，向着马塞勒斯剧院走去：

> 被抓的犹太人排成一列纵队，零零散散地走在大街中央。党卫军士兵一路看守着他们，时不时提醒他们保持队形，用机枪的手柄抵住他们，催促他们快点走。没有挣扎，没有反抗，只有眼泪、呻吟、哀号和得不到回答的问题……孩子们眼巴巴地望着父母，以期获得安慰，父母却决绝地转头看向别处，那神情要比拒绝给孩子面包时的神情决绝得多。[24]

起初，犹太人以为党卫军是想抓他们去做苦力，因此试图逃跑的大部分是男人，也确实有一部分人通过翻墙成功逃脱。犹太社区的烟民通常会早起前往台伯岛的酒吧，排队购买烟卷，所以侥幸逃过一劫。当天被抓走的犹太人大部分都是儿童，其次是妇女，被抓妇女的人数是男性的两倍。

有关围捕犹太人的消息迅速传播开来，全城的犹太人都藏匿起来。不少犹太人逃到朋友家里。党卫军中校卡普勒向上级递交了一份关于围捕行动的报告。据报告显示，罗马市民并不支持围捕行动，甚至有不少市民藏匿犹太邻居，阻拦执行围捕行动的落单党卫军士兵，试图妨碍围捕行动。有一次，党卫军士兵敲开了一栋公寓的大门，一位身着黑衫军制服的法西斯党徒挡住了他们的去路，坚称此地是他的地盘。还有一部分犹太人藏在医院里，医生为了掩人耳目，给犹太人做假手术。有人甚至藏在了医院的太平间里。

不少犹太人藏匿在教堂里。台伯岛法特贝尼医院的修道士看到犹太人从隔都逃亡至此，于是收留了他们。不远处的锡安淑女修道院也收留了一部分犹太人。大部分宗教机构无条件收留犹太人，只有少部分要求犹太人要么改宗天主教，要么出具推荐信。在教区教士的帮助下，大批成年犹太人藏身于教堂周边的出租屋，也有一部分成年犹太人藏身于神学院。只需要交一点学费，犹太儿童就可以就读天主教寄宿学校。玛利亚·卢克不无骄傲地写道："教宗挽救了一大批罗马犹太人的性命。"战后，许多人对这种说法深信不疑。

然而，实际又是另一码事。教宗庇护十二世几乎在同一时间就知晓了围捕一事。恩萨·皮尼亚泰利·阿拉戈纳·科尔特斯公主是住在罗马城中的一位贵族女子，与庇护十二世有私交，她从一位居住在隔都附近的朋友那里听说了围捕犹太人的事情。没有私家车的她向德国大使馆临时借了一辆，径直驶向梵蒂冈，路过马塞勒斯剧院时，她看到一群狼狈不堪的犹太人在剧院外等待着什么。抵达梵蒂冈后，她很快见到了庇护十二世，将自己的所见所闻一股脑儿说给后者听。听到这个消息后，庇护十二世大吃一惊，当着恩萨公主的面打了个电话，很可能是打给德国驻梵蒂冈大使魏兹泽克男爵。他从头至尾只为罗马犹太人做了这一件事，真是令人寒心。

教宗并非犹太人的救星。在上文中我们已经提到，数个世纪以来，几乎没有教皇对罗马犹太人抱有好感。犹太人成为意大利统一的支持者后，教皇对犹太人更加没有好感，庇护十二世对犹太人尤其没有好感。庇护十二世原名尤金尼奥·帕切利，公元1876年3月2日生于罗马，他的家族与梵蒂冈有着密切的联系。帕切利凭借担任教会律师期间的出色表现而声名大噪，随后更是平步青云。"一战"结束时，他被擢升为教廷驻慕尼黑特使。公元1933年，他代表罗马教廷同新生的纳粹德国（又名德意志第三帝国，公元1933年至1945年由纳粹党所统治的德国）签订了一份协议，承诺德国境内的天主教组织不会染指政治，从而为希特勒攫取完整的独裁权力扫清了障碍。6年后，也就是公元1939年3月2日，帕切利当选教宗，称庇护十二世。

"二战"也没有改变庇护十二世的观点。在德军垂死挣扎之际，他还希望促成希特勒同西方同盟国（包括英国、英联邦、美国、法国以及其他欧洲国家和拉丁美洲国家）的和解。这样一来，德国就可以心无旁骛地对付俄国。庇护十二世既不想削弱德国的势力，也不想梵蒂冈与德国为敌。从一些迹象来看，他可能跟当时梵蒂冈的大多数神职人员一样，持有反犹主义立场。当然，要证明这一点并非易事。公元1942年，犹太人大屠杀的消息传得满城风雨，美国总统罗斯福（公元1882年1月30日—1945年4月12日）暗中派遣特别代表迈伦·泰勒前往罗马，恳求庇护十二世公开批评纳粹屠杀犹太人，但他拒绝这么做。

犹太人大屠杀近在咫尺。在隔都被捕的犹太人被暂时收押在军事学院，此地距离梵蒂冈宫只有几百米的距离。一部分运输犹太人的卡车司机迫不及待地想一览周边的美景，他们徜徉在圣彼得广场附近。围捕事件发生后几个小时，英国驻梵蒂冈大使达西·奥斯本设法面见了庇护十二世，敦促他向驻守罗马城的德国官员提出抗议，却被对方告知罗马教廷没有任何异议，理由是德国向来尊重梵蒂冈的中立。有一种说法是梵蒂冈的神职人员向德国驻梵蒂冈大使魏兹泽克男爵提出抗议，成功解救出了一部分犹太人。然而，事实并非如此。他们的确曾为犹太人出面调停过，但是这里的犹太人只包括一小部分改宗天主教的犹太人，而且调停以失败告终。军事学院里总共收押着1250名犹太人，其中有五分之一被释放，这部分犹太人被释放的原因只有一个：丹勒克尔上尉认为自己抓错了人。教宗从未就围捕犹太人一事提出抗议。9天后，罗马教廷通过半官方喉舌《罗马观察报》向所有在战争中死伤的无辜平民表示哀悼，但是对犹太人的遭遇只字未提。

德国的外交人员再次挺身而出。德国驻梵蒂冈大使魏兹泽克男爵和德国驻意大利王国代理大使莫尔豪森对教皇的不作为深感失望。无奈之下，两人制订了一个周密的计划，企图通过告知柏林高层，教宗计划公开谴责犹太人大屠杀（尽管他们深知教宗绝不会这么做），从而达到震慑当局的目的。两人编造了一封信，以德国驻罗马主教阿洛伊斯·赫达尔的名义寄给德国驻罗马总司令斯塔赫尔将军（斯塔赫尔也是该计划的参与者），信中提到教宗已经怒不可遏。这封信和魏兹泽克男爵的一封电报一同被发往位于柏林的德国外交部，魏兹泽克男爵在电报中再次力劝当局释放被俘的罗马犹太人，以强制劳动代替屠戮。然而，一切都是徒劳。信和电报在外交部里躺了好几天，才被送到党卫军手里。党卫军根本懒得理会。当然，也没有理会的必要。党卫军收到魏兹泽克男爵的电报时，被俘的1000余名罗马犹太人要么已经被运抵奥斯威辛集中营，要么即将被运抵奥斯威辛集中营。绝大部分被俘的罗马犹太人立即被送到毒气室杀死，只有15名罗马犹太人侥幸活下来，回到罗马城。

隔都围捕事件无疑是罗马在德占期最残酷的一笔，罗马城的霉运还远远没有结束。10月末，两周内解放罗马城变成了遥不可及的奢望。9月末，愤怒的那不勒斯人民拿起武器，与纳粹德军拼死作战，最终将德军打跑。10月初，满目疮痍的那不勒斯城和遍体鳞伤的那不勒斯人终于迎来了解放。然而，盟军无法突破德军在卡西诺山以南的沃尔图诺河上修筑的防线，只能裹足不前。战事陷入僵局。11月，心灰意懒的罗马人开始在墙上涂鸦：俄国人快点吧！沃尔图诺河上的盟军已经等不及了！

罗马人的日子每况愈下。街上的公共汽车和有轨电车变得更加稀少，本就不宽敞的车厢越发拥挤。出租车完全不见了踪影。店铺主人纷纷用木板封住门窗，防止民众骚乱将店铺抢劫一空，被封闭的门窗和空旷的街道透着诡异的气氛。没有封住的店铺也只是售卖一些诸如鞋油、杀虫剂、木头瓶子和木头盘子之类的便宜货。高级珠宝店将廉价的锡饰品摆上了货架。只有咖啡馆里还人来人往。然而，即使在咖啡馆，食物和饮料也匮乏得很。

11月，天气转凉，食品、盐和火柴供应短缺，做饭用的燃气每天定时供应三次。茶叶和咖啡几乎从市面上消失了。玛利亚·卢克只好用大麦代替咖啡，用柠檬叶、黑莓叶或者干橘皮代替茶叶。里拉急剧贬值，几乎一文不值，自由企业却从中发现新商机。食品越发匮乏，黑市猖獗，只要交够钱，穿过盟军的层层防线与身在那不勒斯的人互通信件也不是不可能。再加一笔钱，黑市的人甚至可以把人偷偷运出罗马城。

禁止进行的活动越来越多，布告越来越长。蓄意破坏、擅离职守、不履行劳动义务、持有无线电发射机以及窝藏犹太人和盟军战俘都是死罪。如今，想藏匿起来的人可不止犹太人和盟军战俘。德·怀斯曾提到一位藏匿多名意大利军官的罗马妇女，某天惊恐地发现一位德国伞兵正朝她的家走来。后来才发现这伞兵是她家的园丁，原来他被逼与一位德国伞兵互换衣服。换完衣服后，德国伞兵就扬长而去。德·怀斯还曾提到两位欲在当地老者家借宿的德国军官。两位军官一大早就不见了踪影，公文包和制服整齐地码在床上，旁边还放着一张字条，上面写着："多蒙收留，助我等解甲，不胜感激。"德·怀斯懂德文，不少德国士兵曾告诉她：他们只想回家和家人团聚。

偶尔也会有不那么糟糕的消息传来。11月28日，德国盖世太保和意大利非洲警察突袭法西斯分子在罗马的总部。法西斯分子腐化堕落、肆意妄为，几乎人人唾弃：为了逃票，不惜拿手榴弹威胁有轨电车售票员；只因不喜欢某部电影，就拿手榴弹炸掉影院屏幕。法西斯头目拉斯特里尼甚至拿机枪威胁一名看歌剧的观众，只因乐队演奏法西斯党歌《青年》的时候观众没有起立，观众当中不乏德国人。在这次的突袭行动中，盖世太保发现了多间刑讯室、三位受刑犯人、大量赃物以及一头奶牛。法西斯分子之所以养奶牛，很可能是因为需要鲜牛奶制作卡布奇诺。可是罗马人高兴得太早了。没过多久，黑衫军就被纳粹德军取而代之。心如铁石的纳粹德军成为总部的新主人，比从前的法西斯分子残暴得多。

11月初，威尼托大街上最豪华的酒店被德军征用为总部。看来德军打算在罗马城再住上一阵子。然而，接下来的日子可没那么好过。德军占领罗马初期，城中出现了两股反抗势力，一股是保皇派，另一股是共和派。两派争斗得很激烈，根本无心对抗侵略者。但是后来，共和派创建的几支游击队有力地打击了法西斯分子和纳粹分子的嚣张气焰。他们成功炸毁一座法西斯兵营、暗杀了一众黑衫军、铺设铁蒺藜以迟滞德军车队。12月中旬，一支由共产主义者领导的爱国行动游击队开始抗击德军，让德军也尝尝寝食难安的滋味。12月下半月，这支游击队发动了一系列勇敢无畏的突袭。在普拉蒂一家餐馆就餐的8位德国军人和8位刚坐上一辆卡车的德国军人均被他们击毙。芙洛拉酒店是威尼托大街上被德军征用的豪华酒店之一，也被这支游击队用炸弹炸毁，德军伤亡惨重。里贾纳监狱的警卫室遭到游击队的袭击，马志尼大桥上三位德军士兵被一位骑自行车的游击队员扔的炸弹炸死。扔出炸弹后，这位游击队员成功安全撤离。

四面受敌，德军在罗马城如履薄冰，这是罗马人所乐见的。然而，城门失火，殃及池鱼，罗马人的日子也比从前难了许多。巴多格里奥颁布的宵禁令一直延续至今。为了防范游击队的袭击，德军将宵禁时间提前至晚上7点。自行车作为彼时最方便的代步工具被德军禁止使用。一旦被发现骑自行车，立即枪决。不久后，三轮车成为罗马人的新代步工具，人们纷纷把自制的拖车挂在三轮车上，用来载货。所幸德军没有禁止使用三轮车。

游击队员愈挫愈勇，城中的黑衫军却死灰复燃。墨索里尼命令彼得罗·科赫率领另外一支黑衫军入驻罗马城，意图扫荡藏匿起来的犹太人和城中的游击队。值得一提的是，科赫本人是德意混血。他率领的特别警卫队被罗马人称为科赫军。事实证明，科赫军帮了纳粹德军一个大忙。直到科赫军到来之前，德军因害怕惹恼教宗，一直对教堂敬而远之。科赫一来，袭击教堂一事便师出有名，德军可以堂而皇之地从旁协助。这样一来，党卫军就可以把自己的责任推得一干二净。12月21日晚，三座教堂遭到科赫军和德军的袭击，藏匿其中的50余人被捕。

看似安全的教堂也已不再安全，不少藏匿其中的人被迫离开。犹太人开始了漫漫藏身之路，他们不得不频繁地从一个地方换到另一个地方。一些犹太人选择再回到废弃的隔都，在自家的老房子里躲上一段时间。自10月的围捕行动结束以来，犹太人的日子还算太平。然而现在，围捕行动卷土重来。当局向罗马市民开出赏金，捉拿犹太人：指认一个犹太男人，将获赏金5000里拉；指认一个犹太女人或犹太儿童将获赏金2000到3000里拉。只有极少数罗马市民昧着自己的良心拿了赏金。犹太人中甚至也有败类，一个名叫塞莱斯特·德·波尔图的犹太女孩因协助德军指认同胞而臭名昭著。她会站在隔都附近的台伯岛大桥上指认她认识的犹太人，人们因此给她取了"黑豹"的绰号。为了报答她，德军随后释放了她即将被处死的哥哥。她的哥哥知道真相后，羞愤不已，愤然投案自首，终被德军所害。

圣诞节如期而至，因为宵禁，子夜弥撒被取消。教宗像往年一样发表圣诞致辞，在今年的圣诞致辞中，他敦促罗马人戒绝暴力，却对德军在罗马城的暴行只字未提。此时，梅尔泽成为新任德国驻罗马总司令。他是好酒之人，在威尼托大街上的里贾纳酒店为150名英国战俘提供圣诞晚宴，试图修补德国已经千疮百孔的国家形象。新的一年开始了。公元1944年1月13日，罗马上空爆发近距离空战，罗马人专心致志地望着天空。玛利亚·卢克也是围观人群中的一员：

> 一架德军战斗机迎面冲向一架美军战斗机：德军战斗机瞬间被撞成两半，美军战斗机随之坠毁。一共有5架美军战斗机坠毁，所幸驾驶这5架战斗机的飞行员全部跳伞逃生，着陆后立即被俘……对那些从未见过跳伞的人来说，降落伞宛如一朵朵白色的巨型花朵，从空中徐徐落下。[25]

几天后，一个令人难以置信的消息传来。1月21日，玛利亚·卢克这样写道：

> 真是出乎意料。尚未得知具体细节，但有一点是可以肯定的，

盟军近在咫尺。罗马人心中的那团乌云旋即消散。街头巷尾，人们脸上洋溢着久违的笑容。[26]

盟军在距离罗马48千米的渔港安齐奥成功登陆。德国的外交人员再次为撤离做准备，火车站里闹得人仰马翻，负责军需品运输的德国官员一时间方寸大乱，不知道是该就地卸载，还是该运回北方。城中的卡车全部被征用。夜里，除了城中汽车的呼啸声和飞机来回盘旋的声音，德·怀斯还隐约听到机枪扫射的声音。

日子一天天过去，预料中的盟军并没有出现。轰隆的炮声早已消失。德·怀斯大惑不解："为什么？到底是为什么？前往罗马城的路明明是通的。"[27]她的话没错，从安齐奥到罗马沿途已无一兵一卒，至少有一段时间是如此。安齐奥登陆一直颇受争议。盟军5万人部队和5000辆车登陆只有100名德军士兵驻守的狭长海滩。只有两个警察营驻守罗马城，兵力总共只有1500人。美军第6军军长约翰·卢卡斯本可以轻而易举地拿下罗马城，并顺带占领阿尔班山。值得一提的是，卢卡斯曾接到上级命令，要求他必须迅速占领阿尔班山。然而，他只是下令加强防御，巩固滩头。

后来，卢卡斯因这次失策而背负了诸多骂名，但是他这么做或许是有原因的。前一年9月，盟军的萨莱诺登陆行动遭到了德军的致命反击，甚至一度险些被德军赶下海。为了配合此次的登陆行动，盟军主力向卡西诺山附近的德军防线发起进攻，但是以失败告终。5万兵力放在以前绝对是一支大军，但是按照1944年的标准，这支军队绝对称不上大。就在德·怀斯忙着纠结盟军为什么还不来解放罗马城的时候，凯塞林从意大利北部调拨的储备军已经抵达安齐奥，德军和盟军的兵力此时已变成二比一。假设卢卡斯在登陆成功后直取罗马城，那么罗马城很可能成为战场。相反，安齐奥沦为人间地狱，尸横遍野，1.1万名盟军士兵葬身于此。

安齐奥登陆非但未能拯救罗马城，反而害了罗马城。占领初期，德军以保护古迹为名，宣布罗马城为不设防城市。然而，事实并非如此，为了躲避盟军的空袭，德军把市中心辟为大型停车场，存放火炮和坦克。为了支援48千米以外的德军，运输军需品的车变成往常的3倍，市中心堆满了武器装备。自1943年7月19日罗马城首次遭遇毁灭性空袭以来，几乎没有再遭遇过空袭。此时，盟军为了支援己方在安齐奥滩头的作战行动，几乎每天都会轰炸罗马城，轰炸的目标是调车场、车站和煤气厂。人们通常不会把罗马列入"二战"空袭受损严重的城市，罗马市中心几乎完好无损，但是郊区却遭到严重的破坏，约7000罗马人死于空袭。德军坚称罗马是一座不设防的城市，所以通常不会拉响防空警报。一旦发生空袭，有轨电车和公共汽车上的司机会立马停车，命令乘客躲进避难处。玛利亚·卢克把这类避难处称为"不堪一击的死亡陷阱"，"每个死亡陷阱里总有那么一些歇斯底里的人。"[28]她认为教堂更加安全。

炸弹落在博格特区的夸德拉罗和森托策勒，这两个地方都是墨索里尼软禁反法西斯人士和穷人的地方。2月17日，新教徒墓地遭到空袭，诗人济慈和雪莱的墓被炸开。3月14日，盟军轰炸铁路工人聚居的圣洛伦佐区，不少妇女正排着队在街边取水，许多取水妇女被当场炸死，还有一位取水妇女被炸得身首异处。3月18日，大学和医院区遭到空袭，一辆满载乘客的有轨电车当场被炸毁。所有空袭均发生在白天，所以每天一大早，罗马人就会成群结队地前往圣彼得广场，在柱廊下一待就是一天，至晚方归，只是不知道到时家还在不在。一些罗马人甚至把奶牛牵到了圣彼得广场。盟军既未能抓住那个千载难逢的机会解放罗马城，又不间断地轰炸罗马城。久而久之，罗马人开始对盟军心生不满。德·怀斯这样写道："罗马人被盟军炸苦了，期盼盟军到来的心情日渐暗淡，相比之下对德军反而更有好感了……只有意志坚强的人，才不至于在后来盟军取得最终胜利后失掉对上帝的信仰。"[29]

安齐奥登陆间接地给罗马城的反抗势力造成了毁灭性的打击。在德军占领罗马城最初的几个月里，保皇派反抗势力和共和派反抗势力都知道电话线路已被德军控制，所以基本不会用电话进行联络。然而，当他们听说盟军在安齐奥成功登陆，错误地以为罗马城会在几个小时后获得解放，于是无所顾忌地给自己人打电话，通知这个好消息。卡普勒的党卫军和科赫军顺藤摸瓜，逮捕多名反抗人士。保皇派反抗势力领袖蒙特泽莫罗上校不幸被俘，保皇派反抗势力从此一蹶不振。有消息称被俘的反抗人士在位于塔索大街上的盖世太保总部遭到严刑拷打。党卫军上尉埃里希·普瑞克是党卫军中校卡普勒的副手，此人使用诸多酷刑折磨反抗人士。据称，盖世太保总部的地板上到处都是被拔掉的牙齿。

安齐奥登陆的失败让罗马深陷灾难，但是罗马城却帮助安齐奥滩头上的盟军士兵绝处逢生。二月的安齐奥正值雨季，连日大雨，盟军士兵趴在"一战"期间最常见的那种堑壕里，顽强地对抗德军的炮火。登陆行动前不久，一个名叫彼得·汤姆金斯美国特工偷偷潜入罗马城，帮助当地反抗势力发动武装斗争，从而达到与盟军里应外合的目的。然而，盟军并没有按计划拿下罗马城，汤姆金斯肩负的任务也就没有了完成的必要。于是他索性干起了情报工作，将搜罗到的德军情报信息上交给盟军。意大利社会党激进分子弗兰考·马尔法蒂临时建立了一张强大的情报网，汤姆金斯的情报几乎都来源于这张情报网。马尔法蒂的情报网可谓神通广大，从与德国最高决策层有密切联系的意大利军官和政府要员，到与德军伤员聊得上天的医生，再到生活在罗马到安齐奥之间的无数平民，都有他的人，他们密切地关注着德军的一举一动。马尔法蒂甚至大胆地将办公室设在一家德国书店的密室里，马路对面就是埃克塞尔西奥酒店。这家位于威尼托大街的酒店就是被德军征用的酒店之一。德军的进攻计划、坦克的具体位置、火炮的具体炮位以及临时军火供应站的具体位置等情报统统被马尔法蒂收入囊中。马尔法蒂随后会将这些情报全部转交给彼得·汤姆金斯，后者通过一个藏在暗处的无线电发射机将其中最重要的情报发到盟军司令部。2月中旬，双方在安齐奥的战斗进入白热化阶段，险些在滩头失守的盟军最终起死回生。战后，凯塞林元帅和美国战略情报局局长多诺万将军都承认盟军此役的胜利主要应归功于马尔法蒂的社会党情报网。

绝大部分罗马人对情报网一无所知，他们只不过是庸庸碌碌的普通人。罗马城漫天飞雪，罗马人忍受着寒冷和饥饿，在冰天雪地里寻找食物和柴火。玛利亚·卢克开始收留女修道院雇工的亲属和朋友。到1月底，她已经收留了20人。大街上随处可见饥寒交迫的人，一些幼儿甚至连鞋都没得穿。隆隆的炮声从远处的安齐奥传来，像是在讽刺罗马人的求而不得。他们的全部所求不过是和平。

然而，实现和平，仍然是一件遥不可及的事。3月23日下午晚些时候，德·怀斯前往巴尔贝里尼广场附近的拉泽里拉大街拜访一位帮她冲印胶片的摄影师：

> 我现在还在发抖……猛烈的爆炸声后，凄厉的尖叫声在人群中炸开。紧接着是机枪疯狂扫射的声音，吓得我拔腿就跑，我用余光瞥见德军正在抓捕试图逃跑的人。我像一只被追捕的野兔，拼命往前跑，一直跑到西班牙广场才敢停下来。离我很近的地方，站着一个男孩，约莫12岁，正大口喘着气。他告诉我，他本来被德军抓住了，趁他们不备，才躲下身子偷偷逃了出来。他一头雾水，根本不知道发生了什么事。当时，他在街上玩耍嬉闹。一声巨响后，他就被甩到了人行道上，然后就听到叫喊声、呻吟声和机枪扫射声，他看到人们没命似的往前跑，于是也跟着人群跑了起来。[30]

游击队做了一件惊天动地的大事。1944年3月23日是法西斯党成立25周年纪念日，城中的黑衫军计划举行盛大的游行集会，游击队于是打算在游行集会上动手。德军担心太过招摇，引起饥民的不满，坚决要求将庆祝活动改到室内举行，黑衫军只好在重兵把守的法西斯总部内庆祝这一党内盛事。值得一提的是，该法西斯总部位于威尼托大街，是组合部的旧址。游击队也随之改变了计划。德军无意间把自己放在了火药桶上。

游击队的目标是党卫军博岑警察团第十一连的150名军警。在过去的几天里，这个连队会在清晨穿过罗马城，去北面的一个打靶场操练。下午结束操练后，他们便会回到民族大街附近的军营。巧合的是，这150名军警在不久前刚成为德国人，他们都来自意大利北部的博岑，又名博尔扎诺，那是一座双语城市，居民用德语和意大利语交谈。几个月前，这座城市被希特勒吞并。加皮斯蒂游击队和社会党马泰奥蒂游击队决定联合起来，搞个大动作，打破游击战的原则。在此之前，游击战制胜的基础在于小规模扰袭、简单灵活和出其不意的转移，而在此次行动中，游击队将目标锁定在军警必经之路上最窄的一条街，即巴尔贝里尼广场附近的拉泽里拉大街。参与此次行动的游击队员多达17人，他们伪装成环卫工人在一辆垃圾车里藏了一枚炸弹，还事先埋伏好了迫击炮和机枪。此次行动进展得十分顺利。炸弹在路面炸出一个大坑，坑周围倒着很多死伤的士兵。游击队员紧接着用迫击炮攻击侥幸活下来的德军士兵。慌乱之中，他们以为暗杀者藏在屋顶，开始冲上方的窗户猛烈射击。17名游击队员全部毫发无伤地撤离，没有一人被抓。150名军警死伤过半数，游击队大获全胜。

这次行动之后，很多无辜群众莫名被杀害。事发时，德国驻罗马总司令梅尔泽正在吃午餐，喝得酩酊大醉。几分钟后，他就赶到事发现场，气急败坏地命令手下炸毁周边所有的建筑，立即枪毙被抓起来的200位围观群众。然而，这200人无一人是凶手。党卫军中校兼盖世太保罗马最高指挥官卡普勒、德国驻意大利王国代理大使莫尔豪森、党卫军上校兼希姆莱个人代表尤金·多曼（我们曾在第二章提到此人作为希姆莱随身翻译前往科森扎市考察疑似亚拉里克一世陵墓）齐齐劝他冷静行事。没过多久，消息便传到了希特勒的耳朵里。正坐镇东普鲁士指挥部的他当天并无繁重公务需要处理，正好有大把时间处理此事，罗马人这次算是倒霉透了。搞清楚事件的来龙去脉后，希特勒大发雷霆，下令将事发地所在的整个街区夷为平地，并要求每死去一名德国士兵就拿30~40个罗马人的性命来偿还。

卡普勒不想把事态扩大，最终把罗马人和死亡德军士兵的抵命比降为10:1。然而，抵命的罗马人并不容易找。随着时间的推移，受伤的士兵陆续死去，抵命人数也随之增加。经过一番筛选，卡普勒终于敲定抵命人选，包括几名被俘的游击队员、几十位被判驱逐出境的犹太人（最小的只有15岁）、两位反法西斯神父、36位意大利军官（保皇派反抗势力领袖蒙特泽莫罗上校也在其中，在被俘的几周里，面对敌人的严刑拷打，他始终没有出卖自己的同志）和事发后被捕的围观群众。这些围观群众可以说是最冤的，其中有一位酒吧男侍和两位手袋店的男推销员。

爆炸案后的第二天，335名男子（包括未成年）被带到城南的亚迪亚提拿大街上一处呈洞穴状的废弃矿坑。德军中无人愿接这个烫手山芋，直接导致整个屠杀行动一团乱麻。起初，卡普勒命令警察连的幸存官兵行刑，但是被警察连的直属领导党卫军少校多比克一口回绝，给出的理由是他们已经被吓得魔怔了。正规军也不愿意揽这个差事。如此一来，行刑的任务就落到了卡普勒和他的党卫军参谋肩上。大部分参谋都非行伍出身，根本不懂如何用枪。为了给他们壮胆，卡普勒灌他们喝了大量白兰地。个个喝得酩酊大醉，冲着抵命的罗马人疯狂扫射。他们连抵命的人数也搞错了。第十一警察连共有33位军警死于爆炸案，那么按照卡普勒的逻辑，需330个罗马人抵命。另外5人根本不在抵命名单之中，却被带到了这个废弃矿坑。当然，他们知道得太多了，只有死路一条。

抓来抵命的罗马人被两两绑在一起拉入矿坑。最先被拉进矿坑的两个罗马人选择老实认命，剩下的罗马人则试图反抗。一人当场被打死。有的身中数枪而死，有的被割断头颅，有的则被堆在身上的尸体压得窒息而死。几个月后，矿坑被人发现，尸体堆不远处还躺着一具尸体。由此可以推断德军在炸掉矿坑入口时，此人还活着，他挣扎着爬到角落处后，孤独地死去了。这次屠杀后来被称为"亚迪亚提拿矿坑大屠杀"，是德意战争中最惨烈的一幕。

德军毫无愧疚地对外公布了此次的报复行动，声称此次被处决的人除了共产党人就是巴多格里奥的支持者，却绝口不提行刑地点。

饶是如此，麻木的罗马人还是更憎恶盟军。屠杀事件发生后，德·怀斯访问了几个人。她发现，法西斯分子是他们的眼中钉、肉中刺，这点不难理解。但是，他们对盟军的仇恨居然远远超过了对德军的仇恨。

盟军对罗马城的轰炸的确让罗马人更加难以忍受。不过，此时轰炸已基本结束。拉泽里拉大街爆炸案后，盟军几乎不再进行轰炸。春天终于来了，罗马人不用再受冻，但是要继续挨饿。定量配给的面包时常泡汤，就算能发到手上，也多半没什么营养。德·怀斯让自己的化学家朋友检测了一小块配给的面包。朋友告诉她，面包的原料包括黑麦、干鹰嘴豆、玉米粉、桑叶和榆树皮。玛利亚·卢克发现所有人都饥肠辘辘，"真是令人痛心。夸人变瘦了不再是一种恭维。相反，人们都心领神会，不主动提及这个话题。"[31]4月初，根据她的记载，一次空袭过后，两位女士因休克被送往蒙泰韦尔德的利托里奥医院，最后活活饿死在医院病床上。

梵蒂冈试图通过卡车将食物运进罗马城。卡车上虽然涂着梵蒂冈的代表色，却还是遭到了盟军轰炸机的轰炸，这是盟军的无心之失。德军也将卡车涂成梵蒂冈色，或者紧跟在梵蒂冈派出的卡车后面，希望躲过盟军的轰炸。然而，他们的诡计也没得逞。到了4月中旬，报纸上全是出售贵重物品的广告，登广告的人只想尽快筹到钱买黑市上价格飞涨的食物。就连狗肉的价格都贵得离谱，城中的猫早就被人吃光了。在面包店外排队的妇女时常因买不到面包而爆发骚乱。有一次，10位妇女袭击了奥斯蒂恩塞大街周边的一家只供应德国军方的面包店，随后便立即被带到台伯河边枪毙。到了5月，罗马城中的富人也难逃挨饿的命运。

罗马人不仅挨饿，还活得提心吊胆。德军一直在抓人做苦力。3月，一个名叫内洛的男子被抓，他先前藏身于玛利亚·卢克的女修道院。他的家人听到这个消息后，几近绝望。他几次差点被驱逐出境，最后都成功溜到去北方做苦力的队伍后面。后来，他在被派到奥斯蒂恩塞大街清理碎石时，借机跑到一节火车车厢下面，成功逃走。其他被抓的人就没这么幸运了。4月中旬，3名德国人在博格特区的夸德拉罗被杀，德军开始对此地进行大规模搜捕，2000名男子（包括未成年）被捕，其中750人被送往德国北部，只有一半人侥幸活下来，回到罗马城。德军针对犹太人、罗马城的抵抗势力和游击队员的抓捕行动从未停止。科赫军此时已在罗马城站稳脚跟，势力与卡普勒的党卫军不相上下。科赫军将总部设在罗马涅大街上的亚卡里诺酒店，此地距离火车站不远，是个臭名昭著的地方。玛利亚·卢克曾听说：

> 塔索大街上盖世太保总部里有的刑具，这里全都有，包括用来拔牙和拔指甲的钳子、鞭子、棍棒和烧红刀刃的火炉。我的一些朋友就住在附近，她们几乎每天都能听到凄厉的尖叫声和痛苦的呻吟声，尤其是在夜里。她们都说科赫军真是太不人道了。用理所当然的语气写下这些，似乎太过冷血，然而事实就摆在面前，如果选择逃避事实，可能会好过很多。真的好无助啊！ [32]

罗马人开始不再对盟军抱有希望。几个月过去了，盟军一直裹足不前。很多人由此猜想，意大利战场不再是英美盟军最关注的战场，他们的注意力已经转移到了法国战场。这些人的猜想完全正确。5月12日，盟军猛攻卡西诺山的消息传来，给人一种错觉：意大利战场仍是盟军的主战场。盟军第15集团军司令亚历山大（1891年12月10日—1969年6

月16日）秘密将亚得里亚海沿岸的盟军调回卡西诺山，德军误以为他计划在罗马城以北登陆。巨大的人数优势使盟军最终挫败德军，取得卡西诺山战役（又称"罗马战役"或"卡西诺战役"）的胜利。经过多天苦战，盟军突破防线，德军开始撤退。

卡西诺山战役胜利的消息很快传到了罗马城。玛利亚·卢克这样写道："罗马城当权者如坐针毡，罗马人神采飞扬，但是心中也不免害怕德国人会选择鱼死网破。"[33]那不勒斯的悲惨遭遇历历在目，此起彼伏的抵抗运动使那不勒斯早已满目疮痍，无数那不勒斯人葬身炮火。罗马城一部分地区的火药味越来越浓。根据玛利亚·卢克的记载，现在没有一个德国人敢踏入台伯河岸区半步。罗马人不愿再起冲突，德国驻罗马总司令梅尔泽也是如此。他订购了一些食品，分发给贫民区的穷人。德军正在试图逃离这座城市，所以他无意惹恼更多罗马人。

的确，要不了多久，德军就会撤出罗马城。5月27日，德·怀斯看着德国人将一辆辆卡车装满，兴奋地说道："他们要走了！他们真的要走了！"[34]当晚，源源不断的德国车飞速穿过罗马城，向北驶去。在喷泉旁排队取水的罗马人欣喜若狂，奔走相告解放的日子就要来了。只有一小撮人高兴不起来。5月26日，盟军通过安齐奥电台公布了一份名单，名单上的人都是在占领期间替黑衫军和德国人卖命的线人。翌日，玛利亚·卢克写道："我们认识的一对夫妻在昨天公布的名单上，丈夫是一座宅院的门卫。两人负责报告犹太人的行踪。今天早晨，两人在门房里抹眼泪。早知如此，何必当初。"[35]墨索里尼的意大利社会共和国政府的人是最高兴不起来的那撮人。一位被修女收留的人曾亲眼看到一位德军士兵和一位黑衫军士兵绘声绘色地描绘法西斯的困境："'我，我这样做，'杰里边说边举起了自己的手；'砰、砰、砰，你完蛋了！'边说边用手模拟手枪指着这位黑衫军士兵的胸膛说道。"

就在此时，盟军里发生了一件不光彩的事。美军第5集团军司令克拉克率军冲出安齐奥滩头。整整5个月后，他的军队赢得了安齐奥登陆战，其惨烈程度堪比斯大林格勒战役，终于可以如愿解放罗马。从防线撤下来的德军第10集团军的退路被克拉克的第5集团军切断。与全歼德军第10集团军相比，克拉克更渴望那顶"永恒之城解放者"的桂冠。他的上级亚历山大元帅命令他在小镇瓦尔蒙托内切断德军，然而克拉克竟然下令第3步兵师独立完成切断任务，他本人亲率美军主力朝北方日夜兼程进发。被围的德军最后突破盟军的阻击，撤退到意大利北方。当然，罗马人并不关心这些，解放就是他们的全部所求。

6月3日夜，为了让自己冷静下来，玛利亚·卢克在日记簿上写下这样的句子："那个小男孩走进了一条黑暗的小巷，吹起了口哨。"她自言自语道："德国人应该不会把罗马城变成战场。（但是今晚的火药味太浓了。）"[36]果然被她言中了。幸运女神这次仍旧站在罗马城这边。罗马城的艺术瑰宝历经亚拉里克一世、托提拉大王、罗伯特·圭斯卡德公爵、查理五世的西班牙军和德意志雇佣军、法国军队的洗劫，仍保存完好。此时此刻，这些艺术瑰宝又幸运地躲过了一劫。玛利亚·卢克把它归功于教宗庇护十二世。庇护十二世的确曾要求德军保全罗马城，但是他的话真正起到多大作用，这个不难判断。凯塞林元帅之所以没把罗马城辟为战场，主要是因为它的战略意义不大。一旦开战，城中的德军很可能在一夜之间沦为俘虏，损兵折将的风险他已经承担不起了。饶是如此，罗马城还是遭到了德军的局部破坏。6月4日，随着德军陆续撤出，城中响起多起巨大的爆炸声，全城震动。位于卡斯特罗·比勒陀里奥的马曹兵营被炸毁，此地曾是古罗马禁卫军的宅邸。此外，曼佐尼大街上的菲亚特工厂、电话局和几个调车场统统被炸毁。要不是罗马人脑子转得够快，及时浇灭点燃的弹药，被炸毁的地方肯定不止这些。林荫大道两边的树下甚至也埋了地雷，好在德国人没来得及点燃。

德·怀斯走到自家阳台上，拿起望远镜看向远方，卡车和大批军官专车已经开动。"错不了，他们要撤了！我的心激动得快要跳出来了！他们终于走了！"后来，她干脆走上街头看德军撤退：

大大小小的卡车和四轮运货马车上挤满了士兵，一不小心就会挤在一起。有的士兵挤在二轮运货马车上，有的骑马，累得走不动的士兵则挤在农民用车上，极少数士兵用公牛代步。步行的士兵紧随其后，浩浩荡荡，看不到尽头。士兵们因过度劳累而脸色苍白、眼球突出、咧着嘴。有的一瘸一拐，有的光着脚，有的把来复枪放在地上拖着走……在品奇阿纳门附近，我突然被一位德军士兵叫住："这条路可以去佛罗伦萨吗？"他问道。我当场吓得怔住了。"去佛罗伦萨？这里距离佛罗伦萨有300千米。"他面色苍白，还没等我回答完就走了。[37]

玛利亚·卢克也在看着德军撤退：

德军士兵陆续经过，眼球充血、胡子拉碴、头发乱糟糟。有的挤在偷来的汽车里，有的挤在马车里，有的甚至挤在垃圾车里，根本无心整顿队形。一些士兵拉着小型救护车，伤员躺在里面。他们就这样陆陆续续地往城外走，有的将左轮手枪拿在手里，有的将来复枪竖背在肩上……去年9月，他们拿机枪对准罗马人。两相对比，给人一种恍如隔世之感。现在轮到他们担惊受怕了。

至于罗马人，"……他们开始在德军的车道上来回散步，个个神态自若，讽刺意味十足。超然地看着眼前发生的一切，不动声色。"意大利社会共和国的人曾与德国人沆瀣一气，如今墙倒众人推，令人唏嘘不已。"一些黑衫军士兵、巴巴里戈师的士兵和内图诺师的士兵拼命冲德国人的汽车招手，请求搭便车。德国人……置若罔闻，径直开车离开……两名黑衫军士兵试图爬上一辆停在人民广场上的炮车，被车上的德国伞兵踹下来。"[38]

"砰、砰、砰，你完蛋了！"德军士兵对黑衫军士兵说的这句话竟一语成谶。战后，法西斯罗马警察局局长彼得罗·卡鲁索、彼得罗·科赫和墨索里尼均被处决，墨索里尼的尸体被倒吊在米兰的一个加油站顶上示众。相较之下，德国战犯所受的惩罚要轻得多。凯塞林和梅尔泽均被判处死刑，但随后得到赦免。凯塞林在狱中待了6年后，被释放。卡普勒在监狱里待了29年，死前一年逃回德国。卡普勒的副手埃里希·普瑞克曾用酷刑折磨过许多人，他因持有梵蒂冈签发的国际红十字会护照成功逃到阿根廷。50年后，他的身份被一位美国电视新闻记者揭穿。1997年，他被引渡到意大利，开始了监狱生活，但是几年后被释放。党卫军上尉特奥多尔·丹勒克尔是隔都围捕事件的罪魁祸首，后被美军俘虏，自尽于狱中。

德军从罗马城北撤出，盟军从罗马城南入城。第一批入驻罗马城的美军坦克在行进的过程中顾虑重重，如履薄冰，生怕遭到狙击手和饵雷的伏击。入夜后，美军的坦克抵达台伯岛，罗马市民起初以为是德军的坦克。在罗马市民反应过来后，美军受到了他们的狂热欢迎。玛利亚·卢克透过女修道院的窗户向外张望，"突然间，从皮亚门的方向传来一阵热烈的欢呼声"，这是她首次知道盟军入城。翌日清晨，她首次亲眼看到盟军："早晨6点钟，我照例打开窗户，一辆小型吉普车映入眼帘，车上坐着4名美军士兵，车子正缓慢地行驶在街上，四下无人。吉普车踽踽独行，看着有些孤寂，但是没有它的守卫，我的早晨不可能如此宁静，我真想拥有它，哪怕只有几秒钟。"[39]

没过多久，盟军就从圣塞巴斯蒂亚诺门、马焦雷门、圣乔瓦尼和圣保罗门涌入罗马城路线跟九个月前的德军进城一样。玛利亚·卢克来到威尼托大街，看到罗马市民为经过的每一辆车和头顶飞过的每一架飞机鼓掌，互贺来之不易的解放，现场洋溢着人们的欢声笑语。两排美军士兵沿街而下：

他们风尘仆仆、伤痕累累、胡子拉碴，但是仍微笑着向欢迎的人群挥手致意。他们的来复枪口插着玫瑰花和罗马市民扔过来的小型意大利国旗，他们的头盔迷彩网上和衬衫上别着玫瑰花。人们在书中读到这类场景时，会想当然地以为是虚构出来的，从未想过有一天能亲眼看到，而罗马市民就在今天亲眼看到了。[40]

此外，根据玛利亚·卢克的记载，罗马城像被施了魔法一般，城中突然多了许多自行车，不止自行车：

罗马城的人口似乎也翻了一番；爱国人士、意大利士兵、从战俘集中营里逃出生天的盟军战俘、刚到服兵役年龄的青年男人，以及遭到迫害的犹太人已经在暗无天日的地方躲藏了数月，如今终于可以光明正大地走在阳光下。[41]

犹太人的数量不少，总共曾有1.2万名犹太人生活在罗马城，幸存下来的占总犹太人口的十一分之十。

噩梦终于结束了。过去的4年，是不堪回首的4年。饥饿、恐惧乃至屈辱占据着罗马人的生活。总是吹嘘意大利是现代化强国的墨索里尼直接把意大利拖入了战争的泥潭，最后发现这是一个连自卫能力都没有的国家。罗马人被自己的政府抛弃，眼睁睁地看着国家和军队分崩离析。

从某种意义上说，德国纳粹占领罗马的九个月里，大多数罗马人的表现是值得称赞的。当然，这不是在否认纳粹在罗马犯下的罪行。在过去的几个世纪里，人们对权威的怀疑风潮愈演愈烈，终于结出恶果。在被德国纳粹占领的其他欧洲地区，有不少人为纳粹工作。并非所有罗马人都是圣贤，也有一些罗马人为了金钱或者其他眼前利益与纳粹狼狈为奸，但是这样的人并不多。罗马城的神职人员和女人为帮助犹太人竭尽所能。犹太人也从普通罗马人那里感受到了善意。"他们敞开大门收留我们，把卧室让给我们。罗马人向我们敞开了心扉，这一点是毋庸置疑的。有些人这么做是出于个人私利，但是绝大部分人都是出于一颗真心。他们拥有的不多，却甘愿与我们分享。"一位名叫奥尔加·迪·维罗里的犹太妇女如是说。[42]

绝大多数罗马人都是打败纳粹分子的英雄。情报是他们的武器，凭借庞大的情报网，安齐奥滩头的盟军转危为安。官僚机构是他们的武器，签发的假证件令纳粹分子真假难辨。不作为和不服从亦是他们的武器，他们不惜冒着生命危险也要保护那些被意识形态妖魔化的人。善良是他们最强大的武器，他们不愿被意识形态营造出来的恐惧和仇恨所裹挟。

后记

Afterword

　　时至今日，罗马已经是一座有着300万常住人口的大都市，城区的空间拓展呈无序蔓延状分布。今天的朝圣者乘坐高铁和廉价航空前来朝圣，罗马人通过高速公路前往城外的大型购物中心购物。地铁可以直达古罗马斗兽场、塞斯提伍斯金字塔和马克西穆斯竞技场。拉特兰新建了一座大型超市。联合国粮食及农业组织的总部就设在墨索里尼时代的非洲部。弗吉妮亚·拉吉出任罗马市长，成为自公元10世纪的玛洛齐亚夫人以来，罗马的首位女性领导者。拉吉市长出身于五星运动党，这是一个新兴的意大利民粹主义政党。

　　罗马再次成为国际化大都市，来自世界各地的移民生活在这里：从北美人到东欧人，从菲律宾人到孟加拉人和厄立特里亚人（厄立特里亚国是东非国家）。利比亚难民冒着生命危险横渡地中海，经由西西里岛，最后抵达罗马。最近，恐怖活动的阴影笼罩着这座城市，政府机关、使馆和人口密集的重要景区随处可见荷枪实弹的士兵和警察，给人一种似曾相识的感觉。2015年12月，利比亚的ISIS恐怖分子在社交网站推特上声称他们计划袭击罗马。

　　自1944年解放以来，罗马城发生了翻天覆地的变化，但是市中心保留了下来。协和大街、奥古斯都陵墓周边区域以及E-42区（现称"EUR

区")等墨索里尼未完成的项目在战后得以竣工（通常由同一个建筑师操刀完成。当然，前提是这位建筑师得及时脱离法西斯）。2006年，由美国建筑师理查德·迈耶操刀设计的罗马和平祭坛博物馆竣工，将奥古斯都和平祭坛容纳其中。自博物馆开放之日起，争议就从来没有停止过。然而除此之外，市中心的一砖一瓦都保存完好。

因此，现在的罗马城的街道建筑与墨索里尼时代很相似，尽管没几个游客意识到这一点。墨索里尼铲平旧街区修建的大街如今依旧熙熙攘攘。只要游客肯留心，就会发现一些留存下来的法西斯标志。间或有几个法西斯束棒标志被抠掉，只留下空洞的轮廓，但是还有一些完好无损。此外，有上百个的法西斯鹰徽和法西斯日期牌散落在城市各处。位于台伯河岸区的法西斯青年团活动中心旧址的墙上依旧写着那条标语：战斗为先，力争胜利。高级司法顾问局每扇窗户的上方都有一个戴头盔的墨索里尼像，E-42区的一块浮雕仍旧描绘着墨索里尼雄赳赳气昂昂骑在马上的情景。300吨的大理石方尖碑仍旧耸立在奥林匹克体育场（前称"墨索里尼体育场"）的边缘，方尖碑上仍旧用大写字母写着：MUSSOLINI DUX（元首墨索里尼），罗马和拉齐奥的球迷在前往体育场的路上会经过这里。

这样有错吗？或许吧。在德国，纳粹标志已被悉数清除。诚然，墨索里尼的法西斯政权远没有希特勒的纳粹政权残暴。也正是在这种对比下，意大利的法西斯政权常常被网开一面。倘若墨索里尼的法西斯政权处在一个较为和平的时代，那么它的暴行会显得更为触目惊心。令人不安的是，一小部分意大利人开始怀念墨索里尼时代，认为那并不是一个完全黑暗的年代，法西斯既得利益者的日子更从容、更有序以及更安全，全然不顾墨索里尼当年是如何将意大利带入灾难的深渊。但是，彻底清除法西斯印记不仅不切实际，也没必要，因为法西斯罗马也是罗马历史的一部分。然而，对于那些过于浮夸招摇的法西斯建筑，则不必心慈手软。或许有一天，它们会被别的甚至是更新的戏谑化的街头艺术团团围住。

在过去的2500年里，罗马城历经多次洪水、地震、火灾、瘟疫、围城、袭击以及政治性城市规划，那些文物能够幸免于难绝对是个奇迹。我们发现，罗马城每次沦陷后，珍贵的文物都能得以保存下来。在卡比托利欧博物馆里，游客仍然可以看到朱庇特神庙的废墟。公元前387年，布伦努斯率领高卢人进犯罗马时，朱庇特神庙就耸立在卡比托利欧山上，独绝天际。在伊特鲁里亚国家博物馆里，游客可以看到精美的阿波罗赤陶雕像，这尊雕像曾经属于罗马的第一个宿敌维爱。

游客仍然可以看到奥勒良城墙。公元410年，巍峨的奥勒良城墙未能挡住进犯的亚拉里克和西哥特人。游客可以走过台伯岛附近的塞斯提伍斯桥。这座桥建于西塞罗（公元前106年1月3日—公元前43年12月7日）时期，这一时期的罗马共和国正处在风雨飘摇之中。游客可以看到古典时代的神庙、大型浴场（卡拉卡拉浴场、戴克里先浴场和图拉真浴场）的遗址、帕拉蒂尼山上图密善宫殿的遗址、奥古斯都陵墓以及精美绝伦的奥古斯都和平祭坛。当然，游客肯定不会错过罗马异教神庙的翘楚——万神殿，这座保存较为完整的古建筑建于1900年前。尽管第一座圣彼得大教堂早已湮灭在历史长河之中，但是与它同时代建造的教堂仍然耸立在原地，其中包括圣科斯坦沙教堂。圣科斯坦沙教堂内壁装饰着各式各样的马赛克画，从田园风光到瞪着双眼的蓝色面庞，将正在消失的异教信仰定格于此。

游客可以看到大圣母堂和美轮美奂的圣撒比纳教堂。公元546年，托提拉的东哥特军破城之时，这两座教堂刚落成不久。1600年后，圣撒比纳教堂的木雕门完好如初。游客可以看到阿西纳里安门。看守阿西纳里安门的伊苏里亚人晃动着绳索，将托提拉的大军引入城中。往西南方向1000米处，游客可以穿过拉蒂纳门。罗伯特·圭斯卡德的士兵就是通过拉蒂纳门附近的城墙偷偷溜进罗马城的。

公元1527年的无数座中世纪城堡得以保存至今。鉴于绝大部分保存下来的城堡都与后来的建筑融为一体，游客很难发现它们的存在。只有少数几座城堡还是昔日的模样：耸立在中世纪宅邸的拐角处，周围是院子。台伯河岸区的但丁故居就是其中的典型。此外，在台伯河岸区，游客还可以看到窄小的中世纪民宅及其建在室外的楼梯。走进古罗马斗兽场，游客可以一览富丽堂皇的圣克雷芒教堂，这是教皇帕斯加尔二世为报复前任教皇克雷芒三世而修建的"复仇教堂"。走到圣克雷芒教堂下面的挖掘场，游客可以看到原先那座为纪念教皇克雷芒三世而建的教堂的遗迹。再接着往下走，还可以看到一座密特拉神庙和一位古典时代罗马富人的家，此人很可能是一位早期基督徒。游客可以前往圣天使堡，参观教皇的房间。本韦努托·切利尼就是在这里将教皇克雷芒七世的金三重冕熔化。当然，不会错过文艺复兴时期的教堂、宫殿和最引人注目的西斯廷礼拜堂。

至于加里波第在1849年英勇守卫的那个罗马，因为保存下来的文物实在太多，笔者竟不知该从何说起。喷泉、文艺复兴风格和巴洛克风格的建筑、一碧千里的公园以及圣彼得教堂和圣彼得广场都是游客耳熟能详的景点。贝尼尼为圣彼得广场两侧操刀设计的两组半圆形大理石柱廊，更添恢宏气势。游客很少注意到遍布罗马街角的圣母像和飞翔天使像，这些创作于19世纪初期的宗教作品是极端保守教皇统治下的产物。游客也不会注意到那堵建于公元16世纪的城墙，加里波第为了守卫这堵城墙，与法国军队浴血奋战。当年被法国军队炸出的缺口，如今已被精心修复。

我们在前文中曾提到，现在的罗马城的街道建筑与墨索里尼时代很相似。罗马人将一些纳粹占领时期的纪念物保存下来。抬头望去，游客会发现拉泽里拉大街上的公寓楼墙上布满了弹片留下的小孔，这些都是加皮斯蒂游击队的炸弹和德军的子弹留下的。位于塔索大街的盖世太保总部如今已被辟为博物馆，罗马的游击队员、盟军战俘和一部分罗马犹太人曾在此地遭到严刑拷打。

在漫长的历史中，罗马也有一些不太引人注目的特点，比如罗马人独特的世界观。当然，这种世界观有时并不值得称赞。过了2000多年寄生生活的罗马人确实会存在一些攀附、信命和功利的心理。有些罗马人甚至不惜铤而走险，陷入贪腐深渊。2014年，罗马爆出贪腐丑闻"首都黑手党"案，贪污分子依靠假合同等方式攫取了数亿欧元的不法收入。

不过，罗马人也很有人情味儿。作为一个有300万常住人口的大都市，罗马更像是一个热情好客的村庄，人们似乎都能叫出彼此的名字。在过去的2000年里，罗马人先后经历了皇权、教权、王权和法西斯的灾难磨炼，对事情总是持有一种怀疑的态度。2000年的命运沉浮赋予罗马人一种玩世不恭的幽默感。2015年，利比亚的ISIS恐怖分子在社交网站推特上声称他们计划袭击罗马，罗马人在推特上回复他们交通拥堵的照片，提醒他们交通运输业正在大罢工，甚至跟他们说："你们打算什么时候来？来多少人？定下之后，说一声，我们好把意大利面做上。"[1]

罗马人总是牢骚满腹，一会儿抱怨罗马一片狼藉，一会儿抱怨罗马一无是处，把别的地方夸得天花乱坠，说它们比罗马强一万倍。然而，你只要稍稍一试探，就会发现罗马人把罗马城看得非常重。这也在情理之中。

致谢
Acknowledgements

在此衷心感谢罗马的图书馆和图书管理员。我在亚瑟和珍妮特·罗斯美国学会图书馆、英国学派图书馆、美国研究中心、罗马当代史图书馆以及德国历史研究所度过了很多快乐的时光。

在此衷心感谢我的经纪人乔治亚·加勒特和大西洋图书公司的威尔·阿特金森和詹姆斯·奈廷格尔，如果没有他们的不懈努力，这本书就不会顺利问世。在此衷心感谢玛格利特·斯特德首先肯定这本书的价值。在此衷心感谢马泰奥·卡纳莱、汤姆·戈夫罗、罗伯特·托格和安德鲁·纳多针对本书提出宝贵的意见。我最要感谢的人是我的妻子莎伦和我们的两个孩子亚历山大和塔蒂阿娜，感谢他们包容我对罗马的迷恋，并把罗马变成我们的家。

注释
Notes

第一章　高卢人

1.提图斯·李维,《自建城以来》,奥布里·德林考特(译),1960年

2.同上

3.同上

4.同上

5.同上

6.同上

7.同上

第二章　哥特人

1.尤金·多曼,《一个自由的奴隶》,1968年

2.大卫·卡蒙,《永恒之城的陷落:罗马文艺复兴时期的文物古迹保护》,2011年

3.彼得·布朗,《圣徒崇拜》,1982年

4.佐息末,《新历史·卷五》,格林和查理出版社,1814年

5.同上

6.同上

7.同上

8.同上

9.索卓门，《基督教会史·卷九》，《尼西亚派和后尼西亚派教父·系列二·卷二》，切斯特·哈特兰夫特（译），1890年

10.普罗科匹厄斯·恺撒利亚，《战争史·卷三·汪达尔战记》，亨利·布朗森·戴维（译），1916年

11.同上

12.哲罗姆，《第127封信函〈致普林奇皮娅〉》，《尼西亚派和后尼西亚派教父·系列二卷六》，弗里曼特尔、路易斯和马特利（译），1893年

13.奥罗修，《反异教史·卷七》

14.同上

15.索卓门，《基督教会史·卷九》，《尼西亚派和后尼西亚派教父·系列二卷二》，切斯特·哈特兰夫特（译），1890年

16.哲罗姆，《第127封信函〈致普林奇皮娅〉》，《尼西亚派和后尼西亚派教父·系列二卷六》，弗里曼特尔、路易斯和马特利（译），1893年

17.彼得·布朗，《奥古斯丁·希波》，1966年

第三章　还是哥特人

1.普罗科匹厄斯·恺撒利亚，《秘史》，洛布古典丛书第290卷，亨利·布朗森·戴维（译），1935年

2.马格纳斯力·奥里利乌斯·卡西奥多鲁斯，信函，引述布赖恩·沃德·珀金斯：《从古典时代到中世纪：公元300—850年意大利北部和中部的城市公共建筑》，牛津历史专著，1984年

3.普罗科匹厄斯·恺撒利亚，《战争史》，第六卷，第18页，洛布古典丛书，亨利·布朗森·戴维（译），1924年

4.普罗科匹厄斯·恺撒利亚，《战争史》，第六卷，第25页，洛布古典丛书，亨利·布朗森·戴维（译），1924年

5.普罗科匹厄斯·恺撒利亚，《战争史》，第二卷，第22页，洛布古典丛书，亨

利·布朗森·戴维（译），1916年

6.同上

7.普罗科匹厄斯·恺撒利亚，《战争史》，第七卷，第17页，洛布古典丛书，亨利·布朗森·戴维（译），1924年

8.普罗科匹厄斯·恺撒利亚，《战争史》，第七卷，第19页，洛布古典丛书，亨利·布朗森·戴维（译），1924年

9.同上

10.普罗科匹厄斯·恺撒利亚，《战争史》，第七卷，第20页，洛布古典丛书，亨利·布朗森·戴维（译），1924年

11.同上

12.普罗科匹厄斯·恺撒利亚，《战争史》，第七卷，第22页，洛布古典丛书，亨利·布朗森·戴维（译），1924年

13.同上

14.同上

15.保罗·迭肯，《伦巴德史》，威廉·达德利·福克（译），1907年

第四章　诺曼人

1.兰伯特·赫施费尔德，《编年史》，格雷厄姆·劳德（译），利兹历史翻译网，利兹大学，2004年

2.同上

3.威廉·马姆斯伯，引述格雷厄姆·劳德：《罗伯特·圭斯卡德的时代：南意大利和诺曼征服》

4.阿玛蒂·蒙特卡西诺，引述格雷厄姆·劳德：《诺曼意大利的征服者和教士》，集注丛考系列，1999年7月

5.杰弗里·马拉泰拉，《卡拉布利亚和西西里伯爵罗杰及其兄罗伯特·圭斯卡德公爵之功绩》，肯尼思·巴克斯特·沃尔夫（译），密歇根，2005年

6.亨利四世的第18封信函，引述《皇家生活和十一世纪的信函》，西奥多·莫

349

姆森和卡尔·莫里森（译），1962年

7.杰弗里·马拉泰拉，《卡拉布利亚和西西里伯爵罗杰及其兄罗伯特·圭斯卡德公爵之功绩》，肯尼思·巴克斯特·沃尔夫（译），2005年

8.同上

9.威廉·阿普利亚，《罗伯特·圭斯卡德之功绩》，格雷厄姆·劳德（译），1096—1099年

10.杰弗里·马拉泰拉，《卡拉布利亚和西西里伯爵罗杰及其兄罗伯特·圭斯卡德公爵之功绩》，肯尼思·巴克斯特·沃尔夫（译），2005年

第五章　西班牙人和路德宗信徒

1.引述路德维格·帕斯托尔：《中世纪晚期以来的教宗史》，1923年

2.路易吉·圭恰迪尼，《罗马之劫》，詹姆斯·哈维·麦格雷戈，1993年

3.同上

4.本韦努托·切利尼，《切利尼自传》，乔治·安东尼·布尔（译），1956年

5.路易吉·圭恰迪尼，《罗马沦陷》，詹姆斯·哈维·麦格雷戈，1993年

6.《马里诺·桑努托日记》，第六十五卷，1902年，第167页

7.《马里诺·桑努托日记》，第四十一卷，1902年，第129—131页

8.本韦努托·切利尼，《切利尼自传》，乔治·安东尼·布尔（译），1956年

9.《马里诺·桑努托日记》，第六十五卷，1902年，第165—167页

10.《马里诺·桑努托日记》，第四十五卷，1902年，第133页

11.路易吉·圭恰迪尼，《罗马沦陷》，詹姆斯·哈维·麦格雷戈，1993年

12.同上

13.同上

14.同上

15.朱迪思·霍克，《罗马沦陷》，1972年

16.《马里诺·桑努托日记》，第四十一卷，1902年，第129—131页

17.本韦努托·切利尼，《切利尼自传》，乔治·安东尼·布尔（译），1956年

18.同上

第六章　法国人

1.约翰·弗朗西斯·马奎尔，《罗马：罗马的统治者和制度》，1858年

2.玛格丽特·富勒，《那些悲伤却荣耀的日子：1846—1850年的欧洲报道》，拉里·雷诺兹和苏珊·贝拉斯科·史密斯编，1991年，1848年12月22日报道

3.玛格丽特·富勒，《那些悲伤却荣耀的日子：1846—1850年的欧洲报道》，拉里·雷诺兹和苏珊·贝拉斯科·史密斯编，1991年，1849年2月20日报道

4.霍顿斯·考纽，引述芬东·布瑞斯勒：《拿破仑三世：一生》，1999年

5.第六代拜伦男爵乔治·戈登·拜伦致信托马斯·摩尔，1817年3月25日

6.引述希尔顿：《矛盾的迹象：英格兰旅行者和教皇治下罗马的衰落》，2010年

7.威廉·韦特莫尔·斯托里，《罗马概况》，1863年

8.约翰·默里，《意大利中部旅行指南》，第三版，1853年

9.威廉·韦特莫尔·斯托里，《罗马概况》，1863年

10.纳撒尼尔·霍桑，《笔记本》，1858年

11.拉斯金引文引述"'罗马称不上纤尘不染，但毕竟是罗马'，乌烟瘴气、离经叛道、风景如画"，理查德·瑞格利：《关于浪漫主义时期的罗马》，2007年

12.威廉·韦特莫尔·斯托里，《罗马概况》，1863年

13.汉密尔顿·格雷夫人，《伊特鲁里亚墓地》，伦敦，1840年

14.查尔斯·狄更斯，《意大利风光》，1846年

15.乔治·黑德爵士，《罗马：旅行的日子》，1849年

16.同上

17.摩根夫人，《意大利》，1821年

18.纳撒尼尔·霍桑引述托乌·卢德维和边凯玛里亚·皮萨皮亚编：《1764—1870年美国人在罗马》，1984年

19.乔治·黑德爵士，《罗马：旅行的日子》，1849年

20.奥多·拉塞尔引文引述诺埃尔·布莱基斯顿：《罗马问题：1858—1870年奥

多·拉塞尔罗马报道节选》，1962年

21.引述费欧雷罗·巴尔托西尼：《十九世纪的罗马：从日薄西山的圣城到旭日初升的都城》，1985年

22.约翰·默里，《意大利中部旅行指南》，第三版，1853年

23.威廉·韦特莫尔·斯托里，《罗马概况》，1863年

24.同上

25.引述苏珊·凡第弗·尼卡西奥：《皇城：拿破仑治下的罗马》，2005年

26.引述玛丽·吉布森：《1860—1915年娼妓业和意大利》

27.玛格丽塔·佩拉加：《丑闻：19世纪罗马的性和暴力》

28.同上

29.乔治·黑德爵士，《罗马：旅行的日子》，1849年

30.威廉·韦特莫尔·斯托里，《罗马概况》，1863年

31.查尔斯·狄更斯，《意大利风光》，1846年

32.威廉·韦特莫尔·斯托里，《罗马概况》，1863年

33.同上

34.同上

35.同上

36.同上

37.查尔斯·狄更斯，《意大利风光》，1846年

38.威廉·韦特莫尔·斯托里，《罗马概况》，1863年

39.摩根夫人，《意大利》，1821年

40.威廉·韦特莫尔·斯托里，《罗马概况》，1863年

41.乔治·黑德爵士，《罗马：旅行的日子》，1849年

42.同上

43.同上

44.同上

45.威廉·韦特莫尔·斯托里引文引述亨利·詹姆斯：《威廉·斯托里和他的朋

352

友们》，1903 年

46.《泰晤士报》，1849 年 5 月 9 日

47.玛格丽特·富勒，《那些悲伤却荣耀的日子：1846—1850 年的欧洲报道》，拉里·雷诺兹和苏珊·贝拉斯科·史密斯编，1991 年，1849 年 6 月 21 日报道

48.引述乔治·麦考利·特里维廉：《加里波第守卫罗马共和国》，1907 年

49.玛格丽特·富勒，《那些悲伤却荣耀的日子：1846—1850 年的欧洲报道》，拉里·雷诺兹和苏珊·贝拉斯科·史密斯编，1991 年，1849 年 7 月 10 日报道

50.同上

51.威廉·韦特莫尔·斯托里，《罗马概况》，1863 年

52.玛格丽特·富勒，《那些悲伤却荣耀的日子：1846—1850 年的欧洲报道》，拉里·雷诺兹和苏珊·贝拉斯科·史密斯编，1991 年，1849 年 11 月 15 日报道

53.奥多·拉塞尔引文引述诺埃尔·布莱基斯顿：《罗马问题：1858—1870 年奥多·拉塞尔罗马报道节选》，1962 年，1860 年 7 月 12 日报道

54.引述德里克·贝亚勒：《加里波第在英格兰：意大利的政治热情》，出自约翰·戴维斯和保罗·金斯伯格编：《统一运动时代的社会和政治：丹尼斯·麦克·史密斯纪念文集》，1991 年

第七章　　纳粹分子

1.德·怀斯，《恐怖笼罩着罗马》，1945 年

2.丹尼斯·麦克·史密斯，《意大利和君主政治》，1992 年

3.德·怀斯，《恐怖笼罩着罗马》，1945 年

4.引述小鲍敦·佩因特：《墨索里尼治下的罗马：重建永恒之城》，2005 年

5.罗兰·安德鲁，《横穿意大利：一个英国徒步旅行者的朝圣之旅》，1935 年

6.引述埃米利奥·金泰尔：《墨索里尼时代的意大利：与外国观察者的结伴之旅》，2014 年

7.引述佩里·威尔森：《二十世纪的意大利女性》，2009 年

8.引述埃米利奥·金泰尔：《墨索里尼时代的意大利：与外国观察者的结伴之

旅》，2014年

9.同上

10.引述保罗·科尔内：《墨索里尼治下的意大利：法西斯党和民意》，2012年

11.同上

12.克劳迪奥·弗拉卡西，《罗马战场》，2014年

13.同上

14.同上

15.同上

16.同上

17.罗伯特·卡茨，《致命沉默：教宗、游击队和德军占领下的罗马》，2003年

18.简·斯克里夫纳，玛利亚·卢克，《与德军同在罗马》，1945年

19.贾科莫·德韦内德蒂，《1943年10月16日》，埃斯特尔·吉尔森（译），
2001年

20.同上

21.同上

22.同上

23.同上

24.同上

25.简·斯克里夫纳，玛利亚·卢克，《与德军同在罗马》，1945年

26.同上

27.德·怀斯，《恐怖笼罩着罗马》，1945年

28.简·斯克里夫纳，玛利亚·卢克，《与德军同在罗马》，1945年

29.德·怀斯，《恐怖笼罩着罗马》，1945年

30.同上

31.简·斯克里夫纳，玛利亚·卢克，《与德军同在罗马》，1945年

32.同上

33.同上

34. 德·怀斯，《恐怖笼罩着罗马》，1945年

35. 简·斯克里夫纳，玛利亚·卢克，《与德军同在罗马》，1945年

36. 同上

37. 德·怀斯，《恐怖笼罩着罗马》，1945年

38. 简·斯克里夫纳，玛利亚·卢克，《与德军同在罗马》，1945年

39. 同上

40. 同上

41. 同上

42. 亚历山大·斯蒂尔采访奥尔加·迪·维罗里，引述亚历山大·斯蒂尔：《慈悲和背叛：法西斯阴影下的五个意大利犹太家庭》，1991年

后记

1. 《意大利共和报》，2015年2月21日

参考文献
Sources and Bibliography

第一章　高卢人

I

The best evidence concerning Gallic warriors in Italy – and their nakedness – comes from a terracotta frieze found at Civitalba in Marche that dates from almost a century after the battle on the Allia, and which matches a written description of Gallic warriors at the battle of Telamon, fought some seventy years later. A full account of what is known about Italy's Celtic peoples and their struggles with Rome is offered by J. H. C. Williams in Beyond the Rubicon: Romans and Gauls in Republican Italy (2001). Williams strongly favours July 387 BC as the date for the battle on the Allia (which could theoretically have taken place in July 386 instead). I Celti in Italia by Maria Teresa Grassi (Milan 2009) describes finds discovered in Celtic Senone graves. Barry Cunliffe's The Ancient Celts (1991) remains a classic on the subject and Peter Berresford Ellis, A Brief History of the Druids (2002) though more controversial, offers insights into early Celtic society. It is Ellis who points out that the name Brennus probably meant king. For the close connection between early Latin and Celtic languages see Nicholas Ostler, Empires of the Word: a Language History of the World (2006).

II

T. J. Cornell, The Beginnings of Rome: Italy and Rome from the Bronze Age to the Punic Wars (c.1000–264 BC) (1995) provides an encyclopaedic account of Rome's origins, topography, defences, society and politics, dealing clearly with the complex arguments that surround every issue, and many details in this chapter are drawn from Cornell's account. Gary Forsythe, A Critical History of Early Rome, from Prehistory to the First Punic War (2006) offers a useful addition to Cornell's work. Mary Beard, S.P.Q.R. A History of Ancient Rome (2015) adds fascinating further insights into Rome's early years.

On Romans' early beliefs see Mary Beard, John North and Simon Price, Religions of Rome, Volume I, a History (1998). The comparison between Olynthos and classical Italian cities is drawn from Andrew Wallace-Hadrill's Houses and Society in Pompeii and Herculaneum (1994). On Romans' early diet see Fabio Parasecoli, Al Dente: A History of Food in Italy (2014). For Rome's games and the procession from the Capitoline see Filippo Coarelli, Rome and Environs: An archaeological guide, trans. James L. Clauss and Daniel P. Harmon (2014) and H. H. Scullard, Festivals and ceremonies of the Roman Republic, (1981). For early Veii see H. H. Scullard's The Etruscan cities and Rome (1967).

III

The notion that later Romans wove misleading stories from misunderstood inscriptions on the temple of Juno Moneta is proposed by Gary Forsythe. J. H. C. Williams details evidence that the Romans paid off the Gauls and that all of the city, including the Capitoline, may have fallen to them. Williams also offers an intriguing parallel with the Greek city of Delphi, which was attacked a century after Rome, in 279 BC, by Gauls, also led by a king, Brennus, and about which stories of a heroic holdout also grew up, despite evidence that the Gauls were victorious and paid off. Williams suggests Livy's stories may have been inspired by this Greek heroic invention.

第二章　哥特人

I

On Himmler's visit to Cosenza see Peter Longerich, Heinrich Himmler (2013); Eugene Dollmann, Un Schiavo Libero (1968) and Eugene Dollman, Roma Nazista (2002).

Dollmann was a keen storyteller and had every reason to distance himself from Himmler, who employed Dollmann as his personal Italian informant for some years, so his tale of the French diviner is questionable but there is no doubt that Himmler came to Cosenza that morning to see Alaric's supposed grave. A year and a half later he pressured the Italian police chief, Bocchini, to send an expedition to Cosenza to search for it.

On the origins of the Goths, their struggles with the Roman Empire, the evolution of the Visigoths, Alaric's progress to Rome and the likely composition of the horde that followed him, see Peter Heather, The Goths (1996); Goths and Romans 332–489 (1991) and also his magnificent portrait of this era, The Fall of the Roman Empire, A New History (2005). In the latter Heather suggests Stilicho made his seemingly strange decision to go to war with the Eastern Roman Empire because he could see trouble coming on the Rhine frontier and wanted to augment his troops by taking a key recruiting area in the Balkans that had passed to the Eastern Empire. On the need for Germanic leaders to keep their followers supplied with plunder see also E. A. Thompson, The Visigoths in the Time of Ulfila (1966).

On causes of the Empire's late fourth-century crisis and the Western Empire's eventual fall, Heather emphasizes the advances made by Germanic peoples as they became more numerous and their states larger and more sophisticated. An analysis focusing on Roman weaknesses can be found in Adrian Goldsworthy: How Rome Fell: Death of a Superpower (2009). Goldsworthy emphasizes the role of the Empire's constant civil wars and also notes some doubtful military innovations that appeared in the fourth century, notably the tendency to house troops away from the front line in cities, where they may have become distracted by comforts.

II

On early fifth-century Rome's topography the classic account remains Richard Krautheimer, Rome, Profile of a City, 312–1308 (1980). An excellent accompaniment that focuses more closely on archaeological discoveries can be found in Bryan Ward-Perkins, From Classical Antiquity to the Middle Ages, Urban Public Building in Northern and Central Italy, AD 300–850 (Oxford Historical Monographs) (1984). A detailed and more up to date study from an archaeological viewpoint is offered by Neil Christie, From Constantine to Charlemagne, an Archaeological History of Italy Ad 300–800 (2006).

On ordinary life in Rome during its imperial glory days the best single account is still Jérôme Carcopino's Daily Life in Ancient Rome, the People and the City at the height of the Empire, trans. Henry T. Rowell (1975). More recent portraits of classical Rome at its height include Alberto Angela, A Day in the Life of Ancient Rome (2011). For all aspects of Rome in the fifth century, including its walls, its architecture, amenities, society, government and ornamental Republican political posts, see Bertrand Lançon, Rome in Late Antiquity, Everyday Life and Urban Change, AD 312–609, trans. Antonia Newell (2000). On different marbles, see Amanda Claridge, Rome, an Oxford Archaeological Guide (1998). The itinerary of Rome's amenities is from Lançon.

For the domestic side of imperial government see Andrew Wallace-Hadrill, 'The Imperial Court' in The Cambridge Ancient History, X, The Augustine Empire, 43BC–69 AD (1996). For the House of Romulus see Claridge. For the demise of Roman theatre and the macabre ending of the Laureolus drama of the late first century AD, see Carcopino. For the frailties of the Colosseum, see David Karmon, The Ruin of the Eternal City: Antiquity and Preservation in Renaissance Rome (2011). For its entertainments see Alberto, who offers a vivid account of what took place in the arena. For Valentian I's witch trials of senators (AD 369–371) see Lançon. For new imperial architectural styles that used vaulted concrete see William L. MacDonald, The Architecture of the Roman Empire, Volume 1, an Introduction (1965). On the likelihood that something went badly wrong with the columns of the Pantheon's portico, see Claridge. On how art and inscriptions grew cruder during the Third Century Crisis, and also on pagan beliefs and their demise, see Robin Lane Fox, Pagans and Christians in the Mediterranean World, From the 2nd Century AD to the Conversion of Constantine (1986). On aristocratic Romans' views on sex see Angela. On the early Church's distaste for sex of almost any kind, see Lane Fox.

For the demise of paganism see Religions of Rome, Volume I, a History, by Mary Beard, John North and Simon Price (1998) and John R. Curran's Pagan City and Christian Capital, Rome in the Fourth Century (2000), which succeeds in breathing life into this elusive era. On possessed Christians found outside cathedrals (in France rather than Rome, though one imagines they would have been outside Roman churches, too) see Peter Brown, 'Sorcery, Demons and the Rise of Christianity: from later Antiquity into the Middle Ages' in Peter Brown, Religion and Society in the Age of Augustine (1972). For the displacement of guardian angels by martyr saints, and also for security measures used to restrain over-zealous pilgrims from reaching saints' remains, see Peter Brown, The Cult of the Saints, its Rise and Function in Latin Christianity (1981). For the rediscovery and invention of new martyr saints for Rome by Bishop Damasus, and Peter's role as gatekeeper to heaven, see Alan Thacker, 'Rome of the Martyrs: Saints, Cults and Relics, Fourth to Seventh Centuries' in Roma Felix – Formation and Reflections of Mediaeval Rome, ed. Éamonn Ó Carragáin and Carol Neuman de Vegvar (2008). For the likelihood that St Peter never came to Rome, and for Pope Pius XII's excavations beneath the altar of St Peter's, see R. J. B. Bosworth, Whispering Cities: Modern Rome and its Histories (2011). On violence between rival candidates to be bishop of Rome see Curran.

On Rome's aqueducts and baths, see Krautheimer. On Rome's food convoys and distribution, see Lançon. For early-fifth century Rome's super-rich see Lançon and Curran. For imperial Roman food, dinner parties and haute cuisine, including recipes, see Patrick Faas, Around the Roman Table, trans. Shaun Whiteside (1994). On Roman apartments see Carcopino. On the unhealthiness of Rome see Vivian Nutton, 'Medical Thoughts on Urban pollution' in Valerie M. Hope and Eireann Marshall (eds), Death and Diseases in the Ancient City (2009) and also Neville Morley, 'The Salubriousness of the Roman City' in Helen King (ed.), Health in Antiquity (2005). On malaria see Robert Sallares, Malaria and Rome, a History of Malaria in the Ancient City (2002). On doctors and medicine, see Ralph Jackson, Doctors and Disease in the Roman Empire (1988). For slaves see Keith Bradley, Slavery and Society at Rome (1994). On the relative lack of women visible on the streets, and the greater legal independence of women in the Empire's heyday, see Carcopino.

The battles over the statue of Victory and account of conflicts between Christian Ascetics and their less zealous Christian relatives, and Jerome's loathing of the latter, are both drawn from Curran. Also from Curran comes the intriguing notion that Valerius

Pinianus and Melania the Younger's efforts to divest themselves of their wealth was a factor in the fall of Stilicho, and so helped bring about Alaric's attack on Rome. Likewise from Curran comes the willingness of moderate Roman Christians, and even Christian emperors, to tolerate a pagan nostalgia in their lives.

III

On Alaric's sieges of Rome, Ravenna and then Rome again, see Peter Heather, The Fall of the Roman Empire and Pierre Courcelle, Histoire Littéraire des Grandes Invasions Germaniques (1948). On how the Visigoths entered Rome and what they did there, an excellent analysis of the primary sources is to be found in Ralph W. Mathisen, 'Roma a Gothis Alarico duce capta est, Ancient Accounts of the Sack of Rome in 410 CE' in Johannes Lipps, Carlos Machado and Philipp von Rummel (eds), The Sack of Rome in 410 AD, The Event, its Context and its Impact (2013). On archaeological evidence of destruction in Rome, see Antonella Camaro, Alessandro Delfino, Ilaria de Luca and Roberto Menghini, 'Nuovi dati archeologici per la storia del Foro di Cesare tra la fine del IV e la meta del V secolo' in Johannes Lipps, Carlos Machado and Philipp von Rummel, The Sack of Rome in 410 AD, The Event, its Context and its Impact (2013). On archaeological evidence concerning damage to homes and an overall assessment see, in the same volume, Riccardo Santangeli Valenziani, Dall'evento al dato archeologico. Il sacco del 410 attraverso la documentazione archeologica.

On the later adventures of the Visigoths see Peter Heather, The Goths. On Augustine of Hippo's response to the sack of Rome, see Michele Renee Salzman, 'Memory and Meaning. Pagans and 410' in Johannes Lipps, Carlos Machado and Philipp von Rummel (eds), The Sack of Rome in 410 AD, The Event, its Context and its Impact (2103); also see Peter Brown, Augustine of Hippo (1966) and Peter Heather, The Fall of the Roman Empire. On the revival of Rome after the 410 sack see Elio Lo Cascio, 'La popolazione di Roma prima e dopo il 410' in Johannes Lipps, Carlos Machado and Philipp von Rummel (eds), The Sack of Rome in 410 AD, The Event, its Context and its Impact (2103).

第三章　还是哥特人

I

On Queen Amalasuntha see Kate Cooper, 'The Heroine and the Historian: Procopius of Caesaria and the Troubled Reign of Queen Amalasuntha' in Jonathan J. Arnold, M. Shane Bjornlie and Kristina Sessa (eds), A Companion to Ostrogothic Italy (2016) and also, in the same volume, Gerda Heydemann, 'The Ostrogothic Kingdom: Ideologies and Transitions'.

On the rise and nature of the Ostrogoths and composition and on their fighting forces in Italy see Peter Heather, 'The Goths' (1996) and 'Gens and Regnum among the Ostrogoths' in H-W. Goetz, J. Jarnut and W. Pohl (eds), Regna and Gentes: The Relationship between Late Antique and Early Mediaeval Peoples and Kingdoms in the Transformation of the Roman World.

II

As this chapter deals with events that follow relatively soon after those of the last, there is some overlap in sources. For all aspects of the city's infrastructure, buildings, society and population see Richard Krautheimer, Rome, Profile of a City, 312–1308 (1980); Bertrand Lançon, Rome in Late Antiquity, Everyday Life and Urban Change, AD 312–609, trans. Antonia Newell (2000); Bryan Ward-Perkins, From Classical Antiquity to the Middle Ages, Urban Public Building in Northern and Central Italy, AD 300–850 (Oxford Historical Monographs) (1984); Neil Christie, From Constantine to Charlemagne, an Archaeological History of Italy Ad 300–800 (2006) and also Peter Llewellyn, Rome in the Dark Ages (1971).

On the Vandal attack on Rome, see Andy Merrills and Richard Miles, The Vandals. On the struggle by imperial authorities to preserve Rome's heritage see Christie. On Theodoric's reign and his attempts to shore up Rome's infrastructure and traditions, see Jonathan J. Arnold, Theodoric and the Roman Imperial Restoration (2014). On the schism between papal candidates Symmachus and Laurentius see Jeffrey Richards, The Popes and the Papacy in the Early Middle Ages 476–752 (1979). Also see Richards for Theodoric's religious disputes with Byzantium, and Justinian's replacement of Pope Silverius with Pope Vigilius. For imperial–papal disputes see also Llewellyn.

III

On the tactics of Belisarius, Witigis and Totila, see E. A. Thompson: Romans and Barbarians: The Decline of the Western Empire (1982). On Clippings the logothete and other instances of Byzantine rapacity see Llewellyn. On bubonic plague, see Lester K. Little (ed.), Plague and the end of Antiquity, the Pandemic of 541–750 (2008). On Justianian's falling out with Pope Vigilius over the Three Chapters see Richards. On the demise of the Ostrogoths see Peter Heather, The Goths. For the demise of bathing, see Ward-Perkins and Christie. See both and also Krautheimer for the demise of Roman institutions and the preservation of classical buildings as churches. On the demise of the Senate and of Rome's old aristocracy, see T. S. Brown, Gentlemen and Officers: Imperial Administration and Aristocratic Power in Byzantine Italy, AD 554–800.

第四章　诺曼人

I

H. E. J. Cowdrey: Pope Gregory VII 1073–1085 (1998) offers a detailed if uncritical account of his reign. A full account of his nemesis can be found in I. S. Robinson's Henry IV of Germany, 1056–1106, (1999). For the rise of Robert Guiscard and the Normans in southern Italy see G. A. Loud, The Age of Robert Guiscard: Southern Italy and the Norman Conquest, (2000); G. A. Loud, 'Conquerors and Churchmen in Norman Italy' in Variorum Collected Studies series, July 1999, and also Kenneth Baxter Woolf's Making history: The Normans and their historians in the eleventh century (1995). The fullest original narrative is that of Geoffrey of Malaterra, The Deeds of Count Roger, trans. Kenneth Baxter Woolf (2005).

II

Richard Krautheimer, Rome, Profile of a City, 312–1308 (1980) once again is a classic on this period. For a more up to date account that covers every facet of Rome's topography, population, politics, society, economy and rituals, and from which many details in this chapter are drawn, see Chris Wickham, Medieval Rome: Stability and Crisis of a City, 900–1150 (2015). It is Wickham who compares the Church reformers with early Russian revolutionaries. For archaeological evidence concerning Rome's eighth-century revival see Neil Christie, From Constantine to Charlemagne, an Archaeological History of Italy AD 300–800 (2006). Details on the Major Litany procession are from Joseph Dyer, 'Roman Processions of the Major Litany (litanae maiores) from the Sixth to the Twelfth centuries' in Roma Felix – Formation and Reflections of Medieval Rome, ed. Éamonn Ó Carragáin and Carol Neuman de Vegvar (2008).

Debra Birch, Pilgrimage to Rome in the Middle Ages – Continuity and Change (2000) offers a detailed and lively account of the subject. For some of medieval Romans' imaginative tales concerning the city's ruins see the twelfth-century description of the city, Mirabilia Urbis Roma (The Marvels of Rome) which, among many claims, reports that that Noah landed his ark on the Gianicolo Hill to re-found the human race. The likely cause of the collapse of half of the Colosseum's outer wall is from David Karmon's The Ruin of the Eternal City: Antiquity and preservation in Renaissance Rome (2011). For Rome in the centuries prior to the Norman sack see both Krautheimer and Peter Llewellyn's Rome in the Dark Ages (1971).

The question of which aqueducts functioned when is discussed in Bryan Ward-Perkins' From Classical Antiquity to the Middle Ages, Urban Public Building in Northern and Central Italy, AD 300–850 (Oxford Historical Monographs) (1984) and by Katherine Wentworth Rinne in The Waters of Rome: Aqueducts, Fountains and the Birth of the Baroque City (2010). For Romans' material possessions see Patricia Skinner, 'Material Life' in David Abulafia (ed.), Italy in the Central Middle Ages 1000–1300 (2004). For changes in cuisine and ingredients see Fabio Parasecoli, Al Dente: a History of Food in Italy (2014). For health and medicine see Patricia Skinner, Health and Medicine in early Mediaeval Southern

Italy (1996) and also Robert Sallares, Malaria and Rome: A History of Malaria in Ancient Italy (2002). Rome's Jewish community and the observations of Benjamin Tudela are examined by Marie-Thérèse Champagne and Ra'anan S. Boustan, 'Walking in the Shadows of the Past: The Jewish Experience of Rome in the Twelfth century' in Louis I. Hamilton (ed.), Rome Re-Imagined: Twelfth-century Jews, Christians and Muslims Encounter the Eternal City (2011). For women's lives in this period see Patricia Skinner, Women in Mediaeval Italy 500–1200 (2001). Anxious (Genoese) fathers worried about inheritance are examined by Steven Epstein in David Abulafia (ed.), The Family in Italy in the Central Middle Ages 1000–1300 (2004).

III

For eleventh-century warfare see: J. F. Verbruggen, The Art of Warfare in Western Europe during the Middle Ages (1997) and Philippe Contamine, War in the Middle Ages, trans. Michael Jones (1984). The most detailed chronology of the complex events of 1081–84 remains that of Ferdinand Gregovius: A History of Mediaeval Rome, Vol. 4, Part 1, trans. Annie Hamilton (1905). For an analysis of Guiscard's sack of Rome see Louis I. Hamilton's acute and highly enjoyable 'Memory, Symbol and Arson: Was Rome sacked in 1084?' in Speculum XXVIII, April 2003, which my account closely follows. For details on the 1300 Jubilee and Rome's decline during the Avignon years see Richard Krautheimer, Rome, Profile of a City, 312–1308 (1980). On how Romans' desire to preserve their classical past helped inspire their drive for a civic government independent of the popes see David Karmon, The Ruins of the Eternal City: Antiquity and Preservation in Renaissance Rome (2011).

第五章　西班牙人和路德宗信徒

I

For the conclave of 1523 see Herbert M. Vaughan, The Medici Popes, (1908) and Dr Ludwig Pastor, A History of the Popes, Volume IX, Adrian VI and Clement VII, trans.

Ralph Francis Kerr, (1923). The best account of the events leading up to the 1527 sack, the sack itself and its aftermath, on which this chapter has drawn many details, is Judith Hook's The Sack of Rome (1972). André Chastell, The Sack of Rome, 1527 (1983) examines the event from a cultural and artistic angle. Eric Russell Chamberlin, The Sack of Rome (1979) offers a highly entertaining if less reliable narrative. On Clement VII and Michelangelo see William E. Wallace, 'Clement VII and Michelangelo: An Anatomy of Patronage', and for Clement's musical talents see Richard Sherr, 'Clement VII and the Golden Age of the Papal Choir', both in Kenneth Gouwens and Sheryl E. Reiss (eds), The Pontificate of Clement VII: History, Politics, Culture (2005). On Leo X's jailing of five cardinals see Kate Howe, 'The Political Crime of Conspiracy in Fifteenth and Sixteenth Century Rome' in Trevor Dean and K. J. P. Howe (eds), Crime, Society and the Law in Renaissance Italy (1994). On the causes of the duke of Urbino's feud with the Medici and for his role in these events see Cecil H. Clough, 'Clement VII and Francesco Maria della Rovere, Duke of Urbino' in Kenneth Gouwens and Sheryl E. Reiss (eds), The Pontificate of Clement VII: History, Politics, Culture (2005). On Renaissance warfare in Italy see F. L. Taylor The Art of War in Italy 1494–1529 (1921). On the character and rise of Charles V see William Maltby, The Reign of Charles V (2002).

II

For a full and lively account of all aspects of Renaissance Rome, including its topography, buildings and population, its government, artists, popes and prostitutes see Peter Partner, Renaissance Rome: A Portrait of a Society (1979) from which many details in this chapter are drawn. For further details, including an account of papal ceremonial and the humanist rediscovery of the city's classical past see Charles L. Stinger, The Renaissance in Rome (1998). For the role of individual families see Anthony Majanlahti, The Families Who Made Rome, A History and a Guide (2006). On Rome's Jewish community see Attilio Milano, Il Ghetto di Roma (1988). On Rome's topography, medieval fortress towers, churches, bell towers, houses and the conservatism of Rome's church decoration see Richard Krautheimer, Rome, Profile of a City, 312–1308 (1980). On Renaissance palaces see Elizabeth S. Cohen and Thomas V. Cohen, Daily Life in Renaissance Italy (2001).

On the 1450 pilgrim disaster, the bridge and road buildings that ensued, and also Renaissance city churches see Loren Partridge, The Renaissance in Rome (1996) and also David Karmon, The Ruins of the Eternal City: Antiquity and Preservation in Renaissance Rome (2011). On the Sistine Chapel see Loren Partridge, Michelangelo: The Sistine Chapel Ceiling, Rome (1996). On the origins of the papacy's office selling and other financial irregularities see Elisabeth G. Gleason, Gasparo Contarini: Venice, Rome and Reform (1993). On Lucrezia Borgia see Katherine McIver, Wives, Widows, Mistresses and Nuns in early Modern Italy: Making the Invisible Visible through Art and Patronage (2012). On Pasquino feeling insulted by being called a cardinal, and the note left on the door of Adrian VI's doctor's door, see Partner.

On Romans' use of Tiber water and Clement VII's fondness of it, see Katherine Wentworth Rinne, The Waters of Rome: Aqueducts, Fountains and the Birth of the Baroque City (2010). On medicine and the French Disease see Roger French and Jon Arrizabalaga, 'Coping with the French Disease: University Practitioners' Strategies and Tactics in the Transition from the Fifteenth to the Sixteenth centuries' in Roger Kenneth French, Jon Arrizabalaga and Andrew Cunningham (eds), Medicine from the Black Death to the French Disease (1998).

On all aspects of everyday Renaissance Italian life from crime to cleanliness to courtesans with circular beds, see Elizabeth S. Cohen and Thomas V. Cohen, Daily Life in Renaissance Italy (2001) from which many details in this chapter have been drawn. For a fascinating glimpse of Renaissance Rome underworld life as seen through contemporary transcripts of investigative interrogations, see Thomas V. Cohen and Elizabeth S. Cohen, Words and Deeds in Renaissance Rome (1993). On Renaissance Rome's jails see Giuseppe Adinolfi, Storia di Regina Coeli e delle carcere di Roma (1998).

On Rome's plague of stone-throwing boys and also the tradition of Roman youths trying to impress girls by bull-baiting see Robert C. Davis, 'The Geography of Gender in the Renaissance' in Judith C. Brown and Robert C. Davis (eds), Gender and Society in Renaissance Italy (1998). On women's inheritance and dowries see Samuel K. Cohn Jr,

Women in the Streets: Essays on Sex and Power in Renaissance Italy (1996); Christiane Klapisch-Zuber, Women, Family and Ritual in Renaissance Italy (1985) and Trevor Dean and K. P. J. Lowe (eds), Marriage in Italy 1300–1650 (1998).

On Roman food and cuisine and Bartolomeo Scappi's feast see Katherine A. McIver, Cooking and Eating in Renaissance Italy: From Kitchen to Table (2014); Fabio Parasecoli, Al Dente: A History of Food in Italy (2014); Alberto Capatti and Massimo Montanari, Italian Cuisine: A Cultural History, trans. Aine O'Healy (2003) and also Elizabeth S. Cohen and Thomas V. Cohen. On humanists in Rome see John F. Amico, Renaissance Humanism in Papal Rome (1983). All details on the humanist Pierio Valeriano are drawn from Julia Haig Gaisser's fascinating article, 'Seeking Patronage under the Medici Popes: A Tale of Two Humanists' in Kenneth Gouwens and Sheryl E. Reiss (eds), The Pontificate of Clement VII: History, Politics, Culture (2005). On the fate of Rome's classical remains see David Karmon, The Ruins of the Eternal City: Antiquity and Preservation in Renaissance Rome (2011).

III

As indicated, primary sources on the sack of Rome quoted include I Diarii di Marino Sanuto (1902) (my translations) also Benvenuto Cellini, The Autobiography of Benvenuto Cellini, trans. George Anthony Bull (1956) and Luigi Guicciardini, The Sack of Rome, trans. James Harvery McGregor (1993). Details gleaned from legal documents before, during and at the end of the sacking are all drawn from Anna Esposito and Vaquero Piniero's fascinating article, 'Rome during the Sack: Chronicles and Testimonies from an Occupied City' in Kenneth Gouwens and Sheryl E. Reiss (eds), The Pontificate of Clement VI: History, Politics, Culture I (2005). On England's missions to gain Clement VII's agreement to Henry VIII's divorce, including the strange proposal that Henry should take two wives, and also Francesco Gonzaga's description of Rome after the sack, see Catherine Fletcher, Our Man in Rome: Henry VIII and his Italian Ambassador (2012). On Clement VII's bounce back from disaster, see Barbara McClung Hallman, 'The "Disastrous" Pontificate of Clement VII: Disastrous for Giulio de' Medici?' in Kenneth Gouwens and Sheryl E. Reiss (eds), The

Pontificate of Clement VII: History, Politics, Culture (2005). On the 1530 and 1557 floods see Katherine Wentworth Rinne (above). On preparations for Charles V's 1535 visit see David Karmon, The Ruins of the Eternal City: Antiquity and Preservation in Renaissance Rome (2011). On the sinister career of Cardinal Carafa/Pope Paul IV see Partner.

第六章 法国人

I

For Pius IX's flight from Rome see Owen Chadwick, A History of the Popes 1830–1914 (1998) and John Francis Maguire, Rome: Its Rulers and its Institutions (1858). On France's Revolutionary and Napoleonic occupations of Rome see R. J. B. Bosworth, Whispering Cities (2011); Susan Vandiver Nicassio, Imperial City: Rome, Romans and Napoleon, 1796–1815 (2005) and Frank J. Coppa, The Modern Papacy since 1789 (1998). On the Trastevere uprising of 1798 see Massimo Cattaneo, 'Trastevere: Myths, Stereotypes and Reality of a Roman Rione between the eighteenth and nineteenth centuries' in Richard Wrigley (ed.), Regarding Romantic Rome (2007). On the reactionary popes of the earlier nineteenth century see Bosworth, Chadwick and Coppa. On the role of the arts in the Risorgimento, see Lucy Riall, Garibaldi: Invention of a Hero (2007). On Pius IX's election and early, radical period and his falling out with the Romans see Chadwick and Bosworth. On Mazzini see Denis Mack Smith, Mazzini (2008). On Garibaldi's early years and Mazzini's role in his rise to fame see Riall, who offers a fascinating study of the role of publicity in the Risorgimento. On Louis Napoleon see Fenton Bresler, Napoleon III: A Life (1999).

II

On Rome's Renaissance walls, see Peter Partner, Renaissance Rome, A Portrait of a Society (1976). On the repair to Rome's drains see Katherine Wentworth Rinne, 'Urban Ablutions: cleansing Counter-Reformation Rome' in Mark Bradley and Kenneth Stow (eds), Rome, Pollution and Propriety: Dirt, Disease and Hygiene in the Eternal City from Antiquity to Modernity (2012). On Rome's repaired aqueducts and new fountains see Katherine Wentworth Rinne, The Waters of Rome: Aqueducts, fountains and the Birth of the Baroque City (2010). On the transformation of Rome by Alexander VII and Bernini see Richard Krautheimer, The Rome of Alexander VII, 1655–1667 (1985).

On interruptions to the Grand Tour see Edward Chanery, The Evolution of the Grand Tour: Anglo-Italian Cultural Relations since the Renaissance (1998). For the earl of Shrewsbury's money-saving stay and eminent writers and artists who stayed in Rome see J. A. Hilton, A Sign of Contradiction: English Travellers and the Fall of Papal Rome (2010) and also Paolo Ludovici and Biancamaria Pisapia (eds), Americans in Rome 1764–1870 (1984). On how visiting writers were struck by Rome's filth, their different opinions as to which city was filthiest, and also Napoleonic French efforts to clear antiquities of accretions see Richard Wrigley, ' "It was dirty but it was Rome": Dirt, Digression and the Picturesque' in Richard Wrigley, Regarding Romantic Rome (2007). On grand plans to remake Rome in preparation for Napoleon's visit see Nicassio. On the destruction of antiquities to remake Rome see David Karmon, The Ruin of the Eternal City: Antiquity and preservation in Renaissance Rome (2011). On the new fascination with the Etruscans see Lisa C. Pieraccini, 'The English, Etruscans and "Etouria": The Grand Tour of Etruria' in Etruscan Studies Vol. 12 (2009). On Rome's fast days, clocks, time and its infuriating post office see Sir George Head, Rome: A Tour of Many Days (1849).

On Rome's population see Fiorella Bartoccini, Roma nell'Ottocento: Il tramonto della 'Città Santa': nascita di una Capitale (1985). For the decline of Rome's aristocracy see Giacomina Nenci, Aristocrazia romana tra '800: I Rospigliosi (2004). On new intimacy in Italian aristocratic families see Marzio Barbagli, 'Marriage and Family in Nineteenth Century Italy' in John A. Davis and Paul Ginsborg (eds), Society and Politics in the Age of the Risorgimento: Essays in Honour of Denis Mack Smith (1991). On nineteenth-century Roman food see Fabio Parasecoli, Al Dente: A History of Food in Italy (2014) and Alberto Capatti and Massimo Montanari, Italian Cuisine: A Cultural History, trans. Aine O'Healy (2003). On the rising number of illegitimate births and the worsening survival rates of infants in foundling hospitals see Marzio Barbagli, 'Marriage and Family in Nineteenth

Century Italy' in John A. Davis and Paul Ginsborg (eds), Society and Politics in the Age of the Risorgimento: Essays in Honour of Denis Mack Smith (1991). And also Maria Sophia Quine, Italy's Social Revolution: Charity and Welfare from Liberalism to Fascism (2002). On the make-up of Rome's population see Bartoccini.

On knife fights see Silvio Negro, Seconda Roma (1943). On life under Leo XII see Bosworth. On the Cisbei, see Maurice Andrieux, Daily Life in Papal Rome in the Eighteenth Century, trans. Mary Fitton (1969). On the little that is known of prostitution in the last decades of Papal Rome see Mary Gibson, Prostitution and the Italian State 1860–1915 (1999). On the Church's moral policing of Rome, see Margherita Pelaja, Scandali: Sessualità e violenza nella Roma dell'Ottocento (2001). On the involvement of local Roman communities in moral policing see Domenico Rizzo, 'Marriage on Trial: Adultery in Nineteenth Century Rome' in Perry Willson, Gender, Family and Sexuality in Italy 1860–1945 (2004) and Domenico Rizzo, 'L'Impossibile privato, Fama e pubblico scandalo in età liberal', in Quaderni Storici No. 112, April 2003. On Odo Russell's struggles with wayward female English grand tourists see Noel Blakiston, The Roman Question: Extracts from the Despatches of Odo Russell from Rome 1858–70 (1962). On the leniency of papal justice see Margherita Pelaja (above). On Rome's jails and attempts to comfort the condemned before executions see Giuseppe Adinolfi, Storia di Regina Coeli e delle carceri romane (1998). On the San Michele institution see Elena Andreozzi, Il pauperismo a Roma e l'ospizio Apostolico San Michele in San Michele a Ripa: Storia e Restauro, Istituto della Enciclopedia Italiana Fondata da G. Treccani (1983).

On Rome's Ghetto see Attilio Milano, Il Ghetto di Roma (1964). On the possibility that the Ghetto was cleaner than visitors realized, see Kenneth Stow, 'Was the Ghetto Cleaner …' in Mark Bradley and Kenneth Stow (eds), Rome, Pollution and Propriety: Dirt, Disease and Hygiene in the Eternal City from Antiquity to Modernity (2012). On Roman Jewish dialect see Crescenzo del Monte, 'Glossario del dialetto giudaico-romanesco' in the same author's Sonetti Postumi Giudaico-Romaneschi e Romaneschi (1955). On grand tourists' mistaken ideas as to the cause of malaria, see Richard Wrigley, 'Pathological Topographies and Cultural Itineraries: Mapping "mal'aria" in eighteenth and nineteenth century Rome' in Richard Wrigley and George Revill (eds), Pathologies of Travel (2000). On the Ghetto and malaria see Robert Sallares, Malaria and Rome: A History of Malaria in Ancient Italy (2002). On the papal procession on the feast of Corpus Domini see William Wetmore Story, Roba di Roma (1863).

III

One of the fullest accounts of the Roman Republic's struggle to survive remains George Macaulay Trevelyan, Garibaldi's Defence of the Roman Republic (1907), from which my account draws many details. For a more critical examination of Garibaldi's role see Riall. For an account, admittedly partisan against Pius IX, of events after the fall of Rome, see Luigi Carlo Farini, The Roman State, Volume 4, Book VII, trans. W. E. Gladstone (1851). Farini details the attack by the Papal police and French troops on the Ghetto. Also see Bolton King, A History of Italian Unity, being a political history of Italy from 1814 to 1854, Volume I (1899). See also Denis Mack Smith, Mazzini; Margaret Fuller, These Sad but Glorious Days: Dispatches from Europe, ed. Larry J. Reynolds and Susan Belasco Smith (1991); Robert N. Hudspeth (ed.), Letters of Margaret Fuller Vol. IV (1984) and Friedrich Althaus (ed.), The Roman Journals of Ferdinand Gregorovius, trans. Mrs Gustavus W. Hamilton (1907). The figure of 20,000 people fleeing Rome is from Chadwick. The attempt to burn down the Quirinal Palace on the day Pius returned is from Mary Francis Cusack, The Life and Times of Pope Pius IX (1878). On Rome's gasworks on Circo Massimo see Maguire and Bosworth.

On the assassination attempts against Louis Napoleon see Bresler. On Garibaldi's visit to England see Derek Beales, 'Garibaldi in England: The Politics of Italian Enthusiasm' in John A. Davis and Paul Ginsborg (eds), Society and Politics in the Age of the Risorgimento: Essays in Honour of Denis Mack Smith (1991). For the chants of 'Viva Verdi' see Story. For Romans' boycotts and Pius sending his executioner to scare his parishioners see The Roman Journals of Ferdinand Gregorovius (above), 8 March 1860. On papal repression see Odo Russell in Blakiston. On the doctrine of Papal Infallibility see Chadwick and Bosworth. On Pius' last months as ruler of Rome, on the capture of the city by Italian forces and the journey of Pius' corpse to San Lorenzo see Bosworth and David L. Kertzer, Prisoner of the Vatican: The Popes, the Kings, and Garibaldi's Rebels ion the Struggle to Rule Modern Italy (2004).

第七章 纳粹分子

I

For Mussolini's arrest by the king see Anthony Majanlahti and Amadeo Osti Guerazzi, Roma occupata, Itinerari, storia, immagini (2010) and Nello Ajello, La caduta, 'Il commando a Badoglio è fatta' a Villa Savoia il Re si libera del duce, Repubblica 25. 07. 2013.

The account of the Fascist Grand Council Meeting is from M. de Wyss, Rome Under the Terror (1945). De Wyss is an elusive source and a little should be said about what is known – or rather not known – about her. We lack even her first name. Her publisher, Robert Hale Ltd, London, says only that she is '… a lady who was in Rome continuously during the last stages {of the war} and who had reliable sources of extraordinary information'. The detail and accuracy of her account and the rapidity with which the book appeared – a year after Rome's occupation ended – suggest it is reliable, though her name is probably a pseudonym (she evidently did not want her identity known). From the text it is clear she had already experienced Nazi occupation in another location prior to her living in Rome. The speed and thoroughness of her investigations, her at times eccentric English and her regular complimentary references to the Swiss diplomatic authorities all suggest she was a Swiss journalist covering the war in Italy.

For the life of Vittorio Emanuele III see Denis Mack Smith, Italy and its Monarchy (1992). For the US bombing raid on 19 September 1943 and Roman celebrations after Mussolini's fall see Robert Katz, Fatal Silence: The Pope, the Resistance and the German Occupation of Rome (2003) and de Wyss. On the career of Badoglio see Giovanni de Luna, Badoglio: Un militare al potere (1974). On Rome's lack of preparedness for air attacks see R. J. B. Bosworth, Whispering Cities: Modern Rome and its Histories (2011).

II

For all aspects of Liberal Rome, including its building booms, its new facilities and its many constructions to promote itself and challenge the popes, see Bosworth, Whispering Cities. For further details on Liberal Rome including ineffectual development plans and also destruction that was avoided see Spiro Kostof, The Third Rome, 1870–1950, Traffic and Glory (1973). For Lanciani's work in Rome, and especially for Liberals' remaking of Rome for propaganda purposes see Bosworth. For the presence of non-Catholic churches inside Rome's walls see Kostof and Bosworth. The dissident intellectual who described the Vittoriano as a 'Vespasiano di Lusso,' was Giovanni Papini (see Bosworth). Also see Bosworth for Jewish politicians and generals and for Garibaldi's proposal of a Tiber canal.

For Mussolini's life see R. J. B. Bosworth, Mussolini (2002) and Denis Mack Smith, Mussolini (1981). On Romans' initial indifference towards Fascism see Bosworth, Whispering Cities. On all aspects of Fascist demolitions and rebuilding of Rome see Borden W. Painter, Jr. Mussolini's Rome: Rebuilding the Eternal City (2005); Spiro Kostof; Bosworth, Whispering Cities and also Joshua Arthurs, Excavating Modernity: The Roman Past in Fascist Italy (2012). For Mussolini's loathing of foreign tourists' love of the picturesque see Arthurs. For the cost of Mussolini's demolitions in terms of homes lost see Painter. For André Gide's observations see Emilio Gentile, In Italia ai Tempi di Mussolini: Viaggio in compagnia di osservatori stranieri (2014). For Cardinal Pallotta's criticisms of the idea of a broad road leading to St Peter's see Richard Krautheimer, The Rome of Alexander VII, 1655–1667 (1985). On Rome's Fascist constructions see Painter.

On the GIL Fascist youth movement see Edward R. Tannenbaum, The Fascist Experience: Italian Society and Culture (1972). On Foro Mussolini see Painter and Bosworth, Whispering Cities. On the Mostra della Rivoluzione Fascista see Bosworth, Painter and Roland G. Andrew, Through Fascist Italy, An English Hiker's Pilgrimage (1935). On Fascism's early hostility towards tourism see Gentile. On Mussolini's omnipresence on posters, in photographs and on postcards see Gentile and Bosworth, Whispering Cities. Also see Bosworth for the Anni Fascisti, the Fascist calendar and competition with the Church.

On the surviving remnants of the Ghetto degli Inglesi, the illegality of fancy dress and travel possibilities to Rome see Karl Baedeker, Rome and Central Italy, Handbook for Travellers, sixteenth revised edition (1930).

On Italians' increasing longevity see Massimo Livi-Bacci, A History of Italian Fertility During the Last Two Centuries (1977). On the dopolavoro after-work leisure organization, Italy's media under Fascism and intellectual life see Tannenbaum. On how Fascist corporations and Fascist welfare favoured the wealthy and exploited employees see also Jonathan Dunnage, Twentieth Century Italy: A Social History (2002). On how welfare funds were regularly raided by the Fascist state to pay for grand projects see Maria Sophia Quine, Italy's Social Revolution: Charity and Welfare from Liberalism to Fascism (2002). On Rome's aristocrat Fascist mayors see Painter. On everyday life in the case popolari and Romans' struggle to keep clean see Gian Franco Venè, Mille lira al mese: vita quotidiana della famiglia nell'Italia Fascista (1988). On the borgate see Quine, Gentile and Painter. On the barruché see Bosworth, Whispering Cities.

On Fascism's view of women see Perry Willson, Women in Twentieth Century Italy (2009) and also Tannenbaum and Quine. Mussolini's claim that work could make women sterile is from Willson. On Fascism's approval of brothels see Dunnage. On Fascist rewards to prolific parents and Mussolini's prohibition of photographs of women with small dogs see Tannenbaum. On the danger of women being out alone and Rome's lack of night-time culture see Gentile. On Fascist violence and control of Italians, internal exile and the fate of the Roman tinsmith Ruggeri Leggi see Michael R. Ebner's fascinating analysis of how the threat of physical violence that always underlay Fascism, Ordinary Violence in Mussolini's Italy (2011). On the effect on Jewish life of the 1938 Racial Laws see Ebner and also Michele Sarfatti, The Jews in Mussolini's Italy: From Equality to Persecution and Susan Zuccotti (2006) The Italians and the Holocaust: Persecution, Rescue and Survival (1987). On corruption among Fascist officials, their accusations of sexual immorality against one another and the diminishing success of Fascist propaganda see Paul Corner's fascinating and revealing study of one of the more reliable sources of information at this time – spies informing the regime of the state of the nation – in The Fascist Party and Popular Opinion in Mussolini's Italy (2012). On the failure of Fascism's great projects see Livi-Bacci, Tannenbaum, Corner and Quine. On the fragility of Italy's control of Abyssinia see Richard Pankhurst, The Ethiopians, A History (1998). On Fascism's failure to instill anti-Semitism in Italians, Starace's much-loathed innovations, Italians' increasing apathy and the coffee crisis of see Corner. On Fascist propaganda's failure to persuade Italian women see Willson.

On Hitler's 1938 visit to Rome and also Colonel J. Hanley's observations of the crowd in Piazza Venezia on the day war was declared, see Painter. On Italians' lack of enthusiasm for the German alliance and the war see Corner. On the unprepared state of Italy's military in 1940 see R. J. B. Bosworth, Mussolini's Italy: Life Under the Dictatorship (2005). On Mussolini's disastrous record as a military tactician see Denis Mack Smith, Mussolini. On the Folgore Parachute Division see John Bierman and Colin Smith, Alamein, War Without Hate (2002). On Rome's coastline being guarded by two soldiers sharing one pair of boots and the final celebration of Empire Day see de Wyss. On the third and final Mostra della Rivoluzione Fascista see Painter.

III

A clear and highly detailed account of the last hours of the Badoglio regime and the fall of Rome to German forces can be found in Claudio Fracassi, La Battaglia di Rome (2014). Details of the two American generals' dinner and their meeting with Badoglio are from Fracassi, as are the meeting of the king's council at the Quirinal Palace, the flight of the king and his ministers, the orders they gave Italian forces and Italian resistance (and non-resistance) to German forces. The story of the Italian officer who deserted his troops to check on his racehorses is from M. de Wyss. Mother Mary, another invaluable diarist of these events, is also rather elusive, if less so than de Wyss. Her account, Inside Rome with the Germans was published in 1945 under the pseudonym of Jane Scrivener and it was only some decades later that she was revealed to be an American nun in Rome, Mother Mary St Luke, who was living in a convent not far from Via Veneto.

On the fall of Rome and the beginning of the occupation see also Katz, Fatal Silence. The joke about tourists and the statue of Moses is from Alexander Stille, Benevolence and

Betrayal: Five Italian Jewish Families under Fascism (1991). Stille's insightful and humane account of these terrible times includes a chapter on the struggle to survive by members of the Roman Di Veroli family. On the gold ransom demanded of Rome's Jews, the theft of the synagogue libraries and the Ghetto roundup of 16 October, Robert Katz, Black Sabbath: A Journey Through a Crime Against Humanity (1969) offers a full, detailed and powerful account. For the likelihood that the gold demand was a ruse to put the Jews off their guard see also Susan Zuccotti, Under His Very Windows: The Vatican and the Holocaust in Italy (2002). On life for Jewish Romans before the occupation and warnings ignored, including by German diplomats, see Stille and also Katz. Debenedetti wrote October 16, 1943 shortly after the liberation but quotes in the text are from the translation by Estelle Gilson (2001). On Kappler's report detailing how Romans tried to thwart the roundup see Katz, Fatal Silence. On details of which Catholic institutions took in Jews and what conditions – if any – they required see Zuccotti. On the rise of Pius XII and his response to Nazism and the Holocaust see John Cornwell, Hitler's Pope, The Secret History of Pius XII (1999). On the intervention by Princess Enza Pignatelli Aragona Cortes see Katz, Fatal Silence and Stille. On Pius' lack of response to the Ghetto roundup see Zuccotti, Cornwell, Katz Fatal Silence and Katz Black Sabbath. On the efforts by German diplomats to save Jewish Romans see Katz (both titles).

The graffiti urging the Russians to hurry up is from M. de Wyss, as are the accounts of deserting Germans. Details of Rome's declining transport and bricked-up shops are from both de Wyss and Mother Mary. The raid on Rome's Fascist HQ is from de Wyss. On the background to Roman resistance to the Germans and attacks on Germans in December 1944 see Katz, Fatal Silence. Also see Katz and also de Wyss and Mother Mary for new curfews and other restrictions and also raids on Church establishments by Koch's Gang. On Celeste di Porto see Stille.

On the Anzio landing, the bombing raids that followed, the arrests of Rome's resistance and also on Peter Tomkins and Malfatti's information-gathering network see Katz, Fatal Silence. On Allied bombing of Rome see also de Wyss and Mother Mary. On the Via Rasella bomb and the ensuing Fosse Ardeatina massacre see Robert Katz, Fatal Silence, whose account my narrative follows. On German trucks painted with Vatican colours and keeping close to Vatican food trucks see Mother Mary. On General Clark's dash for Rome see Katz, Fatal Silence. On German demolitions in the city see Mother Mary.

后记

For Romans' Twitter replies to ISIS see La Repubblica, 21 February 2015

插图列表
List of Illustrations

彩色插图部分

Brennus and his share of the spoils, or Spoils of Battle by Paul Joseph Jamin, oil on canvas, 1893 (DeAgostini/Getty Images)

She-wolf statue (Photo by author)

Aurelian Walls (Photo by author)

Fabricius Bridge (Photo by author)

Ivory diptych of Stilicho, c. ad 395 (Archiv Gerstenberg/Ullstein Bild/ Getty Images)

Depiction of classical Rome (Photo by author)

Colosseum (Photo by author)

Interior of the Pantheon (Photo by author)

Trajan's market (Photo by author)

Porta Salaria (Photo by author)

Mosaic depicting Emperor Justinian and his retinue, Basilica of San Vitale, Ravenna (Christine Webb/Alamy Stock Photo)

Santo Stefano Rotondo (Photo by author)

Asinaria Gate (Photo by author)

Robert Guiscard invested by Pope Nicholas II, detail from a miniature (Granger Historical Picture Archive/Alamy Stock Photo)

Leonine Wall (Photo by author)

Porta Latina (Photo by author)

San Giovanni a Porta Latina (Photo by author)

Santa Maria in Trastevere (Photo by author)

View of Rome from 'De Civitate Dei' by St Augustine of Hippo (354–430), 1459 (Bibliotheque Sainte-Genevieve, Paris, France/Bridgeman Images)

View of Rome from the Nuremberg Chronicle by Hartmann Schedel, 1493 (Private Collection/The Stapleton Collection/Bridgeman Images)

Pope Julius II ordering work on the Vatican and St Peter's Basilica. Painting by Emile Jean Horace Vernet (1789–1863), Louvre Museum, Paris (Leemage/Corbis/Getty Images)

Pasquino statue (Photo by author)

Castle of San Angelo, painting by J.M.W. Turner (1775–1851) (Victoria & Albert Museum, London, UK/Bridgeman Images)

The sack of Rome, 1527, painting attributed to Pieter Brueghel the Elder, sixteenth century (Granger Historical Picture Archive/ Alamy Stock Photography)

Porta Santo Spirito (Photo by author)

Medieval tower (Photo by author)

View of the Piazza Navona, painting by Canaletto (1697–1768) (Hospital Tavera, Toledo, Spain/Bridgeman Images)

Festivals of moccoletti (tapers) (Carnival in Rome), painting by Ippolito Caffi (1809–1866), 1852 (Galleria Nazionale d'Arte Moderna, Rome, Italy/De Agostini Picture Library/A. Dagli Orti/Bridgeman Images)

St Peter's Dome at dusk (Photo by author)

Fountain of the Four Rivers, Piazza Navona (Photo by author)

Bernini's arcade columns at St Peter's (Photo by author)

Street corner religious image (Photo by author)

Garibaldi statue (Photo by author)

View from St Peter's dome (Photo by author)

The Square Colosseum (Photo by author)

Obelisk at the Foro Mussolini (Photo by author)

Fascist mural depicting Mussolini (Photo by author)

American officers lined up for a lowering of the flag ceremony in the Piazza Venezia, 4 July 1944 (Carl Mydans/The LIFE Picture Collection/Getty Images)

Italian civilians shortly after the liberation of Rome (Hulton-Deutsch Collection/Corbis/Getty Images)

黑白插图部分